企业阅读 本土实践

管理·人文·生活

Handbook of China FMCG Marketing
中国快消品营销这些年

史贤龙 著

中国青年出版社

律师声明

北京市中友律师事务所李苗苗律师代表中国青年出版社郑重声明：本书由著作权人授权中国青年出版社独家出版发行。 未经版权所有人和中国青年出版社书面许可，任何组织机构、个人不得以任何形式擅自复制、改编或传播本书全部或部分内容。 凡有侵权行为，必须承担法律责任。 中国青年出版社将配合版权执法机关大力打击盗印、盗版等任何形式的侵权行为。 敬请广大读者协助举报，对经查实的侵权案件给予举报人重奖。

侵权举报电话

全国"扫黄打非"工作小组办公室
010 -65233456　65212870
http://www.shdf.gov.cn

中国青年出版社
010 -50856057
E-mail:bianwu@cypmedia.com

图书在版编目（CIP）数据

中国快消品营销这些年/史贤龙著 . —北京：中国青年出版社，2018.9
ISBN 978 -7 -5153 -5325 -8
Ⅰ. ①中… Ⅱ. ①史… Ⅲ. ①消费品市场—营销策略—研究—中国　Ⅳ. ①F713.50
中国版本图书馆 CIP 数据核字（2018）第 227054 号

中国快消品营销这些年
史贤龙/著

出版发行：中国青年出版社
地　　址：北京市东四十二条21号
邮政编码：100708

责任编辑：刘稚清
封面制作：久品轩

印　　刷：河北宝昌佳彩印刷有限公司
开　　本：710 ×1000　1/16
印　　张：31
版　　次：2019 年 6 月北京第 1 版
印　　次：2019 年 6 月第 1 次印刷
书　　号：ISBN 978 -7 -5153 -5325 -8
定　　价：168.00 元

一线实战,现场思考,方法总结,理论升维。2003—2017年,15年间,中国营销走过了三个阶段:青春时代、激荡时代、升维时代。

2003年,笔者提出"在渠道上建立品牌",在一线实践中提炼出一套系统运营方法。与此同时,管理学家总结中国营销的经验之一是"渠道驱动优于品牌驱动""中国式营销"等思想,殊途同归。

2005年,笔者提出"深度营销"方法论,从营销系统论角度,将同时代的"深度分销""终端营销""品牌营销"做了市场动力学总结。

2006年,笔者提出"思想为王",对中国营销的历史给予思想层面的回顾与洞察。

2007年,新经济浪潮汹涌澎湃。阿里巴巴与淘宝系电商先后崛起,提出"商业模式的基础是营销模式"的论点。

2009年,笔者解析中国大豆产业"珍珑劫"的文章,被《瞭望》杂志刊登,是在产业链营销、产业风云变幻下的营销思考。

2011年,王老吉与加多宝商标之战引发的渠道与品牌对决大反思。笔者对定位论、品类论的补充与发展,在营销界引发巨大反响。

2014年,随着移动互联时代到来,提出"主流换挡"思想,延续至今。

2015 年，对微商、共享模式、大单品的思考，紧跟时代又超越时代。

2016 年，笔者提出"天网门店"。

2017 年，笔者总结社会化营销方法，提出"新营销"概念。

一本书，浓缩了过去 15 年中国营销的实战历程与前沿思考。在这里，希望读者能感受中国营销的真实脉搏，找到进入未来时代的启迪之光。

导读 / I

第一篇　青春的时代，向营销致敬

2003 年

一、在渠道上建立强势品牌 / 006

二、从 20 万元到 600 万元的销售传奇
　　——真心瓜子 "撬" 开广东市场纪实 / 010

2004 年

一、第三只眼看 "舒蕾终端营销模式"
　　——兼评刘诗伟 《终端宪章》 / 020

二、口子窖，解构 "盘中盘" 白酒营销模式 / 024

三、白酒营销模式进入系统创新阶段 / 030

四、太太口服液的品牌迷途 / 033

五、中国啤酒 2005 年营销新局透视 / 042

六、青岛啤酒北京攻坚战：三个关键战术原则 / 053

七、中国啤酒品牌广告策略本体论 / 055

2005 年

一、深度营销：系统化的市场争夺 / 064

二、纯粹品牌论初探 / 071

三、营销总经理的三世人生：经理人职业生涯反思 / 078

四、智商：经销商与品牌厂家的共赢之道 / 084

五、经销商制胜厂家的"七种武器" / 089

六、万川映月：厂商关系新理念 / 095

七、经销商管理金言 / 097

八、如何实施区域市场大规模攻击战 / 103

九、如何打造渠道"坚"兵 / 109

十、智取销售渠道 / 117

十一、如何拿住二批商的"七寸" / 123

十二、如何有效管理销售人员 / 129

十三、用体系能力实现双赢招商 / 136

十四、一个营销人的 10 年读书历程 / 142

2006 年

一、糖果"围城"：从迷乱中胜出 / 150

二、营销咨询的几何循环路径
——喔喔营销体系诊断与战略规划报告纪实 / 160

三、2006 年：中国啤酒竞争版图新拐点 / 167

四、回到事物的基本面 / 172

五、中国营销，你咨询了吗 / 179

六、中国营销思想的西学历程 / 187

七、思想为王：中国营销的新图景 / 192

| 第二篇 | 激荡的时代，向时代致敬 |

2007 年

一、阿里巴巴：芝麻开门 / 202

二、新经济的属性与基本逻辑 / 211

三、消费者需要"唤醒"不需要"教育" / 212

四、蒙牛的启示：业既欲大、创必非常 / 216

五、商业模式的逻辑基础是销售形态 / 219

六、手机第三代革命：iPhone of 苹果 / 223

七、回到企业战略的基本面 / 225

八、蓝海战略与新经济 / 229

九、长征战术的营销启示 / 231

十、行业第一品牌的非常道 / 233

十一、战略增长新思维 / 241

十二、告别野蛮生长 / 251

十三、新咨询驱动力：管理软件的力量 / 254

2008 年

一、中国企业的增长路径 / 260

二、系好营销的"第一颗纽扣" / 263

三、乔治·路易斯：定位是屁 / 269

四、李奥·贝纳：好广告穿透大众的心灵 / 274

五、伯恩巴克：广告"鬼斧"的 ROI 原则 / 280

2009 年

一、中国大豆产业链危机"珍珑劫" / 286

二、刘老根大舞台：离太阳马戏团有多远 / 293

三、海尔的战略高原 / 296

2010 年

一、2010 年中国产业十大事件 / 304

二、茅台酒价格，到底代表了什么 / 310

三、《阿凡达》的吸金之道 / 314

四、叩问 CEO：你是不是行业高手 / 318

五、赵本山《捐助》口水战风波背后 / 321

六、商业模式新生代还是退化代 / 329

2011 年

一、从产品营销到产业战略营销 / 336

二、京东火拼当当，直指 B2C 行业本质 / 351

三、2011 年中国食品行业的机遇与挑战 / 354

四、价格带与品类的黄金交叉 / 360

2012 年

一、渠道与品牌的永恒对决 / 372

二、加多宝正在走入战略"雾区" / 379

2013 年

一、中粮拿什么拯救五谷道场 / 388

二、宏宝莱的隐形冠军之路 / 394

三、见识"大师范" / 400

四、拒绝平庸：勿失营销之本 / 403

第三篇 升维的时代，向中国致敬

2014 年

一、讲透主流换挡 / 412

二、再说主流换挡 / 423

2015 年

一、微商商业形态的本质与未来 / 428

二、清淡饮料的品类风口 / 430

三、互联网下半场：共享模式重塑每一个行业 / 431

四、需求链驱动的产品模式 / 439

五、重塑战略大单品 / 442

2016 年

一、中国经销商正面临时代大考 / 448

二、新大众化品类 / 454

三、小程序：重构商业场景的新力量 / 457

四、关店潮下的未来门店 / 461

五、未来门店的店员做些什么 / 465

六、新天网门店：真正的战斗在门店之外 / 467

七、天网门店的 11 条关键定义 / 468

2017 年

一、导致销量下滑的 11 个昏招 / 472

二、社会化营销"5 即"方法论 / 476

三、拥抱新营销 / 480

第一篇

青春的时代,向营销致敬

笔者从1994年第一次下海，1995年借到科特勒的《营销管理》（下册），就"现学现卖"给销售人员做培训，到组建第一个销售团队，先后销售舒尔美卫生巾、安吉尔净水器、蓝月亮衣领净、复印纸、燃油热水器等产品，从食杂店的扫街销售到批发市场、大商场、团购、重点客户，都是"现学现做"，在战争中学习战争。

笔者系统接受营销训练是1998年年初进入圣泉啤酒市场部，真正进入营销之门。从市场调研开始，系统接受培训，也是现学现做，现做现学，做了再总结，边打仗边学习、边总结。

在圣泉啤酒的两年，笔者做了很多个人营销生涯的第一次：第一次市场调研及撰写调研报告，第一次全过程的新产品策略（喜宝啤酒），第一次渠道整合尝试（圣泉黑啤经销商联盟），第一次公司全系列产品线规划与变革，第一次全省及外省区市场与销售规划，第一次带着一瓶酒风风火火卖全国（139计划）……太多的第一次，这是营销的启蒙期。

1999年，笔者进入潮汕地区的加丹啤酒公司，第一次负责执行"垂直整合渠道运作"，第一次独立完成年度市场营销规划报告。到2002年，笔者发现加丹啤酒公司自创的垂直整合渠道运作方法，被称作"深度分销"。2005年，笔者将深度分销升级为"深度营销"思想，这是一次系统总结"销量驱动力"的尝试。

大广告、新产品、深度分销,的确可以称作2000年之前中国式营销公开的"三大法宝",因为抢先运用的企业都取得了不同程度的成功。今天快消品的巨头,无一不是当年执行三大法宝最彻底、最持续的品牌。

2004年,笔者将在真心瓜子从省区销售到大区销售再到全公司系统销售管理的心得写成《在渠道上建立品牌》一文,第一次在《销售与市场》杂志发表。后来读了陈春花的《中国营销思考》,笔者发现在渠道上建立品牌的思想,被归纳为品牌驱动与渠道驱动的差异,是陈春花总结的"制胜中国市场"的核心要素。

营销的思想历来晚于实践,这是营销思想与管理思想有很大差异的地方。管理(统治与管理)实在是最古老的人类思想,如商业管理、企业管理都是"统治管理"这根古藤的分支,唯有营销是全新的。其在世界的历史不过150年,在中国的历史至今也只有40多年。

过去3000年人类社会的店铺、手工生产等也有销售,也有各自的销售秘诀。但在"全国市场"形成前、在"工业化品牌"诞生前、在"全国性商业媒体"出现前,营销或者销售与三者出现之后的世界是完全不同的。这是"营销是全新的"这一断语的基础。

今天的营销又上了新台阶,营销面对的三个环境又扩大了:全球市场、全球品牌、全球化媒体,而且有过去"全国化时代"都没有的新基础设施:社交媒体、第三方支付、第三方物流(快递)、超级管理软件。这是"万物互联"的新时代。

回到2006年之前的营销世界,那时的电商还是一只"丑小鸭",阿里巴巴还在享受诚信通的快感,淘宝与易趣的第一场战斗刚结束,电子商务还是新奇时髦的事儿。终端为王、盘中盘、深度分销,这些"营销地躺拳"的功夫与线上三板斧(明星代言人、广告片、大媒体),依然是企业制胜的看家本领。

本篇记录2006年之前的营销世界,虽然不是全景描述,但作为亲历者、亲自操作者、思考者,这是"一个人的中国营销史"记录,恰好是对中国营销青春时代的一个纪念。

本篇记录的营销世界距离2018年已有20多年,可是营销的思想乃至方法却未必过时:地躺拳的功夫(2005年总结为"地面决胜"方法论)如今在"新零售"的世界里换上"马甲"又回来了,依然是决胜未来的看家法宝。

没有什么行业比营销更需要思想的光芒,因为营销是全新的,每天都在变化。正因为如此,首先让营销思想本身是新的,也就是不要让营销新人去重复制造轮子,即不知营销前辈的思想而自以为是,就不仅有历史价值,还具有了"时代价值"。本书以"思想为王"结束,是想提醒营销人:思想的创新,首先是不要重走老路而不知。如果你不知道前人走过的路,你就不会知道自己的路究竟是全新的,还是一次毫无新意的轮回重演。

这是一代营销人的芳华。

中国快消品营销这些年

2003 年

一、 在渠道上建立强势品牌

如何建立全国性强势品牌?

如果你问广告公司,他会告诉你要扩大品牌知名度与美誉度,然后提交一份创意方案、媒介计划表,后面就是你经常会看得头晕的8位数以上的广告预算费用;

如果你问品牌咨询公司,他会告诉你首先要明确品牌的核心价值、个性,要用出色的定位创造出品牌的独特区隔,然后是一份严密的调研计划及关于品牌概念的教材,最后通常是7位数的咨询费。

与此同时,企业各地的销售部门陷于频繁的促销,投入大量的人力、宣传物料,一年几千万元的销售费用花去了,却还是在抱怨缺乏"品牌拉力"!

实际上,在快速消费品领域,呈现着实效促销费用在总费用中占有份额越来越大的趋势,或者直接点说,当媒体广告费增长的时候,实效促销的费用也在增加。当总体销售额在增长、总体促销费用在增长,而总体利润却达不到资产回报率的利润水平时,企业有理由问:拉动销售增长的究竟是什么因素?促销费用对销售增长的边际平衡点究竟在哪里?如何才能避免在水烧开后要继续加火?

让我们回到问题的原点看一看:什么是品牌?不要被奥格威关于品牌的论点所困扰(尽管他说的近乎真理)。品牌就是被消费者(或聚焦点说,目标客户)感知的超越产品层面的精神属性:名称、构图、色彩、诉求主张。这种精神属性具有销售力,而且在一定时期内不会改变。你之所以认为肯德基的炸鸡比街头的麦香炸鸡好,是因为你不但可以吃到口味更好的炸鸡腿,而且享受了肯德基餐厅的卫生、服务、氛围,因此你绝对不会因为麦香炸鸡便宜、实惠就不去肯德基。当你吃箭牌口香糖时会选择白箭、绿箭或黄箭,因为广告告诉你白箭代表"运动、健康"、绿箭是"自然清新"、黄箭是"好心情"。品牌是将你的产品从同质化泥潭里拯救出来的唯一稻草!

品牌是如何传播的?在媒体大爆炸前的日子里,三大大众传媒(电视、报纸、广播)具有迅速凝聚"眼球"乃至"关注"的作用,这是

"标王"现象产生的现实背景。进入21世纪，传媒开放导致的媒体民间化，在稀释传统主流媒体的传播力量，同时新型网络媒体、新生活方式改变了大众接触信息的渠道与方式。于是，所谓的整合营销传播（IMC）应运而生，但在大多数广告公司的媒介计划书里，IMC似乎是多媒体广告工具的代名词，只是加了一句实属多余的"整合"意见：一个形象、一个声音（难道不是统一形象与声音的传播才算品牌传播吗）。其结果是，整合没有降低传播费用，媒体广告费用继续增长。

今天是信息大爆炸的时代，今天是消费者出现"感知钝化症"的时代，习惯性品牌购买趋势大行其道。换句话说，在社会呈现分众化趋势的同时，消费者的品牌选择出现保守化倾向，也就是广告人追求的"品牌忠诚度"。今天的新产品、新品牌要进入这群患上"感知钝化症"的消费大众的头脑，比信息大爆炸前时代要困难得多，要改变他们的既有消费观念与消费行为更是难上加难。

原点问题是：我们一定要通过大众传媒才可以传播名称、构图、色彩、诉求主张这些品牌的核心精神属性吗？我们如何才能改变消费群的购买行为呢？

对于快消品而言，今天的现实是：进入日益复杂化的渠道比品牌的设计与传播困难得多！品牌与传播的策划已形成专业化的操作模式，而渠道占有的专业化水平仍然处于原始状态。试问有几家企业、几家经销商具有专业、高效、持续的渠道运作系统？可口可乐？百事可乐？宝洁？箭牌口香糖？……

认清今天的现实：渠道品牌化才是建立品牌的第一桥头堡！

品牌战略目标的实现，首先需要在渠道这块"品牌诺曼底"登陆，然后才是广告在消费者心灵领地的纵深扩展！渠道已取代传统大众传播工具成为传播品牌的最重要媒介！不仅如此，渠道传播还具有大众传媒无法比拟的两个优点：费用比率可控、对销售增长的促进可直接体现。而不必如广告效果的评估出现一大堆专业名词，如收视率、到达率、千人成本、GRP等。没有品牌登陆战的胜利就进行广告的高空轰炸，正如二战时德军对英伦半岛的大空袭，是绝对不会给最后的胜利打上包票的。

这意味着销售部门这个通常被视为执行的机构，现在担负起了达成品牌传播目标的新使命。销售在今天的市场环境下，不仅没有如德鲁克所言成为"不必要",而且再一次成为决胜市场的核心武器。但是,销售的核心工作已不再是传统的推销、成交技巧,而是融会了营销智慧、品牌创意的策略性渠道运作系统。

渠道复杂化是今天市场的现实境况,"渠道成本"已经取代传播成本成为品牌建设费用的大头,在成本取得预期收益的情况下,我们将成本称为"投资"。奥格威那句关于品牌投资的名言,只要将"品牌"换成"渠道"就一样是真理:渠道建设是为了确保品牌资产的一项长期投资。

如何在渠道上建立品牌呢?

第一步:渠道定义规划。

渠道定义是销售战略的核心之一,应制定年度渠道规划,明确本年度重点进入、开发的渠道类型,在每类渠道定义的后面都必须明确以下内容:

渠道数量:按省、市、县、镇四级统计渠道的数量;

地区分布:明确渠道建设的重点与次重点地区及分布;

执行人:是自营还是由经销商运作、落实责任人;

进入条件:明确费用类型、人力支持、合作条件;

进入产品:明确各渠道内的标准产品及价格;

后续促销:明确进入后的年度促销计划、促销类型、费用;

预算费用:测算总体费用预算;

执行时间:明确界定完成渠道进入的截止时间;

预期销量:年度总销量计划及月度分解;

维持标准:规定维护渠道的方式、费用、标准。

销售部门应该根据资源状况及销售策略,有计划、有重点、有节奏地实施渠道开发计划。如可口可乐为了实施其"无处不在"的品牌目标,对中国市场的渠道定义多达31种,其结果就是,在零售店经常会看到健力宝、康师傅、统一、娃哈哈的线路业代每天进行你贴我撕的宣传画张贴大战,但零售店门口冰柜上醒目的红色可口可乐广告画纹丝未动。

第二步:渠道战略投资计划。

根据渠道进入策略制定年度渠道战略投资计划,对本年度重点建设渠道类型进行整体设计,项目如下:

渠道类型:年度总费用及销售计划;

执行控制:明确投入与产出的关系,由财务部对费用率指标进行控制，而市场部对投入效果进行控制；

评估：每月对重点渠道建设计划的执行及效果进行追踪考评；

调整：对执行不力的销售人员进行处罚。

到目前为止，很少企业将销售渠道建设纳入战略性常规管理计划。大多数市场部组织形态仍然是传统的调研、新产品开发、品牌管理、媒介管理四项职能，这是督查加企划模式下的组织形态，不能适应进行战略性渠道管理的要求。在完善市场部传统组织功能专业化水准的前体下，建立战略性渠道管理规划，将品牌管理与销售管理相结合，严格规范销售一线人员的作业行为，这就是打造面向未来的营销竞争力。

第三步：渠道整体设计。

在前两项计划完成后，在预算范围内设计各类型渠道标准展示方案：

产品陈列：常规陈列与特殊陈列标准；

生动化手段：价签、宣传品、异形标牌、三维动画等；

人员：理货员、导购员选择及作业标准；

客情：设计专门用于客情的礼品；

视觉设计：制定标准色、图形、物件的使用手册。

在做渠道整体设计时，必须在重点渠道及预算范围内制定，是有针对性、有明确销售指标、有计划的设计，而不是如现在很多企业面临的困境那样：要么是完全按需设计制作，要么是设计制作出来后放在仓库或无法执行。渠道设计标准一旦确定，就必须完全按计划执行，否则就必须追踪原因、找出责任归属。必须指出，如果没有对渠道品牌化的意义、位置、组织形态、年度方案等进行认真规划，渠道的整体设计将摆脱不了传统 VI 或视觉整合见树不见林的"营销近视症"——好看与能促进销售的美感是截然不同的两个境界。

对渠道进行专业化管理，这不是对传统销售管理及品牌管理的补充，而是替代！从未来快消品的市场结构看，渠道投资代替广告投资是一个必然趋势，今天没有建立渠道优势而在大众媒介上进行大量的广告投资的品牌，在未来 3~5 年内将逐步消亡。

21 世纪的快消品市场是渠道的战场，哪一个品牌夺得渠道这块"品牌诺曼底"，谁就会成为最后的赢家。未来销售管理的核心是专业化的渠道建设系统，当销售管理提升到专业化渠道运作的高度，企业/品牌对于市场、经销商就取得了主动出击的强势地位。同时这一强势地位不是依靠压制或强迫，而是让市场势能推动经销商、销售人员的日常作业，真正做到"求之于势不责于人"的管理境界。

广告、定位、创意还需要吗？当你需要对竞争对手实施战略打击时，广告会成为引爆渠道能量的导火索；当你需要不断挖掘渠道的销售能量时，定位可以令你的新产品一炮而红。而创意，如果你还是品牌，创意就是品牌的空气！没有创意，你的品牌不过是一枝"干花"！任何营销措施、再完善的渠道，都不可能拯救一个没有生命力的产品或品牌。

"创意给人生命和乐趣。"广告界大师李奥·贝纳如是说。

如果我们赋予销售以创意，就是在赋予我们的产品、品牌生命与乐趣。

二、 从20万元到600万元的销售传奇
——真心瓜子"撬"开广东市场纪实

真心瓜子如何开拓广东市场的？

上：小试锋芒

2002年8月31日夜，在合肥开往广州的火车上，S经理正在与两位销售主任谈论着。

几个小时前，S经理才在火车站与两人第一次会面。而S经理8月29日刚办完安徽真心食品有限公司的上岗手续，与公司总裁、销管部经理各进行了半小时的交谈。公司除了给S经理一张广州ZH贸易公司申请进入"好又多"的费用申请外，要求其向两位主任询问市场情况。因此，S经理很急切地想知道自己这个新上任的"省长"面临的是什么情况。

经过一番沟通，广东的市场状况浮现出一个轮廓：

从2002年1月至7月广州已更换了3个经销商，广东省有3个经理因无法打开局面而退出，现在全省只剩下3个继续合作的经销商。其中，广州ZH公司是8月刚合作的及顺德、韶关各一个经销商，而在深圳、汕头、梅州、江门、湛江等地还有因未及时卖出而受热变质的产品等待处理；广东7月份销售额为零，8月份销售20多万元，2002年春节前最高的一个月

销售额100多万元；存在的问题有天气热、公司货源供应不上、到货周期长、与经销商存在费用及过期变质货的处理争执、与现在的经销商沟通困难……

S经理明白，自己面临的是一个"钉子"市场。

9月1日下午，到达广州东站，与从广州中转去广西的两位销售主任碰面，一起坐了近两小时的公车来到位于广州芳村区的"办事处"：一个两间房的旧楼，所有的窗户都没有玻璃，除了两张床，没有任何家具，大门因错位而关不严，到处是灰尘杂物……这样的环境，前任们住了近半年。

S经理对两位主任说："我们这是在坐困愁城啊！"

没有时间计较环境，S经理立即制定了对三个经销商的拜访日程。

第二天，广州ZH公司，S经理与其老板S女士、C经理进行了交谈。该公司主要经营的产品是金味麦片、皇室咖啡，年销售额3000多万元，网络遍布广东各地，真心瓜子也通过该公司流向东莞、惠州、肇庆、清远等地。C经理扔了四个问题给S经理：

（1）从前一个经销商处转场的一些货仓中有6月份以前的货，要先退货才能进新货。

（2）发货太慢，要15天才能到货，影响销售。

（3）求除广州以外的地盘。

（4）要求公司同意好又多进场条件。

讲了一大堆抱怨真心的话。

S经理边记录边思索如何回应，趁C经理抱怨的时间对该客户心态琢磨了一下，给了如下答复：

（1）货龄较久的大龄退货先用新货调换下来，统计数量后，就地与新货捆绑销售。

（2）与公司协调将到货周期缩短到10天。

（3）在广东办没有开发经销商的地级市，ZH公司可以销售，但不能冲击已有市场。

（4）与好又多采购约时间谈判。

几项回答让C经理感到S经理是个比较务实的人，但S经理却在盘算如何增加回款。

一提到9月份的销售目标，C经理开始转移话题，认为应该根据市场的实际销售决定销售目标，而不能硬性规定销售任务。S经理肯定了C经理的观点，先谈了一通以市场消化数量决定销售的方法，又举了自己操作啤酒的案例，然后话锋一转，从ZH公司因发货周期长而断货反映现在市场还是处于供不应求状态，要求ZH公司将9月份的销售目标定为8月份的一倍，即30万元。S老板、C经理表示反对，认为不能做到。在提出的销售困难、好又多没进场、已有货仓店存货大消化慢等理由被驳倒后，C经理生气地讲："你们公司把我们的货款放在账上不发货，是不是要用经销商的钱买原料。"

S经理反过来提醒客户，现在已经到了季节转换的时候，且中秋节、国庆节即将来临，如果没有充分备货，会贻失销售机会，而且公司现在产品供不应求，北方的销售势头很好，如果彼此不能配合，办事处就很难保证客户的利益。这几句话令S老板、C经理表示愿意配合，但还是不能预先定下销售指标。S经理明白，直接要求对方承诺销售目标已不可行，于是提出第二方案。S经理说道："大家彼此合作，我理解你们的顾虑，但你们也要支持我的工作。我们这样办，现在你们是等货到仓库就订下一批货，从现在起改为货从合肥发出你们就订货，我将送货司机的电话给你们，确认了就订货，你们觉得怎么样？"

尽管S老板、C经理还是觉得有点被动，但话到这个份上，也只能点头同意。

第一次的交锋顺利达成，9月份销售目标已有了30万元的保证。随后的一周，S经理分别拜访了顺德、韶关的客户，解决了与ZH公司差不多的问题，设计了促销方案，达成货到即下订单的协议。

S经理将跟进的工作布置给两个主任，开始考虑如何进一步开发市场的问题。

中：进退之机

9月10日，按照公司的部署，要求在广州开展名为"阳光铺市"的士多店直销工作。由于ZH公司不愿意执行，公司决定成立广州办事处直接运作。于是，找房子、搬家、布置办公室环境、安电话传真、去天河锡安人才市场招聘，总算离开了破旧肮脏的小屋，开始新的业务发展。

不料，直销首战即遭受重创：

花了2000元在天河人才市场做了两次招聘，收到了200多张申请表，来到芳村办事处的有40多人，但最后愿意干的只有2人。

两个人也得干！每天8：00，两人从办事处带3件货出去，以10包送5包的促销力度销售，但每天只能卖60元左右，还要剩下一件半的货带回来。坚持了12天，终于在国庆节前一天，在一场意外的大雨突袭广州后，两个人带着6箱没有销售的瓜子回到办事处，提出了辞职。

国庆节，S经理与两位主任来到天河、海珠、越秀等地区走访士多店，考察市场情况，并在一起认真分析第一次失败的原因。大家总结了一下，认为没招到人及留不住人主要是方法不对：

（1）招直销员不能要求对方有太高的能力、学历、丰富的经历等。

（2）薪资制度不合理，底薪太低，尽管提成比例很大，但在开发期成交率低，故没有保障，不能保证在广州的基本生存。

（3）由于前两个人都做过士多店直销，反而令他们缺乏锐气。

（4）带货销售，从芳村到海珠、天河、白云乘公车，消耗体力大、在途时间长，一般人坚持不下来。

于是，S经理立即改变用人方法：

（1）来者不拒，放低门槛，先聚人后做事，注重业务员对工作的态度而不是行业经验。

（2）调整薪资结构，提高基本工资，让员工有稳定感。

（3）先易后难，前三天不要求销售，先做市场调查、派发样品、收集客户意见及订单。

（4）由于无法实行先拉订单后配送，还得维持直接销售的方式。

（5）加强对业务员的培训，取消休息日，每周日上午开例会，分析市场、培训销售技巧。

这样从10月7日开始，陆续招收业务人员，到11月上旬共招到13人。13个人大部分没有直销甚至销售经历，办事处通过每天的晨会及周日例会对他们进行培训，尤其是思想观念上的灌输，提高他们对直销工作价值与意义的认识。对于直销员来说，技巧、市场、竞品等因素都不构成影响成交的障碍，唯一的困难就是直销员自己克服拒绝的信心，而树立信心的唯一办法就是更加勤奋、拜访更多的零售店。

随着人数的增加，划分了区域并让业务员集中在各区合住，可以以其住处为临时存货地，市区分布情况是：芳村：2人；海珠：2人；白云：3人；天河：3人；荔湾：1人；越秀：1人；黄埔：1人。每天上午8：00晨会，13人从广州的四面八方来到办事处，有人6：00就要从家里出发，9：30前办完缴款、领货手续出发到各自铺货地。此时公司也派出财务人员并配备了一辆金杯车，为了提高工作效率，将白天给业务员送货改为晚上送货，这样白天就可以减少在途时间，有更多的时间销售。人员的稳定性也很高，到春节前一直是13个人，业务员称自己是广州办事处的"十三太保"。直销的运转基本进入正常状态，从第一次200件货卖了一个月还转给经销商150件，到2004年1月广州办事处直接销售的数量已达到3000件。

与此同时，尽管参加了10月中旬的长沙秋季糖酒会，与近30家经销商进行洽谈，足迹踏遍佛山、东莞、深圳、惠州、中山、江门、肇庆等地，能立即成交的几乎为零，不是对方要考虑，就是满足不了公司的要求。但一些重点地区，如深圳、东莞、佛山的客户开发已进入实质条件谈判的阶段。

经过两个月的市场摸索与实践，S经理已基本了解广东瓜子市场，拟定了一个90天销售计划：

（1）集中现有的两名销售主任，放开两边（粤西、粤东），重点开发珠三角地区。

（2）已有客户每月保持100～150万元的销量额，逐次开发东莞、佛山、深圳、中山、惠州，至第三阶段即2004年1月16日前，累计完成700万元的销售任务。

广州SM商贸公司，在与S经理的谈判中开始越走越近。SM公司是一家品牌代理公司，由广州、深圳、东莞、中山四家在当地实力较强的食品饮料商贸公司出资组建，四家股东公司年销售额均在6000万元以上。由于S经理曾经操作过相同性质的品牌代理公司，对其发展方向及存在的问题有较真切的体会，与L经理的几次初步接触，彼此建立了好感与兴趣。11月上旬，与SM公司执行董事、广州一家食品公司的老板L总正式会谈。

L总比较有亲和力、话语不多，在广州的食品界创业10多年，在广发大厦拥有自购的写字楼。S经理向L总介绍了真心公司的发展状况、在广东的发展势头，尤其是广州办事处直销的情况，与其公司的运作情况进行了交流，会谈气氛比较融洽。L总提出一些如真心公司对广东市场的投入、以前的不良影响、SM公司做广东总代理等问题，S经理一一务实地进行了解答。在不经意间，S经理针对SM公司想代理的区域提出首批订货不得低于100万元的要求，并对货物的区域分配进行了分解，L总默认，但声称要与其他董事研究一下。

11月下旬，SM公司的股东企业之一——深圳HDJ公司的X总来广州。当天S经理刚从总公司开完全国营销会议到达广州，刚出芳村地铁站就接到L经理的电话，称X总只有2小时时间在广州，希望立即见面会谈。S经理来不及先回办事处，只能带着行李折回头赶往广发大厦。S经理向X总介绍了对深圳市场渠道运作的思路，展示了瓜子市场的巨大市场空间，引起了X总的兴趣。实际上，在与SM公司谈判的同时，S经理与深圳、东莞、佛山等地的几家公司谈判即将进入签约阶段。

与SM公司涉及经销方式的选择，有利也有弊：有利之处在于其股东公司具有很强的市场操作能力及实力，弊病在于未来大经销有可能变成大麻烦。经过认真的分析，公司同意了S经理的意见，在条件规范的基础上考虑与SM公司的合作。

由于与SM公司的合作方式及操作金额较大，又先后邀请真心公司总裁访问广州，并邀请SM公司的四位董事对真心公司总部参观访问，双方合作的顾虑进一步打消，于12月上旬签订合同并立即操作，此时距2003年春节只有40天。

下：一飞冲天

第一车货于12月12日运抵深圳，赶上参加深圳高交会馆举办的"年货博览会"。在展览会上，S经理策划了一系列的派送、特卖等活动，并打出了活动主题"打造中国香瓜子第一品牌"的横幅标语，极大地鼓舞了HDJ公司的干劲与热情。同时，频繁与HDJ品牌部、KA部、分销部、BC组等业务人员沟通，介绍真心公司的市场操作方法，对进店、直销计划的落实及市场反馈进行追踪。

为了配合深圳市场运作，成立了深圳办事处，又申请金杯车一辆，并将另一个销售主任调往深圳。一时间，深圳办事处人员与 HDJ 的业务主管们天天跑市场、追进店、落实商场堆头、培训临时导购，在华润、民润、万佳、新一佳、岁宝、天虹、家乐福等，以飞快的速度进场、落实堆头或端架，深圳战车迅速启动。

后来据 HDJ 的资深业务主管称，真心瓜子在深圳的上市速度不仅创下该公司创立 8 年来的最快纪录，而且在深圳食品界都是少见的。

正当深圳热火朝天大干的时候，S 经理最看好的东莞却传来销售进度缓慢的声音。

来到东莞 TL 公司，向 Z 经理了解情况，原来首批订货的 3000 件已进入华润、嘉华、章业、美佳等近 200 家店，首单定量比较少，商超的进店情况还正常，但直销计划招 10 个人，来了 5 个人干了 4 天就全部辞职，因此陷入停顿。分销市场由于过去广州 ZH 公司在宏远市场里有几家大户，TL 公司不但无法接手，而且 ZH 公司认为东莞市场是他们打开的而不愿放手，搞得市场上不知谁是合法的经销商。

针对直销碰到的困难，S 经理讲述了广州办事处的经历，帮他们分析失利的原因，寻找对策。客户很是动容，提出能否抽几个业务骨干来东莞带一带新手，S 经理当即决定由广州办事处 Z 主任带队，抽 4 名业务骨干来东莞"火线救场"。

对于 ZH 公司的故意窜货行为，S 经理立即与该公司的业务主管进行联系，但遭到拒绝，并发生争吵，因此立即通知公司暂时扣发 ZH 公司的货物。由于货已装好等待发运，司机电话已通知了客户，S 经理扣发货物的消息立即传到了 ZH 公司，S 老板给 S 经理打了电话。S 经理将情况向 S 老板讲了一下，申明第一次见面就有约在先，办事处没有找到客户前 ZH 可以销售，办事处找到客户，ZH 就必须退出。S 老板虽然愤愤不平但又无话可说，要求 S 经理对货物放行。S 经理则要求 S 老板必须明确承诺不再向东莞供货，并且必须约束公司经理主管的行为。在 S 老板亲口承诺不再窜货后，S 经理通知公司给予发货。一场风波在 2 小时内得到解决。事后回到广州，S 经理专程拜访了 ZH 公司，说明当前广东市场的发展形势，告诉 S 老板、C 经理要把握机会，结果 ZH 公司 2003 年 1 月销售额又翻了一番，达到 90 万元，并且遵守承诺没有窜货。

几项事务的解决，令 TL 公司很感动，从上到下与广州办的业务人员一起投入开发市场之中，专门派出一辆货车，到莞城及周边镇铺市。Z 经理不仅每天等待直销队回到公司，了解当天销售情况才收工，而且在圣诞节组织公司全体员工及广州办人员，在莞城的天和百货店里，穿起圣诞老人的服装，派发真心瓜子，场面十分热烈。东莞的销售局面开始迅速好转，客户的兴趣与信心大增，销售额增长了 5 倍。

与此同时，为了对春节后市场进行准备，又与广州 LD 公司签订了合作协议，规定 LD 公司以 BC 商场为销售对象，不得进入东旺、天平架、一德路、瑞宝、南泰等批发市场。LD 公司自 2003 年 1 月 5 日与广州办接触，1 月 7 日签约，1 月 12 日到第一车货，在春节前的 12 天里进行强铺市，共进店 150 余家，3400 件货一扫而空。

2002 年 12 月 10 日至 2003 年 1 月 5 日，广东市场陆续开发了清远、佛山、中山、珠海、江门、海丰、汕头、梅州、湛江市场，一级经销商达到 14 家，新开发的二批客户 300 余家，进入各类卖场 500 余家，铺市士多店 20000 家。销售战绩是：9 月：58 万元、10 月：91 万元、11 月：110 万元、12 月：350 万元、2003 年 1 月：645 万元，总计 1254 万元。

真心瓜子在被洽洽把持的深圳、东莞，在洽洽与大好大共同把持的广州，在短短 40 天的时间里，抓住战机、迅速开拓，以迅雷不及掩耳之势，撕开了一个口子，成功地进入广东市场。

后记

真心"撬"开广东的历程是一个偶然又必然的过程。

必然的因素是：首先，真心瓜子具有不可否认的质量及口感优势，得到了广大消费者的认可。其次，真心瓜子灵活、务实的促销手法，上下一心打开广东市场的决心，公司对广东市场部从生产、技术、物流、财务、行政等方面的快速支持，决定了这场战役的胜利。

偶然的因素是：在瓜子市场巨大的未被填满的市场空间，尽管真心与主竞品的差距在 1∶2 至 1∶3 之间，但在真心瓜子成长的过程里，几乎没有遇到对手的正面阻击，品类市场的巨大潜力为品牌的发展提供了巨大的机会与舞台。广州直销队伍的建立及运作，在开发广东市场中起到了关键作用，不仅磨练了全体业务人员的意志、增强了人员管理及处理复杂市场变化的经验，还以现身说法的力量令经销商对于真心业务团队的市场操作能力深具信心，增强了对经销商的制约力、说服力。

广东尤其是珠三角地区有巨大的消费潜力，同时市场又有很大的包容性。在这个市场上，任何类型的产品都可以找到自己的市场，这个市场为每种产品都提供了足够的"MAN"——有需要（Need）、有支付能力（Money）并愿意消费（Authority）的庞大人群，唯一需要的是发现的眼光与进入的方法。

外来产品进广东市场，真正成功并能站住脚的品牌屈指可数。在乳制品、饮料、啤酒、洗化用品等领域，可谓是"无数英雄竞折腰"。尤其在广州、深圳、东莞三大FMCG（快速消费品）核心市场，成为无数品牌天堂里的坟墓。

当S经理第一次去经销商处的时候，听到的是"你们安徽人不懂广东市场""你们搞办事处是浪费钱，把政策直接给我们做就行了"之类的话语，现在当真心瓜子以"坐地日行八万里"的速度在广东市场崛起，四个月内销量传奇般地增长30倍，剩下的只能是惊叹。

2003年元月，开启了真心瓜子在广东市场的航程，广东市场已不可阻挡地向真心瓜子敞开了潜力巨大的市场之门。

最后，以此文纪念在这场辉煌战役中付出辛劳的19位广东市场部真心员工，并向所有的合作伙伴致以敬意！

中国快消品营销这些年

2004 年

一、第三只眼看"舒蕾终端营销模式"
——兼评刘诗伟《终端宪章》

首先声明此文为何名曰第三只眼"看舒蕾终端营销模式"(以下简称舒蕾模式)。

第一只眼:笔者并非洗化品行业人士,也从来没有做过化妆品或洗发用品的营销工作;第二只眼:笔者也并非丝宝公司工作人员,没有任何内部消息。

所以,第三只眼的第一层含义就是,笔者是以一个对快速消费品有10余年营销及销售经历的市场人的眼光分析舒蕾模式,没有对任何人任何事有任何主观的倾向或需要"注意措辞"之顾虑;第二层含义是,笔者尽管在1994年就知道丽花丝宝(因其时有位销售人员在兼职做丝宝化妆品直销不得而进入笔者的直销组织,后来成为某市平安保险一期展业员冠军),也从1998年胡兵做形象代言人起就在街头受到红色舒蕾的视觉拦截。在超市经常遭到舒蕾礼仪小姐的"终端拦截",但直到今天笔者从未购买或使用过一瓶舒蕾洗发水。其原因很简单:舒蕾洗发水比较贵,至少比笔者使用过的宝洁系列、广东军团的洗发水都贵。

这种个人经验实际上是笔者对舒蕾模式经常给予关注的起点。

做过快速消费品营销的人都知道,一个技术、工艺、原料没有差异的"高价"产品背后的东西是什么?

是营销人津津乐道的神圣名词——"品牌"!

当年,笔者在超市货架上拿起舒蕾的时候,发现了巨大的价格差别——与洗发水专家兼"一哥"宝洁及一大堆广东的洗发水品牌的价格差距,印象里好像比飘柔要贵8元左右。出于职业敏感,笔者不认为舒蕾具有令我多支付成本的独特产品利益。对于宝洁的洗发水,笔者也并非从内心相信其所谓的细分诉求(对于飘柔、海飞丝、沙宣诸品牌笔者也只是把它们看成与其他广东品牌并无本质差别的产品,至于要去头皮屑,笔者只认可西安扬森的采乐)。

但宝洁的飘柔、海飞丝、沙宣、舒蕾却成为中国洗发水市场的领先品牌,并成为中国快速消费品里屈指可数的"10亿品牌"!于是,他们的营销都是成功的，理应具有总结成功规律的价值。

1998年经过台湾地区营销人在大陆的传经布道及一本《宝洁的观点》，宝洁的品牌管理理念与方法成为中国营销界品牌化运动的圣经之一。随着舒蕾的销量节节攀升，在世纪之交，"终端拦截"成为舒蕾模式的名片。

观点一：终端拦截要具备大的产品利差

笔者在2000年对舒蕾、风影的市场运作进行观察后，得出一个结论：舒蕾模式的营销费用比肯定高于大多数快速消费品如啤酒、饮料、食品等，而且在2000年—2001年丝宝旗下洗发水的电视广告投放量也高于行业平均水平。这个疑团在刘先生的书里得到解答：舒蕾预算的终端运作的销售费用比例是45%。不知这45%的费用比里是否包括媒体广告？

于是，舒蕾所引为自豪的"直供模式"（即将大卖场全部转为直接销售，也有人将其称为"借渠直营"），不是为了掌控终端或搞什么渠道扁平化，其核心是牺牲现金的快速回笼而收回经销商的毛利价差。在笔者看来，在当时的市场背景下，这个决策是丝宝经营层做出的最大的"战略豪赌"决策。这意味着，如果实现10亿元的销售回款，至少产生8000万元至1.5亿元的应收账款。企业如何承受如此巨大的应收账款的占用与风险呢？

还是回到刘先生透露的关键数字：45%的终端营销费用比。按照销售结算惯例，这45%的分母是公司直供给卖场的价格，那么，一般这个费用是不包含卖场的毛利的，因此产品的终端售价就会在供应价基础上顺加20%左右。换句话说，消费者在终端购买产品的价格除以1.2就是供应商的结算价。在45%费用之外，全国媒体（央视）的广告费应该在10%～15%，管理费用至少在5%，物流费用3%左右，还有公司的净利润应该不低于10%，那么一瓶10元洗发水的成本估计在2.5～3.5元。如此，所谓的1亿元应收账款其实就等于3500万元，而将3500万元循环沉淀在终端里的实际成本与10亿元的销售额去核算，也不过总销售成本3.5%的比例——就算1亿元应收账款化为乌有，公司实际的损失不过是销售总收入的3.5%。这笔大账显然丝宝的经营者算得很清楚。

明白了上述道理，就可以知道为什么所谓的舒蕾模式不应该也不能成为快速消费品的"普遍道路":从 2000 年开始,有多少快速消费品企业倒在终端拦截的战场上。

但为什么舒蕾可以成功呢?

观点二:舒蕾成功是抢先打在竞争对手的"空白地带"

作为当年丝宝集团策划总公司总经理,刘先生对《终端宪章》的书名或"中国终端教父"的称谓表示谦逊,但给自己加冕"挑起中国终端战争"第一人的头衔。本人以为,这又是对舒蕾模式另一个误导或误释。

在梁董事长及刘先生策划舒蕾洗发水"终端营销"时,有两个因素是决定性的。首先,丝宝原本就是一个注重百货商场终端的企业,舒蕾模式其实就是将化妆品的运作方法应用到洗发水市场,对丝宝经营者来说这是具有逻辑宿命的选择。其次,当时的主流营销运作观念是宝洁示范的大广告、大媒体传播的品牌影响力模式,丝宝经营者以对大型或高级终端的认识及化妆品销售的经验发现,柜台或货架前与消费者的最后 1 米可以改变消费者进店前电视广告"轰炸"形成的所谓"品牌阶梯"(前三位的预期购买品牌),而"最后 1 米"恰恰是强大对手留出的一块空白地带。

本人的意思至此明白:《孙子兵法》有云"攻而必取者、攻其所不守也"——舒蕾模式不是挑起了终端战争,恰恰是打了一场没有阻击或抵抗的成功侧翼战。当对手开始效法反击、新进品牌跟风模仿,舒蕾早已度过成长期赚回了全部投资的红利。2000 年以后洗发水出现近 100 多个年度广告投入在 2000 万元以上的品牌,自然在卖场里就演变成"终端战争"。因此,终端战争不应该说是舒蕾挑起的,而是其他品牌对舒蕾发起的终端攻击或反击。

观点三:执行力是舒蕾成功的另一个核心因素

最后,谈一点对舒蕾成功的看法。

化工类产品的高额利润、竞争战场与方法的选择,是舒蕾品牌崛起的两个必要条件,但笔者认为,舒蕾的成功更应该归功于"执行力"。

早在执行成为 21 世纪初中国商界的"显学"之前,舒蕾或丝宝集团在执行力上就做出堪称经典的榜样。在刘先生的这本书里，我们可以原汁原味地体会舒蕾在全国市场奋进崛起的步伐，如其中的湖北样板市场建设、广东战役、上海战役、北京战役，这些舒蕾品牌成长路上的标志性销售战役，包括1997年3个月内"拿下"4000家全国大型零售店的"直供"换防、向城市小终端（零售店、发廊、浴室等）的全面铺货及标准（省会城市6000家、地级城市400家）等，都是真实可信的文字。比一些流行的误导言论或以讹传讹，刘先生此书可以称得上是"信史"了。

实际上，与策划需要创意相同，执行中的创意更不可少！

舒蕾的崛起是企业管理者兢兢业业、注重细节、上下同欲的结果。笔者以为，读者与其在刘先生的书里试图发现什么成功捷径或奇思妙想，不如认真置身于书中去体会策略执行过程里的种种心路历程与企业政治之难。

观点四：终端拦截不是未来营销运作的普遍道路

从某种意义上看，舒蕾终端营销模式已是历史。

就其作为战略及战术手段而言，已经完成历史使命；就其作为一种运作方法而言，其给人最有价值的借鉴不是方法本身，而是方法背后舒蕾营销人的人格力量；而就其欲成为一种"普遍道路"来看，市场的、时代的局限性都不支撑其成为通用模式。

这种局限性的核心是：终端已经变成为各类厂家"扎堆促销"的场所，由于太多的品牌、太多的人员直接争夺顾客，妨碍或侵犯了消费者的自主选择权，忽视了中国人将逛商场作为休闲行为的购物心理，"硬推销"已经达到了消费者的"容忍底线"，同时也在损害大卖场的生意环境。因此，现在的终端比起舒蕾起家时代是大大的发展，但所谓的终端拦截包括终端直供还是不是具有比较竞争优势的营销策略，对于现在的企业是需要进行认真评估选择的。

正如没有别的企业可以复制舒蕾模式的成功，舒蕾本身也无法或不能不假思索地走在舒蕾模式的道路上。

舒蕾的成功，与中国创业时代的大多数企业或品牌一样，是抓住市场的、渠道的、竞争者的缝隙实现对市场的快速切割，而想真正打造长命品牌，还是需要回归消费者价值：善待消费者、善待与品牌有关的一切。

引用刘先生的一段话，因为这段话实在是"于我心有戚戚焉"（可参看笔者《执行力：不可忽视的人性基础》一文）：愿意是一种态度。有了愿意便有专注。愿意创造，专注于创造，必然可以实现创造！

后记

写完本文的第二天，笔者碰巧去超市准备买一瓶洗发水，商场的电视里正在播放新舒蕾的广告。笔者在货架前看了看，觉得是该用一用舒蕾了，拿起一瓶新舒蕾走向收银台，但最后买单的却是一瓶夏士莲！原来，在走向收银台路过端架时，发现夏士莲400ml特价销售18.9元，而舒蕾200ml的价格是15.8元。

二、口子窖，解构"盘中盘"白酒营销模式

"盘中盘"让很多白酒企业快速发展，下面我们详细了解这一模式。

"盘中盘"的缘起

"盘中盘"白酒操作手法随着安徽口子窖自2000年起在中高端白酒市场的强势崛起，成为二线白酒企业及品牌操作区域市场的榜样，这一模式被总结为"盘中盘"白酒营销模式倍受推崇。实际上，在口子窖高歌猛进的背后，遇到了各地白酒地方新品牌的复制式狙击，"盘中盘"已经成为消耗企业资源黑洞的挡箭牌，再一次落入"将特殊方法包装为普遍规律"的中国营销理论怪圈中。

让我们从口子窖的起源看所谓"盘中盘"的真相：

口子窖是安徽淮北口子酒厂于1999年开发的中高端白酒新品，当时的安徽白酒正是金种子衰弱、迎驾称雄40~50元中档主流市场、文王贡主导30~40元中低端主流市场的时代，而100元以上就是传统名酒天下。口子窖横空出市，价格定位在65~80元中高档价格空间，时势造英雄，口子窖

在安徽白酒市场上演一出高端变主流的营销大戏。如何做的呢？

第一，产品进行了彻底的差异化，产品力突出。从包装上，内瓶打破传统的透明式白玻璃瓶而采用古色古香的陶瓶，形状恰如峨冠袍带的风流雅士举杯邀月；外盒采用两截式铁皮六角形，底座可以当作烟灰缸使用，最大化了外包装的价值；酒体上，改变当时主流酒52°，将酒体变为46°并制造出"清香型"白酒的新概念，给饮用者带去别具一格的清香体验；重量上更是打破传统一斤酒一瓶的思路，变为一瓶酒九两（450ml），制造一个小噱头。

第二，是主攻战场的选择。就口子窖推出时的安徽白酒市场环境而言，全面推广是没有可能的。无论是当时口子酒厂的资源还是产品高定位在市场上的鹤立鸡群，都决定了不可能采取全省普遍撒网的上市策略。更关键的是，口子窖在安徽啤酒营销的新尝试里看到了安徽市场推广的"按钮点"——省会合肥。客观地说，合肥在安徽确实具有强大的辐射带动作用，从1998年安徽啤酒界引领风潮的新产品都创造了中高端市场的营销奇迹：从1998年的圣泉黑啤、1999年的喜宝啤酒到2000年元旦上市的零点啤酒，无一不是从合肥市场的爆破开始在半年里红透安徽全省的。

第三，渠道的选择。在上述啤酒品牌的背后是安徽圣泉啤酒公司及为其提供全程服务的金鹍国际广告公司，两家企业的主要领导人与口子酒厂领导人均具有良好的关系。因此，口子窖攻打合肥市场自然落在了合肥酒水经销商两大户之一的合肥百维食品饮料公司身上。合肥百维公司在1998年前在合肥只能算是二线经销商，主要经营维维豆奶、百事可乐、金种子酒等，1998年接手喜宝啤酒的新品推广，在经过圣泉与金鹍的反复推动后，树立了"直供酒店终端"的运作系统。更重要的是，在推广喜宝的过程里，培育锻炼了一支在当时堪称一流的促销员队伍，圣泉在1999年2月-5月甚至将省内唯一一家企业独资培养的花鼓灯艺术团的演员也送上了高档酒店促销的前台，引起较大的市场反响。这样，百维公司就具有了强大的终端推广能力，当时的百维公司其实在不觉之中建立了如同舒蕾的终端拦截体系（今天已经成为合肥酒水饮料行业的超级大鳄）。

第四，推广次序的选择。产品的中高档定位＋百维公司在中高档酒店的优势，口子窖在合肥的推广顺理成章地变成从高端渗透的推广次序，也就是"盘中盘"所总结的以小盘（A级高档酒店如合肥的金满楼、香格里拉）带动中盘（B级中档酒店），最终影响大盘（C类酒店、超市、零售店）的"品牌扩散"路径。

其背后的消费动因"机理"是：首先吸引白酒的重度消费者，经常并且有经济能力（商务）或机会（政府官员）在即饮终端消费白酒的一群人。这群人虽然生活风格、职业背景并不相同，但都有一个共同的连接点——被称为TGMP（目标人群聚集地）的场所——高档酒楼。

于是这些被戏称为"高酒龄嗜酒者"的一群人成为中高档白酒的"意见领袖"，他们在带动、影响白酒新潮流的产生。上述推广次序及其背后对意见领袖级消费者的把握，综合而言就是所谓的"盘中盘"模式。

随后的事情是行业内大多数人都知道的：口子窖开始全国扩张，"盘中盘"操作手法被各地快速有效地复制，南京、苏南（苏、锡、常）、北京、西安几个大城市先后被攻破。口子窖在央视推出"国色天香""真藏实窖"等版本TVC广告，品牌广受关注，一个拳头产品救活一个企业的营销神话再次上演。

"盘中盘"不是普适的营销路径

口子窖的成功绝非偶然，实际上是踩上了自2000年开始的中国城市消费升级的潮流。

今天在中国快消品领域排名前三甲的品牌多是从2000年开始发力：食品行业的福建军团如达利、雅客，休闲食品里的洽洽、真心，糖果行业的阿尔卑斯、金丝猴，乳品里的蒙牛，啤酒里的华润雪花等。白酒行业的新品牌更是层出不穷：水井坊、国窖1573、金六福、小糊涂仙、百年皖酒、高炉家酒、茅台迎宾酒、王子酒、五粮春、金剑南等。

口子窖成功的必然性并不意味着"盘中盘"手法具有"普遍适用"的规律性。

盘中盘在缘起上是一种符合产品价格与渠道定位，借助了优质经销商核心渠道资源的低成本启动市场的方法（所谓的低成本是指与传统白酒依靠大媒体轰炸启动市场的手法比较而言），口子窖的成功是两个关键因素：

一是紫牛式产品赢得"喷嚏性消费者"（高汀《紫牛》一书中对喜欢追逐时尚潮流消费群的称呼），形成重度意见领袖消费群影响轻度、尝试消费群的品牌扩散路径。

二是先渠道后传播的品牌建立路径，口子窖将企业的有限资源率先投入渠道建设（买店进场、买断促销、常年促销人员），在积累到新品的收益时投入大媒体传播，扩大品牌影响。因此，**口子窖的关键成功因素（KSF）不是"盘中盘"模式，是优秀的产品（包括价盘的设计）+符合当时市场环境的渠道方法。**

那么"盘中盘"思想究竟有什么意义？

盘中盘究其根本是一种"渠道方法"，这种渠道方法洞察到中国白酒即饮终端的变化趋势，即"三化趋势"：

第一，渠道的狭窄化。各地文化型白酒的开发，使这类白酒的销售终端缩小到中高档酒店及大型 KA 超市，这就加剧了这个渠道终端里的竞争，加上白酒新贵们无所不用其极的灵活营销手法与拼力一搏的资源轰炸，白酒"小盘"成为掌握新品生死的关键因素。

第二，渠道的资本化。过去的白酒销售，知名品牌加上客情良好的经销商、再加上给点小礼品就可以轻松进店，现在是进店费一分不能少。用促销导购不仅要买断费或包场费，还要支付人员管理费，还有酒店服务员的开瓶费、客情费等。销量不好，即使不被酒店清场也是放在柜台底下。上述情形我们称为"渠道终端资本化"。渠道终端不再是低成本获取的销售网点，而变成任何品牌进入市场的第一笔"投资"。

第三，渠道的封闭化。尤其在酒店这个虽已大型化但运作管理的透明度却远不如现代 KA 商超的环节，各类地方白酒企业及经销商都在用各种手法封闭终端，如买断促销权、专销等。而白酒品牌仍采取代理商渠道模式，大型白酒经销商通过综合供应及灵活的人际技巧，可以与核心酒店建立起利益共同体关系，树立起坚固的"渠道门槛"。

"盘中盘"是中国白酒营销里采用"先渠道后传播建立品牌"的样板，口子窖打破了传统白酒的"标王式"营销手法，树立了新市场环境下"在渠道上建立品牌"的新路径——从这个角度看，盘中盘无疑是一种具有时代意义的营销创新。

但所谓的"盘中盘"模式本身并非是普遍适用的营销规律或方法，今天白酒企业的新品上市已经陷入"千军万马过独木桥"的尴尬境地，简单模仿"盘中盘"的渠道路径变成消耗资源的无底洞——这种将特殊手法变成普遍规律、以单点因素代替体系作用的"简单归因"思维模式，是中国营销思想界对企业造成最大损伤的风气，不亚于在当年"整合营销传播"风潮下鼓噪企业虚掷的几百亿电视广告费。

"反盘中盘"营销路径的必然性

行业内还有一个普遍性的观点：认为"盘中盘"是中高档白酒的必由之路。是耶？非耶？让我们对中高档白酒的营销再做一个分析。

按照现在的行情，所谓中高档白酒是指酒店终端零售价在100元以上，商超零售价在80元左右的白酒品牌，传统高价（200元以上）、超高价（500元以上）名酒（茅五剑等）成为中国白酒品类价值的捍卫者。当前各地区风起云涌的"白酒品牌化"风潮，真正能够实现"量与利平衡"的主流白酒产品是在中高档价格区间里实现的。很多大做广告、大做展示的二线超高价白酒其实都在"赔本赚吆喝"，能对中高档主流产品起到带动作用就"阿弥陀佛"了。

小盘是中高档白酒"高酒龄嗜酒者"的TGMP，能夺下小盘确实能形成对中盘、大盘的拉动。现在的问题是：小盘究竟能承载多少品牌的轰炸？或者说小盘究竟能在多大程度上"决定"白酒品牌的生死？当小盘已经变成"兵家必争之地"的时候，是否存在第二种、第三种品牌成长路径？

小盘是如何运作来推动白酒销售的呢？首先是渠道费用：进场费、包场促销费或买断促销费、上架展示费、特殊展示费、开瓶费、年节赞助费、促销管理费、质量保证押金等，通常一个单点小盘（A级酒店）的渠道门槛费少则5~8万元，多则20~30万元。其次是消费者促销费用：展示物料费用、促销员工资及奖金、礼品费、免费品尝费、抽奖费等。其他的传播费用暂时不予计算。

如此可以看到，**所谓小盘里的运作其实不过是三招：买场（进店＋包场＋开瓶费）、物料展示、导购员拦截**。买场费用确实成为新品牌的进入门槛，即使能够交得起、交得出这笔费用，小盘就可以将新品卖起来吗？显然是不能的，至少还需要做这些事情：媒体（电视、平面、户外）告知与拉动、见市率（即饮与非即引终端铺市）的提高、分销直供体系、制造事件的促销炒作。但这些都是企业一厢情愿的市场推动方法，目标消费者究竟如何被打动呢？中高档白酒的目标消费者除了小盘这个 TGMP 外，还有什么选择消费的场合与机会呢？目标消费者的选择"按钮"又在哪里呢？

对于中高档白酒来说，还有以下几个消费机会：

- 目标消费群的家庭宴客或自饮；
- 送礼；
- 高档婚宴用酒；
- 年节期间的消费与礼品；
- 集团（单位）消费。

实现上述销售都不是小盘运作能够解决的渠道课题。这些我们称之为"外盘"的消费，能否成为销量贡献的主要来源呢？从中高档白酒消费的特性看，一个成功的白酒品牌其"外盘"的销售至少要占到40%以上，实际上如果算上自带酒水进店消费（如婚宴、集团消费等），外盘的影响与内盘（所有的即饮终端）应该是等量齐观的。

外盘的渠道：非即饮终端如商超、批发、专卖店、单位直供等也可以成为打造中高档白酒的路径。

于是，白酒营销的新路径如"反盘中盘"操作手法：先从外盘入手，建立新品的分销商网络及其直控非即饮终端，此阶段可以利用如中秋、国庆、重阳、元旦、春节、入学等由头进行针对性的非即饮终端的拦截促销；对内盘采取步步为营、各个击破的策略，瓦解小盘与中盘，提高进店率；对单位消费进行重点人物（Key People）的公关，直接将产品打入目标消费群的日常接待的消费场合（单位小食堂）。

上述描述的是与传统"盘中盘"手法完全逆向的"反盘中盘"手法，意在解决当今白酒区域推广的四大难题：**门槛高进不得（渠道费用）、找着门等着进（买断合同未到期）、硬啃骨头吃不到肉（投入与产出长期倒挂）、拿着钱找罪受（企业资源被内外勾结截留）。**

盘中盘曾经是低成本、快速启动市场的关键按钮。当小盘被白酒企业的竞争拉入扭曲状态时，必然走向损害消费者利益的路上。那么，盘中盘手法就不再是机会，而是陷阱。

"反盘中盘"操作手法的意义在于，在"盘中盘"走偏的时候回归消费者价值，使用精准制导的手法对目标消费群进行外盘的全方位包围，实际上是改变营销资源的使用形式。

白酒企业尤其是二线品牌实际上在"盘中盘"中找到了一种对抗传统名酒（茅五剑等）的"武器"：区域市场核心终端垄断策略。这才是"盘中盘"在无意之中被神化的真实原因。

三、 白酒营销模式进入系统创新阶段

今天白酒市场已经发生巨变：过去的"名酒"时代，卖"招牌"也就是历史性品牌可以迅速让企业走向全国；标王时代，敢砸下巨额广告费的勇士也风光一时；进入渠道时代，名牌、广告都不能保证取得稳定的市场占有率，有时甚至连终端的渗透率也会出现危机。因此，我们发现一个普遍趋势：所有的消费品，从白酒、葡萄酒到家电的营销都越来越"快速消费品化"。也就是第一要面对越来越没有"品牌忠诚"的消费者，第二要面对谁都不买账的渠道终端。

面对白酒消费群日趋减少的现实，名酒的品牌影响在于吸收少量重度消费群的"胃纳量"及"心智"资源，二线品牌及企业如果不在即饮市场采取非常规手段截断名酒的日常消费量，将无法生存（"盘中盘"模式存在的理由正在于此）。

但真正的白酒营销模式创新其实是建立在深入认识白酒本身市场属性基础上的系统创新：以产品价值、品牌价值、消费者价值三位一体为构造的产品（包括品牌）创新，建立相匹配的渠道、推广、传播、组织、人力资源、考核、薪酬、文化等策略与方法体系。能够进行这样系统创新的白酒企业及品牌才能真正在当前极度混乱的白酒大战里最终崛起。

品牌需要接受时间的最终考验。现在很多白酒企业热衷于升级换代式开发，是各白酒企业在年均消费总量逐年递减的大背景下的自救之道。大多数新品牌还只是品名，缺乏品牌所需要的在目标消费群心灵空间的丰富内涵。很多白酒新贵在一个中长期的市场赛跑中，如果不解决传统品牌营销及组织管理上的系统缺陷，将成为昙花一现的过客，而很多企业的所谓"营销创新"可能不过是"回光返照"。

白酒的路到头了吗？白酒是否不会再产生全国性的新品牌？答案是否

定的。但白酒新营销模式的创新之路在哪里呢？

还是让我们回到营销原点来寻找未来的道路。

白酒企业玩历史、玩包装、玩概念、玩价格、玩广告、玩促销、玩买店（垄断）、玩度数，招数无所不用其极，是中国行业发展史里被"过度营销"搞到精神麻痹的品类之一。

但结果是什么呢？消费群每年以不可阻挡之势萎缩，白酒年产量每年以10%的速度递减，白酒企业包括名酒企业开始进入全行业微利或亏损状态——一个成本只占消费者支付费用15%的行业怎么会出现微利甚至亏损？白酒如果像香烟一样成为"酒类专卖"可以解决白酒的难题吗？如果有酒类专卖制度可以让一批企业在垄断下活得风光，但肯定没有自由竞争市场下的多样性选择，而且专卖制度并不能解决白酒消费群减少的问题。那么，原因在哪里呢？

白酒是中国的"国粹"之一，是传统酒水消费的主要对象，改革开放以后，受到葡萄酒、啤酒、洋酒的分流从黄金时代迅速走上漫漫熊途，为什么？核心是消费者在变化，是白酒在消费者生活中的角色在发生变化：白酒已经不再是大众消费的第一选择，而变成一小部分人群（高酒龄嗜酒者）的"嗜好品"。这一小群人的消费习惯还越来越受到场合、同伴的限制而造成消费频次、单次消费量的减少——白酒的真实状况是"背景"的改变，白酒从日常用品变为"嗜好品"。

当产品的消费者属性发生"质变"的情况下，传统的大媒体传播（标王模式）或渠道切割（"盘中盘"模式）的成功概率就变得比较小，创新的机会正是要回归到这个简单而核心的营销原点里：消费者价值。

传统名酒基本上是卖历史（国窖1573、古井贡、剑南春）、卖传统文化（水井坊、口子窖）、卖产品特质（茅台酒、五粮液），这曾经是众多一线（川酒、黔酒）品牌的成功路径。

另一方面，白酒新贵品牌也在挖掘新的品牌创新之路，或者创造变成日常消费品的动机、场合（逆向营销）。如金六福除了用五粮液酿造来做品质背书外，品牌基因DNA里已经没有传统的痕迹，而在人类的普遍情感里找到品牌立足点，尤其是从"为（地名）北京喝彩"到"春节回家""中秋团圆"系列诉求，都是强调与现代生活、现代人情的沟通，这是符合白酒消费者价值的正确路径。

与金六福有异曲同工之路径的还有安徽高炉家酒，高炉家酒缺乏名酒背书的品质属性，所以选择了更加生活化的路径来建立品牌DNA。

安徽的高炉家酒之所以在孔府家酒已经做"倒"的情况下再次崛起，正是其品牌诉求诱导着一种可能的生活情景：在家里招待朋友也是一个"到处吃得开"的爱家男人（"家与朋友的距离有时不过是一杯酒而已"），这种类似"无情未必真豪杰，怜子何需不丈夫"的情感迎合了21世纪中国社会家庭观念的回归思想，是从创造日常消费动机里发掘出的消费者价值。

高炉家酒的价格定位是40～55元，是普通小康型家庭乐意承受也觉得不失体面的价格。高炉家酒在B级酒店里也同样占据一定的份额，因为都是同一群消费者在消费。高炉家酒用"盘中盘"手法进入市场，选择的是从中盘（B级酒点）开始切入。

但是高炉家酒与口子窖成功不同，它是钻了"价格断层"的空子，所以高炉家酒市场进入模式的复制依赖两个关键因素：一是需要在进入的市场里存在明显的价格断档才会获得大成功；二是其品牌定位比口子窖更需要大众媒体的传播配合，才能影响大众消费群。因此，在一个媒体分散且成本较高的城市，高炉家酒的传统操作手法都会面临很大的市场风险。

改变消费者消费习惯需要教育的过程，由于高炉家酒的定位，其在局部区域还有市场机会，但要想建立全国性品牌的难度就大得多。而在"嗜好品"里，由于其目标人群与品牌定义准确，产生全国性品牌的机会比较大。

我们在这里举一个案例应该更有启发：芝华士威士忌。

芝华士威士忌在中国省会、特区以上城市的夜场已经成为销量第一的洋酒品牌。其在5年前还比不过马爹利、人头马、杰克丹尼、黑方、红方等洋酒品牌。但在过去的5年里，芝华士选择了正确的行销策略：聚焦夜场+以芝华士人生为主线开展推广活动。

推广的基本手法也简单，就是电视媒体选择经济热点地区卫视的夜间时段，加全国性白领杂志、报纸的平面广告，地面活动上是酒吧的定期派对游戏。芝华士威士忌成功地用"生活形态定位法"建立起自己的品牌个性，同时聚焦在核心渠道上最大限度地捕获目标消费群，短短三四年已经成为中国新兴的以酒吧为代表的夜场通路里的主流洋酒品牌。

这是"嗜好品"找准 TGMP（目标消费群聚集地）进行渠道精耕的典范。反观水井坊，已经是中国白酒文化营销里的经典之作，但仍然在说"酒"本身，并没有真正将自己的品牌价值与消费者价值进行有效嫁接，所以水井坊等也不免要在终端里陷入与白酒新品牌的角斗。

云南上市了一支属于这个路径的白酒品牌：茅粮闲品酒，以倡导生活风格作为品牌 DNA，借茅台镇的名沾点品质的光（与小糊涂仙雷同），包装模仿"绝对伏特加（ABSULUT VODKA）"的经典瓶形，这是在"嗜好品"里寻找独特的位置（顺势占位）的策略。

这个路径里的创新性白酒品牌需要对产品本身进行重大的改进甚至创新，同时必须将人性中的嗜好、情绪与通路（TGMP）、饮用习惯（场合、动机、频次）结合到一起进行渠道创新，真正的大成功才会到来，否则也不过是一个概念游戏。

中国白酒新品牌的创新之路在何方？

简单地讲，就是必须回到原点即影响消费者选择的核心因素这个基点，才能找到真正营销模式创新的出路，也就是在上述两个潮流里寻找属于自己的品牌个性与渠道模式。

白酒的渠道创新绝不仅是简单的如何从哪个终端环节开始切入的问题，而是建立在对目标消费者价值精准洞察与品牌定位上的"营销模式"的创新：这个模式必然是一个体系化的创新渠道系统，未来白酒行业能获大成功的新品牌必经此路径而诞生。

四、 太太口服液的品牌迷途

从太太口服液的发展历程中，我们学到了什么？

盛名之下的没落品牌

一个是河南新乡老中医治疗妇女面部黄褐斑的中药，一个是用 5000 元买来的民间偏方，被转化成"太太口服液"后，用 3 年形成 8000 万元的市场销售额，6 年达到 3 亿元的市场销售额，8 年成为首批上市的民营高科技企业，10 年构筑起一个名称为"健康元"的销售额 10 亿元、资产 20 亿元的药业及保健品王国——太太口服液,中国20世纪90年代兴起的保健品市场里的传奇品牌之一,成为在单一产品及品牌基础上支撑起一个企业帝国的创业神话。

在大多数营销人的眼里,太太口服液是实践"品牌战略"的经典案例:唯一的产品、唯一的品牌、以目标消费者为中心、以建立长远生意为导向的销售策略(即所谓的宝洁四原则),以及专业化的职业经理人队伍、注重社会形象的持续的公关宣传策略、紧随时尚步伐的广告诉求及明星代言人、出色的广告创意等,还有就是从小舢板到巡洋舰的成功"蝶变"历程,似乎毋庸置疑地"证明"太太口服液营销的正确性。事实果真如此吗?

让我们来看太太口服液上市后发布的业绩年报所显示的数字。如表1-1所示。

表1-1 健康元2003年保健品业务分析

	2002年	2003年	同比增长(%)
保健品销售收入(亿元)	4.16	6.05	45.4
毛利率(%)	60.67	43.45	-17.2
分产品			
太太口服液	2.42	2.51	3.7
毛利率(%)	75.74	78.81	3.1
静心口服液	1.72	1.75	1.7
毛利率(%)	68.39	71.23	2.8

资料来源:健康元公司2003年年报

从年报资料可以清楚地看到,太太口服液2002年、2003年的市场表现平平,销售额增幅只有3.7%。实际上,就在太太口服液实现挂牌上市的2001年,太太口服液及静心口服液的销量就双双下滑,同时上市募股金原计划投资的口服液生产线扩建项目也戛然而止。太太口服液的对外宣传显示,2000年太太口服液历史性地突破3亿元大关,因此,可以有把握地说,2001年就是太太口服液的"拐点年"。

这个"拐点"有两层含义:成功挂牌上市吹响了太太企业帝国的进军

号角，而口服液产品销售滑坡令太太品牌陷入危机。2002年、2003年太太口服液销售额的持续低迷，更暴露了太太口服液欲振乏力的窘境。这一现象并非大环境或企业战略方向调整之类的"借口"所能解释，而是太太口服液在过去近10年的品牌运作里深层问题的表象化。

太太口服液在市场的一片赞美声里迷失了品牌的核心原则，在品牌形式表现的出彩变化中丧失了品牌核心内容的持续性，而且在市场的真实信号（持续的销售下滑）面前仍旧陶醉在烟花般的荣耀里。

这里抛开那些拜倒在强权逻辑（企业资产增值到20亿元）面前的庸俗见解，从品牌轨迹的角度分析太太品牌10年的发展历程，总结太太品牌运作的偏差对销售造成的影响，借此引申出品牌运作的几点思考。

迷乱十年终酿"病"

1993年3月8日，太太口服液正式上市。把"太太口服液"定位于针对体虚引发面部黄褐斑的中青年女性（25~40岁）这一特定人群，在广告中渲染一个"没有黄褐斑的太太"形象。1993年年初，推出了三个洋太太为形象的系列广告，一句惊世骇俗的"每天一个新太太"赚足了眼球。同时，在产品功能上只说"太太口服液"是消除黄褐斑、治疗体虚症状的女性养颜保健品，避免了当时国内保健品广告夸大宣传的毛病。新鲜的广告诉求和时尚的广告形象抓住了女性们的视线，当年实现3000万元的销售佳绩，首战告捷。

继三个"洋太太"广告成功后，从1995年起"太太"分别选择了当红歌星毛阿敏，然后是陈冲、江美仪等人做形象代言人，再次有力地提升了产品的知名度。

1997年，起用新广告语"做女人真好"，诉求"滋润女人，让美丽飞扬"等来满足女性精神需求，从初期的类似恐怖诉求的功能化方向转入正面积极的情感诉求。

太太口服液的品牌广告开始提示这样的女性生活景况：美丽和光彩是女性的财富，失去美丽的根本原因在于体"虚"。当发现将失去这些时，再现青春的光彩便成了女性潜在的需求，而太太口服液正是以补虚美容为主要产品诉求点的保健品。

同时，1995－2000年太太药业连续5年赞助由香港亚洲电视台举办的"亚洲小姐"评选活动。亚洲小姐的入选标准高学历、高素质、身材好、有女人味，即秀外慧中。

但由于养生堂朵尔美容胶囊的成功炒作，"补气养颜，由内而外"的概念被朵尔后来居上并独占。同时，随着城市生活水平的提高，治疗黄褐斑的功能性卖点已经不能成为爱美女性的购买理由，而大量女性养颜产品的情感诉求更是令太太的品牌口号显示不出独特性。在品牌代言人方面，朵尔的倪虹洁、青春宝的温碧霞、女人缘的张曼玉、昂立美之知的周冰倩等，风头都超过太太口服液的代言明星。

在这种竞争背景下，2000年，太太口服液再次迸发创意火花，推出了**堪称极致魅力的"十足女人味，太太口服液"的广告诉求。在这一诉求的系列广告中，马来西亚混血名模 IRENE 演绎了太太的品牌新形象：性感到诱惑、诱惑到销魂的另类太太。**太太口服液的这版新广告开启了中国性暗示广告的先河，再一次以惊世骇俗吸引了眼球，将销售推向一个高峰。

2001年推出"太太口服液魅力大使"全国巡回演出活动。10位在1999年和2000年"美在花城"广告新星大赛中获奖的"魅力大使"，在广州天河宏城商业广场表演了一场"美丽风暴"；2002年举办的寻找"喝太太口服液的出色女人"和"第三届金鹰艺术节——电视新秀晚会"活动，将太太口服液"十足女人味"的主题演绎得淋漓尽致。

2002年开展了太太口服液十周年美丽故事大征集活动，通过70多家电视台、25家报纸、5家主流杂志、搜狐网发布信息。但这些烧钱的公关活动，都没有止住太太口服液自2001年开始的销售下滑局势。

2003年，太太口服液再次改变品牌口号，推出"太太口服液，让女人更出色"的广告语，由《流星花园》女主角之一藤堂静的扮演者中国台湾当红影视明星钱韦杉和香港著名广告模特蒋怡担任形象代言人，以年轻、时尚、充满青春活力的品牌形象，演绎"让女人更出色"的品牌主张，与消费者沟通重建"太太"新形象，吸引年轻消费者的关注。

为了配合新品牌定位，2003年太太药业与"快乐大本营"联手举办了"太太口服液出色女人颁奖嘉年华"晚会；与《女友》杂志携手推出的"2003年封面女友大赛"活动，活动席卷了深圳、西安、北京和无锡等城市，最终西安姑娘李薇从4000多名选手中脱颖而出，成为《女友》杂志的封面人物。2004年，又推出口号为"爱情速递——爱她就送她太太美容口服液"的大型主题公关活动，将目标消费群由靓丽太太转移到年轻的姑娘，由成熟的太太级别的女性拉向更年轻的受众层。

为了维护原有的客户群，采取两条腿走路的策略，全面引进CRM（客户关系管理），组建"太太出色女人俱乐部"。通过定期、不定期邮寄产品宣传册、小礼品、开展会员活动等形式，深度定向沟通。同时，通过终端促销、800系统全面收集消费者资料，丰富数据库，不断完善管理和服务，深入开展太太口服液忠诚度计划。

然而这一系列美丽的烧钱烟花仍然没有对太太口服液的销售下滑起到止跌回升的作用。**消费者似乎对美丽的号召麻痹了**：即使花费广告推广费近1亿元，制造"在脸上弹钢琴"的噱头，由超级迷人小猪眼林忆莲出任品牌代言人的"天使美丽"补血养颜胶囊，也只勉强掏出了3000万元的同情费。

上述四个阶段的品牌诉求变化被总结为太太口服液的所谓"不断地品牌赋值策略"。这一论调宣称：品牌是动态的，要不断地根据时代、社会的实际需求，进行新的赋值。太太口服液积极引领时尚，创造生活新主张。由最初的"做女人真好"到"十足女人味"和"新世纪、新女人、新魅力"，每一次概念的延伸都表明"太太人"是潮流的引领者，是女性新生活、新观念的创造者。巧挖潜在的目标消费者，通过新广告诉求的拉动，将品牌目标消费群由过去25~40岁的已婚女性，延展到18~25岁的未婚女性，称根据终端信息回馈显示：购买者有明显年轻化趋势，已有43%的消费者为25岁以下。

然乎？不然乎？

广告亮点造成的品牌弱化

在中国保健品及快速消费品的品牌营销上，太太无疑走在前列。不仅最早建立了职业经理人队伍，也在财务、法律、管理、营销等领域广泛与国际性咨询公司合作，仅在营销上就先后与智威汤逊、达彼思、奥美这些赫赫有名的4A广告公司合作，推出一个又一个堪称经典的广告创意及精美的广告表现。这些公司有的是品牌理论的布道者，有的是拥有独门武器的品牌大侠，有的是戛纳、艾美广告奖的创意先锋，本书并无不尊重任何权威之意，但在真实面前还是要秉笔直书。

问题的症结，一言以蔽之，太太（口服液）品牌在过去十年所犯的最大失误是：广告亮点造成的品牌弱化。也就是说，过于出色的单点突破造成了系统品牌的整体虚弱。

品牌核心中的核心就是建立与目标消费者的精神联系，并通过这种联系制造购买品牌的动机，品牌的一切活动都必须围绕这一核心，方才具有品牌效应强化的资产累积效果，也唯有建立起真正的品牌资产，才会产生有力抗击竞争的持续销售力。

我们在此标准下认真审视太太（口服液）品牌的10年轨迹，就会发现太太在两个主要方面都偏离了这一规则。

第一，品牌诉求的表层化。品牌口号（SLOGAN）是品牌诉求的表现，更反映着品牌的核心价值定位。从"每天一个新太太"的噱头式口号，到"做女人真好"的公共性口号，"十足女人味"是一个具有强烈产品效用指向的承诺式口号，而"让女人更出色"则又一次回到公共性口号的轨道上。这些品牌口号就每一个单独来看都有可取之处，都似乎在围绕太太品牌的核心价值：女人、美丽、魅力、自豪等。先不论这些品牌口号的精彩，问题是：一个品牌上的这些口号是否考虑了每个品牌诉求背后的定位差异？

如"每天一个新太太""十足女人味"就是属于功效诉求方向的定位，而"做女人真好""让女人更出色"则属于品牌形象方向的定位，这两类诉求在根本上是冲突的，各自代表了品牌承诺的不同方向，即它们在诉求品牌满足目标消费群需求的不同方向。

女人对美丽的见解各异，"做女人真好"可以引申出丈夫的关爱、"十足女人味"散发性感魅惑的气息、"让女人更出色"则更符合白领女性的精神满足，至于其他的价值，如魅力、女人、健康、角色等的差异更大。

这样的品牌轨迹只能说明，所有阶段性的广告运动都可以起到阶段性的作用，但对于品牌资产却恰恰是弱化而不是增强。**每一轮广告运动形成的消费群其购买动机都各不相同，也就是说，即使存在太太口服液产品的忠诚消费者，各阶段品牌运动增加的消费群会在下轮广告运动中流失。**

这就是太太口服液在近6年时间里没有形成持续长大动力的根本原因，

反而是存在销售下滑的倾向，其原因就是**前次品牌广告运动形成的消费群变成"泡沫消费群"**。

第二，轻率地改变目标消费群。在最近一次的品牌诉求里，已经明确地提出主要针对 18～25 岁未婚女性，即所谓的"新世纪、新女人、新魅力"。

这几乎犯了"品牌白日梦"症状：品牌首先是通过名称而不是别的东西，如视觉、听觉等在目标消费者的意识黑箱里建立起所谓的"品牌知觉"。将太太口服液卖给未来的太太是否太早了点？是什么证据证明"做好太太"是未婚女性的心理情结？又有什么证据证明是家庭生活做好太太而不是选择浪漫自由的生活是现代未婚女性的真实向往？等等。

这次目标消费群定位的改变将太太（口服液）的所有"品牌编码"都打乱：在真正的妻子那里，她会怀疑太太口服液根本就没有作用；而在所谓的未来太太那里，她会在喝太太口服液时接受同伴异样的目光乃至嘲笑。

品牌当然可以用不同的形式表现核心价值及独特诉求，但品牌核心部分——与目标消费群的真实联系路径是不可以随便改变的。这种改变不仅会对品牌资产的形成造成影响，也会对短期销售的拉动产生弱化的作用。

对于品牌来说，创意是灵魂，但策略方向不同的创意却会变成自我否定的消耗能量，企业对创意的资源投入实际上成为饮鸩止渴的冒险。

太太依旧在，能否笑春风

这里不打算给太太口服液开具什么"秘方"，而是想探讨一个大问题：女性保健品及品牌的生命周期。

奥美广告提出"品牌无生命周期"论，认为品牌不是产品，而是与目标消费者的一种关系，是生存在消费者意识空间里，产品可能因消费者的使用偏好转移而呈现销量的波动，品牌在消费者心中的印象却可以长久恒新，因此，品牌是没有生命周期的。

大多数 20 世纪 90 年代信奉品牌力量的营销人、广告人，都曾经为这个"创见"所打动、所激动，而企业主更是在这种信念下撒下大量的为了"建设品牌"的广告费。至今，营销界仍然在争论品牌到底有没有寿命的问题。

从大量品牌的消亡原因分析，以下三个因素在决定品牌的生死存亡上具有决定性的影响：

第一，代表品牌的核心产品或服务。品牌不是产品，但品牌是通过具体的产品被认知与理解，没有产品的满意度就没有品牌的偏好度。因此，当产品不再能激起消费者的购买欲望或产品令消费者满意度下降时，品牌的寿命也就基本走到了尽头。

第二，品牌的寿命取决于传播投入的"当量"，即传播的方式、规模、持续时间。品牌是在目标消费者的意识空间里占据独特、排他且尖锐印象的位置。在今天这个传播过度的市场环境下，没有足够"传播当量"的支持，品牌将难以抵抗消费者健忘的记忆与竞争者的传播挤占。一个没有传播的品牌，就是一个必然被人遗忘的品牌。

第三，品牌的寿命取决于品牌核心价值与目标消费群需求的对位性及创意上的与时俱进。品牌的核心价值，无论其诉求表现是功能、利益、情感还是欲望，都必须与目标消费群的需求及迫切需求相关联，同时品牌的创意表现上可以刺激目标消费群对核心价值的认知与记忆。一个品牌如果不能准确把握目标消费群需求的变化，并根据需求变化调整品牌的对位性定位及创意表现，那么品牌将面临进入"品牌坟墓"的危险（即知名度高记忆度底的品牌状况）。

决定品牌生死存亡的因素还有很多，与决定产品生死其实是一样的，前面总结的是最具决定性的三个因素。由此可见，品牌肯定是有生命周期的，决定品牌生命周期的因素与决定产品生命周期的因素并不相同，但又有重叠，维持一个品牌的生命周期是品牌管理者的核心工作。

女性保健品如太太口服液所在的美容类产品，其实就如化妆品一样，具体的产品可能有生命周期，但其所在产业却是有长久生命的。

太太口服液从产品的创新上看是走在前列，但在产品与消费者需求的对位性及与品牌核心价值的关系上并没有找到最佳的结合点。比如在"十足女人味"的诉求里突出的是"另类太太"的形象，也与产品的功能利益具有一定的关联，但这种另类太太却不太符合大众的审美观念，甚至会引起真正的传统型太太们的强烈反感。从实际的需求上看，传统型太太却是太太口服液产品的真正购买者与使用者。那些本身就具有"青春饭"资本的现代都市女性未必会将太太口服液列为美容的首选对象。

从太太口服液的传播表现来看，存在品牌方向迷失的典型症状，传播的所有努力都可能会变成一场难以激发购买的美丽风暴。

每年的3月8日都是太太口服液启动全年传播攻势的日子。2005年，太太口服液再一次推出新的传播口号及形象代言人："调出女人好状态"，其产品诉求为"30天内调理，90天外养颜"，试图建立一个"100天服用周期"的新概念。如图1-1所示。

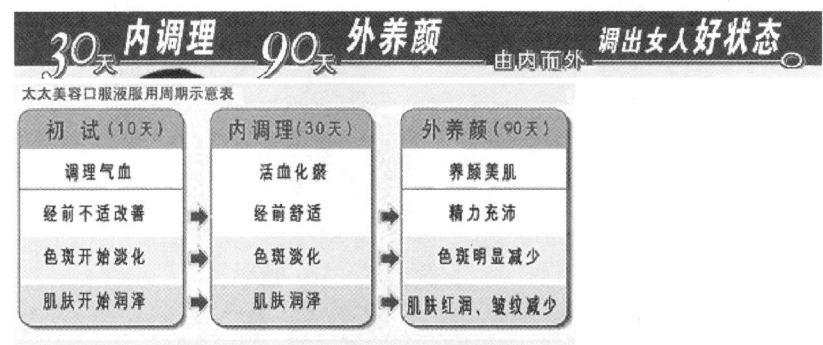

图1-1 "100天服用周期"的新概念

这必须进行相当深入的消费者沟通才能建立起来，而且还需要给目标消费群一个非常现实的购买理由甚至刺激，消费者才有可能信服并购买产品。从消费者角度看，这样的诉求对于获取新消费者购买是困难的：首先，有多少爱美的女人能够接受这种方法所隐含的高成本感觉。其次，即使没有价格购买障碍的消费者是否愿意接受这种复杂的"100天美容计划"？从中国女性消费的普遍规律看，如婷美那样的"一穿就变"式速成更能迎合这个快餐时代消费者的芳心。而从竞争角度看，承诺100天可以"由内而外"造就一个"肌肤健康美"的新女性，并不是什么新奇的概念，市场噪音的干扰也会减弱诉求的穿透力。

新的形象代言人显示出主攻年轻女性市场的方向没有改变，那么，太太口服液这种美女加产品功能的诉求，是可以快速提升太太口服液的销售势头，还是变成又一次叫好不叫座的养眼游戏？

如图 1-2 所示，太太口服液的形象代言人选择的是风华正茂的美女。2005 年下半年，太太口服液再次变换广告形象代言人。太太口服液电视广告形象代言人换成中国台湾人气美女林志玲、太太血乐形象代言人竟然选择了"超女"周笔畅，两个广告片无论诉求上还是画面质量上都出现令人费解的粗糙。

图 1-2　"肌肤健康美"

失去战略导向的品牌策略、广告策略会令传播投入变成一场美丽的烟火，这就应了那句老话：失去目标的船，所有方向的风都是逆风！

五、中国啤酒 2005 年营销新局透视

已经发生的事我们要知道意味着什么，正在发生的事我们要寻找它的趋势。

2004 年回顾

如果要用一个词来总结 2004 年的中国啤酒，"平淡"可能最合适。

中国啤酒在经历三大巨头（青岛、燕京、华润）大规模抢滩式并购之后，2004 年既没有发生青岛华南事业部高歌猛进的市场大战，也没有发生

此起彼伏式圈地竞赛。

然而,从任何角度看,2004年会成为中国啤酒的分水岭。在2004年,以下三种市场格局的形成,预示着中国啤酒的竞争即将进入新的阶段:

(1) 具有战略价值的啤酒企业基本"站队"完毕。2004年,华润将苏州狮王、浙江钱啤、安徽龙津收入囊中,并在东莞投资兴建30万吨纯生新厂;燕京继收购福建惠泉之后,将中国啤酒企业另一个盈利及区域营销能力优秀的广西漓泉收入麾下,同时在广西玉林兴建30万吨啤酒新厂;青岛在长沙投资兴建20万吨纯生生产线,及在北京布局的完成,标志着青岛华中、华北两个战略市场战役的开始。

如此,中国啤酒第一军团的三驾马车布阵形势基本定格:

华润:东北、西南遥呼应,华中、华东稳步推进、踌躇满志,落子东莞、虎口拔牙;

青岛:固山东、保西北、稳华南、探华中、震京津,内线密集布子、欲求连片成势;

燕京:以北京、福建、广西三足鼎立之势,窥视中原(江西吉安、湖南衡阳、浙江仙都),佛山南海兴建10万吨新厂,加入即将打响的珠三角混战,布子(闽、桂)狠而稳、飞子(粤、浙)快而不险,进退之际手法老到,确有王者风范。

三巨头2004年销量实现达810万吨,占全国销量2700万吨的30%,第一军团的规模门槛及区域割据门槛已基本完成。

(2) 跨国资本频繁插手战略资源布局。

AB集团:继完成对青岛啤酒的战略投资之后,挥出重拳从SAB手中将哈啤拿下,令SAB华润的东北梦告破;

SAB集团:继续支持华润的战略布局,对安徽龙津、安徽雪地、苏州狮王、浙江钱啤等进行区域强固性收购;

英特布鲁:继战略投资珠啤、收购浙江开开啤酒集团70%股权后,再次收购马来西亚金狮集团在华啤酒业务50%的股权,一举成为中国第四大啤酒集团;

嘉士伯:对兰州黄河、新疆、青海、西藏、云南等地啤酒企业进行收购,完成对边疆省份的瓜分;

喜力:战略投资粤海(金威)啤酒,令广东乃至华南市场的竞争格局变数增加；

苏格兰纽卡斯尔：战略投资重啤集团，支持了重啤收购安徽天长及投资湖南常德新厂。

跨国资本或控股或投资中国啤酒企业，不仅参与，还推动中国啤酒的新一轮竞争，这表明跨国啤酒投资看好中国啤酒市场的增长潜力与回报能力。

（3）国内第二梯队企业发起投资小旋风。河南金星不仅整合豫啤、南下云南、贵州，2004年更东进江苏南京兴建新厂，参与华东市场角逐；金威（粤海）、珠啤、重啤投资新厂建设；四川蓝剑重出江湖，将贵州、新疆等西部30余家啤酒企业纳入版图。

无论是投资新厂谋布局之利，还是向下整合中小啤酒企业，第二梯队显示了要以市场速度与资本速度竞争的顽强意志。

综上所述，2004年中国啤酒业在"平淡"外表下发生的三种并不平淡的变化表明，啤酒竞争的新焦点即将从1994年兴起的资本并购浪潮转入新一轮营销战浪潮．

无论是跨国资本还是国内资本，现在要继续发挥收购之剑获得规模或区域地位的机会都比较少。同时，2004年已经形成的品牌割据形势，2003年起每年200万吨近8%的总量增幅，啤酒市场结构由金字塔形向酒桶形转变，令任何一方都对未来寄予巨大期望，各方均需要用市场的战绩带动资本的增值。

因此，我们对2004年以后啤酒竞争焦点的判断是：新的啤酒营销战时代已经来临！

2005年营销战新因子

第一及第二军团企业的市场布局已经从互不干涉发展到"犬牙交错"，为了保证投资的增值，在区域市场短兵相接的战火已经不是任何企业的战略企图心，而是资本的内在要求。

由此，2005年啤酒营销战不是品牌层面的竞争，而是一场销售战。

认识到营销战的主要形式对于战役制胜具有重要意义。对战役形式的判断将使参战企业掌握先机，从而对企业资源进行有效配置，确保资源的使用集中到决胜的关键领域,达到"以镒称铢"的战略效果,避免出现资源分散、到处烧水水不开的情形。

决定2005年啤酒营销战的战术因素必须考虑四个方面:区域规划、渠道设计、分销模式、促销策略。

区域规划篇:

选择战场是销售战的第一要务。

从严格意义上看,中国第一集团的全国性啤酒品牌并未形成。目前在规模上领先的企业都没有在中国的"品牌制高点"取得有市场含金量的市场占有率。

根据中国经济发展的水平与趋势,对于未来啤酒全国性品牌而言,四个阶梯的市场领域已经形成:

(1)品牌制高点:北京、上海、广州、深圳、武汉、重庆、成都、西安、沈阳、哈尔滨10个特大型城市。

所谓的全国性品牌至少要在这10个城市的综合市场占有率达到30%以上,才可以算货真价实。这些地区均属于难攻难入型市场,很多啤酒品牌已经与城市的文化、情感联系在了一起,是当地人的精神符号之一,如广州珠江、哈尔滨啤酒、深圳金威、重庆啤酒等,是未来啤酒集团军战略决战的主要战场。

(2)区域核心点:除上述城市以外的所有省会及直辖城市。

占领(市场占有率达到30%以上)这些省会意味着省级市场地位的确立,是一线品牌谋求区域霸主的主要"钉子"。这些地区属于难攻易入市场,由于中国的很多省会并非区域文化精神的发源地,只是政治、经济、教育中心,地方啤酒品牌如济南趵突泉、南昌、钱江、白沙等虽然强势,也并没有获得精神情感上的绝对忠诚。

(3)内线支持点:除上述地区以外的所有地级城市市区。

广大的地级市区市场构成啤酒局部品牌的堡垒,是500家中小企业的生存土壤,同时也是各大品牌的"演武场"。这些地区属于易攻难入市场,因为竞争门槛不高、分销模式仍然以经销商为主导,地方强势经销商在通路及品牌掌控上起到关键性影响。

(4)县镇乡腹地:上述所有地区里的县、镇、乡(村)市场。

目前大部分还是处于低价格、低营销的状态,是"杂牌"啤酒的天下,从消费习惯及价格看处于啤酒市场的成长阶段。这类地区属于易攻易入市场,但受到啤酒有效销售半径及品牌战略导向的限制,各大品牌尚没有将此类市场列入重点。

2005年,三大区域市场的巨头之战已经拉开序幕:以北京为核心的华北战区,青岛挑战燕京的大众酒之战;宁沪杭黄金地带的长三角战区,华润啤酒雪花上市战役(堪称长三角的诺曼底登陆);以东莞为导火线的珠三角战区,青岛、金威、珠江、雪花、燕京五强逐鹿。

上述三大区域市场的战役将成为2005年啤酒营销战的最大看点,战役结局对于啤酒品牌的市场地位具有重要的战略意义。

终端渠道篇:

啤酒销售的终端渠道不再仅是产品分销的网络,而是获取品牌利润的核心载体,终端渠道已经成为啤酒企业的战略资源与竞争门槛。

啤酒终端销售渠道出现三个明显的变化趋势:

(1)渠道终端垂直细分化加剧。按照销售啤酒档次的不同,渠道可以分为三类:

• 夜场渠道:包括KTV、夜总会、迪吧、酒吧、茶楼、浴场、西餐店,主销330ml的小瓶酒。休闲娱乐化的都市消费潮流的形成,使得夜场从过去高居金字塔的尖端开始向扁平化演变,使夜场的销售潜力、盈利能力都得到飞速提高,成为啤酒渠道的亮点。

• 即饮渠道:分为大型酒楼、连锁火锅店、中餐酒店、小餐馆、夜市排档、飞机档等,是啤酒消费的主流渠道,啤酒竞争的主战场发生于此。啤酒竞争的促销费用也花费于此:进店费、买断费、开瓶费、促销导购费、礼品抽奖费等。

• 白天渠道:主要是大卖场、连锁超市、便利店、零售店等,其中现代渠道(超市)里的啤酒主要作为结构性产品设立货架,是地区主流品牌的展示窗口,啤酒对这个渠道的依存度比较弱;而二三类市场里的零售店(士多店、夫妻店)在啤酒渠道中仍然占据一席之地,但对销售与品牌的影响力也在降低。

透过对上述终端渠道里各品牌产品的货龄可以判定各品牌啤酒的销售地位、销售速度,而渠道终端垂直细分的结果不仅对啤酒分销模式产生影响,同时对企业的品牌设计、产品研发都产生影响。

（2）渠道终端资本化。过去的啤酒销售，找到一个客情好的业务员、再加上一个冰柜、展示柜就可以轻松进店，现在是送冰柜还得支付用电费、占地费，进店费交了还要交质量保证押金，用促销导购不仅要买断费或包场费，还要支付人员管理费，还有酒店服务员的开瓶费、客情费等，销量不好就会被酒店清场。在这种渠道压力下，短期内获取投资回报的机会非常小，新品牌的上市难度变得越来越大。

上述情形我们称之为"渠道终端资本化"。渠道终端不再是低成本获取的销售网点，而变成任何品牌进入市场的第一笔"投资"。

（3）渠道终端的封闭化趋势。如果说细分化是渠道演变的客观实际，资本化标志着终端自我意识的觉醒，那么渠道终端的封闭化就是啤酒"操盘者"（厂家及经销商）们的一种博弈手法。

为什么会出现终端的封闭化趋势？先来算一笔账：一个省会城市的火锅店，有连锁店10家，每家店平均100张台，每天每台消耗2件啤酒，那么这家连锁店的年度销量就是730000件啤酒，按照零售价4～6元啤酒销售毛利5元/件计算，年毛利额是3650000元。即使拿出50%的毛利用于酒店买断、促销等，一家火锅店的利润贡献就是180万元。如果按照市场占有份额计算，前两位品牌会瓜分上述利润的80%，则每个品牌销售商仍然有80万元以上的净利润。

对于企业直营来说，封闭终端的手法是两个：一是产品价位上要全系列、品种上要多品牌。比如在安徽合肥的三河酒家宴客时出现如此情形：客人问酒店小姐喝什么酒，小姐一口气报了雪花、龙津、零点、品格等十几个品种，客人问青岛、百威等品牌，回答都是没有，结果只有选择其中的一种。实际上，这些品牌都是安徽华润的产品。二是垄断进店促销权。即使达不到全产品垄断的目的，垄断促销导购的驻店促销权，仍然是实施"终端拦截"的有力武器。

对于经销商来说，利用供应商身份的灵活性，对酒店的酒水（啤、白、红、饮）及调味品实施垄断性供应，可以将酒店变成自己的封闭渠道，而这种合作生态一旦建立就会具有强烈的排他性。

上述渠道终端出现的三种趋势，将深刻影响啤酒市场的竞争格局，在渠道终端"高额费用"的现实面前，争论、彷徨已经没有意义，新的市场现实需要企业以新的思维方式看待并积极应对。

渠道终端的"三化趋势"对于企业品牌的建立产生决定性的影响,这是啤酒品牌征战市场必须予以关注的第一焦点。

分销模式篇:

分销模式不再是市场的热点,糖酒会招商功能的萎缩反映着酒类营销的变化,但分销管理模式决定着啤酒品牌对市场主动权的把握程度,实际上是所谓啤酒营销的核心。

当前啤酒销售的分销模式有以下五种类型,如图1-3所示。

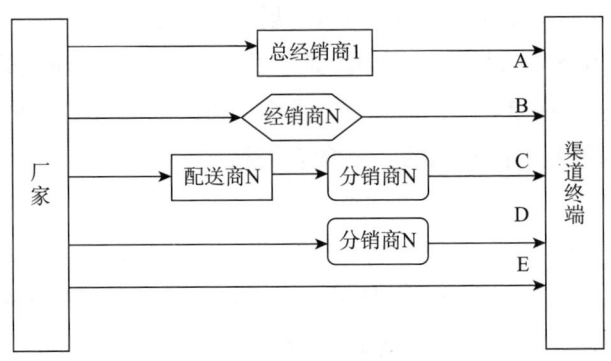

图1-3 当前啤酒销售的分销模式

从A到E五种分销模式体现着厂家介入渠道管理的深浅程度,也意味着形式上渠道掌控力的强弱。从上述变化来看,啤酒分销模式呈现出三大变化方向:

(1)由依赖经销商转向直接销售。由于厂商利益矛盾的尖锐化,急于掌握市场主动权的啤酒厂家已经厌倦与经销商的纠缠。而在啤酒销售费用巨额增加的背景下,厂家对经销商资源的依赖已经越来越小,经销商简单的"通路"角色对于厂家的价值变得很小。因此,大型啤酒厂家选择多家分销(模式B及C)或自建通路(模式D及E)也就顺理成章。

(2)由利用经销商资源转向整合分销商资源。模式A及B是典型的利用经销商资源的分销类型,然而独家经销出现的客大欺店、不守规则等现象,在多家经销模式里仍然会出现,而且可能比独家经销更难处理。于是出现模式C及D这两种分销模式,分销商除了担负货款、物流的职能外,销售管理、市场开发、推广的职能完全由厂家业务人员掌控。

(3)由实体控制转向信息控制。模式E的直控终端分销形式对于厂家在物流、人员、资金、管理等多方面提出要求,实际上是一种难以管理、对系统支援功能要求较高的运作模式。一些厂家正尝试运用网络化的信息工具对销售过程尤其是价格、物流秩序进行管理,如百威啤酒着手建立经销商联网管理系统。实际上,当厂家完全采用模式 E 进行销售的时候,可能意味着厂家陷入"信任危机",完全独立地建立自己的分销系统对于大规模销售的产品来说是没有必要的。

上述五种类型的分销模式体现了厂商利益的分配格局,同时又是厂商力量博弈的结果。我们认为,对于区域核心点尤其是品牌制高点城市的啤酒分销采用混合模式更为可取,这种模式可以称之为垂直整合分销模式(简称 F 模式),如图 1-4 所示。

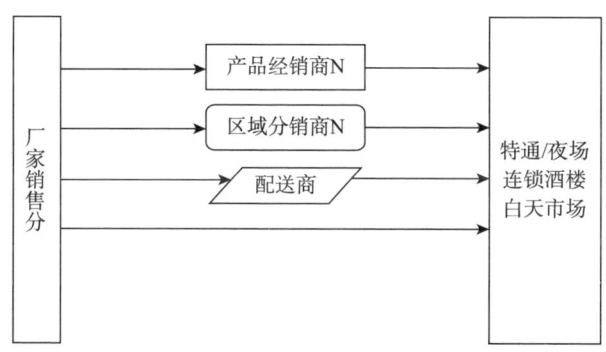

图 1-4 垂直整合分销模式

F 模式的特点是以最大化整合渠道经销商资源为核心,利用不同类型的产品(小支酒、精制酒、大众酒)对分销渠道进行细分,然后选择分销形式,从而将回款、物流的职能分解到渠道经销商的头上,减少厂家在渠道终端里的资金占用,实现社会资源的最大化利用。

F 模式不仅保证了厂家对渠道终端的绝对控制,实现货款回笼速度的完全可控性,同时能够让厂家专注解决竞争控制、消费者满意度、品牌忠诚度、市场占有率、渠道信息等战略焦点问题。

分销模式的创新与选择对于 2005 年参与大规模营销战的各大啤酒巨头,是管理决策的核心,将直接决定品牌在市场里的崛起速度,尤其是 2005 年三大主战区的对垒格局。

促销策略篇:

对于第一、第二军团的啤酒企业,价值竞争取代价格竞争,渠道资源竞争取代通路促销竞争，产品创新竞争取代广告宣传大战，是促销策略上的三大实质性转变。

（1）价值竞争体现在品牌核心定位的设计上。2004年，雪花啤酒接受米尔顿·科特勒的品牌定位规划，开始讲"有情感价值的品牌故事"，一改初期的男人"指手画脚"及中期的"享受心情的释放"，开始与消费者一起"畅享成长"，目的是获取20~35岁青年男性群体的青睐；青岛啤酒在北方则开始灌输"啤酒的原始味道"，试图用建立品类标准的占位策略捍卫中国啤酒第一的形象；燕京啤酒向消费者传播"实力、实在"，也不失为反映企业风格的写照。而如生力清啤的"有点野哦"及力波啤酒"喜欢上海的理由"这样的大创意在2004年的啤酒品牌里却没有看到。

啤酒企业在热衷新定位的同时，几乎都在犯品牌定位里的基本"语法"错误：请所有人包括各啤酒的品牌经理闭目在脑海里搜索，上述啤酒品牌在去除一切诉求口号后的LOGO能否如百威、喜力那样呈现清晰没有杂质的图像？

品牌定位除了核心诉求的创意外，在形式上必须满足这些视觉标准：LOGO中构图、字形、字体、用色（主色与背景色）的规范性。这原本是简单的VI强制性规范，但在当今的啤酒品牌里，符合这一品牌"语法"规则的只有青岛，其他啤酒品牌在实际执行中都没有呈现完整统一的视觉形象。如此品牌管理只怕要将传播资源的50%白白浪费掉。

（2）渠道资源竞争体现在分销模式的选择上。传统销售渠道如模式A、B的竞争始终无法摆脱通路促销—变相降价—窜货倒酒—砸价的恶性循环，导致品牌沦陷怪圈的形成：不促不销、有促有销；不促销是等死、有促销是找死，经销商截留促销费用、批发商截留促销费用、业务员私吞促销费用，厂家投入了大把的促销资源，就是不能到达消费者手里，起到建立消费者品牌偏好的效果。

过去的促销策略花了大量的精力研究促销手法、执行监控，而在传统渠道模式下，没有建立管理的平台却企图通过管理控制的手段解决粗放渠道下的市场问题，无异于缘木求鱼。再完美的促销设计没有管理平台的支持，在执行中也必然走样扭曲。

当企业选择模式C、D及F后，渠道环节及过程变得清晰透明，价格、货物流向、周转速度一目了然，任何人都无法在暗箱中瞒天过海，促销费用可以准确地达到设计的目标对象。在减少了经销商、批发商、业务员的层层截留之后，促销费用呈现下降趋势。同时，由于对一线动销掌握即时准确的数据，不仅避免了无谓促销，也使费用的效果最大化。

分销模式的创新使过去的促销策略变成新渠道模式下的策略性促销，从根本上避免了促销盲目性的问题，也是在更高层面上解决竞争策略及手法。

（3）产品创新体现在对啤酒口感（风味）的研究上。标王时代由于产品瘸腿导致广告费超过销售额的案例比比皆是，在啤酒界也不乏其例，而纵观存活到今天的啤酒品牌如燕京、青岛、珠江、金威及后来的雪花、哈啤、重啤（山城）等，无不是其产品口感保持了稳定性，从而在特定地区形成口感偏好，在上述品牌的核心市场都会有"老"与新的品种及称谓区别，如老金威、新金威、老山城、新山城等。

啤酒作为嗜好品具有很强的口感对位性，如浙江温州地区流行6度、7度啤酒，珠三角流行11度、12度啤酒，华东、华中流行10度啤酒等，造成啤酒口味的地方差异化。口味创新在啤酒营销中具有关键的作用，珠江纯生的成功充分表明了这一点，百威冰啤（Bud Ice）的无功而返则令人叹息。

想用一种口味统一全国，做到可口可乐的境界不现实，但现在采取地方品牌一地一口味的做法也不会有稳定的未来，尤其对一线品牌。

雪花目前在口味管理上的做法应该是一个方向：在雪花品牌之下，用淡爽、特制、精制、特纯、金醇等标识品种及价格属性，区隔口味消费群而不是品牌消费群；同时打造零点品牌来获取雪花以外的品牌消费群。重要的是，华润采用了严格的技术及工艺控制系统，确保各分厂相同品种啤酒风味的一致性。也就是说，你可以不喜欢淡爽而喜欢特纯，但你在成都与在安徽、江苏、辽宁喝到的特纯都是同一种口感。

只有先有了产品的同一性，然后才可以谈统一品牌，然后才是全国性品牌传播的有效性。否则，所谓的品牌整合传播都是一种策略的错误、资源的浪费。

我们没有去谈那些眼花缭乱的 SP 手法、新闻炒作、媒体选择，上述的策略才是真正回归原点的"促进销售"的方法，这些策略性问题不解决，热闹好看的 SP 就无非是一场美丽的烟花盛会，点缀着别人的风景。

综合上述，2005 年啤酒营销战的新因素，是各啤酒品牌制胜市场的关键，也是必将由成功品牌去演绎与证明！

啤酒营销的四种驱动力量及规则：

在完成 2004 年总结及 2005 年营销战展望之后，还是对自 2005 年开始的中国啤酒营销战时代的游戏规则简要总结一下，这是啤酒品牌获取全国市场成功的系统保证：

（1）渠道控制力。

规则 1：江山要靠自己打，组建专业化渠道业务队伍。

规则 2：全面整合经销商资源，化敌为友。

规则 3：以虚（业务员、信息、互联网）驭实（资金、物流）。

（2）产品标准力。

规则 1：在全国同一品牌下用口感区隔品种及档次。

规则 2：用统一的工艺及技术标准保证全国性品牌下各品种口感的一致性。

规则 3：在口感选择上取大舍小，不要企图包揽无遗。

（3）组织整合力。

规则 1：建立垂直整合渠道管理系统。

规则 2：用策略性促销取代促销策略。

规则 3：营销管理要聚焦在竞争、消费潮流、信息的三维体上。

（4）品牌价值力。

规则 1：品牌的视觉"语法"必须保持清晰、没有杂质。

规则 2：用不同的品牌区隔消费群及渠道。

规则 3：品牌的核心价值及诉求是对语言做减法，说得越少越简单就越好！

对于 2005 年开始的啤酒营销战而言，上述 12 条规则支撑起塑造品牌的 4 支强劲的竞争引擎。遵循这些规则，企业的销售就会如顺水推舟，品牌占有率及市场占有率都会呈现双正向增长的势能状态，对销售起到推动保障作用。反之，就会成为阻碍品牌或销售发展的短板。

规划得简单，执行就不会简单；执行时简单，规划就不会简单。在市场的角逐里，快鱼吃慢鱼是比大鱼吃小鱼更现实的逻辑，因此，执行必须快速才能比对手早一步达成战略目标。

深刻理解这些经过市场考验的规则，用这些规则作为指引未来航向的灯塔，销售的航船才不会遭遇暗礁的撞击，在竞争的惊涛骇浪中才能更快地抵达目标。

期待2005年中国的啤酒企业用骄人的战绩演绎正确规则的巨大销售威力。

六、 青岛啤酒北京攻坚战：三个关键战术原则

青岛啤酒图谋北京市场已经3年了。自从收购五星及三环啤酒厂之后，就一直在期待这场北京战役。2005年1月，新年伊始，打着"青岛啤酒1元进北京"的旗帜，拉开了2005年的啤酒大战。此次青岛啤酒进京，选择最基层的消费市场为主攻点，宣称要组建3000人的"板车队"（深度协销员），开发200个以上的分销配送商，投入千万元广告及促销费用等，可谓高调入市。

青岛啤酒经过3年在北京中高档酒楼的耕耘，在中高档啤酒市场取得一席之地，但高额的买店费用及不成比例的销量，令青岛啤酒不堪重负。而五星、三环两个啤酒厂一直以来游走于北京郊县及河北的二三级市场，基本与中档市场绝缘，40万吨的设计产能实际年利用率不到50%，产品销售额贡献率、品牌贡献率及利润率都没有战略价值。

青岛啤酒此次采取低价高促销手法，至少要达到两个战略目标：一是快速渗透渠道，完成铺货率目标，并构筑稳定的分销网络及销售运作系统；二是在燕京啤酒的核心市场插上一刀，展开正面攻坚战，实现北京市场平分天下的战略态势。

青岛啤酒北京之战必须坚定地向着这个战略目标持续前进，绝不能改变战略方向或半途而返。

根据上述情况分析，我们认为青岛啤酒此次北京攻略务必关注以下三个重大的战略性战术问题（也可以说是关键战术原则），以确保战略目标

的顺利实现。

战略性战术问题之一：价格策略上不可以用低价策略换取铺货率，要避免损害青岛啤酒的品牌形象。

一方面，尽管所谓的1元青岛啤酒只是铺货期的销售政策，但买一送一式铺货将给未来的价格恢复造成重大障碍：持续时间长会造成同一区域不同时间进货的价格差异，给经销商的销售造成困扰，所谓的第一次进货享受促销政策难以执行；持续时间短，则无法达成有效铺货目标，等于铺货行动夭折。

另一方面，1元青岛啤酒并不能传达有价值的销售信息，恰恰相反，消费者会认为只是五星、三环的啤酒瓶上换了青岛啤酒的标签，因此必须避免损害青岛啤酒在消费者心目中价值感的做法。在中国啤酒市场正在发生的消费升级大趋势背景下，青岛啤酒北京战役决胜的最终决定因素不可能是产品的低价，而是品牌的价值。

战略性战术问题之二：要关注销售行为实际"打中"的目标消费群，必须正面瓦解燕京啤酒的核心消费群。

在战役的过程中必须经常检核：青岛啤酒此次的销售行动准备捕获的目标消费群是谁？有什么消费特性？燕京啤酒消费群选择啤酒消费的动机是什么？如何选择（消费实态）的？燕京品牌消费群忠诚度的背后是什么？阻碍其品牌转换的原因是什么？促使其品牌转换的关键因素是什么？现在的销售行为到达分化并获取燕京啤酒消费群的目标了吗？

这些问题必须通过专业系统的调研及市场销售终端的追踪走访予以明确，以指导整个销售战役的执行全过程。

今天的销售已经不是简单的执行回款或铺货等行为，而是企业营销体系与品牌设计最终成果的风向标，企业品牌设计的精髓必须在销售执行中得到贯彻与体现。为了准确地达成品牌战役的战略目标，目标消费群必须成为所有销售行为及传播动作攻击的核心，只有始终聚焦在目标消费群身上，品牌销售战的战略目标才有可能实现，销售推广的费用及时间才能缩短。

战略性战术问题之三：产品组合策略必须支持渠道渗透目标。

青岛啤酒北京战役的另一个战略目标：渠道渗透与网络建设能否达成呢？

要维持一支服务到终端的深度协销队伍，还要有足够的产品销售利润维持分销商及渠道各环节的销售积极性，加上各种促销推广费用，单靠一个低价低利润产品是无法支撑的。

青岛啤酒将如何维持分销商及终端网点的销售积极性呢？低端产品的正常销售利润如果与燕京啤酒主流产品相比没有优势，就需要加大对分销商的奖励力度，持续保证深度协销人员对终端的服务质量与频率，以维持渠道终端的销售热情，不致出现渠道断流局面。

上述方法只是"正合"之道，真正赢得这场战役还必须选择合适的战机"出奇"制胜。

青岛啤酒从1999年起在广东的外围，如口味较重的粤东市场投放500L"超爽"（青岛原产），然后在深圳厂投产后逐步降低了物流成本；在珠三角地区，避开珠江、生力两强把持的广州市场，直接用青岛"纯生"在深圳向占有率90%的金威正面进攻，一举突破；二三级市场用"山水"淡爽系列冲锋陷阵，快速渗透华南市场与渠道；短短三年，华南事业部扩张到60万吨的销售规模。青岛啤酒在西安从投放"汉斯2000"开始，也基本上用三年时间一举完成对西北市场的整合。

这些成功战例都证明，必须有尖刀产品在合适的市场合适的时间用合适的方式，才可以取得品牌销售战的全胜。

综上所述，青岛啤酒进京是大势所趋，平分北京江山只是时间的问题。然而2005年开始的这场品牌销售战，必须对上述战略性战术关键点始终保持清醒的认识，才可以最快、最经济地达成战略目标。

七、 中国啤酒品牌广告策略本体论

对于任何一个啤酒品牌而言，广告策略都是不可或缺的。

品牌成为未来啤酒企业生存的"防火墙"

在快速消费品领域，啤酒品牌的建立对广告（策略及其传播）的依赖度远高于普通休闲食品，如糖果、小食品等，其原因在于啤酒比上述任何一类产品更具"口感嗜好性"——这种嗜好的品类特性加上啤酒的"高流转性"共同构成啤酒的所谓"品牌忠诚度"。啤酒广告之策略及传播当量

(媒介投放量)都是为了建立、维持、强化这一消费倾向。

基于上述观点,本书以真正依靠广告策略建立消费者偏好的啤酒品牌为分析对象,而对那些主要是以"贿赂消费者形式"攫取短期市场份额的辅助性广告策略不做分析,因此,本书应该准确地定义为探讨在中国现实的啤酒品牌版图上,通过广告策略建立啤酒品牌之路径的思考。

必须说明的是,正确甚至优秀的广告策略不是现阶段实现啤酒销售"畅销"(能够快速实现大规模销售)的关键因素,价格、渠道、促销(包括通路促销与贿赂消费者促销)、资源(如对终端的垄断——"买店")等都可以制造畅销的局面,但要想"长销"(持续地、较长周期内的畅销),尤其是"高价地销"(保持价盘稳定地长销),没有品牌的建设,仅依靠上面提到的非品牌性营销要素是不能或难以实现的。

中国啤酒企业是什么样的状况呢?

(1)大多数的啤酒企业只看到"广告"却漠视"策略":这类企业要么以自吹自擂式口号去"教训"消费者(还拿出脑白金案例作为佐证),要么请明星做代言人了事,这样的广告在度过"知名度"的界限后就基本属于无效传播。

(2)少数企业有了策略思想却总是变化不定:一会儿是品质诉求、从水源到原料到工艺无所不包,一会儿是功能利益,再一会儿又变成情感诉求。这种策略的频繁变化其实反映了策略的不精准——策略不精准导致广告运动缺乏销售拉动力,所以才会出现诉求点的频繁更换的现象。

由这个现象也可以折射出中国啤酒市场的格局状况:就本土啤酒企业来看,既没有全国性的啤酒产品,也没有全国性的啤酒品牌,目前的规模门槛更多的是资源性门槛,而不是消费者层面的品牌门槛。品牌资产做到极致的企业,如可口可乐敢于自豪地宣称:即使可口可乐所有的工厂在一夜之间化为灰烬,可口可乐凭借品牌的力量也可以东山再起。

所以,让我们对品牌形成一个认识:企业之所以要去花费重金塑造品牌,根本目的是建立不可替代的企业竞争优势——品牌资产对产品价值与企业价值的保障作用。

如果说非品牌营销要素在短期市场竞争中的作用而使快速消费品企业迷失了自己的存在之根本——消费者选择的至上性,那么,任何一个寻求永续经营的企业都必须注重品牌资产的建设。在未来的市场里,抗拒大资本、大资源、高强度市场攻击的保护层只有品牌,尤其在啤酒这样一个已经被外资逐步控制大局的产业环境里。

在中国啤酒企业的区域布局版图上,品牌策略的建立才具有现实的平台,过往谈论中国啤酒的品牌策略与广告策略均很少立足于这个基本现实,因而可以看到太多企业在普遍的品牌理论指导下在进行无效乃至负效营销,导致巨大的甚至惊人的资源浪费。

因此,本书观点是建立在对中国啤酒格局及未来路径之上的啤酒品牌广告观,我们称之为啤酒品牌广告策略本体论。

中国啤酒品牌广告策略的限制因素

探讨中国啤酒企业的广告策略,就不得不对中国啤酒品牌的限制性因素做一个扫描。从建立品牌及相关的广告策略角度看,对于啤酒品牌而言,重要的因素是两个指标:名称的特性与品牌的市场渗透度。

中国的大多数啤酒品牌是因地方而得名,所以很多企业并不愿意承认品牌的基本特性:名称本身作为一个历史形成的词语所具备的含义,而总希望可以脱离品牌名称本身的历史含义对品牌进行外向"赋值"。定位论的作者阿尔·里斯对于品牌名称的重要性一贯强调,在其著作《品牌之源》里甚至说道:"优秀的营销规划的核心就是起一个出色的名字。"啤酒本身又具有很强的地方特性,因此,啤酒品牌名称区域性的强弱对于啤酒品牌的塑造是个不容忽视的重要因素。

从市场渗透度来说,体现品牌覆盖面的广度与深度,覆盖面越广则品牌的通用性越高,覆盖面越窄则品牌的细分性越高,覆盖面之广度体现品牌的大小,覆盖面之宽度体现品牌的专属性。是成为大众通用品牌还是成为小众细分品牌、是成为广域(全国性)品牌还是窄域(地方或区域性)品牌,对于品牌建立来说同样是重要而关键的因素。

中国啤酒按照品牌表现层面的两个指标:品牌(名称)地域性与市场渗透度两大象限。

如图 1-5 所示，中国啤酒品牌表现层面的指标可以分为五大类品牌群：

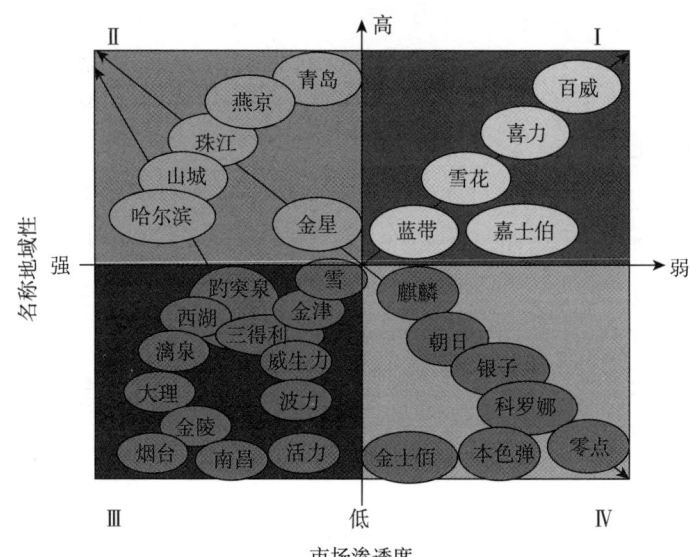

图 1-5　中国啤酒品牌地形图

（1）高渗透度、低地域性（第一象限Ⅰ）：如雪花、百威、喜力、蓝带等，这类品牌由于在品牌名称上没有区域印记，且已经基本实现全国市场的渗透，已经或正在向全国性品牌稳步迈进。

（2）高渗透度、高地域性（第二象限Ⅱ）：如青岛、燕京、珠江、山城、哈尔滨、金星、金威等，这个阵营里有两个规模在第一军团的企业（青岛、燕京），以及汲汲于进行全国扩张的企业（珠江、山城、哈尔滨），是最希望将品牌推进到第一象限顶端的品牌，虽然已经有很高的市场渗透度，却始终被品牌的区域印记所困扰。

（3）低渗透度、高地域性（第三象限Ⅲ）：如金陵、趵突泉、西湖、漓泉、大理、雪津、力波、三得利等，这个象限里的中国啤酒企业最多也最杂。这些品牌并不致力于扩散品牌影响，而是将品牌与地方特色进行深度挂接，甚至刻意烙上地方印记，如金陵啤酒的"纯南京味"、大理啤酒的"风花雪月"、力波的"喜欢上海的理由"等。上面列出的还仅限于区域强势品牌，众多地方小品牌都没有列入，这些品牌是中国啤酒市场里真正的地域性品牌。

（4）低渗透度、低地域性（第四象限Ⅳ）：外资的麒麟、朝日、银子弹、太阳啤、科罗拉，国产的零点、本色、金士佰等。这一象限的品牌主要是大啤酒企业开发的渠道性细分品牌，品牌名称都是为了激发一部分细分消费群的特殊饮用动机，不强调在小区域市场的渠道全面覆盖，而是追求在广域范围内"等高线"市场及渠道的渗透，如华润的零点、燕京的本色等，以小支酒为主要形态，在夜场里售卖。

（5）而在上述四大象限里还可以分出第五类品牌：如金星、金威、雪津等品牌，这些企业虽然属于区域销售的品牌，但已经越过规模化的基本门槛，品牌的地域特性并不明显。在企业企图心的驱使下可以快速地实现全国性的产能布局，进而向全国性品牌迈进。

我们所谓的啤酒品牌广告策略的限制性因素正是基于各企业在上述品牌地图中的位置与企图心方向。位置决定思想，但企图心可以改变思想，思想改变了，位置就有可能发生改变。

如三得利、力波、生力与雪津、金威的位置大体相同，但前者的品牌企图更偏向于往区域强势方向（第二象限）发展，而后者的品牌企图则呈现向高渗透度乃至全国性品牌的方向（第一象限）发展。作为中国啤酒企业的一个特殊类型的金星啤酒，虽处于全国性品牌的方向发展比较有利的位置（品牌的地域性弱且规模形成），但市场渗透度的不足仍将是品牌发展的障碍。

从中国啤酒品牌地形图里可以看到，有两大趋势性品牌运动方向：

（1）由第三象限向第二象限、第二象限向第一象限的品牌运动趋势，也就是由地方品牌发展为区域强势品牌，再由区域强势品牌发展为全国性强势品牌的进化路径（当然也存在由第三象限直接向第一象限运动的可能性，如金星啤酒等）。

（2）向第二、第四象限顶端运动的趋势，也就是成为区域王者或细分（特色）领袖的路径。

因此，中国啤酒品牌的策略路径可以分为三个方向：全国性品牌路径、区域王者路径、特色化路径，除此之外皆为方向模糊之策略，注定不会有好结果。

啤酒品牌广告策略之路径

所谓的广告策略主要包括三个内容：对谁说（目标消费群）、说什么

（品牌核心价值）、怎么说（表现与媒体）。目标消费群与品牌企图决定了品牌的核心价值定位，最终都以风格化的形式落实于表现系统（品牌口号、销售话述、调性与风格）。媒体策略不是本书探讨的内容，在此主要谈一下广告策略的其他内容。

我们可以看到，表现系统的各部分是呈现品牌的形式部分，而我们认为，此部分内容在一定意义上比前两个内容更加重要。也就是对于品牌而言，形式（纯粹品牌要素）的重要性胜过语言推理叙述的内容（定位逻辑）。

纯粹品牌成为广告策略的核心内容有以下几个理由：

（1）品牌的作用机理：品牌改变人们的观点、看法、态度、情绪，更多的不是品牌的道理（所谓核心利益点）或"理由"（Reason），而是消费者在任何时候都能在"脑海"里不由自主地浮现出的清晰的一个名称，以及与这个名称相关联的字体、色彩、线条、构图、声音、音乐、香味、触觉、人型、动物、卡通……这些形式的东西就是我们所认为的"纯粹品牌"。

（2）购买实态：消费者不是在完全信息对称的情况下进行理性的购买判断，对于"浅涉商品"而言，消费者往往只是在购买一种感觉。同时现在的消费者在购物时越来越多地寻求"释放情绪的快感"，而不是机械的简单需求的满足。

啤酒广告策略的路径是两个方向：规避风险的"保健动因"与获得满足的"升华动因"。大品牌则可以将两种动因合而为一。由此，我们得出啤酒广告策略的核心元素：

- 在产品层面，广告策略必须反映出啤酒的特性与特色。
- 在消费者层面，广告策略将购买者或饮用者的实际感受得以呈现。
- 在品牌层面，广告策略可以激发大众对品牌的自然的、积极的联想。

目前的多数啤酒品牌由于不具备产品品类上的独特性，在品牌诉求上主要走后两条路线。如雪津啤酒定位于"真情的味道"，表现男人与女人共饮的现代生活趣味，采用明星代言的品牌（如金星、青岛原生、惠泉）则通过明星的资源来建立自己品牌的积极联想（大多数不够自然）；珠江纯生的广告诉求长期局限于"钓鱼台特供啤酒"来诉求品质，而忽视第三个层面（联想）的挖掘，实际上丧失了建立独特、强势、全国性品牌的大好时机；现在的雪花啤酒从前期的第二层面（爽快到底）一跃而上到第三层面（畅享成长），忽视在第一层面（产品个性）的表现，其实是脱离了品牌拉力而依靠通路与消费者贿赂来促进销售。

大啤酒品牌的广告更是呈现奇怪的策略钝化：青岛啤酒从历史、国际化、品质至尊、激情梦想等多个角度进行诉求，想法太多只会造成消费者印象模糊；燕京专注于表现啤酒饮用的畅快感受，与品牌及产品的挂接性都比较弱，只能变成一种区域有效的广告策略，很难对全国性品牌推广起作用。

还有大量的品牌不约而同地诉求"水质"——漓泉、趵突泉、西湖、三得利、力波、蓝带，或是"地方性"——哈尔滨、山城、烟台、南昌、金陵等，这些都是局限于一方土地，无法走向全国的广告策略。

综合上面对中国啤酒各品牌广告诉求的扫描，可以看到很少有企业对啤酒品牌与广告策略进行"本体论"式思考。这里的本体指：

● 中国啤酒品牌地形图中所显示的"位置"的本体特性。
● 啤酒广告策略三个核心层面在品牌构造中的本体作用。

中国本土啤酒能否诞生如美国的百威、米勒，日本的朝日、麒麟之类的全国性大品牌，还是在外资并购中成为第二个日化行业（宝洁、高露洁、联合利华三家分晋的格局）？

啤酒消费的价格门槛在一二线（省会及经济特区以上）城市已经全面被打破，一二线城市啤酒市场已经成为啤酒品牌的"演武场"（消费能力与意愿均可以支持高溢价），主流（本土或地方品牌）与传统高档（百威、喜力等）品牌在价格上的差别已经越来越不构成消费选择的关键因素。主流与细分、大众与高档的界线在模糊，有时甚至只是渠道的分别，统一的全国性大众品牌将有望诞生。在这种背景下，有志成为全国性品牌的企业必须认真思考其品牌策略：从现在青岛、燕京、雪花三大产品品牌的实际策略来看，与建立强势全国品牌的策略方向并没有完全一致。

在中国建立全国性啤酒品牌必须遵循啤酒品牌的本体论路径：

● 地方性的品牌名称必须有通用性的品牌诉求，通用性的品牌名称必须有个性化的产品，这个矛盾必须解决。
● 品牌核心价值、产品核心卖点（USP）必须与消费者价值保持一体贯通，三者之间的不匹配必然造成品牌深度与广度的欠缺，从而不利于品牌资产的积累。

　　本土啤酒企业需要认真研究一下中国啤酒品牌广告策略建立的本体论思想。在上述本体论的基础上，中国啤酒的品牌与广告策略才会产生真正的精确促销之效果。我们可以期待，全国性的大品牌在上述本体论思想的指引下诞生。

中国快消品营销这些年

2005 年

一、 深度营销：系统化的市场争夺

近来论述深度营销或曰深度分销的文章，看到后来竟出现了用函数，甚至微积分公式计算的"渠道盈利率"、渠道张力等一系列古怪的名词。而和君创业咨询公司所创导的 ARS（Area Roller Sales，区域滚动销售模式），以 TCL 尤其是乐百氏作为实践此模式的代表性品牌，将谋求区域市场占有率第一为目标的操作模式称为深度营销。

我们认为，销售包括营销都是只要用"加法与减法"就可以说清楚的事情，偶尔使用一点乘法与除法，完全不需要用上高等数学。所谓的深度营销应该被界定为一种以渠道深耕为核心的运作管控体系，并非区域营销活动的全部内涵。

对深度营销的理解

那些被解释得神神秘秘的各大品牌深度营销模式：如宝洁的"一体化分销系统"、可口可乐的"101 模式"、康师傅的"渠道精耕"、统一的"辅销所模式"、丝宝的"借渠直营"等，其核心无非是合理分担产品配送成本，进而重新分配渠道环节利润，达到在控制价盘基础上的稳定的终端覆盖与销量提升。

在中国过去的市场经济环境下，对于消费品企业来说，持续地做到两件事的品牌都会或大或小地取得成功。

首先，坚持广泛地铺货，就是让自己的产品尽可能地出现在所有可以销售的地方，食品里的箭牌、可乐、方便面、饮料，日用品里的洗发水、卫生巾、洗涤用品，甚至包括耐用品里的电器、手机，只要做到了这一点都会取得成功。

其次，较早与崛起的现代超级终端建立关系，也可以取得成功：在食品、日用品里超级终端是指量贩式大型卖场，简称 KA（重点客户）；在即饮市场里指区域大型酒楼、火锅城，简称特 A 级店；在电器里则是以多店面、跨区域大型连锁店取得规模优势的国美、苏宁、三联等电器超市。

这是我们反复强调的"在渠道上建立品牌"的真实内涵，也就是说，对于前20年的中国品牌而言，如果首先在渠道上倾斜性地投入资源而不是迷恋央视标王的荣光，就会活得更长久一点。从三株、红桃K土得掉渣的下乡运动，到不事声张的箭牌、徐福记（近几年加大投入媒体传播），以及大张旗鼓的宝洁、娃哈哈、康师傅、统一、丝宝等品牌（企业）。

上述各种深度营销模式其根本无非两条：一是有组织地持续地终端覆盖行为，其共同特征是"增加渠道销售人员"，包括线路业务员、理货员、导购（促销）小姐、渠道经理、驻点业务员等，我们称之为专业化渠道（铺货）队伍；二是系统地对渠道销售数据进行收集、整理、分析，以追踪渠道结构的变化，增强促销活动的准确性、经济性，也就是完备的市场信息系统（MIS）。

因此，深度营销的真正内涵不是所谓的模式，也不是执行力，更不是整合营销传播，而是建立在完备渠道信息基础上的系统化市场争夺行为。

深度营销的系统结构

对于没有掌握完备渠道销售信息的品牌来说，任何销量的提升都可能是暂时的。即导致其成功崛起的因素（KSF——关键成功因素）符合市场与消费者需求的，然而这样的成功难以维持，因为它缺乏真实的数据来知道维持其成功的因素是什么。

深度营销实际上是一种系统结构：企业促销行为（能量输入）推动产品销售额（量）的增长，而在销量增长的背后无非是渠道份额及（或）顾客份额的增长。当渠道份额与顾客份额的增长产生正向"互馈"的时候，市场份额的增长才是稳定与良性的。也就是说，当市场份额是建立在渠道份额增长与顾客份额增长的基础上，销量增长推动的市场份额才不会变成海市蜃楼。这一系统结构及其作用关系，尤其对于重复性消费品具有特别的意义（耐用品的消费动力来自新购与换购，基本不产生重购）。

图1-6为正向作用的深度营销系统结构，对此结构图的解释：

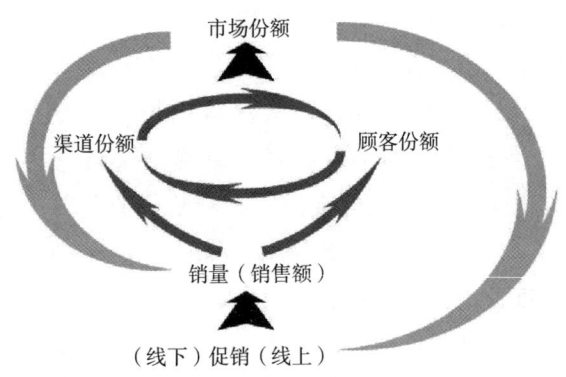

图1-6 正向作用的深度营销系统结构

渠道份额=品牌网点数（销量）/渠道网点数（销量）。在此，渠道份额的第一个衡量指标是渠道覆盖率，即品牌进入渠道总网点数的比例。按照2:8的规律，20%的重点网点可能达成了80%的销售额，那么品牌在这20%的重点网点里的覆盖率及单点销售额，就往往成为提高品牌渠道份额的关键。品牌的渠道之数里同样反映着渠道之质！因此，当销量来自一批商（经销商）的时候，品牌的风险最大；当销量来自二批商时，风险次之；销量来自终端，风险更小；销量来自终端里的重复订单时，品牌几乎进入无风险之地。因为终端里的重复订单必然来自顾客份额。

顾客份额=消费本品牌的数量/消费所有品牌数量之总和。即使无法准确统计竞争品牌的消费量，透过对本品牌的深入分析也可以计算出顾客份额。即抽样了解购买本品牌消费者的年龄、性别、收入、教育程度、职业、家庭状况、购买频次、单次购买数量等，进行多因素相关分析，进一步研究重度、中度、轻度消费群的特点及其购买动机、购买习惯、品牌态度等，就可以对本品牌的品牌黏性（重度消费者占全部品牌消费者的比例）进行判断，发现在销量增长背后的消费者真实状态（即通常所说的消费者使用与态度U&A跟踪调查）。

销量（销售额）与促销：一方面，销售额通常是通过线下促销（如通路搭赠、分销商压货、消费者购买奖励等）来实现的，可以用金额表示，可以分解到渠道网点，测量各网点的销售力，也是衡量业绩与市场份额的单位。另一方面，必须将销售额还原为最小销售单位（通常称为SKU），一个 SKU 的购买表示一次消费形态的完成；一次性购买或消费多少 SKU 产品，以及多长时间间隔会产生第二次购买（或单位时间里发生几次购买行为），这些背后的购买频次及消费深度（单次购买或消费的 SKU 数量、方式）就是透过销量看到的消费群：规模、特点、习惯、态度等，而这些则需要通过线上促销形式去达成，如展示、生动化、POP、广告、表演、聚会、抽奖等。

市场份额：每一个顾客份额的增长都是渠道份额的增长，因此来自顾客份额增长的市场份额是安全健康的。但并非每一个渠道份额的增长都会带来顾客份额，尤其是新上市的产品。很多产品在第一轮铺货之后就是漫长的渠道困扰：滞销—即期（货龄长，接近保质期）—退货—变质—抱怨—憎恨—死亡。因此，当销量来自于渠道网点数量的增加，而不是网点重复订单的时候，就是品牌渠道危机的信号。

由此可以看出，建立在渠道份额与顾客份额互相反馈之上的市场份额，可以有效巩固销量，并提高促销投入的有效性，高市场份额带来的是低促销成本与有利于阻击进攻的市场地位。

渠道信息就是指上述每个环节中通过渠道销售数据及第三方市场调查（如定期性零售店调查 Store check 与使用与态度 U&A 调查）获得的信息，只有掌握了这些信息，品牌的持续生存与成长才是有保证的，也是越过销售看市场，站在营销看销售。反之，品牌的成功及持续性就存在极大的偶然性。

这里需要指出的是，深度营销作为快速消费品一种极具市场杀伤力的"竞争武器"，理解其系统结构的目的在于让销售行为具备营销导向，即知其然也知其所以然。但是，作为需要资源投入的复杂销售管理系统，企业在进行深度营销决策前应该对其投入产出进行精确的计算。

在中国厂商关系及流通渠道演变的历史进程里，深度营销却经常是厂商矛盾尖锐化下的路径选择。可以说，有相当多的企业进行深度营销变革时，出现两大类偏颇的主导思想：一是认为必须彻底断绝原有的经销商运作体系，即通常所说的"砍客户"；二是认为将经销商的利润收到销售分公司手里搞"体内循环"可以增强盈利能力。

这两类带有普遍性的似是而非观念，其实是对深度营销的系统结构缺乏认识，说明其深度营销决策没有战略导向，对于为什么需要深度营销也是一知半解，是一种建立在感觉而不是理性算计之上的判断，在市场的现实中对企业的未来成长极其危险。

深度营销的战略导向

现在我们来探讨核心问题：深度营销如何成为必要的？

当我们在前面总结深度营销的本质之一"增加渠道销售人员"时，已经等于说深度营销与"人海战术"是可以划上等号的，很多企业在此踌躇犹豫。因抢先开展人海战术抢夺销售网点而成功的企业，如家电里的TCL、手机里的波导、日化里的丝宝、食品里的康师傅、饮料里的"两乐"，如果产品销售增长及产品毛利稍微发生变化（TCL、波导），立即出现销售队伍的"减肥运动"而令市场大哗，如乐华彩电的"瘦身"甚至令销售断流、品牌消亡。

在中国渠道运作模式上，具有标杆意义的是宝洁与"两乐"代表的深度营销，其他的模式也只是在名词或细节上有所变化。三大品牌的共同特征是对每一个渠道终端的深度控制，以及与此控制相联系的一系列环节：渠道定义、线路拜访、拜访八步骤、表格化管理、网络化的实时数据采集与控制。在具体运作上宝洁采取的是三流（资金、货物、信息）整合的一体化电子商务手段（大户深度协销体制），百事可乐采取的是直接到终端的线路车销（直供体制），可口可乐采取的是直营＋"101模式"（预售加小户分销体制）。三大品牌的标杆性分销体制对于本土品牌的渠道思维影响深远。

本人在此以亲历的两个案例来总结深度营销在操作上需要注意的问题：战略导向决定最后的成败。

案例一：1998年，在全国啤酒乃至大多数快消品行业还在研究经销商管理、网络建设与新产品大战的时候，在粤东小城J市，一场渠道变革即将开始。起因是厂家对原产品突然涨价，遭到几乎所有经销商的反对与抵制，一个月没有一件出货。销售人员也束手无策、怨声载道。在企业领导人在"江山要靠自己打"的信念支持下，借鉴百事可乐的车销模式，公司投入30多辆厢式货车，业务人员80余人、促销导购70人，对3000万人口的粤东进行全面直营与渠道深耕。

1998年的渠道创新加上模仿百事可乐"爱拼才会赢"的开盖有奖,推拉结合,销量迅速获得回升。以人口不到200万人的J市为例,全面直营的结果是:仅中间批发商及批零客户(二批商、三批商)即掌控(开客户卡管理)达280家,直接供货酒店达160家,派驻促销导购的夜店(酒吧、D厅、茶座)及酒楼达每天60家/次,真正实现了全渠道、全终端的完全覆盖,销量占J市啤酒销售份额的45%。其余份额由珠江、金威、青岛啤酒瓜分,实现了弱势品牌(无品牌、产品、价格等优势)在局部市场占有率第一。

进入1999年,销售人员向大分销商靠拢,逐渐开始围绕20%的重点客户协助分销。这样就从1998年的扁平结构重新转入多层结构,渠道又变成两个分销环节,渠道利润在重新设定之后(实际上就是在原来的统一供价上增加了重点分销商的特别返利),公司的利润空间几乎又回到了涨价前的水平,而此时却有涨价前没有的庞大的直营队伍在消耗企业的资源。

案例二:Z品牌休闲食品自2003年正式设立分公司,开始推行全国大中城市直营模式,原因是无法与经销商达成费用分摊上的共识。当时,效法可口可乐的模式,在C市——一个1200万人口的特大城市,总部要求进行业代预售制,严格按线路销售然后再按线路送货,三个月里直营基本处于停滞,队伍解体,分公司经理走人。重新组建零售店直销队伍后,同时又开发了KA及郊县分销客户,如此多的直营渠道与客户,只有一辆金杯车进行配送(载货量150件/次),不要说预售制不可能,就是分销商与KA订单的协调配送都做不到。于是,改预售为带货直销,随着单人销量的增加,带货也无法满足订单,又在城区开发设立30个分销点;配送上,为了缓解运力不足的压力,对能够自己带车提货的分销客户给予一定的配送补贴,鼓励分销商自提。

经过近两个月的调整,销售流程、配送流程、订单处理流程、财务结算流程都在未增加资源投入的情况下得以理顺,零店直销业代从人均月销2000元上升到2万元,市区一环以内零售网点5000余家,铺货率达到60%,直营KA及B类连锁店覆盖率50%,像家乐福订单已从过去的10天一次上升到一周三四次,郊县分销开发率70%,全部实现回转进货,销量呈现稳定上涨的势头。

结果由于随后不合理的涨价行为，导致渠道利润分配系统紊乱，已经建立的运作体系崩溃，销售又重新回到了起点。

上述两个案例的品牌都没有投入媒体广告，从两者由盛而衰的相似过程里，可以总结本土品牌（企业）进行区域深度营销存在的严重的战略导向缺失：

深度营销模式改变不了渠道利润分配格局。但很多企业却对此有着近乎天真的偏执，以为取消中间环节增加的销售差价可以增加公司盈利水平。因不能处理与渠道经销商的利益关系而采用的直营（绕开经销商）或扁平化策略，是一种典型的战略导向偏差的表现：不能处理好与经销商利益关系的企业，就能处理好与分销商、终端乃至与企业员工的利益关系了吗？直营模式，在增加所谓的管理效率的同时（令行禁止），不也在增加管理的风险与成本吗？有多少品牌的直营分公司，不是要么是走上与总公司分利的承包制，要么是发生大量的截留货款、贪污及人员哗变等管理危机。

从严格的意义看，深度营销是一种战略性控制手段，而不是营销的目的与普适模式，不同企业或品牌选择采用深度介入的方式也不相同。宝洁并没有以拆分大户的方式解决渠道覆盖、服务、控价等核心问题，而是以基于生意本质（消费者导向、数据化决策、协同发展三原则）的一体化分销及其管理技术，从最初的半自动化的 ECR（高效消费者响应）管理逐步发展为如今的 CPFR（协同计划预测补给战略）的半智能化管理。这是以虚驭实的典范，符合"为而不有"——充分利用社会资源、降低运营风险与管理复杂度的黄金生意法则。

因此，进行深度营销的企业必须从战略高度解决对自身需求（战略目标、资源状况、目的）的清醒认识，才可以做出正确的决策：

首先，厂家控制渠道的深浅不是问题的核心，是否能够有效实现渠道覆盖、配送服务、控制价盘并进而达到促进销量的目的，才是决策的关键点。

其次，厂家深入渠道到什么程度能够最大限度地推动、激励、规范渠道成员，比盲目扁平化、降低销售重心更关键。因此，先解决产品或品牌如何被消费者选择（顾客份额），再来解决渠道问题（渠道份额）会容易得多。

最后,要评估深入渠道的方式。我们认为在改善系统(推广、物流、财务、督导)运营水平与员工素质两项上的投资,是提升企业市场竞争力的加法甚至是乘法性投入,而一味地在经销商、销售人员、管理人员之间玩弄"功利主义"利益零和游戏的企业,最后会被其经销商、员工抛弃。

认真对待利益相关者的企业或品牌,就是在认真对待自己企业或品牌的未来。从这个角度来看,深度营销以争夺市场份额的提高为起点,其终极目的,却不是市场份额的无限扩大,而是从建立品牌价值链走向构建行业价值链:如果消费者失去了对产品品类的兴趣与消费热情,再好的营销手段及管理工具都创造不了任何价值。

二、 纯粹品牌论初探

品牌是企业存在的核心关键因素。

品牌观的三个层次与企业生态

有鉴于过去中国市场品牌造星运动的生生死死,尤其是当一个营销人右手抓着成功品牌的光环,左手却沾着死亡品牌的污血,冷静的研究与深入的思考就绝不是件容易的事!

在这个过程里,营销大师的理论观点、4A广告公司的品牌理念,西方市场经济先行者们(包括台湾地区)的品牌观念影响着中国的营销思想与行为。但在一个连概念、名词也无法统一的"巴比伦塔"式语境里,我们只有回归品牌、营销乃至商业行为的原点——价值,去进行一次崭新的理论或观念的冒险探索。

从现在市场里的所有品牌观里,按照价值取向可以有三个方向的分层:**作为手段的品牌;作为目标的品牌;作为终极目的的品牌。**

第一重位置将品牌与渠道、产品、推广、人员等营销手段放在同一个层面上考量,以实现企业短期市场销售目标为目的,决定上述营销工具的采用组合,即传统营销里"推(PUSH)"式与"拉(PULL)"式手段的范畴。

第二重位置将品牌作为营销系统的核心，以品牌为标准考量其他营销工具的使用组合，但此一状况下企业对品牌的运营仍然是以短期销售目标的达成为衡量指标，围绕品牌采用的营销组合（Marketing Mix）及传播组合（IMC）都受制于销售目标的达成，企业战略仍然独立于品牌战略，是品牌战略或者是企业战略的重要部分（在单品牌结构下），或者是与企业战略关联松散的资本联系（在多品牌结构下）。

第三重位置里的品牌战略已经成为企业战略的核心、起点与终点，企业成为品牌发展与运营的平台，企业的存在以品牌为依归。换句话说，品牌已经成为企业存在的核心关键因素，没有品牌就没有企业，有了品牌企业可以被轻易复制。

我们要强调，上述三重分层并非企业经营者或品牌服务商们的"企图心"即战略目标，而是**品牌现实生态状况的自然结果**。它既反映了企业发展的不同阶段，也是品牌关系资产的真实图景。

应该说，第三阶段是营销的最高境界，是品牌价值的真正实现，奥美集团的品牌观点实际上代表的是这一部分企业的价值观。罗斯·瑞夫斯的USP理论、乔治·路易斯与李奥贝纳的创意导向观点代表的是第一重企业的价值观，而里斯—特劳特的定位理论则代表了第二重阶段企业的价值观。营销领域关于品牌观点的分歧，其根源在于没有分清品牌与企业关系这一基本问题。

存在决定意识。在企业与品牌的结合出现三种类型关系的情况下，用一种品牌观点及其理念、方法来指导企业运营，其结果必然出现"奥美滑铁卢"（重庆奥妮）与"本土虚胖症"（标王现象）。在这一点上，营销界还没有对此真正地关注与研究，而是简单地陷于品牌论与反品牌论的争论，即中国营销思想界莫衷一是的**"品牌与销量的对决"**。

中国营销界的品牌营销观念在从品牌管理到品牌战略的转变过程中，充满着对西方从奥格威（BI）、里夫斯（USP）、里斯＆特劳特（定位）到4A广告公司天才人物——李奥·贝纳、乔治·路易斯等大师思想的"青春性叛逆"（米兰·昆德拉在《生活在别处》里描述的一种生命状态），于是出现本土广告界的"720度品牌管理""不同于奥美的观点""回到科特勒"等一系列品牌思想主张。这些喧嚣的观念争执反映了本土营销人（广告人）的理论自觉与探索，但是，就品牌谈品牌并不能将此一话题的真实内涵阐述清楚，终流为"天下各执一焉以察"的弊端。

在关于品牌与销量、品牌与企业这一根本问题上，应该有一个判断标准或规律可循，即使放在中国品牌营销20年的短暂历史里考察，我们也可以总结出其规律，只是此前由于管理界与营销界的专业分隔导致这一自明规律没有得到清晰的观照。

品牌营销思想的三大主流理论代表着三种不同的企业的品牌价值观，认识到这一点对于营销界与企业界有着强烈的现实意义。目前为止，还没有任何一个营销思想从品牌理论与企业生态相结合的角度，对品牌观点的真实背景进行认真总结，而是过多地埋头于百家争鸣或自行其是。

关于品牌价值观三重分层的洞见解决了以下几个争讼不休的问题：

（1）每一种品牌价值观对其所代表的企业或发展阶段而言，都是正确与适用的。

（2）每一种品牌观点都具有局限性，这个局限性造成的理论鸿沟，不是通过将营销的其他内容附着到自己的品牌观点的周围形成所谓的"体系"所能跨越的（数量之多的堆砌并不能改变没有质变的现实！）。

由此推导出两个衍生却更重要的观点：

（1）企业必须首先对自己所处的发展阶段有清醒理性的判断才可能制定出正确的品牌战略，才可以具备清晰的标准去选择适合自己的广告公司或咨询公司。

（2）营销界的服务商（广告公司及咨询公司）也必须正确地理解品牌价值观的现实内涵，才能合理地利用品牌工具为企业提供实效经济的营销咨询服务。

在更深的层次上看，困惑营销人的"品牌与销量的对决"已经不复存在：当方向选择正确之后，剩下的就是执行力的拼比——但要理解执行力不只是"做"（Do）的系统，而是"思"（Think）与"行"（Action）的整合体，营销执行力是需要在任何一个营销环节都有创意的行动哲学。这里就是品牌创意与天才设计（表现形式）展翅翱翔的天空！

纯粹品牌的核心与元素

纯粹品牌论即建立在此一界定的前提之上。当我们发现品牌内涵、工具、观念（品牌价值观）与企业生存状态的共生性之后，剥离企业层面、营销层面的要素所剩下的就是"纯粹品牌"，即在人的意识里留下印迹、刻上烙印的东西。**品牌，作用于人的意识经验，是通过人脑里的意识之门打开行为的窗户。**

因此，纯粹品牌论与流行的品牌观不同的观点是：营销或品牌绝不是对所谓消费者需求的研究。我们即使假设马斯洛的需求层次论包含了人类需求的所有类别，对它的研究与营销也没有直接的意义。通过定量化市场调查得出的所谓品牌关注点结论（关键选择因素）对于营销的实际帮助，就像一个醉汉摸到电线杆没倒下就说找到了拐杖。从营销角度看，任何一个产品或服务都在，也都可以满足人的需求，这没有什么好研究的，重要的是人或目标顾客为什么要购买或使用由你（品牌）提供的产品或服务——这才是营销的真正问题。

简单地讲，营销不仅要研究产品或服务满足了顾客的什么需求，核心是研究为什么顾客要为自己的产品或服务买单。因此，所谓市场营销是研究消费者需求的观点，只说对了问题的一半，而且经常是错误的一半。

产品或服务的特性重要吗？重要，但也不是最重要的。比产品或服务的"特性—优势—利益（Feature & Advantage & Benifit）"，更重要的是你的产品或服务的 FAB 与别人的比为什么"与众不同"（Idiosyncrasy）？请注意，我们说的是为什么（Why）而不是有什么（What）。

这里的差别是："有什么（What）"还是在说自己，就像祥林嫂总是说"我家阿毛在的时候"，但是说得越多听众就越烦。"为什么（Why）"则是在研究顾客或目标消费群的意识里可以装下自己的什么。因此，如果我们的产品（或客户）碰巧是"祥林嫂"，而且只有一个故事可讲，每次的开头就应该是"你家小狗子昨天又自己跑到后山去玩了，这很危险，因为我家阿毛在的时候……"于是，村里人不仅可以记住阿毛的故事，经常会对自己的孩子说"你可不要像他家阿毛"，同时都会感谢祥林嫂的热心，也会同情她的遭遇，很多雷锋式帮助不留名的事就都会发生（有愿意买单的人了！），至少绝不会出现人见人躲的局面。

品牌的战争发生在人的大脑据说只有 6 英寸的黑暗空间里。我们还要进一步指出的是，品牌改变人们的观点、看法、态度、情绪，更多的不是品牌的道理（所谓核心利益点）或"理由"（Reason），而是消费者在任何时候都能在"脑海"（这是诗人的语言）里不由自主地浮现出的清晰的一个名称，以及与这个名称相关联的字体、色彩、线条、构图、声音、音乐、香味、触觉、人型、动物、卡通……这些形式的东西就是我们所认为的"纯粹品牌"。

一个成功的营销人一定是一个谙熟"FBI"（Features—Benefits—Idiosyncrasy）之道的市场侦探家，同时也是对社会思潮、大众趣味、流行文化有深刻认识的人。**品牌创造的功夫更多地在营销乃至商业的环境之外，存在于人性、社会思潮或流行趣味之中。**

需要（Needs）与欲望（Desire）是人类生命的两个基本事实：一个为物质上或生理上的反应；另一个是心理或精神上的倾向性。但对营销来说，这两者没有区别：都是可以令消费者愿意付出费用或成本获得满足的内驱力量——我们称之为"动机"。动机就是绝对需求。**营销所需要研究与激发的是"动机"**，而不是需要与欲望——这些东西是永恒存在的人性事实，只是不同的人、在不同的场合、不同的时间其"组合"不同而已。

举个例子来讲，研究出女人爱美丽是没有意义的，除非能够让女人相信要变得美丽就离不开你的品牌。品牌创立者的工作就是发现"品牌之针"：

首先，可以穿过市场的巨大信息喧嚣声音进入目标消费者的意识，激发其内心的认同、感动、冲动，愿意引为自己之所属物（引以为荣）。其次，以此为旗帜，统一公司内部资源来强化此一独特属性。这就是品牌要做的事，除此之外的所谓品牌"策划"都有问题。

这就是纯粹品牌论的基本观点：彻底地从消费群"认知"的角度建立简单、清晰、有力的品牌，还原品牌的真实而原始的感动（PULL）力量。那些说什么品牌拉力不足、拉力不如推力、终端拦截等，其实都偏离了品牌的原始精神，其有效并非品牌无效的证明，恰恰是无效品牌设计的标本。

纯粹品牌论里符号系统的规划内容（以消费者为核心的运作结构）：
- **品牌名称**（命名）；
- **视觉 LOGO**：线条、构图、颜色、书法、质感；
- **听觉**：音乐、旋律、读法、音调、声音；
- **闻觉**：香味；
- **联觉**：视、听、闻、触觉的统一体。

上述这些没有什么独创或新鲜的东西，与其他品牌理论"不同"（Idiosyncrasy）的是且仅仅是一点：纯粹！是品牌的纯粹部分而不是其他营销要素（产品、广告、渠道）或结果（铺货率销量、占有率）是品牌的核心，是品牌存在的基础，是品牌产生并延续市场作用力的原动力。

符号系统是品牌的精髓与灵魂。品牌的所有资产必须通过有规划的符号设计，树立品牌在目标客户群心灵地图里的位置与印象。目标顾客对于品牌符号的认知在品牌经验里不可分割的，品牌管理的目标就是通过品牌符号的设计、传播，在目标顾客的头脑里建立本品牌的符号意象，这一符号意象是目标顾客产生购买或使用动机的第一推动力。

品牌管理不是将营销体系里的内容全部装进品牌的筐子里，而是将可能妨碍纯粹品牌清晰呈现的所有营销内容剥离出去，保持品牌的纯粹、纯净，让企业始终坚守纯粹品牌的一切元素，保护它、擦亮它、维护它！

品牌，归根结底就是符号，就是一种图腾。

纯粹品牌的审美内涵：有意味的形式

品牌的本质究竟是什么？这个问题几乎成了品牌观念里的"终极追问"。看到太多品牌崇拜者空想式的论点，恨不得将所有美好的东西都加载到品牌这个气球上，却丝毫没有意识到，包含一切营销要素或外在价值的品牌概念将变得空洞虚无。

看两段品牌狂热论调的观点：

品牌一定要成为我们民族的符号、民族精神的象征，才可能称之为品牌，否则，就是一个名称而已。名称、功能都建立在完全利益点上，"以利交者，利尽则散"。品牌里面积聚了太多的精神、文化、历史，是我们消费的一种渴望，不但是一代人，而且是代代相传的习惯、风俗与文化，利益只是其中的一个点而已。（郑新安：为什么中国没有品牌？2005/5/19/中国营销传播网）

品牌的本质是什么？品牌的本质其实就是企业与消费者的关系。这种关系维系得越紧密、越融洽，品牌资产的价值也就越高，品牌化的产品卖得也就越好。品牌是企业给顾客的誓言，包含了品质、便利、亲和、信任等元素。这些元素的优劣与否，决定了它是否是一个能够受到顾客青睐的品牌。一个成功的品牌珍惜他的顾客在这些元素中每一个细微如发的接触点上的感受。

（李海龙：中国品牌忧思录：品牌诚信遁去何方？2005/5/12/中国营销传播网）

对于前一种观点来说，品牌甚至要成为民族精神的象征，按此标准，品牌就要变成玄学而不是经济现象了。就后一种观点看，与其说是在谈品牌，倒不如说是在谈企业。问题是：这些深刻的论调岂不离品牌这样一个简单现象本身越来越远了吗？这种包罗一切的品牌让企业如何入手呢？

要清楚，品牌始终是标志某种产品或服务的独特名称。换句话讲，是**与名称紧密相连的一系列符号：构图、色彩、声音、味觉、联想，即我们所称的"纯粹品牌"的核心内容**。所谓的品牌管理是围绕此核心进行的专业性工作，包括品牌VI设计、消费群调研、SLOGAN创意、CF电视片及平面表现策划、传播媒体规划、产品线规划等。

品牌不是玄学，它是与消费群人性因素相关的一种超越单纯产品功能利益层面的心理联系，品牌的目的只有一个：目标消费群的深度认同与忠诚购买。用盛世长城全球CEO凯文·罗伯茨在其新著里阐释的观点，就是一种"至爱品牌"（lovemarks）——它的原意就是"爱的标记"。

品牌的独特性就在于：它是典型的构图式思维而不是文字式思维。这句话的意思是：对品牌来说，文字的内涵不是最重要的影响因素，构图与色彩才是关键。这就是品牌的全部秘密所在！

在图形、色彩这些似乎"形式"的要素上恰恰凝聚了一个民族、一种文化的最大众化、最深沉的审美内涵！在明确的设计策略指导下的品牌符号设计，正是所谓品牌核心价值的外在表现，也是一个品牌与目标消费群建立心理联系的核心渠道，这些符号在品牌发展策略的指导下就变成一种"有意味的形式"，是这个形式而不是其他要素构成品牌的第一块基石——从产品时代转变到品牌时代的过程里，会有大量的"品牌"由于没有成功地完成对"纯粹品牌"的升级而被消费群淡忘乃至淘汰。

因此，那些失败的品牌全部都是没有对"纯粹品牌"的构成要素进行管理，而是整天研究什么代表、利益、内涵、情感，最后企业在传播上花得费用越多反而品牌印象越来越分散模糊，到出现不了统一的品牌认识——强势品牌的标志就是目标消费者在产生该类型消费需求的时候脑海里首先出现的是其品牌符号。

可口可乐的品牌传播就是将人类极度口渴时的产品指向大家都熟悉的标志——可口可乐及其红色包装。同时其营销的所有工作核心反过来是，无论你是否有极度解渴的需求，让你无处不见可口可乐及其红色图案。正是上述正反两个方向的品牌运作，可口可乐不仅保持这种"不健康饮料"的消费偏好，还在强大竞争品牌百事的冲击下仍然保持其领先的市场份额。100年来，品牌口号换了不计其数，但其品牌印象——构成纯粹品牌的核心元素在全世界没有改变，也正是品牌里最纯粹的东西让可口可乐及其红色图案成为全世界消费者的"图腾"。

一句话，得到法律保护的纯粹品牌符号，是品牌需要创意、传播、维护、管理的核心。除此之外的一切品牌策划都注定是"无用的热情"，甚至是"负效营销"！

三、 营销总经理的三世人生：
经理人职业生涯反思

经理人的命运一次又一次撞击人们的神经：第一代的倪润锋、李经纬、赵新先、陈荣珍们，第二代的陆强华、吴士宏、王志东、万明坚、姚吉庆、李洪锋们，第三代的李汉生、周险峰们。

虽然他们的年龄不同、掌权时间不同，其与"东家"最后诀别的场景却惊人的相似！他们曾经引领时代风骚，他们曾经倍受媒体瞩目，他们的作为及思想曾经成为中国商业发展的标志性事件，他们曾经影响过中国千百万的职业经理人及社会公众。

在公共媒体上频繁亮相的职业经理人主要是两大类：营销经理人（以营销总监、营销总经理、CMO首席营销官为代表，以下简称CMO）与企业经理人（以总经理、CEO首席执行官为代表，以下简称CEO）。在这两类核心经理人之外，还有以制造/生产总监、财务总监（CFO）、人力资源总监、行政总监、文化总监、信息总监（CIO）为代表的其他管理职能部门经理人（以下简称CXO），但他们的相对关注指数显然比前面两类经理人要低调一些，尽管在很多企业里他们的实际权力或影响力往往超过前两类经理人。

这里探讨的是营销总经理的"三世人生",也就是 CMO 的过去、现在与将来。为什么要选择 CMO 为标本呢?

因为在营销总经理身上浓缩了一个营销人全部战斗与奋斗的轨迹(过去),是任何企业生存与发展必须首先发挥作用的管理机构(现在),同时这些人的作为与前途往往会对企业的经营乃至生死存亡产生决定性影响(将来)。

德鲁克曾言:"企业就其本质而言,就是营销与创新。"这是从企业社会价值的角度对企业的定性,实际上,如果企业的运作脱离这两个核心,市场竞争力就会下降,就会被市场淘汰。

营销总经理担负着完成企业价值创造活动的最后成果:从市场里获取现金流。

孙子曰:"知兵之将,生民之司命,国家安危之主也!"

过去世:登上 CMO 的两条路径

有什么样的经历可以登上 CMO 的职位?什么样的能力是 CMO 必备的?从产生途径与能力胜任两个视角来观察一下 CMO 的过去,其实是一回事儿。

CMO 产生的途径有两种:销售路径与市场路径,如图 1-7 所示。

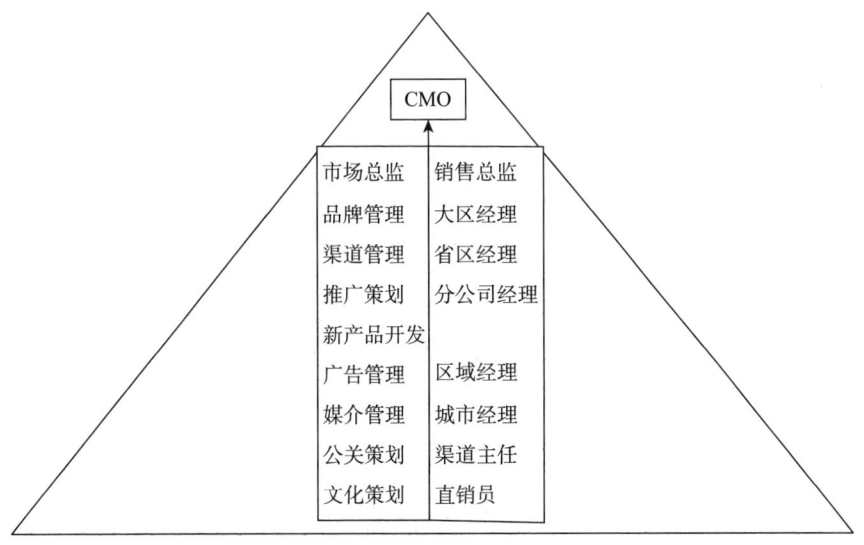

图 1-7 CMO 产生的途径

营销（Marketing）与销售（Sales）的分离是现代营销管理体制的基本形态，由此形成 CMO 产生的两大主要途径，某种意义上也是两种管理文化与领导风格。

科特勒在其《市场营销管理（亚洲版）》里曾比较了营销人员与销售人员的文化差异，其核心是：营销人员注重消费者与市场，思维方式比较理性化，眼光是看向未来的，而销售人员注重的是客户利益，更多考虑眼前的问题，倾向于心理与情绪等人际交往层面。其矛盾处，营销人员往往认为销售人员缺乏战略与策略眼光，销售人员则将营销人看成一群不务实际的空想家。

对于 CMO 而言，市场总监与销售总监是潜在的职位替代者，同时又是两道防火墙。

从销售路径产生的 CMO 是中国前 30 年的特色，如格力的董明珠、TCL 电脑的杨伟强、联想的杨元庆、微软中国的吴士宏等。从 CMO 担负的主要企业职能而言，从销售路径产生的 CMO 其承压力可能更强一些。而由市场路径产生的 CMO，出于思考模式及管理方式的不同，有时会遭遇原有销售人员的抵制与反抗。

企业销售总监转为 CMO 后会对市场部的职能进行强化，但往往过于强调市场部的销售支持功能，而忽视了市场与消费者的研究；市场总监成为 CMO 后则经常会对销售组织进行结构性改造，以获取在销售系统的话语权；这种倾向基本上成为很多企业营销组织的一个定律。

CMO 无论是内部升迁还是外部空降，其经历背景对于上任后的作为具有很强的引导作用。那些具备了营销理念的销售总监或有销售经历的市场总监，用风雨如磐的职业经历锻炼了自己独特的人生观与领导魅力，他们会更加**注重在企业战略的旗帜下对营销系统进行改造**。

今生世：企业政治的焦点

如果说市场总监与销售总监更多地需要专业与业绩，CMO 却必须面对企业政治。因此，CMO 的生存智慧与其过去式是完全不同的，未能对此有所领悟及调整是大多数 CMO 落马的根本原因。

CMO 之政治化的突出特征是：CMO 必须将其经历与学历背景完全隐

蔽在后台，必须避免以自己的专业或兴趣主导营销系统的运作，CMO 之关键已不在一事一战的对错成败，而在其处理"企业情境"的能力。

让我们来看 CMO 的"情境关系图景"：

对营销系统：和而不同（《晏子春秋》）。

如何领导营销系统是 CMO 的第一项工作。大致会出现三种情形：

（1）清一色型。新官上任，获得 CEO 或老板的绝对信任，开始清除异己，先用忠后选才。

（2）内讧型。CEO 或企业老板的老臣与亲信是 CMO 不能动的人，造成一定程度的分庭抗礼局面。

（3）和而不同型。既没有与自己明确对抗的人，也不压制不同的意见，形成一种内部有张力的团队氛围。

在第一种情形下，老板的绝对怀疑就像开始时的绝对信任一样，说来就来，CMO 谋求对人员的绝对控制将会制造无尽的冲突与烦恼；第二种情形则是 CEO 或老板犯了 CMO 绝对控制同样的错误，处于疑人又用、用人又疑的观念误区，给未来更大损害的冲突埋下隐患；第三种情形应是 CMO 们必须营造的一种良性管理结构。

对上司（CEO 或老板）：动而愈屈（《老子》）。

CMO 与老板的关系最具戏剧性：中国的民营老板大都自己创业。对这些老板来说，他们并不相信 CMO 具有在营销方面（至少是销售）的权威性，但他们又不愿直接管营销从而承担可能失败的风险，因此 CMO 往往成为其缓冲的屏障。

由此 CMO 与老板的关系形成三种形态：

（1）秘书型。CMO 基本上起着老板与销售人员包括经销商之间防火墙的作用，老板指示工作内容，由 CMO 去布置落实。

（2）放权型。老板基本不再过问营销政策、人员任用及执行过程的事情，主要以计划与业绩指标来监控与考核 CMO。

（3）冲突型。老板与 CMO 产生分歧又一时无法替代。

秘书型 CMO 大都是老板的旧臣，如联想的杨元庆可算此类型经理人的榜样，既能出新又深得老板真传（干父之蛊）；放权型如格力董明珠、格兰仕俞尧昌等。怕的是 CMO 与老板出现供应与需求的错位：如老板希望的是秘书型的 CMO，却招来了一个强势型的 CMO，于是 CMO 冲撞老板的事就会经常发生，其结果自不必多言。新浪的王志东、TCL 的手机狂人万明坚等，当经理人与老板意志产生冲突的情形下，都免不了与资本仓皇挥别的命运。

对同僚（CXO 们）：果行育德（《易经》），即高调做事、低调做人。

对于 CMO 来说，与同僚尤其是各职能部门的 CXO 们的关系，也是决定其命运的力量。这里才是企业政治真正的江湖。职能部门始终对营销系统构成一定的制约，这是企业组织结构的必然要求。因此，CMO 必须以开放的心态与各职能部门进行协作，尤其是良好的人际关系（人脉），对于 CMO 或是企业都是有利的。所谓"将相和、朝廷福"，就是这种情况了。

从以上对 CMO 情境的分析可以看出，CMO 的生存智慧首先是处理人际关系的能力，即"情商"。

将来世：CMO 的四种命运

CMO 们的使命就是不断地提高企业回收现金的能力，即确保企业持续地扩大销售额及利润水平，韦尔奇神话的根源在此。而西方成熟的经理人薪酬制度，则是韦尔奇不会在 MBO 的危险道路上翻船的制度保证。

但有几个中国的 CMO 或 CEO 有机会或能力做到韦尔奇之境界呢？

3 年从 0 到 80 亿元的万明坚要承受 40% 下滑的屈辱；从 7 亿元做到 43 亿元的创维陆强华要面对黄宏生"相对增长幅度过低"的不满；掌握小霸王命运的段永平无法改变自己是"打工仔"的位置；以四通、春兰、TCL 等为代表的危险的 MBO 试验，不过是经理人寻找价值的具有时代特色的方式。

CMO 的将来世向何处去？这是中国当前不成熟市场环境下必须认真思考的问题，关乎经理人的道德境遇与职业前途。大致有四种路向：

（1）走向 CEO。从数字看，只有 25% 左右的 CEO 是从 CMO 任上得到升迁，这表明 CMO 与其他的 CXO 们相比并非升任 CEO 的最近职位。实际上，CMO 向企业经理人发展不是 CMO 的当然路径。

（2）个人创业。尽管大成功的企业家都有销售的经历，如中国台湾的王永庆、日本的松下幸之助等，但从 CMO 或 CEO 开始个人创业而成大功的并不多，如健特生物的史玉柱、蒙牛的牛根生、步步高的段永平等。个人创业并非 CMO 的最佳选择，因为没有几个 CMO 具有进入产业必需的资金、人脉及机遇。

（3）横向跳槽。这是目前 CMO 流动的主要途径，如高群耀从微软空降到惠普、严旭从珠江啤酒进入青岛啤酒华南事业部等。在行业竞争对手之间的跳槽及日益流行的"集体移植"往往引起很大争议。如陆强华从创维拉走 100 名销售经理空降高路华公司、阎爱杰携玛氏 30 余名大区经理空降郎酒、方正周险峰及 30 余名高管整体"移植"海信数码科技等，都令舆论对 CMO 们的职业操守产生质疑。

转为社会经理人，即进入或创办广告、咨询、培训、传媒等服务性机构，如上海联纵智达的何慕及活跃在中国营销舞台的蜥蜴团队、魏庆培训等。这是当前营销咨询业的中国特色，包括有海外背景的锡恩、罗兰－贝格、新华信、和君创业等，海归派或企业人进入上述服务行业已成为一种潮流。

CMO 是营销人的顶峰，也是职业经理人真正的开始。

在营销路上奋斗的两大系统（市场与销售）人员，只有攀上 CMO 才可以领略营销的真实境况：压力、苦恼、乐趣。

CMO 的三世人生可以说五味俱全，如何做好角色的转换与调适，是奔走在营销路上经理人必须认真思考与选择的问题。

有感于营销经理人的现实境遇，在此不免发梁启超评论李鸿章的著名感慨："敬其才、惜其识、悲其遇"！

营销经理人注定了在企业里处于举足轻重的地位，为企业开疆拓土、积粮称王立下汗马功劳，仍免不了兔死狗烹的悲剧。营销经理人无法以个人之力与资本相抗衡，越来越多地形成"营销山头"，冲突一起必导致企业发生巨大的经营波动，在检讨经理人道德素质之际，资本是否要反省一下自己的生存智商？

笔者对营销经理人的三世人生进行了扫描式的归纳总结，与千百万营销经理人共同思考所处的位置、境况与前途，在道德境遇与个人发展之间把握职业生涯的主动权，以实现人生价值的辉煌。

谨祝中国的营销总经理及迈向 CMO 的中国职业营销人，一路好走！

四、智商：经销商与品牌厂家的共赢之道

竞争越来越激烈，经销商与品牌厂家如何实现共赢？

契子

2003 年的某一天，笔者与广州的一家商贸公司老板交谈。

该老板 43 岁，夫人掌管公司的财务，经营一家食品商贸公司已有 15 年，从一德路档口做批发一步步在最繁华商业路段的大厦里拥有自购的写字楼。该公司实行完全公司化管理，经理人有的是洋行出身，有的是 MBA；有自建的仓库、配送车队、专门的库存及账务管理系统，信息传递实现网络化，从小食品到饮料代理了 10 多个国际著名品牌，年营业额 8000 万元左右。

谈生意之余，笔者问他："按照你现在的销售趋势，5 年后你的个人资产会近 1 亿元。5 年后你的女儿也开始走入社会，你是否将你们夫妇的产业交给她继续经营？"该老板说："不会。我们让女儿去欧洲或美国留学，学成后就在当地定居工作，办绿卡。"笔者问："你们的这些产业怎么办呢？"该老板说："我们夫妻做这一行是逼不得已，虽说有一定规模，但太累了，整天不放心。我们不想女儿如此操劳，反正也不愁吃穿，在大公司里做高级白领轻松一些。"

这其实不是特例，笔者接触到的快速消费品经销商都存在这种想法。这种带有普遍性的观念反映了中国快速消费品经销商的一个致命的软肋：职业价值感的缺失，或者说自我认同出现分裂。

做实业办工厂子承父业顺理成章，比如方太集团的茅理翔父子、万向集团的鲁冠球父子、宗申集团的左宗申父女等。而经销商愿意让后代继承事业的可以说少之又少，尤其是食品、酒水饮料类经销商。

这至少反映了两个现实：一是经销商对自己的未来充满了不安全感、焦虑；二是经销商不具备"永续经营"的思想。

换句话说，在深层意识里，经销商将自己的生意看成是系于厂家之上的，没有自我的生意观念。

自我认同匮乏的深层背景

古人云:"商人重利轻离别。"作为中间商,商人只是商品交换的媒介,所以,"利"是经销商的存身之本,经销商必须具有对"利"有超越平常人的直觉,从陶朱公的"贵出贱取"开始,一代代商人赚取的就是商品在流通过程里产生的差价,否则就无法安身立命。

近两千年来,中国传统的商人观念,还在禁锢今天的经销商思想!

在经销商眼里,品牌是厂家的,促销政策仰仗于厂家支持,自己市场做得再好,也是为别人养孩子,一不小心被厂家取消代理权,落得个为他人做嫁衣裳的下场,如果再不赚点钱,岂不赔了夫人又折兵?这是经销商的普遍思想,经销商没有独立的生意观念也根源于此。

在匮乏经济时代,交易的对象是产品,因此制造商在商业舞台上扮演着主导角色;进入产品高度标准化、生产过剩化的时代,交易的真正对象是渠道而不是产品,渠道才是21世纪商业舞台上的主导角色。那些仍然抱着"一招鲜吃遍天"的观念,以产品为导向的市场开发,无论是制造商还是经销商都迟早走向没落。

21世纪的经销商不是产品交易的简单中介,而是商业价值链中的重要环节!

渠道关系将成为21世纪商业舞台的价值核心。

在这个领域,经销商凭借其对消费需求的天然直觉与捕捉能力,得以构筑与现代零售商、制造商三足鼎立的新型商业格局。

还有一种流行论调是:以大型零售业态为标志的现代流通渠道的崛起,在侵蚀中间商的生意空间。而大型制造企业在通路扁平化的思潮下,普遍采取直供现代KA卖场的销售模式,在剥夺经销商的生意机会。这上下两个方向的作用,造成经销商逐年递减,生意越来越难做。结论是:经销商即使不是在逐步消亡,也是日薄西山、每下愈况!

事实是:目前全国工商登记在案的个体工商户达2790万家!平均每40人、每3.5平方公里就有一个生意人,这还不包括360万家中小型企业。

中国消费市场的成长,无论是在逻辑上还是事实上,都不可能出现前述流行论调的景况,而是会实现制造商、经销商、现代零售商共赢共进的局面。

确实,很多在当地曾经呼风唤雨的经销商解体了。全国大多数风光一时的批发市场,如义乌、南三条、荷花池、高桥、一德路等日渐萧条。

另一幅景象是:坐商解体了,行商如雨后春笋般拔地而起,争着抢着"上山下乡";批发市场的档口前门庭冷落,但写字楼里的商贸公司越来越多。

说生意不好做、钱不好赚是不错,说没有市场,那不过是失败者给自己找的台阶。

清晰地认识21世纪商业格局里经销商的生存土壤,认真培育经销商的核心竞争力,寻找并占据属于经销商的生意空间,是21世纪中国经销商实现转型的前提,是在新一轮市场大洗牌里决定经销商生死存亡的大智慧。

走向智商时代

21世纪的经销商不是传统商人的舞台,靠简单的交易赚取差价的"倒爷"时代已经结束。现代经销商提供的是以服务为盈利工具的销售系统,如果经销商无法培育出适应这一原则的生意模式,面临的就是渠道与厂家被淘汰。

21世纪是以智商为核心构造新型经销商生态体系的时代!

就是说,在任何一个区域的品类市场里,都会出现3~5家品牌代理商,占据区域市场及渠道份额的41.7%以上(蓝契斯特法则),形成对厂家与现代渠道的双向制约。同时,构筑相对封闭的分销及直控终端体系,掌握与厂家、现代渠道三方博弈格局里不可轻觑的"筹码"。另一方面,通过对品牌及产品的新陈代谢始终保持与消费趋势同步,引领区域消费潮流,反向强化与自己渠道成员的交易关系,提高渠道成员的转换门槛,从而确立区域市场的霸主地位。

这就是21世纪的新型智商!

智商将服务渠道客户作为自己赚钱的前提。作为区域市场里的江湖盟主不仅给渠道客户提供稳定的供货途径,还会培养合力抵御竞争冲击的利益链,营造维护忠诚渠道客户的生意环境,创造有竞争力、可控制的独有生态体系。

现在的很多经销商都具备进行智商转型的基础,关键在于如何认识并把握这一市场机会。

同时,竞争也是残酷的,那些解决了规模却解决不了发展思路的经销商,将会在销售额的逐步萎缩中退出市场。

21世纪中国经销商的生死抉择:要么成为区域市场的霸主、盟主,要么在江湖盟主的生态链里寻找生意空间。除此之外,发展方向模糊不清的经销商,将会在市场的惊涛骇浪里过着朝不保夕的日子。

以前,不知道怎么回事就发了财的经销商是常有的,自今以后,不知道怎么回事就破了产的经销商会很多。

经销商如何与厂家共赢

经销商与厂家的关系在本质上是一种资源互换系统,双方以在区域市场品牌发展目标为核心结成利益共同体。因此,厂商共赢市场的第一前提是:厂家有明确的区域市场品牌目标、经销商认同厂家的目标。换句话讲,没有明确区域市场目标的厂家及不能认同厂家目标的经销商,很难在市场开发的艰难过程里精诚合作。

厂商合作关系如图1-8所示。

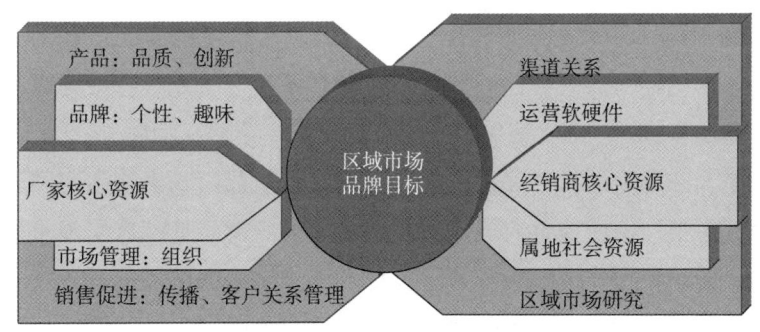

图1-8 厂商合作关系

经销商是否理解什么样的厂家才是理想对象呢?我们从图1-8里可以看到,厂家的核心资源是四个方面:产品、品牌、组织、促销。传统思维的经销商通常认为最后一项,即广义促销才是厂家对自己的支持,其实是一种肤浅的理解。

（1）厂家的核心资源首先是产品资源，包括其现有产品的品质及未来的创新性产品，产品（包括服务）始终是获取消费者忠诚购买的核心因素。

（2）品牌。牌的个性、形象、趣味等是增强消费者信心、提高产品溢价的关键因素，厂家在品牌设计里所投入的资源也是不可忽视的支持。

（3）组织。对于快速消费品而言，市场管理是确保产品流通秩序与价盘稳定的资源性投入。经销商凭什么能赚大钱、长久地赚大钱，在很大程度上取决于企业市场管理的水平。

（4）销售促进，其实是解决产品进入市场的速度问题，从某种意义上看更多是量变因素，而不是质变因素。

经销商的核心资源也是四个方面：渠道关系、运营软硬件、社会资源、市场研究。在某些快速消费品领域出现将经销商配送化的趋势，经销商在单纯地做产品的搬运工，而且是专销单一品牌的产品，实际上在形成封闭化的厂家渠道系统。这对于具有强大社会影响力与责任意识的大品牌来说，也是缺乏市场经验的投资人的一个不错的生意选择。但从社会分工的角度看，渠道关系才是中间商（经销商）的立身之本，即使对配送商而言也是如此。

运营的软硬件，即软件——人员与硬件——物流系统（包括仓储、运输、信息、财务四大块面的整合管理平台）。无论经销商起点如何，一个有远大志向的经销商只要在运营软硬件上具备投资眼光，将最终赢得更多品牌企业的青睐。

经销商在当地的社会关系，包括与政府管制部门、当地生意圈里的人脉关系，也是厂家所倚重的价值。此外，如果经销商具备对属地市场的分析能力，善于把握当地消费者的需求特点，能够根据市场需要寻找合适产品，那么经销商就成为真正的"智商"了。

21世纪，中国经销商的淘汰速度将会更快。成为"智商"，与品牌厂家主动整合，构建一体化的生意运作系统，才是经销商从产品畅销、长销、高价销（或价盘稳定销）中获利的根本途径。现在到了传统经销商们反思自己、重新"定位"自己的时候了！

五、经销商制胜厂家的"七种武器"

现在几乎所有的经销商都在说"生意难做",几乎所有的经销商都将难做的原因归结为竞争等外部因素,却没有从自身存在的问题看待目前的境况。

告别厚黑手法

在厂家的营销组织及现代零售渠道管理已经掌握先进营销方法的背景下,经销商却还停留在以前批发商惯用的陈旧操作思想框架里。那些近30年来经销商与厂家过招的厚黑手法,曾经是经销商的"盈利模式",现在却成了阻碍经销商"长大"的"原罪基因"。

经销商在与厂家交手中经常使用的厚黑武器有四种:

(1) 套货(款)。通常采用的手法有三类:

• 直接要铺底货。厂家要回笼资金的时候,如果销量不好就声称自己也铺底给渠道客户,收不上来;如果销量好就搞出一大堆"口头承诺"的销售费用来冲抵。

• 要求货到付款,等货到仓库了就编出各种理由拖延付款,这是用欺骗的手段变相搞铺底货。

• 票据套款,利用银行系统转账时差及保护存款人的政策,开出真实的汇票,然后计算货到时间,在货已到款未到的间隙,从汇出行将汇款截住,采用挂失、退单甚至与银行办理人员勾结等手法。

(2) "黑"促销费用。克扣样品货、变卖广告品、虚报促销费用、收取媒体广告佣金等,这些对经销商都是家常便饭。在20世纪90年代酒类销售的黄金时期,厂家业务主管在经销处经常碰到的就是广告公司的老总,有的经销商干脆让老婆开广告公司,前面赚产品钱,后面赚广告费,不亦乐乎。

(3) "窜"货。利用地区销售差异及促销政策差异,前门进货,后门出货,不用费劲就轻松赚取差价。结果产品价格逐步降低,这个过程称为"剥盘",即像撒脂剥皮般将产品的利润空间压缩,直到无利可图,品牌沦丧。

（4）"倒"价。这通常是经销商对厂家进行报复性攻击的惯用手法。比如正常 20 元的货卖 12 元，将市场渠道价格拉下来，导致正常价格无法出货，这被称为"砸盘"，经销商用较小的亏损致使产品出现间发性断流乃至做"死"。

上述厚黑手法基本上是不违法的，是属于商业道德的范畴，用这些手法谋利的经销商虽然还有，但机会已越来越少。随着法律制度与法制意识的健全，这样做的风险也越来越大。

这些行径其实都是经销商不成熟的表现，对经销商树立自己在区域内品牌，以及成为盟主做大做强都是有害的，也是很多风光一时、财大气粗的经销商走向败亡的"原罪基因"。

掌握"七种武器"

孙子曰："兵者，诡道也。"

竞争不是讲感觉谈感情，必须运用智慧获取胜利。任何战斗都需要武器，我们为经销商打造新的"七种武器"。它既是一种方法，也是一种智慧，是知之则强、用之则胜、熟之必霸的大智慧。

第一招：寓引导于服从。

孙子曰："军者，合于利则动，不合于利则止。"

经销商在与厂家过招过程里最容易犯的错误就是前倨后恭，确定合作之前百般挑剔，打过货款之后就唯命是从。这是用普通人的心态谈生意：你有求于我时态度傲慢，自己有求于别人时低声下气。

如果经销商换个角度思考，从生意机会的平台上开始与厂家的谈判，就不会出现态度上的差别。经销商的目的是追求最后的结果——赚钱，不是享受过程的快感，或者说一点面子的满足。

因此，经销商必须从一开始就明白：对于任何一个产品来说，销售与推广的主动权始终掌握在厂家手里，包括寻求第一笔货款。与厂家的合作从谈判时开始就抱着服从的心态，认真听取厂方对市场的分析、计划、方法、资源，通过对销售计划合理性的解析、论证，降低自己的投资风险，同时考察厂家的真实意图、决策方式、销售策略等，以便为决策提供完整、对称的信息。

经销商应该不吝惜付出任何市场努力，但必须追求一个结果：赚钱。这是与厂家在评估是否合作、如何合作时始终围绕的中心点。经销商通过对厂家产品以往销售状况的考察，或通过简单市场调查的方法测试渠道商、消费者的态度与评价，基本可以判断出产品的生命力。在此前提下，需要分析的就是合作的方式。

不管是合作方式如何，掌握主动、控制风险是经销商的内心潜台词，寻求利润则是宣传口号，是一体之两面，如阴阳一体构成的太极图。

《三十六计》之"瞒天过海"曰："阴在阳之内，不在阳之对。"

经销商如果不学会服从，则很难令厂家放心地将强势品牌交付出来，而且也不能达成自己的目的：在可控中盈利。信任也许不能天长地久，但没有信任就没有生意的基础，会增加双方的沟通成本。厂家即使暂时忍让，终归会想办法改变境况。

在生意规则内的服从是引导的基础。经销商能够对这一点悟透，基本上可保证合作在可控的风险中发展。

第二招：以彼之道，还施彼身。

厂家与经销商因发生冲突而分手的原因很多，但第一道裂痕通常肇始于市场观点的分歧。比如当厂家的市场策略由大流通转入现代渠道，或是要求加强市场服务、进行渠道精耕等时，如果经销商不能与厂方保持一致，合作关系必然岌岌可危。

经销商必须分析厂家的市场策略、销售政策，包括销售管理制度、流程、格式等，应该掌握得比厂家的业务代表还要熟悉。

由于厂家是按照现代营销理念进行组织设计、市场规划，而且是职业经理人管理。因此，经销商也必须实现经理人管理，才可以与厂家顺利对接。国内较大的经销商通常设置市场部或品牌部，专门负责与厂家共同进行市场分析与策划。

经销商的市场部或品牌部对厂家是负责谈判与市场促销策划，对内则推动业务各部门执行，担负着总参谋部的职责。

这些经销商的经理人熟悉现代市场营销的理念与方法，对于厂家有专业的认识，可以用不同厂家的不同市场操作理念进行沟通，站在如何通过市场实现双赢的立场，实现与厂家沟通的专业对接。

只有熟悉了厂家的市场策略、管理制度,才可以做到"以彼之道,还施彼身",从而掌握主动权。

第三招:制造依赖。

对于厂家来说,好的经销商最好是超级"提款机",什么时候要打款就什么时候打款,而且还不要求太多的促销政策。而经销商与厂家的想法也大致相同:厂家总是给很多市场支持,决不强求打款进货。

厂家选择经销商销售模式的另一个原因是不想贸然投入资源,而将经销商作为开路先锋。厂家由于在进入市场的初期,对当地市场缺乏认识、没有现成的渠道关系、销售队伍不健全等,选择了代理通路模式开发市场。

厂家在与经销商关系里的不利因素正在于此,这就是经销商必须保持的合作均势。

经销商要建立分销厂家产品的全部渠道,阻断厂家对市场渠道的染指,同时要有在发生厂家介入或剥夺经销商原有渠道通路时不惜决裂的意志。

从根本上讲,如果厂家决心不惜资源,由自己直接进行市场运营,经销商是阻止不了的。经销商保护自己的渠道资源,要坚决反对厂家实施系统外的分销措施,但任何时候都不需要搞信息封锁,而要主动与厂家分享品牌的渠道销售数据。

因此,制造厂家对渠道与现金流的依赖,是经销商保持与厂家合作均势的决定因素,一旦这一均势或其中的因子发生变化,那么厂商之间的关系就会发生改变。

孙子曰:"势者,因利而制权也。"

经销商作为授权代理商,必须通过对合作均势的把握变被动为主动,才能充分获取代理之利。

第四招:以夷制夷。

以夷制夷实际上是指经销商平衡经销产品的组合,评判的标准有三个:销量、利润、品牌影响度。

现在的厂家往往要求经销商不得经营同类产品,或设置专销奖,以求建立封闭式经销系统。比如啤酒经销商就不能经销其他啤酒品牌,但可以经销白酒、葡萄酒进行互补,而液态奶则基本采取直营或专销的形式。

经销商应该怎样选择产品组合，才能既降低通路成本，又有抗风险能力呢？

互补是绝对必要的，主要分三类情况：淡旺季的互补、同类产品不同档次的互补、同渠道不同品类的互补。

以夷制夷的策略与其说是用不同厂家产品来相互压制，倒不如说经销商对自身经营稳定性的控制。合理的产品组合原则是，经销商任何品牌的销售额不要超过总经营额的40%，同时在每一类别或季节性产品中的第二品牌的销售额不要低于第一位品牌的40%左右。当经销商按照这个规则去组合经销产品的结构时，不仅可以起到以夷制夷的效果，还可以保持业绩的稳定增长，不会出现一荣俱荣、一损俱损的情况。

第五招：舍小取大。

经销商给厂家的印象是计较小利，表现之一是经常在固定费用上要求厂家提供支持，如渠道业务员、终端促销员，而在通路促销这些流动费用上牺牲利润；二是淡季时不愿承担维护市场的费用，造成厂家投入与产出不成正比。

实际上，渠道业务队伍与终端促销队伍是经销商的两大法宝，经销商应该牢牢抓在自己手上，不能让厂家染指，当然可以通过为厂家提供服务的方式要求厂家支付部分费用。

淡季时厂家业绩压力较大，经销商应该积极策划一些市场促销办法，邀请厂家业务主管参与，在费用上可以采取双方共同承担的方式，以换取厂家的信任与支持，其费用的绝对值对于旺季时的利润来说，基本上可以忽略不计。

孙子曰："军争之难，在以迂为直，以患为利。"

经销商如果具备认识产品潜力的眼光，就可以很好地处理与厂家的矛盾，而懂得以小博大的策略，确实需要对利益的冲突有更深刻的领悟。

第六招：重视过程。

经销商在与厂家交往过程中，实力较大的经销商比较注重合同，往往对厂家的格式合同提出很多诘难，导致谈判困难，有时争取了一些似乎与己有利的条款就沾沾自喜，而在以后的实际操作中放松风险控制。

其实，在与厂家交往中，应该注重过程控制。也就是说，不管合同是否对自己有利，在合作过程中一定要按照正常生意的原则操作。这些原则包括：以可以铺货量确定进货额、以消化速度确定安全库存、市场费用交割清楚、不可为了提升销量支出过量促销费用、资金安全第一等。

新型经销商不是传统意义上唯利是图的"中间商"，而是担负独立责任、依靠自己独立价值盈利的"渠道桥梁"，是帮助厂家实现低成本、快速度打造品牌的重要环节。

新型经销商不是厂家品牌的载体，可以说厂家品牌在特定时期里是新型经销商的"附庸"。因此，按照商业逻辑处理合作过程是实现共同发展的关键。

第七招：神龙见首不见尾。

在与厂家的交往中，经销商最大的"筹码"不是渠道网络、资金、人员、车辆等，而是经销商老板自己。

生意越大，经销商就越应该依靠职业经理人，而不是自己的感觉。经销商要把握与厂家合作的主动权，大部分取决于经销商对自己的管理。也就是说，在与厂家的谈判过程中，经销商本人要"多听少说"，甚至让厂家认为只是一个礼节性存在，应该让经理人充当主角。

由于经销商的决策具有独断性，没有更高的约束，如果经销商本人陷入与厂方代表的谈判中，很容易丧失理性的分析，同时导致公司信息（谈判底线）过早过快地被厂方掌握。

经销商应该注重对自己的管理，对厂家来说，与经销商直接谈判就是成功的一半，而对经销商来说，控制与厂家直接谈判的次数则是掌握主动的重要方法。

这不是鼓励经销商故弄玄虚，或有意回避厂家，而是要经销商明白自己的命门所在，如果这一点做不好，将会陷于被动。

以上七种武器是经销商抛弃厚黑手法，而学会用智慧创造有利合作关系的"阳谋"之道。

30年来，各大厂家为了利用、控制经销商，对经销商进行了无数的分析解剖，可口可乐的"101模式"、宝洁的"分销商2005计划"、顶新的"渠道精耕"、统一的"协销"模式、百事可乐的"直控终端"模式等。迄今为止的渠道管理模式大多数是站在厂家角度谈合作，经销商处于被动追随的状况。在如此之多的厂家的精辟分析下，经销商早已没有多少秘密或绝招，不仅没有了主动权，甚至失去了主见，"物流配送商"就是对这些经销商的正式称谓。

本书是第一次站在经销商角度探求经销商的独立价值及其制胜方略，现在到了中国经销商觉醒并打造自己的核心竞争力的时候。

六、万川映月：厂商关系新理念

米兰·昆德拉在《生命中不可承受之轻》中说：比喻是危险的。因为比喻会变成现实。中国古贤哲如是说：法门猛扣无方便，疑网重开有譬如。有些比喻会成为一种力量，能够改变很多用金钱、权力、人力所无法改变的事物。

长久以来，人们将厂家与经销商的关系比喻为夫妻关系或男女关系，一系列厂商纠葛在这个比喻下继续缠绕不清，厂商关系变成"猫鼠游戏"。

用夫妻或男女关系比喻厂商之间的生意往来，实际上将理性的运作变成了感觉的心理过程。夫妻关系作为人类社会的一种制度安排，虽然建立在男女感情的基础上，但同时也是对自然情感的一种约束。婚姻是对不负责任的感情选择的制约：男女双方都必须对感情的生理结果——孩子负责。孩子的抚养超越了男女感情愉悦的界限成为一项社会责任，因此夫妻关系的平衡点往往在孩子，而不是情感本身。

厂商之间没有类似与夫妻关系平衡点（孩子）的东西，厂商之间的关系是商业利益的连接，除此之外没有其他东西。在厂商之间，只有实现利益的双赢才是唯一道德的关系，所有厂商矛盾的症结正是违反了这一基本规则。在现实中，厂商双方都曾以所谓未来的利益为借口要求对方忍受亏损的现状而自己却处于盈利状态，这时的夫妻关系论调往往成为一种催眠曲，麻痹另一方正常的商业常识。

我喜欢用夫妻关系比喻厂商关系，还带有控制对方的意图。准确地讲，夫妻关系就是一种控制关系：看到喜欢的对象就追求，是男女双方为了婚姻必须牺牲的自由。在厂商关系中，如果以夫妻之间对忠诚的承诺要求对方，实际上违反了商业的规则——获取利润。所以，在夫妻之间，忠诚是一种义务与承诺，而厂商之间，禁止或限制对方用正常商业手段获取利润的做法都是一种强制，是违反人际及商业交往基本准则——互相尊重的胁迫性规定，实际上就是未来厂商矛盾的"地雷"。

还有一种论调说经销商不仅要从厂家得到利润，还可以获取生意改善模式。很多文章声称宝洁等跨国公司给经销商的利润并不是最高的，但他们有一整套帮助经销商提高生意管理水平的做法，令经销商产生忠诚。

此说经由被跨国公司洗脑的一群香蕉型职业经理人声势浩大的著书立说，令本土的企业家、经销商们佩服得五体投地，纷纷效仿，搞一套先进的"营销管理模式"，用以对经销商、销售人员催眠。更精明的一些人干脆直接打造一套品牌完全手册及市场运作模式，用贴牌、委托加工的方法来圈钱。

实际上，这些人都在将简单的事情变复杂、变玄妙。有几个经销商是因为所谓的生意模式做产品的？跨国公司经销商的忠诚首先来自经营的低风险性，这种利益有几个国内品牌可以提供？其次，跨国公司在设计销售模式时对于经销商在其执行环节中的作用及利益已经做了安排，对于自己在市场推广方面的责任也界定得很清楚，没有一个跨国品牌是指望用经销商的资金为自己铺路的，这样的国内品牌又有几个？有了上述两大核心利益，经销商自然会视跨国品牌为重要合作伙伴，最好的生意模式就是优质的产品＋优秀的品牌。

那么，厂商之间究竟应该形成什么样的关系呢？

厂商关系必须达到以下境界：

一是双赢，"有生才有意，有意生有味"，此为生意之精髓！双方的获利来自于市场、消费者，而不是相互之间的钩心斗角。

二是尊重，互相尊重是一切正常的人类关系之基础。厂商之间应该在生意的基础上建立关系，而不是搞什么人际关系或暗箱操作，这样的厂家销售主管要尽快敬而远之。

三是互赖，厂商关系既经形成就需要双方对此一关系都认真对待，不能抱不行就换的思想，而应实实在在地以开发市场为核心做好彼此的工作。

四是欣赏，这是厂商关系的最高境界。欣赏不是因为对方的完美，而是双方都在追求卓越。于是才会有相互之间的学习交流、生意模式的探讨等。

以上观点是我们提出的厂商关系新理念，这种改变会被人认为是理想化，但如果明白了其中的道理，就会明白理想其实就是现实。"图难于其易"(《老子》),我们将改变的主动权交给每一个关系方,我们的工作就是传播,从一个新的比喻来开始:万川映月。

对厂家来说,品牌是月,经销商是川,能映出此月的川都是对此品牌之月欣赏的经销商;对经销商来说,自己是月,代理的品牌是川,能代理的品牌都是能映入自己之月的川流。

月之与川,月无川映则孤悬于天空,不能落地;川不映月,则无法摄入天空之绚烂,只是与水草青蛙为伍。但月映于川,不改其为月之皎洁;川映明月,也不变川流的绵绵不绝。月映万川,是厂家品牌落地之前提;万川映月,是经销商变成绚丽风景的条件。

这里没有控制而只有合作,没有阴谋而只有欣赏,任何一方都不会去控制、限制另一方,映与被映是自由的,此川不映月,月不改其明;此月不现川,川不变其流。合必两利而两悦,分也不要两伤而两害。

因此,站在前瞻的视野下,为了构筑符合生意规则的厂商合作关系,请停止惯性思维,不要再有什么厂商合作如夫妻之类的思想,用"万川映月"的新理念来建立厂商关系的新模式。

这不仅是厂商关系的新生,而且也是每个用此观点看世界之人心灵的新生!你会发现生意的机会原来无处不在,破坏性的力量其实并不能伤害到你,只要你学会用一个开阔的视野看待事物,没有什么情境不可以转化为自己的风景。

七、 经销商管理金言

经销商与生产厂家的矛盾是一个解不开的结;厂家要求经销商听话、学"乖"一点,经销商想从厂家争取更多的"政策"和促销费用。这是一种典型的"猫鼠游戏"。游戏的每一方都自认为是猫,可以将对方玩弄于掌股之间,可到头来却一不小心变成对方的盘中美味。

我们必须从务实的角度看待这一矛盾,抛开所有的情绪化与阴暗权谋,先明确第一个问题:为什么要对经销商进行管理?

在大生意背景下,厂商关系是买卖关系的一个特殊表现形式,厂商矛盾是买方与卖方利益冲突的产物,无法回避。因此,销售人员作为两个组织进行交易的中间人,对于管理好经销商负有不可推卸的责任:既是为了达成公司的任务与目标,也是保护经销商的利益。

在这一关系里,看起来经销商处于"弱势"地位,其能否从经销产品中赚钱,取决于厂家是否履行承诺对市场开发进行费用投入,以及售后服务是否认真完备。但经销商具有选择产品的主动性,厂家又存在较大的市场风险,如果经销商不顾厂家利益终止合作甚至转到竞品阵营,对于厂家的打击与损害是致命的!

由于这种强弱关系的矛盾纠缠,从客观的角度来看,实现以厂家为主导的生意关系形态是解决厂商关系矛盾的根本出路。对于厂家来说,品牌、法律、商业伦理、社会舆论、政府管制是企业自律的内在要求。

经销商管理在具体操作层面上,必须从留意交往的细节着手,确立厂家在生意关系里的主导地位,也是确定业务员在与经销商生意交往中的主动主导地位。

细节一:注意第一次会面。

不是每一个成功的第一次都有最后的成功,但每一个成功必定有一个成功的第一次。衡量第一次成功的标准不是客户对你的承诺或对产品的兴趣,而是对业务员本人的认可:你的市场思路、仪表、处事风格、谈吐、见识、经验等。业务员在第一次拜访经销商前,一定要对经销商与公司的关系有充分的了解,合作历史、与公司的人事关系、公司产品在经销商生意系统中的位置与分量、经销商的关注点与存在的问题、首次拜访的目的等。了解、思考这些问题后,预先准备谈判的基本策略,做到有备而来、从容应对。

金言1:失败于准备就是准备失败!

细节二:挖掘经销商的网络资源。

很多业务员在与经销商谈判中讲了许多,处处蜻蜓点水,没有重点。在快速消费品领域,业务员必须将谈话焦点集中在经销商的网络资源之上,并明确将本公司产品的通路(或渠道)覆盖目标、时限、标准,进行充分而反复的沟通并得到经销商的承诺。由于很多的谈判都会涉及促销活动,所以业务员一定要让经销商明白公司对该市场渠道覆盖的总要求。并从这一点开始,帮助或者说引导经销商明确人员、车辆、时间、目标等销售计划。与此同时,将公司的促销政策、要求等进行沟通,保证资源投入的有效性。必须杜绝做一个促销方案给公司,批准就后交给经销商不去落实执行细节的做法。

大多数经销商在这一轮的谈判中会避重就轻、装聋作哑，业务员要有耐心，不清楚对方的渠道状况前，不要给太大的促销政策，以免养成销售依赖症：你要他回款，他就要政策，而且政策小了还不回款。如果经过一段时间的较量还无法达成目的，则必须考虑重新开发或暂时保持自然销售状态。

金言2：让经销商主动地承担铺货责任！

细节三：对经销商的地盘进行约束。

有些业务员不重视对经销区域及条件的谈判，很轻易地将一个地级市写在合同上。其实，经销区域及条件是厂家与经销商谈判的最大筹码。当经销商要求经销区域的时候，就是业务员了解其渠道状况、操作实力、对本产品/品牌兴趣度的时机，在合同上必须明确界定规定时限内的渠道覆盖目标及违约处罚措施。如果经销商不承诺上述目标，则对其区域进行拆分。有时出于公司战略考虑，必须对市场区域及渠道进行细分，尽管会遭到经销商的反抗也必须执行。这一切不仅需要业务员的智慧与魄力，还考验业务员对客情关系的把握程度。

2000年S经理任广东GD啤酒公司营销负责人，期间潮州市场现在的经销商YM批发部由于以批发通路为主，经营的公司高档产品生啤无法进入潮州酒楼，为此S经理决定将生啤交由另一大经销商FC操作。因两家客户本身在潮州就是对手，而且FC公司实力比YM强，办事处担心YM会因此而终止合作，连公司的资深员工也认为两者只能存其一，称是"潮汕文化"。S经理认真分析了市场形势及与YM的合作历史，先找到FC的S老板申明公司分品种操作、维持格局的策略，要求S老板拿出老大的气度，晚上摆一桌和气酒宴，S老板答应了这一要求。随后，S经理中午在潮州迎宾馆单独请YM老板吃饭。席间，谈了半年来双方的配合、取得的成绩、存在的不足，也很务实地让YM老板明白自己在短时间内补上酒楼市场这块短板是困难的。接着，S经理谈了公司推广生啤的策略与要求，谈到这里，已是酒过五巡，YM老板叹了口气说："我知道你的意思，也知道你与老S谈好了，本来我是不准备再做了，但你看得起我，我没理由不支持你，你说怎么办就怎么办吧！"晚上，S老板、YM老板及办事处主任坐在一起喝酒，在 YM 老板来之前连 S 老板都怀疑 YM 老板是否真得会来，因为潮汕人最爱面子，结果是欢聚一堂。事后，潮州生啤销量爆炸性增长，而 YM 经销的中档淡爽啤酒也翻了一番！

金言 3：将经销商的地盘变为约束的重要筹码。
细节四：硬性地要求销售增长率。

所有的经销商都会说："我还不想卖多点，但是……"因此，当业务员在与经销商谈销售增长率的时候，必须明确从哪里及如何获取销量，同时也必须将销售或者回款增长变为一个毋庸置疑的硬性要求，没有讨价还价的余地。如果经销商对此还有顾虑，业务员要想办法策划一次促销活动，让经销商看到希望。

S 经理 2003 年春节后拜访广东市场经销商，在清远要求 WY 商行 3 月份完成瓜子销售额 30 万元的任务。WY 商行的 L 老板一听把头摇得像拨浪鼓，语重心长地说："S 经理，你们不了解广东市场，瓜子一过春节就淡了。广东现在都穿短袖衫了！我春节前进了 30 万元货年后还剩七八百件，现在每天只能走三四十件，我怎么实现 30 万元？" S 经理对其网点情况、客户情况、铺市率及 3 月份天气的可能变化进行了分析，阐明抓紧时间，实现 30 万元是完全可能的。但 L 老板就是不同意，S 经理说："等我做个计划你看一看再说。"

回到广州，S 经理与销售主任制定了一个 20 送 1 的方案，比年前采取的 15 送 1 收小了一点，传真给 L 老板确认。L 老板在电话里很生气地说："你们要搞 10 送 1 我还会考虑考虑，现在比年前促销力度还小，根本不可能！" S 经理认为，年前搞了 15 送 1 促销，清远的客户群增加了近一倍；市区铺市率达到 80% 且回转正常；洽洽在清远的销量只有真心的三分之一，基本不构成威胁。同时，2 月份客户只进了一车货，市场存货量应该不大。从长远考虑，20 送 1 可以达到预期效果。销售主任为此在清远待了 2 天，客户声称 10 万元可以签字，S 经理说 10 万元不促销也可以，予以拒绝，双方出现僵局。后来的几天，销售主任打电话，WY 老板娘称 L 老板旅游去了，说完在电话了里笑了起来。S 经理告诉销售主任，从此不准与 WY 再有任何联系，打电话也不准接。

过了5天，L老板的电话打到了S经理的手机上，原来货卖得差不多想补货，同时提出20送1的活动。S经理将L老板数落了一顿，问他是否同意原来方案，L老板说了一堆好话，表示现在距结账日只有20天，销售额20万元比较保险一点，S经理同意但要求L老板必须立即将促销信息发布出去。结果，随后的20天下了12天雨，L老板的两车货在路上就被预订完，又要求S经理追加了20万元。从此以后，L老板在S经理面前再也不说什么"广东市场你们不懂"的话了，与办事处的配合度也日益融洽。

金言4：要求销售永远都不要不好意思。

细节五：详细地搜集经销商的渠道销售数据。

有人把搜集经销商渠道数据当作为将来替换他做的准备，这是一种错误的思想。销售人员累积市场销售数据是本职工作之一，是区别业务水平高低的分水岭。同样是在市场上跑3个月，有人将每家批发商、超市乃至代表性小店的销售数据都装在脑子里，对市场的状况了如指掌。而有人却一问三不知，知道的也是含糊其辞。经销商有提供渠道销售数据的义务，否则公司的促销资源就有一半白花了。现在销售主任、省区经理、市场部将客户的报账资料审完后，交到财务部封存，殊不知这是一个宝藏。如果我们的报账费用花了100万元，那么有50万元就这样被自己扔进了废物堆中。

金言5：将渠道销售数据装到自己的脑子里。

细节六：原则要与幽默结伴同行。

在与经销商交往的过程里，坚持原则是十分重要的，有时为了捍卫原则还必须显示个性的力量。原则不是光靠讲道理就可以维持的，遇到道理讲不通的时候就不能讲道理，原则本身就是道理。承诺本身也是道理。当经销商对铺市率、销售增长率等予以承诺以后，就不需要什么理由必须达成。

2003年的7月，正是广东市场骄阳似火的季节，空气都仿佛被热气充满，公司要求完成回款指标。销售主任去顺德BG批发部要求支持，三次而未果。确实有难处：每天走货只有三四十件，一车货出去，饮料卖完了，瓜子还剩大半。H老板是公司的老客户，最高峰月销售额80万元，流通网络比较健全。6月份被压了20万元,库存还有5000多件产品。S经理明白H老板的难处,但公司任务不能不执行,于是第一次打电话要求H老板立即回款,H老板的理由被一一反驳后,同意周一一定汇款,S经理让销售主任进行追踪。

不料,到周一时,销售主任回来报告H老板还是强调货多怕变质,没有如期汇款。S经理很恼火,但想想也不能直接斥责对方背信弃义,这样就把关系闹僵了,于是抄了一首词让销售主任传真给H老板:"帘外雨潺潺,春意阑珊,罗衾不耐五更寒。梦里不知身是客,一晌贪欢。独自莫凭栏。无限江山,别时容易见时难。流水落花春去也,天上人间!"第二天上午9:30,H老板将汇款单传真到了办事处。

紧急时如果采用幽默、有趣的方式传达严肃的信息,比正面冲突更可取,而且为进一步地圆场创造了机会。

金言6:幽默是人际关系的润滑剂。

细节七:大户细管,小户粗管。

这个意思是,对大经销商不仅要按照投入产出对等的原则提出要求,而且要追踪费用花费的每一个方向及细节,既要管结果又要管过程。而中小经销商则应该以管结果为主,管过程为辅。

小经销商尤其是县级经销商,由于其经营方式大多是夫妻或血亲直接销售,没有真正的业务人员,对于这类经销商的管理主要是控制价盘、控制费用投入,在设计的利润空间里驱动其将铺市率做好,只要没有重大的违规情况,在完成任务的前提下,将约定的费用按时补偿。而对于大经销商,其公司一般已实现经理人管理,老板只是控制关键环节及决策,因此,一定要对每一次、每一笔、每一项费用的花费及效果进行计划,绝不能大而化之地说什么完成销售就好。

对大经销商来说,其老板喜欢两类业务人员:一类是专业且敬业的销售人员,他会以你为榜样鞭策自己的员工;另一类是贪婪而又有一些关系或权力的销售人员,他会与你做交易,彼此心照不宣。其余那些半通不懂瞎指挥、自以为是逼回款、回款以后不见人、有了问题踢皮球的业务员,都不会得到客户的敬重。他即使因为产品好卖当面奉承你,背后也会将你贬得一文不值。在所谓的成熟市场或强势市场里,不能仅从回款的多少判断业务员的管理及水平,而要考察客情关系的状况与性质。

另一方面,对于大经销商的管理,不能像管理小经销商一样只与老板谈好就行,还必须与其管理人员处理好关系,平时做好沟通,才可以令你的产品在经销商的生意系统里占据重要位置。有时可以说,与经销商管理团队的沟通程度决定了你产品的销售速度。

对于小经销商,切记不要涉入其经营管理及人事之中,而对于大经销商,则通常要涉入其公司的内部运作、管理乃至人事。现在的很多业务员则与上述原则恰恰相反,因为与小经销商无话不谈只要喝两杯酒就可以了,但要大经销商愿意听取你对其公司管理的意见,必须依靠业务员自身的修养与见识,靠专业获利与靠关系获利是截然不同的。没有几个大经销商喜欢只会"吃拿卡要"的销售人员,即使通过非常手段帮他赚到钱,他也不会敬重你,喝几杯酒更是无用的。

金言7:用专业能力让客户信服!

上述7个细节要求销售人员平时加强对自身素养的提升,即先立志、立品,再立言、立行,最后必定可以立功、立德!

八、 如何实施区域市场大规模攻击战

营销在战略方向及战术方法上为销售工作设立了标准,但销售战役的策划与实施对于战略目标的达成,仍然具有决定性影响,不只是营销需要有策略思想,销售更需要具有策略的眼光。

著名的孟良崮战役,歼灭国民党的头号王牌74师。华东野战军对74师早有一决高下的意愿,但战役的展开并非战略计划的结果,而是由于74师大意之间脱离战斗序列,被粟裕抓住战机围而聚歼。这个被毛泽东称为"想不到"的大胆战役,成为国民党在山东重点进攻瓦解的分水岭。

二战时盟军收复欧洲大陆的战略开始于诺曼底登陆战,因为诺曼底战役的成功为盟军在欧洲大陆的穿插、布阵奠定了基础。可以说,没有诺曼底战役或登陆战遭遇挫折,欧洲大陆的解放时间就会被推迟,苏联红军将更早进入欧洲腹地,战后的国际格局都会是另一个样子。

关键战役是战略目标达成的决定因素,正如没有销售策略及执行,任何优秀的营销创意都是空想。

有人将销售执行简单地看作开发新客户、开发空白市场、管理经销商、带动铺货、策划促销活动、做售后服务等工作环节。实际上，能做好上面几项工作可以算是合格的销售人员了。但对于区域经理来说，如果只是围绕着这些项目工作，不但不称职，而且不合格。

市场每天在发生无法觉察的变化。这些变化的积累要么在强化现存的竞争平衡，发生"马太效应"；要么是改变现状、打破竞争格局，让快鱼吃掉慢鱼。

你的品牌无论在市场中处于何种竞争位置，都必须站在竞争格局演化趋势的高度，评估自己及竞争对手的市场举措，准确判断未来的变化方向。因此，对于区域经理来说，不谋长远，不足以谋一时；不谋全局，不足以谋一地。

用策略思想指导销售，使销售执行既可以借助营销势能，又具有明确的策略方向。那么，你每一次、每一天的销售行为都会是在做"加法"，直到在你预估的时间与地区出现突破性局面。

本书探讨在区域市场如何实施大规模攻击战的方法，无论对市场的领先者还是进攻者都是适用的，而这里所说的区域是指至少包括一个省以上的区域。无论区域范围的大小，乃至全国市场，流程与方法是通用的。大规模攻击战指战役目的是在多个地区、重点渠道，迅速提升覆盖水平、销量及占有率，同时这种提升可以改变区域市场内的整体竞争格局，提高自己品牌的市场地位。

第一步：竞争敌对评估。

竞争敌对评估与一般的市场情势评估不同，其重点是对计划实施攻击战的区域里，主要竞争品牌的强弱形势及策略动向进行评估，借以找出攻击战的攻击地区、渠道。

竞争评估主要涉及以下方面：

- 品牌力：第一未提示知名度、知名度；
- 广告投放：媒介形式、创意水平、投放量；
- 主力产品质量：产品线组合状况、新品上市趋势；
- 价格：在品类市场的哪个档次里占有主要位置；
- 促销：促销渠道选择、促销方式、促销力度、促销频率；
- 渠道分布：了解在主要渠道层级的铺货率、生动化情况；

- 市场份额：销量及周转速度、物流周期、市场地位；
- 策略水平：对竞品的反应方式、创新力、应变速度；
- 合作状况：客户群数量与分布，与厂家的关系、配合度、实力；
- 业务员：数量及分布方式、素质；
- 消费者评价：消费者的满意度状况。

通过以上环节的考察评估，可以明确攻击战的策略方向。孙子曰："料敌制胜、计险隘远近，上将之道也！"

第二步：制定销售战役规划。

这里的战役规划是指明确整体销售攻击战的目标、范围、时间、阶段四大要点。

目标：渠道分布增长率、销售增长率、销售额。将销售额目标放在最后，是为了让参加战役的基层执行者，包括销售人员、经销商及其业务员首先明白工作内容与努力的方向，而不是将关注点集中在销售额上。因为关注销售额的人只需要两个：战役的策划者、实施战役的合作者（经销商），其余人员只要按规定完成每天的任务目标，销售额是可以按计划达成的。

范围：在区域选择里要注意自己与主要竞争对手的强弱形势，同时要选择存在地区间关系的市场，而且要准确预期当你在对手的强势市场或渠道进行多大程度的打击，可以引发其跟进反应。

时间：必须预先对战役的时间范围进行界定，通常一次销售战役的最佳时间是 45~60 天，最长不能超过 90 天。就是说，战役目标的达成必须在两个月内完成，如果超过两个月，初始的销售战役目标一般就会发生改变，而目标发生改变则意味着另一场销售战的开始。

阶段：战役规划时必须设定"关键时刻"，即将全部周期分为若干阶段，并且给每个阶段设定评估阶段目标达成的稽核标准。如果连续两个阶段性目标都没有达成，战役目标实现的把握就会大打折扣。

总之，在规划阶段，区域经理必须完成销售战役的整体构思，即做到孙子所谓：知战之地、知战之日，则可千里而会战！

第三步：策划战区布局。

战区的布局是对攻击战涉及的空间与时间进行组合，以达到战役过程的效果：调动竞品，打乱竞品的优势布局，为总攻击创造有利形势。

战区布局的设计是从"点"到"势"的筹划过程，关系到自己资源的分布，是完成战役决战的最重要条件。

点：以行政区划市、县、镇为单位，以及市场里细分的渠道。

线：将攻击点实施步骤编入时间序列，形成清晰的攻击线路。

面：不是说攻击的范围广就是"面"，要形成的面必须是彼此之间有关联的点，即孙子所说的："备前则后寡，备后则前寡，备左则右寡，备右则左寡，无所不备，则无所不寡！"点、线的布置达到形成面的情势，就奠定了攻击战的成功基础。

势：攻击战必然要有一个最后进行强突进的时候，一般在战役开始的25~35天，迅猛地从最重要的几个"点"爆发，即实现销量快速地、几何级数的提升。这一"势"的营造不但要求企业内部人员、资源、支持达到顺势而发的水平，而且要做到令合作者、关系方，乃至消费者都愿意接受的状况。

孙子曰："善战人之势，如转圆石于千仞之山者，势也！"

第四步：整合内部资源。

战争就是打后勤，销售同样在打后勤！

除了资源（人员、车辆、促销、广告）之外，影响销售的非资源性因素同样重要：策略、制度、领导力、沟通、流程、跨部门协同，如制单、生产、物流、财务、行政、人力资源等，还有最关键的——士气。

士气不可能依靠奖励、权力来建立，只能是每个人都认同自己工作的价值而爆发的一种内在的激情！士气就是每个人发自内心的奉献精神，没有士气，再多的资源都不可以取得最大、最经济的效益，只能是花10元做别人5元就可以做好的事情。

整合内部资源，就是为销量的提升修建"跑道"或"发射平台"。严格地说，就是两个方面：支持与激励。支持的因素如生产、物流、制度等，是绝对必要的条件；激励的因素如策略智慧、沟通、领导力，是获胜的充分条件。

孙子曰："为兵之事，在顺详敌之意，并敌一向，千里杀将，是谓巧能成事！"

第五步：确定战术手段。

对于提升销量最具推动作用的战术手段是：

降价：分为直接降价与间接降价两种类型。耐用消费品通常采用直接降价的形式，而快速消费品则采用间接降价形式：买赠、联合促销、进货折扣、坎级返利等。

消费者促销：如抽奖、有奖销售、赠品销售、附加利益等。

人员：铺市突击队、理货员、导购/促销员。

广告：多媒体、高频次、集中投放。

热点事件：用事件行销提高关注度、话题性，甚至占据大众的话语空间。

除此之外，选择战术手段时还必须明确攻击的"三点"：

着力点：在正式开始大规模攻击前，通常需要对市场的响应性进行一次预演或测试，这就是着力点，是确保真正攻击有效达成前的一次试探动作。

扩散点：无论是市场之间还是渠道之间，都具有相互的关联性与互动性，必须保证着力点具有向周边市场或渠道的扩散效应，扩散点的形成意味着战役决战准备的完成。

爆炸点：区域战役并不要求在全部地区或全部渠道获得平行式销量提升，而是在重点地区、重点渠道获得爆炸式增长，从而改变战区的竞争形势。

孙子曰："战势不过奇正，奇正之变，不可胜穷也，奇正相生，若循环之无端，孰能穷之！"

第六步：战略隐蔽与烟雾。

战争中真正需要隐蔽的并不是战略目标，而是具体的战役路线、方法、时间。对于区域市场攻击战来说，由于时间间隔短、速度快，隐蔽战役意图、主攻地区、渠道、时间至关重要。

实现战略隐蔽的方法有两种，保密与烟雾。

保密：无论对内对外，都必须严格控制相关信息的知情人数。大到区域攻击的计划、促销方式，小到库存状况、物料准备、文件控制等，都要注意保密。必须做到"形兵之极，至于无形。无形，则深间不能窥，智者不能谋"！

烟雾：英国战略家利德尔·哈特通过研究战史，得出"间接路线"比直接进攻效果更好的结论。在区域攻击战中，必须采用"佯动"之策转移对手的注意力，并且要在完成爆炸点的布局前，吸引竞品在错误的地区及渠道上做促销活动，至少不要让对手用高于正常促销的力度与速度实施堵截。

不能将保密与烟雾措施搞得过于复杂微妙，最好的保密是让人不知道有秘密。

战略隐蔽与烟雾的意图，无非是为了保证快速打击，从某种角度而言，并没有绝对的秘密，快速制胜才是关键。

孙子曰："兵之情主速，乘人之不及，由不虞之道，攻其所不戒！"

第七步：执行动员。

攻击战，不是在日常轨道上运行，而是一种"战争状态"，无论对于员工还是合作者都必须从一开始就改变其日常作息方式。比如平时的作息时间是8：00—18：00，现在就必须改变成7：30—19：30。如果平常是拜访10家客户、成交100元，现在就必须拜访15家以上，成交200元，诸如此类。因此，在改变之前，必须要进行战前动员。

执行动员的要点：

目标：明确阶段性提升目标，并阐述提升销量的理由与手段，令每一个人都深信不疑；

分工：对每一个人的定位、每天的任务、指标予以明确规定；

价值：要让参与者体会到特别付出的价值及利益；

表率：管理者必须做出表率，同时行政人员也必须相应改变作息时间，以形成整体氛围；

奖励：可以设置最高销量奖、最高网点奖、最佳服务奖、最佳敬业奖等临时奖项，与攻击战的阶段性目标相结合。攻击战是对理想状态的追求，应该使用激励的手段，鼓舞员工的荣誉感。不必设置临时惩罚办法，但要口头宣布对不执行或怠工人员处以"极刑"。

战前动员的核心是激发员工的工作热情，在具体运作过程中，则要明确指挥者的临机处置之权，在原有的制度规章之外，可以"施无法之赏，悬无政之令"。因为对于攻击战而言，要确保速度与执行，就必须赋予指挥者决断之权！

孙子曰："知兵之将，民之司命，国家安危之主也！"

区域市场攻击战是一种有针对性、有明确目标、运行速度快的销售突击战，需要发动的品牌具有一定市场基础，尤其是当主要竞争品牌形成对峙时，最适合采用攻击战，但市场基础薄弱或运作市场的能力差则不适合。

讲述细节的目的是训练区域经理人的专业习惯,在开始阶段是需要亦步亦趋地学习,但必须反对邯郸学步式的僵化思维。因此,请记住执行的1-2-3法则:计划、准备、动员。

孙子曰:"胜兵先胜而后求战,败兵先战而后求胜!"

希望更多的销售经理、销售总监去打一场有谋略、有计划的销售战役。

九、 如何打造渠道"坚"兵

影响渠道的因素有哪些?

成功需要多种营销因素的协同配合

2004年是中日甲午海战110周年祭!

110年前,号称"亚洲第一、世界第四"的清朝北洋水师,被所谓的"蕞尔小邦"日本海军击败。李鸿章20年苦心经营的北洋水师及洋务运动成果,在这场世纪之战中灰飞烟灭。

检讨战争失败的原因已很多,得到越来越多共识的一点是:李鸿章在战略上存在错误的"伐谋伐交"思想,企图以装备上的强大换取外交主动,从而威慑制敌;李鸿章的授权人丁汝昌不懂海洋作战,又不能有效管理各舰留洋管代,如致远刘步蟾、济远方伯谦等。平时疏于战练、纪律松弛,且因激奋朝廷里的弹劾议论抱同归于尽的念头,犯下孙子所谓"必死可杀"的为将"五危",终于导致北洋水师全军覆没。

北洋的覆灭有三点可资营销管理借鉴的规则:

• 军备强大不代表战斗力,即销售组织规模及硬件(如车辆、电子设备、系统管理工具 ERP、CMR 之类)的整齐完备并不意味着必然具有执行力。

• 如果平时就命令不行、疏于计划,那么绝对不会在临战时爆发战斗力。

• 战略到执行是一个整体,上兵伐谋并不可以取消攻城之力!再优秀的品牌设计及创意都需要销售执行力才可以转化为市场价值。

成功需要多种营销因素的协同配合，只要有一个关键因素没有做好就足以导致失败。而对于营销来说，基层人员的单兵作战能力与作风，是影响营销执行力最后也是最重要的"短板"。

大多数销售管理注重"团队""领导"等组织因素，然而渠道之"兵"的作用也是不可忽视的，是"坚"兵还是"散"兵，对于营销执行力是不可忽视的因素。

有效管理全国销售队伍是塑造品牌的第一环节

对于一个全国性的品牌来说，有效管理全国销售队伍是塑造品牌的第一环节！

大多数快速消费品的全国销售组织架构有 4 个管理层级：营销总监（或营销总经理）、大区总监（一般分 2~9 个大区）、省区经理、销售主任（城市经理）；而执行层面又有以下渠道业务员：业代（郊县、批发、商超、零店）、导购员/促销员。

按照行政区划，中国大陆地级市 509 个，如果说，管理层级的人员数量可以控制在 150 人左右，而渠道业务员则至少需要 500 人，加上财务、司机、文员等销售支持人员每省 3~4 人至少需 100 人，一个真正的全国销售组织至少有 750 人。如果是采取厂方自营的销售模式，则人数更多。

如何对这些人员进行管理并做到令行禁止、步调一致，是传统兵法思想无法解决的课题：军队采取的集中行动、集中生活的方式，而销售人员却分散于全国各地，除了会议时集合外，平时很难集中。

因此，军队里的大多数"将兵"之道，是建立在特定背景下的"情境管理"方法，并不适合现代全国性销售组织，这是在销售管理中采取所谓"军事化管理"必然失败的根本原因。

三株、巨人，当年大张旗鼓地推行所谓"三大战役"，结果却是一触之下分崩离析。尤其值得注意的是，正是在这两个实行军事化制度、军事化管理的企业里，总部对分公司管理失控，导致分公司贪污、挪用公款几乎成为风气。

更多的企业迷信"军训、洗脑、魔鬼训练"等人员培训手段，企图通过所谓的军事化培训体验强化员工的执行力；迷信《哈伯德全书》之类以就业为恩赐的说教，再用一本《没有任何借口》将领导无能的责任推卸给下属。

偏执的管理思想必然造成员工口服心不服，怠工、消极工作乃至跳槽准备会令组织的生产力降低及人员流动率提高。

销售队伍管理的"基本点"在哪里？销售执行力的"迸发点"在哪里？全国性强势品牌打造销售竞争力的"发源点"在哪里？

企业总部的管理主要集中在业务管理层：营销总监要求具有洞察力与统筹力、大区经理注重市场规划力、省区经理强调销售策动力、销售主任重在谈判沟通力，能按上述标准组建的销售管理团队，是实现全国市场快速导入的条件。

这样的一支销售管理团队是企业的"脊梁"，在大多数快速成功的企业背后，都活跃着这样的队伍。如段永平从小霸王带出的管理团队仅用一年时间就完成步步高的"蝶变"；史玉柱借助巨人的一帮"老臣"两年打造出脑白金、实现"咸鱼翻生"；牛根生从伊利带出的管理团队用三年创造了中国消费品发展史上的传奇品牌蒙牛。

当今天的竞争战火已经弥漫在市场的每一个环节，从"天上"（TV、NP）到"地面"（渠道）以及"纵深领域"（供应），无论是领先品牌还是进攻品牌，都必须创造"销售竞争力"才可以生存与发展！

千招万式，从市场里收回现金是根本！

实现这一目的的动作叫：销售。

营销可以创造"预备消费"或"半购买状态"，但将营销创造的消费预期转化为现金流。在任何销售模式下，都需要经过一个媒介：渠道——直接或间接与购买者进行价值交换的渠道。

因此，渠道业务员是实现"三点"突破的唯一平台！是全国性品牌销售队伍管理的核心！

只有打造一支过得硬的渠道销售队伍，才能使销售具有持续竞争力，执行力才能得到内在保障，创造由下而上、由根到枝的品牌驱动力，真正做到"品牌长青"。

这些渠道业务员分散于全国各城市，担负着销售的最基层、最前端工作，他们是渠道的"清道夫"，是实现产品由商品形态转化到价值形态的中坚力量。

管理这支队伍，即使如"直控终端"典范的可口可乐、百事可乐也只能做到分区域管理（瓶装厂分销模式）。对不能实现分区投资、自负盈亏的全国品牌来说，走可乐的授权模式必然导致三株、巨人一样的结局。

家电业的乐华在从分公司直销转变到大经销商制的过程中迅速解体，TCL、海尔等家电企业的存货周转速度很低，大量资金沉淀在渠道里，而对于快速消费品这样的低值微利产品，对直营的经营风险及系统外风险必须保持高度的警惕！

打造"营销坚兵"

如何打造这支对于塑造品牌核心竞争力具有战略意义的"营销坚兵"呢？

以"两个转变"明确管理思路，用"四驭"之道建立销售系统。

第一个转变是：将销售管理的对象由经销商转移到渠道。

制定统一的渠道开发计划，明确重点、目标、策略、标准，并对目标进行量化分解，细化到年、季、月、周、日，编制"渠道开发进程手册""渠道品牌化标准手册""渠道执行及考核手册"三个规划性文件。

无论是何种销售模式，市场的基本运作方向、目标、策略、标准是不变的，唯一变化的是时间，即执行力取得效果的先后次序不同。以此观之，销售额增减曲线的背后就反映出渠道数量与质量的清晰脉络，经销商的选择也好、销售人员的考核也好，都放在一个客观、公正的平台上接受检验，可以实现"求之于势不责于人"的强势控管，这就是"在渠道上建立强势品牌"的操作精髓。

第二个转变是：将销售管理的重心由销售人员转移到渠道业务员。

即以渠道业务员为核心进行资源的重新配置，营销系统的品牌、销售、行政、人力资源全部以"渠道业务员"为中心重新定义管理职责与服务权能。

从战略上讲，实现管理重心的转移，意味着由传统由上至下的控制型管理，向由下至上的服务性管理转变。对于快速消费品而言，服务将是品牌附加值的核心部分，通过完善的服务系统打造品牌的持续竞争力。在未来产品品质普遍提高的后制造时代,服务系统会成为品牌的生存元素。

没有服务的品牌将遭到消费者的冷淡乃至唾弃,没有服务的产品也将因"缺钙"而无法成长为品牌。

实现两个转变是从营销体制上支持以渠道为中心的销售管理,要达成渠道销售体系的建立,则必须通过"四驭"之道塑造销售系统。

第一层:以网驭人。

如何实现总部、分公司对基层渠道业务员的"无边界、实时"管理,这是必须首先解决的课题。过去是使用电话、传真,费用高、速度慢、使用不方便,而现在有了互联网这个实时开放的传递通道,信息的传递实现即时化。

销售报告系统的解决方案是:设计专业销售报表传递程序,规范各类业务代表的报表格式,尽量数字化,购置专用服务器对资料进行保存与处理。所有业务人员登陆专用网址即可进入自己的报表,按格式填写完毕后,自动发送至系统服务器保存;公司各管理层根据权限大小,进入销售系统后,可以查看业务人员的报表。

销售系统具有按照相关项目如日期、部门、省区、城市、职务、进行分类统计及查询,这样管理部门可以对人力资源的配置及每日绩效了然于胸。对市场里的变化及宏观状况,总部比分部更清楚。

网络化的销售系统将信息不对称由下至上大逆转,即过去是基层信息传递到高层,被中层管理人员层层过滤,最后到达总部及高层的信息不是被加工剪辑,就是丧失时效性。

现代化的销售系统使总部与高层成为原始信息的汇集者,总部接收的信息量及速度比中基层管理者更快。用现代 IT 及网络技术实现了信息沟通的扁平化,实现以"虚"驭实,即通过对信息流的管理达成对金流、物流、人流、事务流的全面监控。

第二层:以数驭行。

越是质化的工作就越无法管理,因此销售行为数字化是实现有效管理的前提。

业务人员大谈什么品牌、策略、政策、促销,其实都是为自己在做"负功"。为什么?因为业务人员的唯一重要工作不是评价公司政策,而是拜访客户并力求成交!

当一个业务人员的报告总是在谈市场问题或前任留下的不良影响，只能说明该业务员没有做该做的事：拜访客户。

对业务员的考核只有两个：日客户拜访数、日成交客户数，其他的考核及指标都是围绕上述目标而衍生的。

透过日拜访客户数，可以检查业务员的勤奋程度；透过日成交客户数，可以检查业务员的专业技巧，同时日成交结果及内容提供了物流方向、数量、价格、促销、客户意见等完整的原始信息。

通过销售系统，渠道业务员的每日销售信息被汇总至总公司，由相关的数据库程序进行分类、存储、比较、鉴别，3～6个月内就可以构筑一幅完整的市场渠道分布图景，可以为进一步的决策指挥提供坚实的基层数据，市场决断的准确性、针对性更强。

转变销售管理重心这一战略目标，其基础就在于加强业务人员拜访客户的频率及成交速度。

简单地讲，所谓渠道管理的核心就是对渠道业务员每日拜访客户的数量、流程、技巧的管理。专业化的渠道运作在操作层面就是渠道业务员客户拜访行为的专业化。

第三层：以点驭面。

渠道运作所处理的都是"点"上事务，关系的却是"面"上的影响，即铺市面、生动化陈列面，点上的作业只有通过面才可以转化成市场之"势"。

这里必须强调的是通过何种方式达成以点驭面的目的。

以可口可乐为代表的饮料企业流行的是"线路拜访+预售制"，后面是一个庞大的物流服务及财务系统对销售进行支持；而以华润啤酒为代表的啤酒企业则采取区域配送商制保证对目标网点的覆盖。两者之不同在于销售模式的区别：前者是大规模厂家直营体系，而后者是深度分销的高级版。

我们在这里提出一个适合于中等规模企业的市场运作方法，既可以保证达成覆盖目标，同时在资源投入上又是经济的。

第一步：将市场按区域进行分块，每个区块里的目标终端客户总数约800家，根据销售策略配置相应的人员，一般特大城市20人、省会城市10人、地级市4人、县级1人。

第二步：在每个区块里再按交通或网点分布划为 7 小块，我们称这 7 个小块为"作业区"，其中空出一个作业区作为机动区域，渠道业务员按一周 6 天制定固定的销售日程，每天轮流在各作业区销售，严禁跨区销售。

第三步：制作 6 张销售记录表，每天一张，将作业区里的目标网点先记录下来，每天的工作就是严格按销售表进行客户拜访并销售，每个作业区每月平均拜访 4 次。

上述渠道运作方法解决了两个矛盾难题：可口可乐模式给每个客户建立详细档案卡，记录销售及动销状况，对大部分中型企业来说是可望而不可即，因为可乐模式对于资源与支持系统的要求过高，国内企业难以达到；如果是随意拜访而不进行规划约束，就难以对业务员的销售过程实施有效监控，同时业务员发生变动是，网点资料及维护无法延续。

这种"作业区"制市场细分运作，可以通过对渠道业务员销售过程的监控实现以点驭面的目的！

第四层：以培驭心。

上述三种控制措施从制度上、技术上、方法上构成了对渠道业务员的管理系统，是从宏观上实现对销售过程进行微观管控。

制度和压力、激励与控制措施已经具备，如何让这些系统里的每一个结点都能够主动积极地执行呢？

渠道业务员是品牌的重要创建力量

渠道业务员即通常所谓的基层业务员管理的难点在于两方面：一是业务员大都是被生活所逼才从事基层销售；二是渠道业务员很容易与经销商沆瀣一气。

解决这两个难点的方法只有灌输一种融个人利益与企业利益为一体的，具备可操作性的价值观，也就是通过独特的培训方法。

成都武侯祠里有一幅著名的对联："能攻心则反侧自消、从古知兵非好战；苟无势即宽严皆误、后来治蜀要深思！"

销售系统解决的是管理之"势"，而培训要解决的正是"攻心"问题。

攻心式培训要解决业务员的思想障碍是两点：一是业务是个很容易而不是很难的工作，唯一需要付出的是勤奋，即成功是八分勤奋二分技巧，勤能补拙；二是业务特别是基层业务有利于个人成长，是个很荣耀而不是低级的事情，大多数老板及职业经理人都是从最基层的销售做起来的。

如何以可操作的方法来武装渠道业务员呢？如果业务员理解了做业务的三重境界，一切就会迎刃而解。

第一重境界是：人找钱。

当渠道业务员开发新网点、推销新产品的时候，是人找钱。此时销售的成交率较低，客户会非常挑剔、怀疑，但只要按照"作业区"拜访的原则，不管客户是否购买都进行沟通，并做好基本业务拜访动作如销售八步法之类，这些客户都迟早会成交。

第二重境界：钱找人。

渠道业务员将对客户的服务作为业务的核心，而不是以一次性买卖为目标，就可以建立良好的客户关系。在生意圈里的客户都是相互认识的，通常一个客户至少可以给业务员介绍 8 个客户，而且成功率会非常高，因为有示范效应。这一阶段就是钱找人了。

第三重境界：钱找钱。

网点、客户、产品都是渠道业务员的资产，一旦通过上述两个环节将网点覆盖率、客户满意度、产品周转率三项指标转入良性，业务员的个人品牌就建立起来了。因此，这样的业务员要么会在组织内部得到提升，要么会很容易在组织外获得新的职位。这就是钱找钱，是个人品牌的增值。

三重境界的业务思想，不仅让业务员找到了理解业务本质的方法，建立起自己有能力克服销售拒绝的信心，同时将服务变为销售的核心，以培育良好客户关系作为销售的重要目标，避免业务员经常存在的行为短期化，使基层成为企业实施服务战略的基本细胞。

当业务员愿意主动服务同时又具备实时全方位的监控手段，销售系统的建设即达到了"择人而任势"的最高管理境界。

渠道业务员是品牌的重要创建力量，有效管理分布全国的渠道业务员对于建立全国性品牌具有决定性作用。

销售执行力的核心不仅是领导力，更需要将先进的信息技术与智慧方法相结合，建立一个"求之于势不责于人"销售推进系统。在这个系统里，将会更经济、更迅速地打造出一支开拓市场的渠道"坚"兵。

十、 智取销售渠道

《笑傲江湖》里有一种剑法称为"独孤九剑":看似平平常常的一剑刺出去,却可以封住对手的所有招数,而且应付对手进攻时轻描淡写的一剑,又恰指向对手剑招的"命门"处,令对手不得不罢手丢剑。中国智慧是推崇"无招胜有招"的,无招不是不用招,更不是没有招,而是能够因敌之势而生招、出招,自然招招可以指敌命门,以最小的代价克敌制胜。

销售同样是一个需要用智不用力的战场。我们在中国市场里大量见识的渠道竞争手段,如降价战、赠品战、导购员(促销导购)战、经销商挖角战、二批商争夺战、终端买店战……都很快地将市场竞争变成资源消耗战,乃至于变成品类价值毁灭战,最后伤痕累累、元气大伤。这些都是没有对销售渠道进行策略性思考所产生的乱斗!

任何销售所要解决的核心问题都是渠道,渠道通畅性也成为营销成果的指示器,任何销售促进工具都只有作用于渠道才可以产生实际的销售结果。快速消费品的渠道结构如图1-9所示。

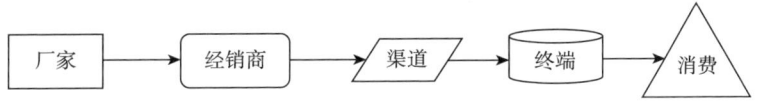

图1-9 快速消费品的渠道结构

这张简单的渠道过程图里可以演绎出销售的全部内容:

- 从厂家到终端的所有环节,对于消费者而言都是渠道;
- 所谓的渠道模式就是选择产品到达消费者的环节与方式;
- 消费者的购买行为决定产品的最终命运,因此是通过售点(推式策略)还是通过传播(拉式策略)培养消费者的品牌偏好是品牌运作的核心内容。

在上述三点的基础上,才能阐述策略性渠道行销的内涵。

孙子曰:"上兵伐谋。其次伐交、其次伐兵、其下攻城。攻城之法,为不得已。"战场竞争的规则同样适用于市场竞争的规则,这是为了达到同一个目的:花最小的代价获取最大的结果,策略性渠道行销的核心思想即在于此。我们用一个简单的关系图来显示这一思想的内涵,如图 1 - 10 所示。

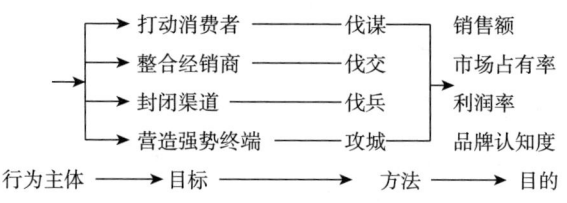

图 1 - 10　策略性渠道行销思想的完整模式

在图中,我们将产品从厂家到消费者之间的营销环节做了明确界定:

(1) 行为主体是厂家。就是说我们强调的是厂家在销售渠道里的主导作用与地位。

(2) 企业的销售目的是三一规则:以销售额为核心的四大指标体系,销售额是其他指标的目的与起源。反过来,其他指标既反映着销售状况,也对销售起到保障与促进作用,而且四个指标之间也有互动关系,透过四个指标的分析可以有效诊断企业存在的问题点。

(3) 在操作层面的目标则是:对产品至消费者的各环节"节节肢解",明确解决每一个渠道环节的目标,这些目标对于有效达成目的起着关键作用。

(4) 围绕这一目标采取的方法是四招:伐谋、伐交、伐兵、攻城。这四招必须组合起来,根据市场竞争的变化形势灵活出招,做到打在对手的痛处,又可以节省自己的损失或投入。

其实,树立了策略性渠道行销的理念与方法,可以有两个收获:一是总是能找到对手的弱处进行攻击,这就避免盲打乱斗带来的资源浪费;二是在策略得当的情况下,简单普通的促销手法也可以取得不俗的效果。

所以,我们主张忘记渠道促销策略,研究策略性渠道行销方法?原因有三个:

(1) 所有取得大成功的促销案例无不是切准渠道的"命门"。如百事可乐经典的"爱拼才会赢"活动,皆助流行文化,不但传播了百事新一代的个性精神,而且成功对品牌 LOGO 及包装实现大换脸,堪称重新定位的典范。

（2）促销的手法没有太多新奇的东西，创新来自于手法与时机的组合。这里就是强调任何促销都要符合上述三个规则，在竞品薄弱处勇敢并持续地进行打击。有时一个没有什么创意的手法，也可以取得不俗的市场战绩，如舒蕾洗发水的成功案例。

（3）理解策略性渠道行销方法，就是建立销售促进的系统思维模式，知其然也知其所以然。策略性渠道行销已经包括品牌、传播、媒体、消费者促销等属于传统"线上"促销的内容，是将所有销售促进的工具真正放回到促进销量的考核系统里来，反对那些以建立品牌形象为名的标王式作风。

伐谋之道：打动消费者

最好的战争是"不战而屈人之兵"，最好的市场伐谋就是培养消费者认牌购买的习惯，即品牌个性及忠诚度的建设。彼得·德鲁克认为，营销就是让销售变得不必要，因为营销的目的是创造消费者对品牌及产品的偏好，即预备消费状态。可以采取的方法有以下几种：

（1）产品的功能利益点：如康泰克的"缓释技术、持续作用"、白加黑的"白天不瞌睡、晚上睡得香"；或USP（独特销售主张）：如脑白金的"送（收）礼就送脑白金"、乐百氏纯净水"27层净化"等。

（2）一致性的品牌核心价值及其LOGO的视觉美感：如海尔的"真诚到永远"、联想的"阳光服务"系统等。

（3）极速卖点策略：有的产品仅有上述功能利益或品牌核心价值还不足以快速撬动消费者的购买行为，尤其是一些新品类产品，如格兰仕微波炉就是采取持续的低价策略，强行促动消费者的购买意识，其间甚至采取了匪夷所思的大价值赠品促销战术，如"买水送钻石"8周卖火生命水、TCL宝石手机4年卖到80亿元等经典案例。

（4）促进产品重复使用的促销手法： 如雪花啤酒的"再来一瓶"，百事可乐著名的"爱拼才会赢"促销活动等；印花折价券，如肯德基、麦当劳经常通过各种渠道派发折价消费礼券，上海双华鲜食（哈便当）在可的（KEDI）及良友金伴两个便利店系统进行的"恭喜发财、红包哈来"新口味即食饭折价促销等。

伐谋的核心是改变消费者对品牌的认知或促进购买行为，衡量的标准只有一个，能否快速启动销售？

伐交之道：整合经销商

伐交面对的是经销商，也就是产品的第一个"市场接生者"。无论这个"接生者"是外（贸易公司）或是内（直营公司），其方法都是一样的。一个不能处理与外部合作伙伴关系的企业，同样不能处理直营公司里的员工关系。

整合经销商资源的伐交之道只有三种方法：

（1）选择渠道模式如图1-11所示。从A到E五种分销模式体现着厂家介入渠道管理的深浅程度，也意味着渠道掌控力的强弱。模式A及B是典型的利用经销商资源的分销类型，然而独家经销出现的客大欺店、不守规则等现象，在多家经销模式里仍然会出现，而且可能比独家经销更难处理。模式C及D里配送商或分销商除了担负货款、物流的职能外，销售管理、市场开发、推广的职能完全由厂家业务人员掌控。模式E则是厂家直接面向终端的直销方式。

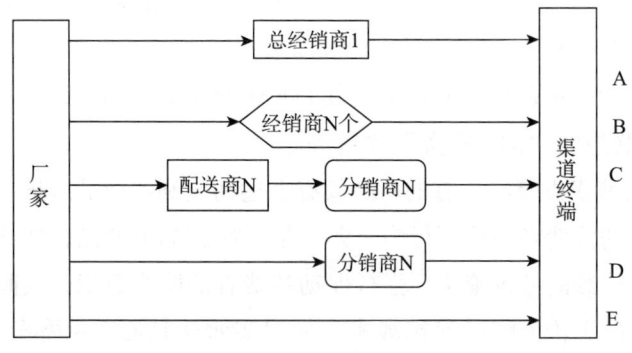

图1-11 选择渠道模式

（2）建立在规则之上的战略伙伴关系。厂方无论是在总经销商、多家经销商、配送商、分销商都应该本着同样的原则，厂家之所以要采取不同的分销模式，根本在于达成对市场的掌控，拆分总经销商的原因无非是有些策略在其他分销模式下更容易落实,如此而已。

所谓的规则就是合同。经销商合同是厂商关系的唯一准绳,双方都必须保证在合同规则下的诚信合作。只有如此,一个战略伙伴关系才得以建立。而如果因为是格式合同,需要时拿出来,不需要时束之高阁,热衷于搞一些"厚黑手法"、暗箱操作,这样是无法保证有稳定的合作关系的。

(3) 建立在市场目标下的沟通机制。厂商沟通有很多理论、技巧,但核心必须也只能是对市场目标的认同!只有在共同的市场目标下,双方的沟通才具有实战性,而不是搞"吃吃喝喝"那一套。明确市场目标的好处是合作从开始就有一个明确的未来,双方都是围绕着达到市场目标寻找解决方法,可以避免无谓的争执。如果双方在市场目标上无法达成一致意见,那就不如趁早分道扬镳。

伐兵之道:封闭渠道

经销商也好,分销商也好,配送商也好,厂家用了很多"胡萝卜加大棒"的措施来实现对其的管控,专销制度、返利、市场质量考核、协销架空等,但这些都不能真正让这些商人们变得规矩。娃哈哈的所谓封闭式经销通路模式,采用无休止占用经销商资金及库存的操作手法,背后是经销商的频繁更换,在出现销量下滑时就是"树倒猢狲散"。

经销商是厂方直接交易的对象,然而将操作重心放在对经销商的控制、管理上,只是过去粗放营销时代的作风,在渠道终端已经不可阻挡地成为现代商品流通主动脉的新现实面前,加强对经销商的管理和控制实际就是无休止地为各种费用争执扯皮。

封闭渠道主要有如下两个内容:

(1) 以终端点的完全覆盖为核心设计分销模式。在此要确立的原则是:必须将获取终端点的全品相铺货及陈列列为产品推广的第一项费用预算,而不是传统的广告、经销商进货奖励、进货赠(礼)品等。完成渠道全覆盖是一个过程,持续时间在 30 天至 90 天之间,终端进入的策略及程序是产品推广的首务。

(2) 经销商职能配送化。无论何种类型的经销商,获取产品经销权的条件首先是履行四项职能:资金、配送、库存、客情。像推广、服务、信息三项职能应由厂家与经销商共同建立一个管理平台。这样双方的职责就界定得比较清楚，为共同合作开发市场、抗击竞争奠定坚实基础。

建立上述分销系统是销售的核心工作，这种"以终为始"的逆向作业思想，是实现渠道推动力的根本途径。封闭渠道的概念是指产品的销售流向完全可控、建立自己品牌的物流系统（由厂家至消费者的全过程）管控平台，而不是对竞争品牌的封锁。这种渠道体系是实现产品销售的前提。

在这里会发生一些费用：进店费、陈列费、首单奖励、客情费、协销人员费用等。经销商是否经营别的产品并不是问题的核心，关键是经销商对本品牌投入必需的资金、人力、热情，一切以产品在市场的销售额、占有率为依归。无论是销售人员、合作伙伴还是管理人员，对于目标达成共识，自然可以减少促销费用投入的盲目性。

攻城之道：营造强势终端

除了直接面向消费者的"直销"外，任何产品的销量最终来自于终端，尤其是现代流通终端，大型商超（K/A店）、连锁超市、便利连锁店等。而对低值快速消费品来说，传统士多店（夫妻老婆店/食杂店）也是快速展示产品的窗口。因此，在上述终端里快速达成并保持高铺货率是打通渠道的关键。

制造强势终端的方法有以下几类：

- 货品陈列：货架及地堆、端架陈列；
- 特价或捆绑销售；
- 理货员及导购员；
- 海报或印花券；
- 节庆日店外主题展售活动。

所谓的强势，一方面是反映产品销售的速度；另一方面是产品推广活动的连续性、特色化。如舒蕾洗发水不过是将导购员作为KA卖场销售的常规战术武器，竟演变为连篇累牍的"终端拦截"理论。实际上，舒蕾或丝宝集团砸下的广告费从费用比例来说，未必比宝洁的洗发水品牌少。是强势的销售带来强势的终端，而不是相反。

未来的终端战斗,其成本可能比广告费用要大,而其效果却可能会下降。当年创维的总经理杨东文曾感慨地说,每个月签1000万元的人员工资签得手软,而以渠道领先的TCL则悄悄地进行瘦身运动。所有的啤酒企业在完成区域市场整合(收购竞争对手)后,马上就会减少促销导购的数量、减少开盖有奖销售的频次甚至取消。

终端拦截策略模式,并非未来销售竞争的趋势,实际上是不得已而为之的曲线成长路线,其诞生并取得成功恰恰是策略性渠道思想的体现(在策略得当的情况下,简单普通的促销手法也可以取得不俗的效果)。但必须明白,当终端促销形成对垒式竞争的状态,就不会再有赢家,而是一场资源消耗战,进行的时间越长,就越危险。认识到所谓低成本的终端拦截正在发生的变异,就更加清楚地折射出策略性渠道行销的现实意义与价值。

从早期的会展招商、广告招商到争夺二批商、深度分销,再到今天的终端制胜、KA为王,这些都是市场结构与竞争形势变化下的产物,其作为方法并没有永恒的意义,而且市场的变化同样会催生新的销售渠道模式及方法。

因此,没有永远有效的方法,只有驱动方法的策略思想是达成有效渠道突破的永恒法则。

十一、 如何拿住二批商的"七寸"

如何有效地管理二批商呢?

分清二批商类型

在终端为王的氛围下,大型厂商在流通结构上进行了两种类型的尝试:

(1)取消或弱化一级批发商的功能,将二批商发展、改造为"直控分销商",实现通常所谓的"深度分销",厂家仍然以中间客户为销售对象,这是伊利配送商制、统一"辅销所制"推崇的销售模式。

(2)厂家直接自建渠道、直控终端,通常以现代终端为目标,如家电里对国美、苏宁的供应模式、两乐对大小所有类型终端的直接分销模式,厂家脱离中间商而以终端商作为直接交易对象。

问题不在于上述模式本身，这些模式与其说是科学的、代表现代销售理念与趋势，倒毋宁说是企业资源与市场企图心的较量。问题是所谓的深度分销模式并非企业销售发展的"当然公理"，二批商问题之存在一方面是有很多品牌在善于利用二批商的情况下获得成功；另一方面是并非所有企业都可以直接将终端作为自己的交易对象。

如何认识中国市场里的二批商们？先看一下二批商的存在形态。目前在快消品领域的二批商有三种存在形式：

- 在传统批发市场里的门面经营（以批发为主）；
- 在市区街道的批零兼营；
- 在县城、镇上批零兼营。

这三类二批商经营形态是不同的。传统批发市场里的二批商主要以向县镇及跨区域大宗批发为主。批发市场里的二批商虽然因产品各有自己的下线客户，仔细分析一下，就会发现他们的下线客户重叠率非常高。也就是说，当他们的货物主要是向县、镇分流的时候，基本上有价值的客户就是当地的前三位。真正通往"市场最基层"——县、镇、村的"网络结点"其实很窄，而厂家之所以无法深入到市场基层，是因为这里是仿冒品的海洋。宝洁公司曾经倍受称道的"ROAD SHOW"（乡村路演品牌运动）之所以悄无声息，正是受到仿冒品乃至造假品的冲击。

因此，中国现在的批发市场与县、镇批发商具有生态上的共生性，两者是相辅相成的。批发市场通常是低值低价产品快速渗透县、镇市场的桥梁，我们称这些二批商为"流通型二批商"，这是我们对中国二批商研究的第一个结论。

那么处在中间的市区街道的批零兼营二批商呢？此类二批商通常有自己的仓库、配送车辆、终端网点及批发客户，其主要盈利途径是围绕其掌控的直供终端进行多元化乃至一站式配送供应，也有很多此类二批商就是以当地主导品牌小区配送商而建立起自己的阵地。由于这些二批受厂家直接控制，很多不具备独立推广的能力，或者是向一级经销商转型，是一群依靠"客情关系"（地利）获得生意的特殊类型二批商，我们称其为"渠道型二批商"，这是我们对中国二批商研究的第二个结论。

掌控二批商的八个方法

在将上述问题看清以后,如何发展二批商就变成不同厂家进入市场的策略选择问题。

1. 规划性地开发二批商,设置合理的批发分销结构。

图1-12的渠道分销系统是中型地级市场总经销商(或直营分公司)的完全覆盖式渠道结构,画线部分是批发商或分销商,代表着三种批发形态:

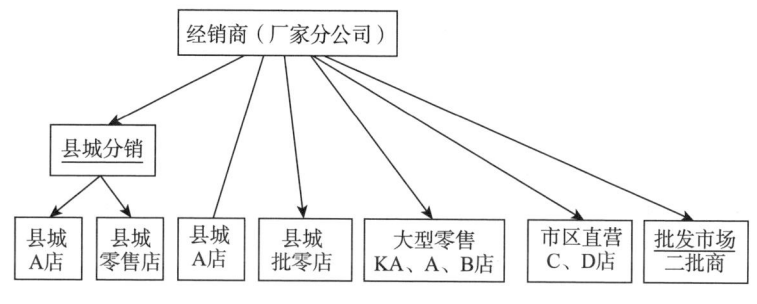

图1-12 渠道分销系统

(1)县城分销:指在辖区县级市场设置唯一分销商,该分销商在当地县城具有很强的终端覆盖能力,能够直接将产品做到县城里的A级超市及普通县城零售店,这样的批发商实际上带有准经销商性质,一旦设立就必须形成良好的协作关系。

(2)县城批零店:即广泛地设置县城批发商,由多家分销产品达成对终端的覆盖,同时直接抓该县城A级超市,树立形象终端。

(3)批发市场二批商:这是最传统的大流通形式,由于批发市场的货物大多流向县镇批发商,其争取客户的手段主要是配货齐全与相对低价。因此,在通过前两种分销形式已经达成比较理想的终端覆盖时,批发市场二批商经常成为窜货砸价的集散中心。

上述三种二批商设置格局通常是一种组合形式,随着产品在市场终端覆盖率的提升,三种组合的结构也会呈现不同的比例。一般来说,产品成长期三个渠道的销量可能是三分天下,到了产品成熟期,最好是控制批发市场二批商的销量不要超过20%,而且必须控制其出货节奏。

2004年,中国糖果品牌的后起之秀金丝猴,依靠强大的二三级市场终端铺货能力，建立了庞大的终端网络，销量也巨幅攀升。此时的金丝猴已成为批发市场的热销货，却旗帜鲜明地提出"卡死批发市场"的要求，来保护广大终端经销商的利益、维护价盘体系，是一个良好的案例。

2. 关注出货价格、数量、节奏。

控制二批商的第二个关键是控制其出货的价格、数量、节奏。当存在多家二批商的情况下，二批商的竞争手段必然变成竞相杀价，这被称为"剥盘"或"扒皮"。如果厂家不进行调控，还在一味地进行通路促销，就会很快出现销量萎缩、客户（批发户）减少、终端覆盖率不足等一系列市场病症。结果是：慢慢地发现"不促不销、一促有销"逐渐变成"大促才销、小促不销"，直到"促也不销"。

因此，经销商在产品没有进行更新换代式改变的情况下，为了维系产品的生命周期，必须时刻关注二批商的出货情况。当发现二批商出现低价销售、销量不正常波动及进货频次增加时，就要调查该二批商的出货情况，明确导致其销量或进货频次异动的真实原因。如果存在窜货的征兆，应调整销售政策并控制其进货数量或节奏。

对二批商最好的管理方法不是硬性的、一成不变的刚性价格，而是灵活的出货数量的控制，即调节其单次进货数量及进货频次，这是比较高级的流通操盘技巧。

3. 掌握二批商的下线销售数据。

如图 1-13 所示，无论是哪种类型的二批商，其销售对象无非是批零兼营商或终端零售商，要有效管理二批商就必须对其 80% 的货物流向有清晰的了解。可以通过进行终端生动化协销或促销活动审核报销费用等形式

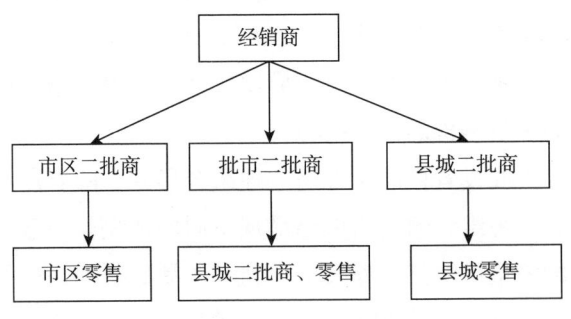

图 1-13　二批商类型

逐步掌握其下线客户的销售数据，并由业务人员对重点客户进行定期拜访，建立终端客户销售数据库。

4. 协助二批商对其核心终端客户的管理。

良好的二批商是培养出来的。经销商业务人员或厂家业务员要协助二批商管理其核心终端客户，通过进店谈判、促销策划、促销执行培训、协同拜访客户等多种形式提高二批商与终端零售店的客情关系，也提高引导其向终端分销商转变，从而使其愿意主动配合厂家的终端覆盖要求，减少窜货、乱价的概率。

5. 解除不守规则二批商客户的经销权或控制发货。

二批商管理的难点是面对取舍时的决断力，即对不遵守规则的二批商大户如何处置的问题。我们的看法是：在前面四项工作都进行规划后，这样的大户难题非常容易解决：要么服从游戏规则，要么出局，没有什么好犹豫的。但如果是传统分销格局，特别是上面平台分销的格局，经销商对二批商的依赖太强，就必然不能配合厂家对捣乱的二批商大户痛下杀手。

1998年安徽圣泉啤酒厂在阜阳市的涡阳地区有个销酒大户，年销啤酒8000吨，是圣泉最大的经销商。但由于长期形成的要政策、要补贴的惯性思维，对办事处的管理从来不予理睬。当时圣泉新设立的市场部进行了全新的营销规划，要求经销对价盘、物流秩序、渠道数据报告等予以配合，该大户同样不予理睬，经过多次沟通包括最后通牒后，最后在一片顾虑怀疑声中果断地停止了对其发货并取消经销权，重新开发了3家分销商。结果不到一个月，市场迅速回升，销量比同期增长20%，而且客户协调价盘，也赚到了更多的利润。

6. 远攻近交：尽量控制家门口外市场里的核心终端。

对管理二批商最重要的砝码是直控核心终端的数量。经销商通常喜欢"远交近攻"，即将距离近的终端都抓在手里，而把距离远的县级终端交由二批商来做。其实这是个巨大的操盘误区，大量的市场波动与不稳定都源于此。经销商的"远交近攻"是自然思维下的产物，缺乏对市场的深入认识，以为可以自己吃肉、别人啃骨头——这无疑是想当然。经销商如果失去了核心终端的掌控，就失去了调控市场的能力。

正确的方法是"远攻近交"，即将距离近的核心终端的配送交给市区二批商做（与核心卖场仍维持交易关系），将自己车辆的抽出部分来对县城里的 A 级终端进行直营，同时发展分销商进行其他渠道终端的覆盖。

经销商不必害怕自己做了核心终端后没有二批商与自己合作，当经销商将县城 A 级终端经营好的时候，会有二批商找上门来的。

7. 对终端网络进行不定期铺市。

渠道其实需要不断地刺激才能激发其能量，因为对二批商来说，其运营软硬件（人员、车辆等）资源是由各品牌共享的。如果你不去争取其资源的倾斜性投入，就会被别的品牌所占有，那么你的销量就必然下滑。

如何不断地刺激二批商？不是一波接一波的通路促销，而是阶段性的突击终端铺市，尤其是 A 类店以下的中小型终端。采用什么方式来铺市呢？一般有三种情况：

- 老产品临近销售旺季前 30 天及尾声的 30 天，可以组织人力对中小型终端进行突击性铺市。
- 新产品上市时的铺市。
- 大型消费者终端促销进行生动化为核心的铺市。

铺市是刺激二批商、排挤竞品的最佳方式。不论你的品牌如何，在二批商那里，哪个品牌能最大限度地调动其资源，就会成为该二批商销量最大的品牌。

8. 危机或遭到竞品冲击时策略性地稳定二批商。

当竞品在进行很大力度的通路促销时，对于本品牌的二批商系统会产生很大的冲击，要迅速做出反应。有效的做法是：

- 根据二批商销量将其分为 A、B、C 三类。首先，稳定 B 类即中户二批商，此类二批商通常占总客户数的 20%、销量占 40% 以上，可以比照竞品的"促销利益"（注意，不是力度是利益）将其折算成本品销售比例，设计坎级奖励政策，首先与中户签订奖励协议并进行吸筹（占款占库），这个动作要快速方能奏效。
- 瓦解 A 类即大户。此类客户占总客户数的 10%、销量会占 30% 以上，但他们并不容易与厂家配合。因此在快速稳定中户的同时，就开始与大户谈判，进行瓦解，对个别大户只要其承诺不参加竞品的活动可以给以非直接折价式超值奖励，如旅游、耐用实物等。
- 立即开始进行突击式终端铺货，在下游终端进行阻击。

以上八个方法涵盖了从规划到竞争的所有环节，是一个系统化的二批商操盘技巧，也是有效发挥二批商作用的操盘次序。只要按照上述顺序做好每一步骤的工作，对市场的掌控将可以达到收放自如的境界。

十二、 如何有效管理销售人员

提到销售人员的管理，作为市场一线的资深管理者，有一种难言的感慨。

企业销售人员管理的现状

任何一本营销教材或是企业管理书籍，无一不将销售人员管理列为重点，但销售人员管理的思路仍然在控制论与人性论的矛盾之间徘徊。

当前中小型企业里存在着销售人员管理的悖论现象：宏伟的营销战略、销售计划最后都需要销售人员落实到行动中。究竟是只抓结果不问过程，还是管到细节、日常行为，很多销售主管其实并没有真正考虑清楚。

于是出现一个悖论：销售出问题的时候就结果导向，销售相对平稳的时候就抓过程监控。这不是管理，而是管理者情绪的宣泄。

管理者是否相信合理的过程可以达成预期的结果？是否有把握通过过程的管控达成预期的结果？还是把过程管理当成折磨销售人员的工具？进一步说，管理者的角色究竟是监工式小吏还是创造式领导？每个销售主管是否敢于在内心里问自己：销售业绩究竟是被"管理"出来的还是"自然"产生出来的？

销售主管（销售总监/营销总监/营销总经理）其实是销售管理系统里首先必须"精细化"界定的职务。当企业惯性地设职用人的时候，应该对销售主管的真正作用进行"测算"，也就是在公司资源（品牌、产品、销售政策、渠道状况）与管理功能之间考量销售主管的真实作用，即哪些销售业绩是由公司资源产生的，哪些销售业绩是由销售管理产生的。

销售主管可以大致分经验型与专业型两大类：经验型主管大多从企业过去的销售冠军中产生，以"实战派"自居，其调动企业资源的能力往往强于规划市场、策动消费的能力；专业型主管往往是一些有学院、4A广告公司及大型跨国公司从业背景的人员，以"经理人"自居，经常用一套理论及管理表格来显示其管理的精细化，有醉心于品牌或新产品开发的，有专注于销售网络建设的，规划市场的能力总是超过对公司"政治气氛"的把控力。

就对销售人员管理而言，两类销售主管却并无二致：都是将销售人员视为执行销售策略的工具。因此，两类销售管理者都会碰到所谓"执行力"不到位的困境。

经验型管理者，执行力差是其思想无法令下属认同，依赖于权力维持与销售人员的利益关系（与领导搞好关系可以争取更多的促销政策）；经理人型管理者，执行力差是因为虽然可以取得下属理念上的认同，却不能将比较理想化的表格化管理落实到位并贯彻始终。

不一定是实战派的经验不能适应新的环境，也不一定是经理人派的表格化过于烦琐，问题可能不是出在"销售管理"的方法上，而是出在对"销售人员"管理内涵的理解上。

现在的销售人员管理都过于突出对销售的管理，而忽视了对"人"的管理：一个自然人、社会人与职业人三位一体的具体个人！是这么个"人"在执行销售，只有这么个人的思想与行为才令销售产生，产生所有的过程与结果。销售不是一个简单的自动发生的过程。

如果销售管理或销售人员的精细化管理不首先从对销售人员"人性"的精细化管理开始，一切的专业销售技巧与方法都是虚设！

在这个意义上，我们提出首先是销售管理者必须对自己的管理作用进行反思与改造，才会带领出一支高绩效、高素质、高战斗力的销售队伍。

规则是：必须先从销售人员的人性根源出发，解放销售人员的心灵中的"愿意"因子（心），对销售目标产生认同，通过对销售过程的职业化训练（脑），进而养成高效率的日常作业习惯（力），这就是销售人员管理的核心内容。我们称之为"心—脑—力"三点一线式销售人员管理模式。

练心

成功有三个要素：运气＋方法＋热情（愿意）。

笔者有意将其次序做倒序排列：运气可以令庸才成就伟业，面对人世间的不可确定性我们无法回避，但其幸运儿在成功者中也许只有10%甚至更少；方法是成功者的突出特征，可以说90%以上的成功者身上都有方法的驱动；而热情，即自发或被迫的"愿意"，是100%成功者必然具备的特质。

愿意是什么？

不是简单的"我想"（内驱力如追求心爱的人）或者"我得"（外压力如生计所迫），在愿意里有更深也更可以被沟通传达的含义：愿意其实是人对自身命运（现在与未来）的认同，也是人与外部环境的内心和解。

愿意是一种肯定性态度，对自己、对外部事物的一种肯定与接纳，不论这种愿意产生的原因、背景或起点如何，都是人性里最重要的成功之基。

愿意始于认同！

销售执行力正源自销售人员对目标、过程、日常行为的认同！

如何获得销售人员的认同呢？

是激励与晋升制度吗？薪资与职位是工作的两个核心目的，高薪资与高职位无疑是最强的驱动力，然而人对薪资永远有无止境的欲望，职务又总是有限，再好的激励与晋升制度也只对少数人有效，不能解决大部分人员的驱动力问题。

或是惩罚措施？惩罚是最直接强硬的管理手段，从行为科学的角度看，对短期行为的校正作用最有效。然孙子曰："数赏，窘也；数罚，困也。"频繁的奖罚都是管理陷入困难窘迫局面的表现。从长远看，频繁的惩罚降低了被罚者的内疚心理，反而减弱而不是强化被罚者产生主动改正的驱动力。

因此，我们认为销售人员的"愿意"只能产生自销售工作本身，而不是其他因素。这就让我们回到行销的原点：销售人员所为何事？

大多数消费品的销售并不需要高深的专业知识，进入门槛不高，是任何会思考、会说话的人都可以从事的职业。抱着混口饭思想开始销售生涯的人很多，但只有少数思想简单、行动持久的人会成为第一批幸运儿获得成功，那些思想摇摆不定的人将始终在销售基层蹉跎时光，最终被新生代淘汰。

产生这些低效、低能销售人员的根本原因有三点：一是不明白营销究竟是什么；二是知道销售本质的人里很多看到的是营销之"苦"；三是知道营销之苦的人里只有更少人体会到营销的乐趣。

营销的本质就是竞争。是品牌的竞争、产品的竞争、资源的竞争、更是各品牌销售人员的竞争。这种竞争是残酷的，市场份额就是这种竞争的反映。在市场份额里体现的不仅是销售人员的利益差别，还是一种荣誉的差别。

营销对于每一个销售人员就是挑战与压力。挑战销售人员的知识、经验、心理乃至生理，对销售人员的压力也是全方位的，从成功与失败、荣誉与耻辱到利益与尊严。

因此销售人员注定了要忍受营销之苦：异地他乡的孤独、达不成目标的焦虑、挖空心思的不眠之夜、被客户拒绝的挫折、得不到任何人援手的无助、被上司叱责的委屈，等等。每一个在销售一线奋战过的销售人员都不会忘记这些刻骨铭心的心路历程。

销售人员在如此巨大的外力压迫之下，从哪里获得肯定的力量？从哪里获得克服的勇气？

只有从人性的最深处，从对营销工作本身的感悟。

感悟营销之美、之趣、之乐！

营销就是人生，营销无处不在。营销是向别人介绍自己的品牌（产品）、让别人接受自己的品牌（产品）、让别人偏好乃至忠诚消费自己的品牌（产品），这与人的社会生活——工作、爱情、家庭、事业都是同样的规则。营销人的心灵充满对生活的好奇与感悟，充满对人性光明面的喜悦与激情，此为营销之美。

营销是赢的艺术。营销人以获取胜利为追求，并且在追求胜利的结果里寻求过程的成功：发现竞争的技巧、体悟商业运行的伦理规则、感受人性均衡发展的舒畅，《大学》有言"君子有大道"！营销的过程不仅是获取成就，而且收获成长，此为营销之趣。

营销是享受创造的喜悦。无论是新市场的开发还是新产品的推广，销售成功所带来的喜悦无法言表，这是一种创造的喜悦，是对营销人的最大奖赏，是任何销售奖金所无法取代的，此为营销之乐。

每个踏入营销的人请在此驻足感悟：当你的内心为营销之美、之趣、之乐所燃烧激动的时候，再选择销售这份职业，否则就赶快退出营销这一行另寻生路！

这是销售人员管理的"练心"之关。

练脑

对普通产品的营销来说，销售人员不需要具备太高深的专业知识，但销售绝对是一个需要具备智慧方法的职业。销售管理从传统的回款到市场导向下的铺货及生动化，直到现代渠道管理的客户服务系统、上下游信息及流程整合技巧，已经越来越是一门科学化、流程化、IT网络化的先进的销售管理系统，不是凭借经验、感觉所能应付的操作系统。

但观察销售执行的真实过程，就人员管理来说，问题还确实不是出在上述系统方法是否被理解与执行上，而是出在对销售目标的认同上。

先看一个故事：有三只猎狗追一只土拨鼠，土拨鼠钻进了一个树洞。这个树洞只有一个出口，一会儿，从树洞里钻出一只兔子。兔子飞快地向前跑，并爬上一棵大树。兔子在树上，仓皇中没站稳掉了下来，砸晕了正仰头看的三只猎狗，最后，兔子终于逃脱了。

故事讲完后，老师问："这个故事有什么问题吗？"有人说："兔子不会爬树。""一只兔子不可能同时砸晕三只猎狗。"……"还有什么问题？"老师继续问。直到再也找不出问题了，老师才说："可是还有一个问题，你们都没有提到，土拨鼠哪里去了？"故事十分形象地反映了销售人员练脑里存在的关键问题：在追求销售目标（土拨鼠）的过程中，我们有时会被途中的细枝末节和一些毫无意义的琐事分散精力、扰乱视线，以至中途停顿下来或是走上岔路，而放弃了自己原先追求的目标。

销售人员练脑的核心，是从制定销售目标到实现目标的过程分解这一整套逻辑思维习惯。

必须指出的是企业在不同的阶段，销售目标是不应该相同的，如果在不同的市场、不同的发展阶段，销售目标是一样，则说明企业的营销管理仍处于粗放化经验管理的阶段。

销售目标可分为三种类型：

- 销售额（回款额）：适用于开发及成长期的品牌与市场。
- 利润率：适用于成熟期的产品与市场。
- 市场占有率：适用于企业有战略领先要求的市场或品类。

三个销售目标存在相互的关联性，但从执行的角度看，如果同时强调三项甚至两项目标的重要性，就会模糊具体工作的重点，导致指令含糊，甚至出现进退失据的"糜军"情况。

销售主管不对销售目标进行认真清晰的研究界定，是对企业、对销售人员犯下的最大"过错"！销售计划的粗糙必然带来销售执行的随意化，只有销售目标及其分解过程的细节化、可执行化，才能实现"上下同欲"，进而保证在具体的销售执行过程中"携手若使一人"。

确定核心销售目标才可以对实现目标的过程及细节有清晰的"执行路径"。比如以销售回款为核心目标，其第二步的任务分解就是投放新产品或增加销售网点，在增加新网点往下的第三步任务就是提高生动化占领货架、提高单点销量；占领货架的第四步分解是增加拜访频率、理货服务技巧，提高单点销量往下分解是提高店主或营业员的首推率，或进行现场促销；如此继续向下分解目标，直到销售人员每一天的工作安排计划。

这样过程、方法就紧紧围绕销售目标展开。销售计划时是由目标向细节演绎，执行时则从细节向目标推进，环环相扣。这就是销售练脑的流程。

很多企业老板或销售主管抱怨基层销售人员缺乏执行力，其实是自己的销售计划水平太差，没有做到逻辑清晰、环环相扣。销售人员在做计划或开会时将销售目标挂在嘴边，一到实际的工作中，纷乱的市场现象与问题（兔子）很快让销售人员迷失方向，最多还记得几项空洞的指标，完全没有分解目标的具体执行步骤，销售目标自然成了被人遗忘的"土拨鼠"。

所有销售人员从销售主管到渠道业务员，都必须清晰明确地制定执行手册，精确到每个环节、每个人、每一天，而且必须建立每天检查与考核流程。每个销售人员都必须严格按照执行计划表完成每天工作；如果未能完成预定计划，必须立即对出现偏差的原因进行分析，同时进行相应的处罚。

这一整套运作系统就是将每个销售人员绑在一个永不停息的战车上，系统在推动人员前进、人员也推动系统前进，两者融为一体，如齿轮般互相咬合、互相推进。

将人员与管理系统整合为一，是对销售人员的练脑之道。

练力

听着感动、想着激动，就是没有行动。这是在很多销售人员身上一次次重复的现象。原因何在？

在销售管理的实践中，笔者与大量的销售人员共同生活、工作，对于销售人员行动力（不是执行力）差的现象认真解析，最终得出了两个核心因素：技能与习惯。

先说习惯。很多的销售培训都将经过篡改后的马斯洛观点写在封面上：你有什么态度，就有什么思想；你有什么思想，就有什么行为；你有什么行为，就有什么习惯；你有什么习惯，就有什么性格；你有什么性格，就有什么命运。

我们发现所有行动力差的人除了态度、思想有问题外，即使态度、思想都没有问题，落实的结果也不理想，90%的原因是销售人员的生活习惯有问题。

未经过职业化训练的脑袋的90%每天所想的三件事是：吃、玩、性，工作及目标可能连5%的思考时间都不会有；而那些开完晨会出去，回来带着50%销量达成率的业务员，90%是实际工作时间不足额定工作时间的30%。

要成为一个高绩效的销售人员，首先必须有异于常人的生活习惯，这些习惯是：对工作时间的计划与遵守、保持个人整洁卫生、保证充分的睡眠、作息时间固定、保持适量的运动、不酗酒、娱乐（泡吧/麻将等）有节制、没有不良嗜好等。

这些简单、容易被观察检查的生活习惯应该成为销售主管考察销售人员的重点，因为这些生活习惯决定了90%以上的目标达成结果。销售人员"练力"的第一个核心就是良好的生活习惯。

个人的生活习惯影响销售人员的行动力，另一个核心因素是销售技能，即行销方法。销售是一个让别人接受自己（即达成交易）的过程，行销方法（即成交技巧）构成销售人员执行力（不是行动力）不足的内在阻碍。

行动力是将自己的计划付诸行动的能力，执行力是行动达到预期结果的能力，言而必行是一种习惯，行而必果则是一种力量。习惯是改变自己，力量是改变别人。

在营销里，有力量改变别人选择的技巧即是行销方法，从品牌、广告到陈列、面对面销售。就销售人员而言，主要关注面对面销售的技能。

如何快速成交是销售人员工作的核心。以拜访八步骤、谈判技巧、回访服务技巧等为主干的销售人员职业化训练，是快速成交、快速成为优秀业务员的必经课程，在此就不赘述了。

所谓的销售人员练力就是解决行销方法与生活习惯两个核心问题，培训与纪律是两副除病药方。

何为三点一线

孙子曰："为兵之事，在顺详敌之意，并敌一向、千里杀将，是谓巧能成事。"

克劳塞维茨说："必须在决定性的地点投入尽可能多的军队。"

我们提出销售人员管理的"心－脑－力"三点一线式模式，不在于泛泛地将三个方面提示一下。因此没有说是"三位一体"而是"三点一线"，就是为了表明，这种管理模式不是销售人员管理的一种方法，而是一个规则：凡未遵循此一规则的管理都注定失败，尤其对于大规模销售队伍的管理。

三点一线的管理模式强调的是一体化。个人或销售队伍经过"三点一线"式训练，可以磨练出"用牛刀杀鸡"的销售势能，从而成为销售高手。

通过练心、练脑、练力来训练一支营销铁军，大可攻城略地、建功立业，小能快速成交、提高效率，是基于销售人员单兵作业能力的统合运兵之道。

十三、用体系能力实现双赢招商

曾经风光一时的招商盛宴逐渐变成一盘难以下咽的菜：很多新上马的项目老板一提到招商就两眼发亮，可经常是大把的广告费支出了、红火的招商秀完成了，要么是招商变成"招伤"（招商投入打了水漂），要么是经销商变成经销"伤"（货停在仓库与渠道里）。企业与经销商都在问："为什么要我们同受煎熬？招商为什么这么难？"

但就企业的社会功能（提供有消费者价值的产品或服务）而言，招商难、找产品难是好事。

首先，如果参加展会、投广告、凭借粗制滥造的产品就可以圈钱，还需要营销吗？连销售都可以省了！现在不是还有一部分企业老板以为靠招商策划家和一些吹嘘加空头承诺的文件就可以圈来大笔现金吗？

其次，经销商或准经销商们也不是敢拿出资金就肯定能赚钱了——中国在过去十年的民间储蓄总额增长了4倍，还缺有钱的人吗？

在市场上，新产品上市1年后剩下60%，3年后剩下不到30%，5年后剩下不到10%。这个残酷的现实令经销商们不得不擦亮眼睛，从里到外仔细考察厂家的招商套路，看看究竟是花拳绣腿还是真功夫。

正是经销商的理性乃至多疑成为推动厂家改进营销，以及完善企业经营管理的动力。

今天的企业必须回归招商的原点：招商是企业开发市场的一个阶段与方式，是落实在企业营销战略指导下的渠道策略、推广策略、品牌策略的执行环节。

招商流程、细节、技巧乃至创意都是一项技术，对于招商实施的成败有关键作用，但这是"术"。我们认为，除了企业实力、背景、历史等硬件，成功招商有6项必备"功夫"——是软件，是招商成功之"道"。企业只有明"道"，练好内功，才能将优"术"的作用发挥到极致，创造高效、高质量招商之"势"。

成功招商之道的6个块面，包含了企业直接展现在经销商面前的招商方案的核心精髓，是与那些招商"花把式"相区别的试金石，也是经销商在考察厂家、选择产品时必须关注研究的内容。

从市场开发规划性看企业营销战略

招商的策略历来是以产品为核心，但在这里我们要提出未来的招商肯定是"以营销战略为核心"的观点。新产品也好、支持政策也好、大广告投入也好，对于一项商业投资，没有清晰营销战略的产品推广是没有前途的，即使是那些本身具有原创或优质的产品也是如此。

营销战略主要体现在市场开发规划的质量上。在今天竞争激烈的市场环境下，创新产品不是困难的事，找到产品的市场空间更加困难。因此，开发什么市场、为什么要开发这个市场这样的战略问题，正可以反映出企业对市场研究的深入程度及质量。

因此，在研究产品是什么前先对企业选择目标市场的理由进行认真分析，是降低选择风险的有效方法。同时，对于企业来说，在雕琢产品及其营销政策的同时，做好目标市场的精细研究，是企业成功招商并走上畅销、长销的通天大路。

某品牌内衣的招商过程中，没有将重点放在研究产品概念、产品特性等市场炒作层面，而是用了近两个月时间对全国8个省的10个城市，50多个经销商，100家大卖场、专卖店，1000多人次的内衣店员访谈，制定了极具市场针对性的产品策略，令资深内衣销售商在研究了该品牌的市场分析后赞不绝口。该品牌在全国内衣博览会上取得现场汇款1000万元的招商成绩。

从经销商选择标准看渠道策略

招商并不是简单的招"钱"。出得起钱却没有产品销售渠道的经销商，即使掏钱也会成为企业的负担。因为这样的经销商并不具备产品推广的能力，除非厂家收了钱不管经销商能否销售。很多企业盲目抄袭招商界曾经名声显赫的"蒙派"药品招商手法，却不知蒙派手法的内在成功因素，及其背后对销售渠道的精深研究，因而学者"蒙派"大多铩羽而归。

"蒙派"的新药推广之所以成功，得益于对两大因素的成功把握：其一，OTC药品封闭通路里经销商推荐力量对终端购买者的强势影响力；其二，药品通路商在普药利润稀薄的环境下对替代性新药高额利润空间的欲望。正是在上述背景下，"蒙派"对市场环境及通路商需求的把握，成就了一个又一个新药推广神话。

因此，招商如果不对经销商的渠道能力进行认真研究与把握，同样是盲目的招商，即存在圈钱的倾向。那么，企业除了要明确招商的对象、能力要求等，核心是对经销商必须具备或可以通过努力具备的渠道能力有明确界定。那些所谓只要掏钱就可以创业的招商广告,应该仔细打量一番才好!

从产品设计思想看产品市场潜力

任何产品在经过营销语言的包装后都具有一定的诱惑力,不过,在语言的诱惑力与产品的诱惑力之间,有时可以是一回事儿,有时又可以不是一回事儿。就招商的主角——产品而言,其真正的生命来自对市场的研究,无论是跟随性产品还是创新性产品。

产品的说明或解释必须符合5W1H的检验:明确的目标消费群(WHO)、明确的消费或购买地点(WHERE)、明确的产品特性及利益点(WHAT)、明确的消费理由(WHY)、明确的消费或购买时机(WHEN)、明确的消费方式(HOW)。即产品的特点最后可以总结为包含5W1H的销售说辞,这套说辞是启动产品销售的密码,即目标消费群消费动机的按钮。

如脑白金的销售说辞是:脑白金是恢复中老年人(注:目标对象是年龄区隔,而不是性别、职业等,因此囊括了近2亿人口)年轻态(利益点)的保健产品。因为脑白金可以补充人体内因年龄增长而流失的"脑白金体"(玩个概念),喝了脑白金(消费方式)能够有效加深睡眠、增强记忆力(消费理由或曰作用机理),使人体恢复到年轻状态。用脑白金送长辈、送亲友就是送健康(购买理由),有面子(强化购买动机)!全国各大商场及药店均有销售(购买地点)。脑白金的成功当然离不开大量电视广告的媒体投入,但重复100次的谎言也要说得圆、没有破绽才会让人相信。

从区域市场启动方案的可执行性看动销模式

榜样的力量是无穷的。受到领袖名言的启发,大多数招商都将有成功的样板市场作为卖点。还有人在"动销模式"的新概念里装入一大堆神秘的名词、流程,如某声称有治疗肿瘤功能的新药的动销模式:报纸平面+妇科百问(手册)+癌症必读(一书在手,电台讲座成高手)+终端三折

页 +20 分钟电视广告片等 +6 位明星代言人真情推荐 + 全国 1200 个连锁店 +18000 个专职人员。看起来不错，实际呢？

所谓的动销模式无非是一套可执行的销售方法与市场操作手段，样板市场的存在是为了验证这种方法与手段的效果。因此，可执行性是动销模式的核心。所谓可执行又必须满足三个条件：操作手法容易理解容易行动、各操作要素之间的逻辑关系清楚明确、成本可承受。

很多方法看似简单其实行动时变数较大，如会议营销主持、会议营销医师、培训督导等人员绝非没有经验的经销商可以轻易招到的，一场会议要取得预期的成交也不是外行看起来的那么简单容易。如果这些存在执行难度的操作行为是推动产品销售提升的关键力量，就未必有很强的现实性了。还有些听起来很有创意的操作手法，要么方案设计者自己未必搞清楚先后顺序，要么是实际的推广成本无法承担。

从厂商双方的市场推广责任界定看政策支持的力度

招商策划中的重头戏是所谓的市场支持政策，而这些政策又涉及产品动销模式。简单地说，就是在产品从导入市场到市场成功启动的过程里需要经历的阶段、步骤、方法，以及达成每个阶段目标采取手段所耗费的资源（销售成本）。这样一说，就将招商里惯用的"忽悠"功夫（动销方案、运作手册等）落在了现实之中：谁是启动市场各项推动费用的买单者？

一项双赢的招商政策必须包含对厂商双方责任的明确界定，而这不是一个合同所能解决的。从对产品、市场、合作伙伴负责任的角度出发，厂家应该对产品销量跨过盈亏平衡点之前的各项市场推广费用进行准确预估，并且要对这些费用应由谁、如何承担做出明确说明。这样的招商策划才可以真正做到招好商、商好做。

必须强调的是，厂家必须对经销商在推广产品中应该付出的成本及努力有明确的规定，最好写入合同中。这样做一方面是体现诚信、务实的作风，是企业对自己的产品、品牌及市场负责；另一方面是提醒经销商清楚地知道自己要做的工作，以利于产品进入市场后的真正销售推进。

那些言过其实的"空头承诺"，包括所谓的无条件退货、不劳而获地赚钱等广告说辞，如投资小见效快、7天速销、20天收回投资之类的鼓惑言辞，与其相信这样的好事，不如相信只要祈祷上帝就能大富大贵风险小。

从招商整体规划的实操性看管理素质

上述5大方面其实已经是双赢招商的真实功夫，具备了以上条件的产品应是风险系数比较低的投资项目。从招商本身的操作过程看，厂家对招商过程的推动与控制，也是判断的标准之一。不可想象，一个按照上述严谨作业流程设计出来的产品，其招商的组织与管理却是混乱无序的。这其中包括从项目询问到资料提供、接洽会谈、合作条件谈判、合同签订的一系列环节。另外，当然是执行这些流程的工作人员：销售人员、管理人员、服务人员，以及公司的领导、老板（总经理）等。

招商难吗？也不难！现在逐渐趋淡的大型交易会，如糖酒会、药交会及各类专业展会，其原因并不是展会本身的作用在消失，而是一个历史发展阶段的现象，在经过这个发展阶段后展会的交易价值将迎来另一个春天。

这个阶段是：由于大量非理性的创业型投资人的疯狂涌入，导致传统大型展会涌入大量鱼目混珠的短线圈钱厂家，造成在一段时间里相当数量的投资人变成经常受"伤"的经销商，从而影响了展会的声誉。同时，真正有实力、有战略发展规划的厂家，则更多地采取主动出击的方法直接在目标市场寻找有实力、符合发展条件的经销商，优秀经销商足不出户也能获取新产品、新品牌合作的机会。这样，展会的交易功能就呈现下降之势，而变成一个发布会、游览会、交际会。

为什么还能恢复展会的又一春呢？正是上述阶段的末路孕育着展会的新生机：一方面，经销商的理性会加剧投机型、圈钱型伪厂商招商的困难，就是说参加展会对于这些厂商的投资回报率在降低，这样会自然淘汰大量的伪厂商、伪新产品。另一方面，按照严谨流程操作并真正具有市场前景的产品或品牌，会成为展会招商的最大获益者，因为这些品牌与企业的成功同样在激励那些练好内功的品牌到展会上引爆品牌的能量。这样的正向循环一形成，展会将再次成为沟通供需双方最快捷、最经济的平台。

综上所述，用体系能力打造内功的品牌与企业，不仅可以实现成功的双赢招商，对于招商平台的打造也将起到积极的推动作用。广交会为什么越办越兴旺、参加广交会的大型企业与品牌越来越多？不正是理性、精明的外商及其背后的消费者在塑造着练好内功的中国厂家与品牌吗？同样，中国内贸大型交易会也会在日渐成熟的国内消费者及投资人的推动下，再现辉煌！

招商的路一片光明！

十四、一个营销人的 10 年读书历程

每次给销售人员做完培训，总有人问学习营销究竟要看哪些书，脑海里搜索不出满意的答案，这让笔者下决心对 10 年来阅读营销书的历程进行一番检索，与同道者分享这一经历。

启蒙与困惑

1995 年，全国正流行"下海"，笔者也从国有企业下海到社会，而且响应"跳槽时尚"，一年里换了三个公司。从最初的经纪人到贸易公司销售主管，手底下也有了十几个业务员，而且干的还是今天时髦的"终端直销"（将舒而美牌卫生巾直接卖给零售店）。

为了给业务员培训，笔者临时抱佛脚，从图书馆借了一本《营销管理》（下），副标题好像是"分析、计划、执行、控制"。笔者将里面的内容摘抄了一小本，从产品、价格、分销、促销到细分市场、销售队伍，然后现烧热卖地灌给业务员。3 年后才知道，原来这就是菲利浦·科特勒的经典之作，是对 4P 最原汁原味的阐述。其实到现在为止，笔者也没有看过该版本的上册，那是科特勒理论最早的大陆版本。

1996 年，正当合肥商业零售大战开始的时候，笔者进入将现代零售观念引入合肥商界的搅局者海南乐普生合肥店，做促销策划。一次大型的"春在乐普生"系列促销活动，30 天里将日销售额从 15 万元推高到 65 万元，创下春节以后日零售额的最高峰。于是笔者将卢泰宏的《实效促销 SP》细看了一遍，对书中提到西方促销呈现实效促销比例上升、广告费比

例下降的观点记忆犹新。

1997年，开始看派力系列的《品牌营销》《销售通路管理》等系列书籍。坦率地讲，派力系列内容是很翔实的，体系化也比较强，但可读性不高、缺乏趣味，完全是一副填鸭式的教科书面貌。这一年给笔者印象深刻的书籍是《金融大鳄》，一本介绍乔治·索罗斯自述思想的书。索罗斯是一个令人爱恨交加的矛盾人物，但却有两条至今有效的观点：

（1）选择比努力更重要。金融市场上，如果方向错误，再多的勤奋也是白费甚至是致命的，营销、生意乃至人生何尝不是如此？

（2）要认清趋势、顺势而为，然后在关键时候投出最大的赌注，才可以赢得全盘。

这一段时期，营销的概念还没有普及，大多数人的思想还局限于推销、策划、点子，市面上的营销书籍也比较少。准确地讲，笔者只是在做销售及与促销策划，还没有接触真正意义的营销。

智慧与喜悦

1998年，笔者进入安徽圣泉啤酒有限公司市场部。据说这是安徽省第一个按现代营销理念组建的市场部（Marketing Department），与销售部分离，直接由总裁朱耀武指挥。在外脑金鹃国际广告公司及后来圣泉营销公司总经理赵夕芳等人的推动下，圣泉市场部完成了从总参谋部到总指挥部的转型，真正建立了营销导向的现代销售公司，圣泉市场部也成为一个自觉实践学习型组织的团队。

1998年，除了《销售与市场》成为市场部的必读期刊，新上市的营销书籍也几乎被系统地有计划地传阅：从菲利浦·科特勒《市场营销管理》（亚洲版）到庄淑芬等的《奥美的观点》、唐·舒而茨的《整合营销传播》、"坏小子"乔治·路易斯的《蔚蓝诡计》（就是他说了一句经典的话：广告是有毒气体！）。一系列堪称营销圣经的著作在1998年得到广泛传播，4P、6P、12P在1998年成为销售人员的热门话题；而奥美对"品牌资产五角星模型"的定义也成为营销人的口头禅。

这一年，我们开始了对产品线的研究、分析、规划，开始对区域市场进行调查、分析、规划，开始进行消费者访谈、STORE-CHECK、开始对品牌进行设计、开始对媒体进行研究、对广告到达率/记忆度进行调查、对通路进行变革、开始编制第一个年度营销计划，开始系统培训、调整销售队伍……于是就有了"喜宝啤酒"，将圣泉乃至安徽啤酒市场从价格战里拯救出来，不仅改变了圣泉啤酒的产品结构，也改变了安徽啤酒的市场结构。正是这种"做品牌、做差异化"的狂热，也带动了安徽啤酒企业的营销觉醒，龙津纯、零点、一品天柱等一系列徽派啤酒品牌陆续诞生。

1999年，笔者来到广东加丹啤酒有限公司，从市场规划到销售管理再到营销负责人，开始了从营销人向经理人的转变。除了看随身携带的《管理新视野——波士顿咨询集团管理文集》《营销美学——视觉与感受》《宝洁的观点》等营销管理书籍，对笔者影响最大的是参加加丹公司为期15天的高级主管研习班。学习班将管理提升到人性与文化的背景下加以反思，阅读并组织学习了真正经典的史蒂芬·科维的《与成功有约——高效能人士的七个习惯》（香港版）。

波士顿咨询大师们以小短文的形式精辟地阐述了一个又一个经典管理"定律"，如著名的BCG矩阵、经验曲线、三一律等；施密特则从体验的角度开启了营销美学的应用之门，将营销美学的销售力量表现无疑。《宝洁的观点》里阐述了宝洁品牌观的四个核心原则：消费者至上、独特的产品、独特的品牌及面向未来，简单而清晰。同时在方法上强调了"备忘录"工具的使用，令"一纸行销"的思想成为一个自我考评的标准。

史蒂芬·科维的《与成功有约——高效能人士的七个习惯》成为现代经理人自我修炼的指南，如此清晰流畅、娓娓道来的著作令人叹服！从主动积极——以终为始——要事第一到双赢思维——知彼解己，一直到统合综效、不断更新的七个习惯，伴随着个体从依赖提升至独立，直到达成与群体共同进步的互赖。七个习惯不仅是自我修炼的法门，还是领导力（或影响力）的源泉。

2000年，跨入21世纪的第一个年头，网络大潮汹涌澎湃，互联网的热潮还没有挺过冬天，就迅速成为泡沫。这一年，笔者进入广告公司，可以近距离观察"品牌管家"的运作过程，系统学习了《当代广告学》，对广告各个层面的专业知识进行一次梳理。

《奥美的观点Ⅱ》里，奥美在重庆奥妮的失败阴影下及本土广告人的一片质疑声中，对品牌资产这一关键概念进行了重新阐释，基本否定了

《观点Ⅰ》中的五角星模型，导入了"产品、形象、客户、渠道、视觉、商誉"的六维结构框架。比起单纯强调传播层面的消费者印迹（认知度与行为A&U），在内涵与外延上都比较精准严谨、经得起推敲，而且这一定义从根本上改变了广告是品牌建立的主要途径的观念，IMC（整合营销传播）里"营销就是传播，传播就是营销"的著名论点就不攻自破了。

但2000年给头脑吹进一股清风的是李奥·贝纳的《百感交集——广告金言100》。对于这本书，不需要评论，只能在涵咏那一句句如星星闪亮的短语里，感受作为一个营销人创意与生命的乐趣。笔者在这里摘录几段与大家分享：

NO.19，对生活抱持全面性的好奇，乃是伟大创意人员成功的秘诀。

NO.29，创意给人生命和生趣。

NO.39，好广告不只在传达讯息，它能以信心和希望，穿透大众心灵。

2001年，里斯与特劳特的《定位》《营销战》先后出版，推动定位理论成为营销的主流方法。大卫·奥格威的"品牌形象说"、罗斯·里夫斯（参见《实效的广告》）的"USP（独特销售主张）"等品牌操作方法，都似乎要在"定位"这一背景下才能获得"话语权"。

仔细思考一下，《定位》这本书更像是一次东方色彩的观念奇遇，而不像西方观念的产物，这也许是在中国得到广泛响应的原因：西方思想注重逻辑、推理、例证，而《定位》里的这些西方元素其实是建立在东方式"直觉关联"的基础上。《定位》里的很多观点、例证其实经不起严格的推敲，比如不要向老大挑战的观点、一个品名（即品牌）只能代表某一类产品的观点等。作者跳跃式思维及转化速度、风趣尖刻的语言，掩盖了逻辑上的缺陷。但定位是否如中国某位"大腕"总结的"将头发拔光，只留一根在风中摇动"，还是要从原著里寻找自己的理解？

《营销战》是一部划时代著作，是营销实践与西方军事理论大师冯·克劳塞维茨《战争论》相碰撞的结晶。今天流行的《孙子兵法》商业解读，其实是受了《营销战》的刺激，从日本、中国台湾吹进中国大陆。《营销战》里关于四种类型营销战争形式的论点，可以说是一种创举，无论是否存在可商榷之处，理解四种营销战争形式的条件、方法，对于争做第一、第二的品牌是具有现实意义的。

1998年至2001年，国内出版界系统地将西方（海外）营销经典著作进行了一次转译，完成了营销知识接轨的过程。这个过程充满新知的发现、智慧的照亮，是一次愉快的学习之旅。

对话与印证

2002年的著作，一本是兰姆·博西迪的《执行：如何完成任务的学问》；另一本是路长全的《营销运作潜规则》。《执行：如何完成任务的学问》是一本管理书，却引发了全世界范围的执行研究热潮。笔者有《执行力：不可忽视的人性基础》与《执行的动力系统：结构、过程与机制》专文论述，这里不再赘述。

《营销运作潜规则》的阅读过程更像是一次对话，而不是学习。书中提到的渠道运作技巧恰好是我们以真心瓜子在广州进行的试验，尽管没有伊利雪糕那么大的市场战绩，但其原理与方法是相通的。结合路长权随后的《解决》《软战争》来看，路氏理论的价值更多的是发出本土企业界觉醒的一声呐喊。

从品牌个性的角度看路氏理论的定位与诉求存在着内在矛盾：路长全在著作里屡次三番地强调书中观点或规则来源于实践，却没有对观点之间的逻辑性进行认真推敲，如此武断表白是否是内心焦虑的一种宣泄；另一句话，"用99%的时间实践，用1%的时间写作。"不知是想夸耀自己的天才，还是要给书里的粗糙找一个台阶？更不知作者是否认为写作是纸上谈兵？如果是，为何要一年硬编出一本，而不顾一个案例，乃至大段的文字在三本书里同时出现？

2003年，重新学习了彼得·圣吉的《第五项修炼》。虽然这本书严肃得令人读起来很累，但关于重塑心智模式及倡导系统思考的观点，仍然值得反复咀嚼。他提出寻求"高杠杆解"的系统思维路向，对于企业经营者尤其是营销人不啻是一个"最高律令"：如果营销人不是在取得效果的同时最大限度地降低成本，营销就不再是一门科学与艺术，而是莽夫款爷们的专利了。

这是脑白金广告被营销界诟病的真正原因：营销人不能容忍一个毫无创意的广告，并无真实利益的产品竟然能够大卖。但中国市场与消费的现实就是如此，否则当年的三株、中华鳖精怎能风行一时，即使令宗庆后挖取第一桶金的娃哈哈儿童营养液难道就有什么真实的特质吗？

诸如《谁动了我的奶酪》《把信送给加西亚》《敬业》《没有任何借口》等畅销书籍，在现实中成了大多数企业里某些阴暗利益团伙的帮凶。早在1999年，有一本《西点军校领导魂》的书籍，客观简洁地介绍了所谓西点执行力的奥秘，大可不必把简单美好的事情搞得如此兴师动众。

2004年，笔者倒是看了不少新版的营销管理类书籍，但印象深刻的是两本：迈克尔·波特的《管理就是这么简单》、万明坚的《系统战必胜》。迈克尔·波特的竞争三论结构严谨、引证翔实、理路清晰、逻辑性强，营销界都会将"五力竞争模型"拿来说事，而真正通读竞争三论译著的营销人可能未必会很多。

《管理就是这么简单》则会让人有兴趣，轻松地看完，体会大师级人物举重若轻又举轻若重的思路与文笔，不得不佩服"文气"不是华丽辞藻所能堆砌的。《管理就是这么简单》一书里的核心主题是：防止管理者（或管理层）成为管理的问题。因此，简单管理就是管理者管得更少些、流程简洁些，让员工能够将工作做好（主动专业）并且协调好（流程的力量）。

《系统战必胜》将TCL移动通信3年80亿元的辉煌战绩完整展示出来，同时提出了本土管理思想的整合概念：系统战。西方的管理工具，如TQC、6S、精益制造、6西格玛等，在中国企业的管理现实中未必得到严格应用，但以格兰仕的"价格战"，海尔的"服务战"，海信、夏新的"新品战"，波导的"渠道战"等为标志的家电业营销争霸风云，恰如庄子所谓的"天下多得一察焉以自好"的局面。以中国GE为目标的TCL站出来提出"系统战"理论，应该是顺应了由乱生治（混沌产生秩序）的普遍预期。

系统观点与体系学说的不同之处在于，体系化过于追求内容全面而显得学院气，系统则强调通过要素与结构的有效配置达到系统功能的最大化；一个四平八稳得有点静止，一个却充满能量生机勃勃。

关键的差别在于：体系并没有罪过，但是现在说系统更令人振奋，如此而已。

小结

中国营销理论与方法的传播有两大推动力量：一类是以菲力普·科特勒、里斯、特劳特等为主的理论派大师及其著作，在营销理论、新观念的传播上可以说起到"营销启蒙"的作用；另一类是以跨国公司如宝洁、可口可乐及4A广告公司如奥美等所传播的营销操作方法，在国内的企业界引发了一轮"工具狂热"。

今天管理与营销思想的创新与传播都是前所未有的，书籍更如过江之鲫层出不穷，真是"乱花渐欲迷人眼"。

其实任何类型的知识学习都无非平衡"专"与"博"的矛盾，读书亦然。"好读书而不求甚解"往往无法应用到实际中，而过于精专又可能陷于固执。

对于读营销类书，笔者的建议是：至少要通读以上经典著作里的 2~5 本，非如此则不能体会营销或管理理论的真正魅力，培养基本的专业化营销知识素养。平时多浏览一些书籍、文章开阔眼界、增长见识。

营销没有永恒但有规律，成功没有定式却一定有方法，营销的魅力正在于它既务实又充满不确定性，还是用李奥·贝纳的那句金言共勉：

"伸手摘星，即使徒劳无功，亦不致一手污泥！"

中国快消品营销这些年

2006 年

一、糖果"围城":从迷乱中胜出

杨绛在钱钟书《围城》的序言中写道:"城里的人想逃出来,城外的人想冲进去,对婚姻也罢、事业也罢,人生的愿望大都如此。"

中国糖果"围城"

今日中国的糖果市场恰恰处在这种状态里,传统糖果企业在想方设法进行多元化,或产品线延伸走出糖果市场增长缓慢的困境,而从福建到华北(天津、山东)、华中(湖南),一批批糖果新军像发现新大陆般兴奋地杀入市场,并依靠价格战迅速膨胀。

糖果这种全世界范围内的传统消费品种,在中国大地上的近20年发生了天翻地覆的变化。糖果已经从过去硬糖、奶糖一统天下发展成了多个细分市场,尤其以巧克力、功能糖的发展最为迅速。两者的销售额已经占据糖果市场总销售额的50%以上,传统糖果(奶糖、硬糖)虽然销量(吨)仍然占据主导,但销售额比例却呈现下降趋势。

从图1-14可以清楚地看到糖果市场的裂变脉络,这是中国糖果近10年来的最大变化——**异质细分化**。

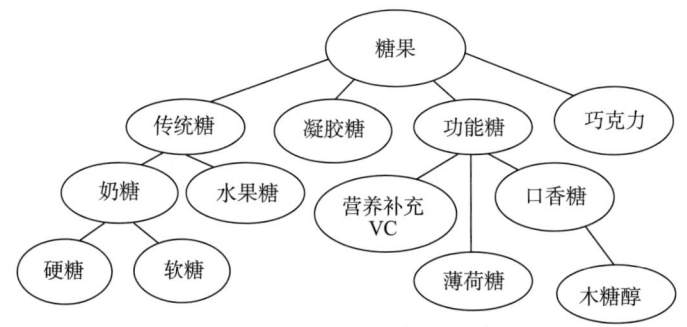

图1-14 糖果细分结构图

实际上,市场分裂速度与复杂性比上面的脉络要混乱得多。在几乎每一个产品类别里都同时出现纵向(细分裂变)与横向(同品类产品线扩张)两种分化路线,加上包装形式、销售渠道的差异化,糖果市场的分裂呈现"团状异质化市场格局"。在这样的市场形态下，同一个名称的含义却天差地别，"糖果"这个词在这样的市场里已经不能指称明确的产品品类或品种，而是需要加上一串定语才可以说得清楚。

随着市场结构的分化，糖果市场被逐步细分，传统糖果也进一步被细分为更小的单元。这种演变的背后是传统糖果消费群被不断地分流：基于不同的细分市场，糖果品牌也空前地丰富，不同的细分市场都有不同的品类、规格和消费偏好。

第一，糖果市场全面进入细分时代。新产品的周期越来越短，大量新产品没有得到消费者认知就无影无踪，注册一个产品名都到了非常困难的程度。新的概念也大量产生，如益牙、健齿、营养、维生素、保健等。

第二，糖果市场的异质分化产生强大的"离心力"——传统主流品类在被**边缘化**、新生细分产品却可能在短时间变成主流品类！这样的尴尬是传统糖果企业始料不及的巨变：糖果消费热点不仅被新生品类占据，传统糖果还在日益边缘化。消费者因为"无习惯"未购买糖果的比例，在地级市及省会的受访人群中达到48%。

糖果消费偏好发生了根本变化！在这样的背景下，传统糖果的消费属性发生了根本的改变：从过去的日常随机消费品变成"情境"消费品，从快速消费品变成了慢速消费品。

糖果市场格局的三种形态如图1-15所示。

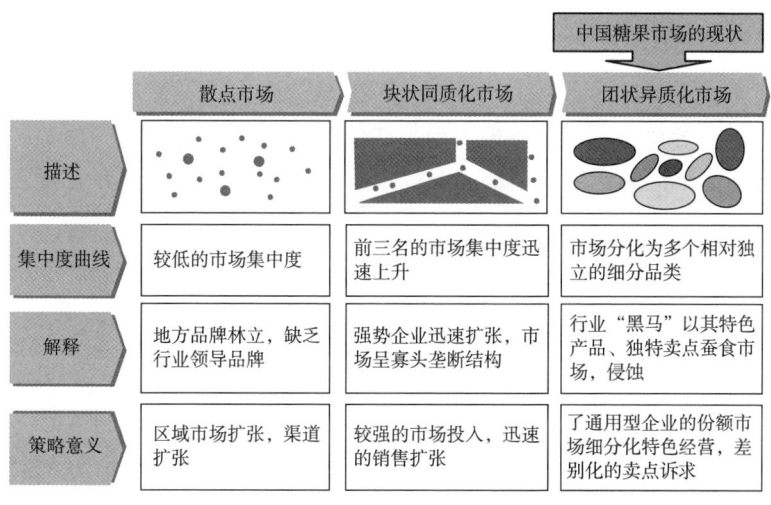

图1-15 糖果市场格局的三种形态

第三，细分品类里的垄断品牌基本形成。

市场和产品的进一步细分导致的是狭窄空间内的激烈竞争。糖果业的不同领域已经直面与国外糖果巨头短兵相接，一些新增市场基本被外资品牌垄断，生存与发展的机会越来越小，杂小品牌的生存也越来越艰难。

阿尔卑斯、德芙等外资品牌通过近10年的市场运作，从站稳脚跟到拓展细分领域，直至目前令人窒息的竞品挤压策略，在糖果的各个细分领域已经产生了各自的领导品牌，市场集中度空前提高。

各个细分领域的领导品牌已经非常明朗化：传统糖果的软奶糖领导品牌是大白兔，金丝猴紧随其后；硬奶糖的领导品牌是阿尔卑斯，来自日本悠哈奶糖发展迅猛，2005年已经在上海销量占据了第一的位置；口香糖的领导品牌为箭牌，益达木糖醇的表现也是一路高歌；薄荷糖的领导品牌是荷氏、渔夫之宝；VC糖以雅客V9为代表；凝胶糖以旺仔QQ为代表；巧克力糖以德芙为代表。如图1-16所示。

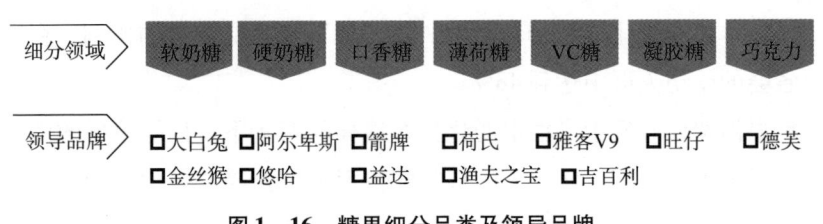

图1-16 糖果细分品类及领导品牌

第四，新型渠道品牌异军突起。

以徐福记为代表的新糖果品牌，采取在全国现代零售渠道里实施散装专柜战略，不仅成为糖果市场里的一匹黑马，还主导了糖果销售的主要售卖形态——散装柜。由于抢先占据现代零售渠道的庞大资源，徐福记甚至改变了消费者的糖果消费习惯：在同一个价格空间里可以满足从糖果到糕点的口味差异，散装糖果消费不仅变成年节购买的主要形式，还成为捕捉休闲消费的有效手段。

至于功能糖里的咽喉糖、爽口片、口香糖、木糖醇、巧克力、酥糖等，销售份额都在稳步增长。它们的异质化程度实际已经脱离糖果消费的主要形态。因此，在市场上可以看到，按照传统糖果的手法进行这些品类的运作，都注定会铩羽而归，如医药巨头强生泰诺推出的"甘草怡喉宝"、冠生园推出的"十全草堂"润喉糖，无不在耗费大量推广费用后陷入"瘦狗"型产品的尴尬境地。

糖果消费形态的变化

市场格局的变化背后是消费形态在变化：谁在决定购买、消费者购买形态如何等。消费者是所有市场难解之题的终极原点。

实际上，糖果市场的特殊性的根源就是消费人群的差异性，清醒地识别新市场环境下不同消费群的主要购买动因，从而根据不同细分目标消费群的需求来重新定义销售模式、产品定位、品牌塑造、推广方式，不但必要，而且紧迫。

通过对糖果市场的研究，我们将糖果消费主体划分为**常规消费人群**与**针对性消费人群**两大类。所谓常规消费人群，即指完全出于休闲、口味及冲动性消费等原因进行购买的人群。所谓针对性消费人群，即只出于某种非常具体的目的而进行购买的人群。不同类型细分人群的具体消费习惯各有不同：

常规性消费人群：

第一，儿童、学生。儿童和学生是具备消费潜力的人群。产品的价格、包装形式、售卖渠道是影响儿童、学生消费的主要因素。0.5~1元的价格；小规格（10~40克）轻便的包装规格；艳丽生动的包装效果；社区小店、学校店、便利店的售卖渠道是吸引儿童购买的主要因素。

第二，青年人。青年人是时尚消费的主流人群。休闲是青年消费群体的主要消费动因，对于时尚和品质的追求，以及对价格的相对不敏感造成以休闲为主导需求的青年消费人群。虽然不是销量的主要支撑点，但是品牌塑造的主要着力点。

第三，中年人。在常规消费人群中，中年人对于糖果消费相对谨慎（仅仅指休闲消费，中年人替儿女采购喜糖划归为针对性消费人群），传统品牌和风味糖果是主要的消费选择。

第四，老年人。老年人由于年龄、身体等原因，糖果消费极其有限。偶尔的消费也主要集中在传统品牌和有特色口味的产品上，如酥糖、花生牛轧等。

针对性消费人群：

第一，新婚夫妇。新婚夫妇指专为婚庆准备喜糖的新郎、新娘。品牌和包装是购买的主要动因，喜庆、面子是最主要的消费需求。

第二，家庭主妇。针对性消费的家庭主妇主要包括三种类型：一是为过年招待需求；二是为儿女置办喜糖；三是其他家庭喜事（如乔迁、寿诞、建屋上梁等）。

第三，保健需求人群。属于特色糖果的消费人群（如润喉、止咳嗽）。该类人群分布较广。尽管消费者的宣教成本较高，但是实现消费转换后的消费者普遍忠诚度较高，具有稳定的消费规模。

从购买主体上看，儿童、学生消费虽然价格便宜，但是容量巨大，是糖果消费重要的补充。以休闲及冲动购买为主的消费人群中，青年消费人群虽然不是销售与利润的主流，但却是品牌塑造和建立的主要切入口。

针对性的消费人群，特别是新婚和家庭主妇是主流的消费支撑点。而且人群相对集中，消费特征有部分趋同的特征。实际上，作为糖果购买主要消费动机的年节与喜庆两大时机，其购买主体正是家庭主妇。

在购买时机上看，糖果消费淡旺季日趋明显，而且旺季大幅度上涨然后急速下跌的趋势显示了糖果消费的旺季周期越来越短，各大品牌纷纷将资源集中于旺季，使得企业突破销售障碍的难度急遽上升。年节的井喷式消费构成消费的"主力军"：五一前一个月、国庆前一个月，尤其是春节前后2~3个月是消费的集中时段。春节前三个月的销量在年度销售额的比例高达50%~60%，糖果正呈现出"月饼化"的趋势，瞬时放量的消费特性日益明显。

从购买用途上看，消费者购买糖果的用途多种多样，有馈赠送礼、婚庆赠送、休闲食用、团购派发等。但是从各自消费的份额来看，主要购买用途还集中在年节消费、婚庆消费、休闲消费、其他喜庆消费四类。

年节糖特点：需求量大且时间集中，市场竞争激烈，对价格、品牌较敏感，购买地点主要是在大超市或是食品批发市场，糖果的包装喜庆，色彩丰富。

婚庆糖特点：购买的目的是为了结婚，包装设计应显示喜庆气氛，场面消费，品牌是选择的核心因素之一。

休闲食用糖特点：对糖果质量较为敏感，糖果的品牌、口碑及购物场所的引导对消费者具有重要作用，每次购买量小，购买的频率较高。不同的消费群体（儿童、青年）对休闲食用糖果的购买在包装形态、规格及包装上具有很大的差异。

其他喜庆糖：包装喜庆、色彩丰富、价格敏感度较高、质量敏感度低，在价格不太昂贵的前提下，尽量能拥有一定的品牌知名度、糖果包装品类丰富。

从主要购买用途的综合评估来看，年节、婚庆及其他喜庆节日是主要的购买用途。从产品的角度，年节糖和婚庆糖具有很多相同的特征，特别是在包装和品类方面。然而两种糖果在销售渠道、营销方式上却具有极大的差异。

从购买渠道分析：

KA 卖场：是最主要的购买场所。特别是经济发达的地区，KA 卖场是年节时糖果购买最主要的购物场所。

超市：遍布于城区居住圈的连锁超市是继 KA 卖场后的第二大购买地点，也是日常消费、零散采购的主要通路。

便利店：便利店的销售具有一定的特殊性，小规格的休闲包装、针对儿童的系列产品是主要的销售地点。

路边小店：不是销售的主流，但却是小规格包装的销售补充。其中，校点店铺是销售及品牌塑造的重要渠道。

糖果店：一般在经济不发达地区或三四级市场，是当地消费者购买糖果的渠道，但不是销售的主力。

批发市场：是喜庆糖、散糖的主要销售点，具有相当大的消费潜力，是家庭型消费的理想选择场所。

其他的如喜糖专卖店、花嫁喜铺（与婚纱影楼提供配套服务）等正成为经济发达地区迅速崛起的新型渠道，推广方式也与传统糖果营销手法差异很大，对地方喜糖销售有重要的影响。

从以上四个主要方面对糖果消费形态的分析，糖果消费的特点可以归结为"四个化"：**核心购买人群集中化、销售渠道复杂化、销售旺季高度集中化（"月饼化"）、消费动机分散化**。这些特性里存在很多矛盾或错位的地方，如渠道复杂化与核心人群集中化意味着各个渠道的投入产出效益是不相同的，但如果放弃低盈利渠道又未必能保证品牌影响力，甚至给竞争对手留下空隙，而动机分散化使得捕捉消费人群包括核心人群的成本增加……这些矛盾都使糖果的营销手段变得复杂，给善于在这些"结构性缝隙"里寻找自己品牌领地的产品提供了机会，当然也正是这些矛盾造就了糖果市场的团状异质化结构。

在消费者的层面进行剖析，从消费时机、消费渠道、消费用途、消费主体、消费偏好等方面全面了解当今消费者糖果消费的特性，对品牌寻找针对性的突围策略，走出困境具有非常现实的意义。

新市场环境、新主流人群对品牌形象的要求变了，对产品的要求也变了，目标群体细分变了、终端和渠道变了。总之，整个营销模式都发生了根本变化。在这样的市场里胜出，糖果生产企业无论是在产品还是在营销手段上，都需要进一步深化、细化和专业化。

在大趋势中确定突围方向

前面从横剖面分析了糖果市场的格局与消费形态，要争胜市场，还需要把握糖果发展的"来龙去脉"，才能制定准确的营销战略。

回顾一下国内糖果市场的发展历程：

第一阶段是20世纪80年代中后期到90年代中期以前。这一阶段是糖果市场的起步时期，主要特点是国有糖果企业占据主导地位、散装糖果占据主导地位、市场供不应求。

第二阶段是从1996年到2002年，是国内糖果市场和糖果企业的盘整期。主要的特点有：市场表现普遍低迷，大量的传统企业经营困难甚至破产，企业盘整资源，行业内酝酿着升级、产品、销售手段、市场投入等的变革。

第三阶段是从2003年至今，是国内糖果市场繁荣时期。主要特点有：行业保持了8%左右的强劲增速；糖果企业开始重视并开始了糖果品牌的建设，市场投入和广告投入增加；糖果品牌和产品形式得到极大的丰富，消费者有非常大的选择余地，需求也可以得到满足；外资品牌大举进入国内市场，抢占一些制高点。

从以上糖果市场的发展历程上来看，国内的糖果市场今非昔比，发生了翻天覆地的变化。

如图1-17所示，我们可以清晰地看出：

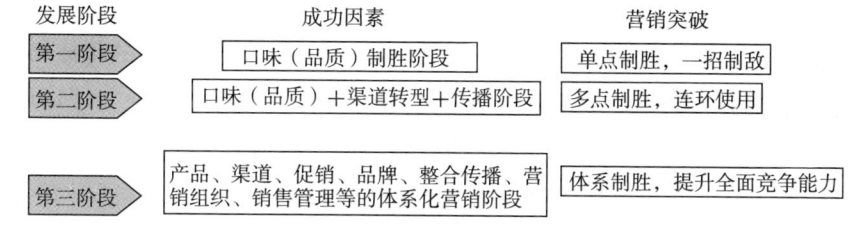

图1-17　糖果发展阶段及成功因素

第一阶段中，只要产品质量好、口味好，就可以畅销大江南北，获得消费者的认同，如大白兔、喔喔在这个阶段都获得了空前的发展。

第二阶段中，营销的成功因素变得相对复杂，单一的产品优势已经不能达到占领市场的目的，只有完成了渠道转型并学会开展整合传播的品牌才能获得市场认可，在市场上占有一席之地。阿尔卑斯、金丝猴、德芙、箭牌、荷氏、徐福记等大批新品牌在这个阶段迅速成长，以至于成为当今的领先品牌。

第三阶段中，产品、渠道、促销、品牌、整合传播、营销组织、销售管理与考核等诸多因素的优化组合，并发挥合力才能造就成功的品牌，悠哈、雅客、金冠、乐天等带动新品类市场或新概念产品的异军突起。

在第三阶段里，单一的突破或是简单的营销组合最多可以使一些糖果品牌昙花一现，带来短暂的春天，但此类品牌注定是难以持久发展的。即使是传统的名牌产品，如果长期缺乏有效的营销手段，活力也会逐步减退、销量大幅下降，勉强自保甚至走向没落。

再仔细观察1996年以来形成的市场局势，可以将2002年作为又一个分水岭：1996—2002年，糖果市场平均以每年8%的速度增长，增长驱动力主要来自巧克力、功能糖；而到了2003年，由于雅客V9的神话般火爆，整个糖果市场再次被激活。从2004年开始，老牌糖果企业纷纷加大营销尤其是大众媒体传播的投入，如大白兔、金丝猴、喔喔、阿尔卑斯等，而悠哈、嗨啾、雅客、上好佳、台尚等也都在不同的区域增加传播投入，传统糖果也成为增长的主要驱动因素。同时，巧克力里的德芙、金帝，口香糖里的箭牌、益达的广告攻势也丝毫未减。

根据对糖果市场及行业普遍规律的研究，笔者对正在发生的糖果市场10年"长波"进行了梳理与预测。可以看到，自2002年开始的重生具有鲜明的特性，目前这个重生动因（产品创新、概念创新主导下的传播当量增加）的核心影响正在被市场内争斗的各企业所"熟练而广泛"地运用，这个长波将历经增长、洗牌、成熟的发展周期，消费者需求的驱动因素将经历尝新、感性、价值到最后的价格，市场重新进入相对均衡的结构。如图1-18所示。

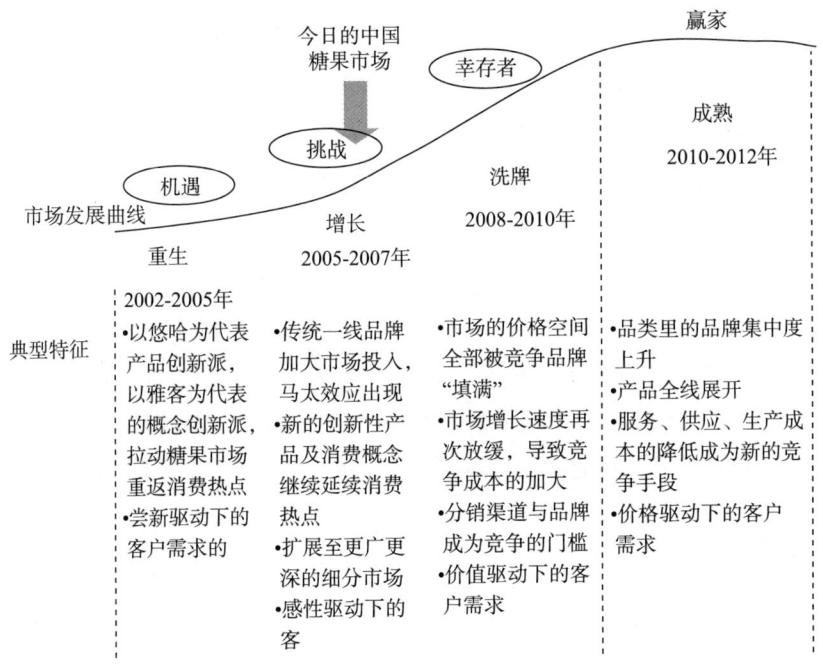

图1-18　10年中国糖果市场演变趋势

因此，在未来的3年里，糖果市场仍然将在产品创新与概念炒作的双重驱动力下，延续消费群的消费热情。我们预计，糖果市场的热潮会一直延续到2008年奥运会之前，在这个时间里，产品品种及价格空间将完全被竞争品牌填满，在此之后的2~3年里就会出现行业再洗牌，直到新一轮强势品牌地位的最后确立，这个时候整个糖果品类将因为无法进行产品创新与概念创新而不再成为消费热点。

当前糖果市场出现的机会并不对各品牌均等。糖果虽然在回归主流消费领域，但消费者的选择性已经比较理性、挑剔。在这个阶段如果不能有效地实施**品牌差异化或产品差异化**，二线品牌胜出一线品牌的概率不会太大，只会呈现消费份额向一线品牌集中的"马太效应"。

2006年的央视招标中，以大白兔奶糖和酒、蜂蜜为主要产品的冠生园投标10314万元，反映出一线品牌的强大实力；雅客为2916万元，而且投播计划集中在9－10月两个月的天气预报特约收看的黄金时段，可以看出建设品牌的目的并不大（此时段主要投5秒提示广告＋15秒品牌告知广告）。其媒介策略的目的，是为了解决第一次压货或新品招商推广（8－9月）后的铺货刺激，以便为春节前的井喷压货提供更高的动力。

没有参加央视招标的当然也未必就会没有或减少广告的投放，选择强势卫视或卫视联播为媒介策略的企业也很多，但现在央视招标确实具有象征意义：它是下一年度中国经济的景气指标，也是行业热点的风向标，从一定意义上也可以折射出企业的实力与对未来市场的信心。

在糖果这一比较特别的市场里，**行业的春天可能是品牌的严冬**：团状异质化市场格局主导下的各细分市场，领导品牌的对市场份额的垄断化力量在加强，同时整个行业进入完整营销体系竞争的复杂阶段，关键成功因素的"靶点"已经从一到多，变化越来越快，难度越来越高，木桶原理真实呈现。所以，在行业的冬天里能够存活的品牌在行业的春天里反而会拉大与领导品牌的距离。

"驽马十驾，不若骐骥之一跃"——这也是残酷的市场规律。如中国肉制品市场里的领导品牌双汇与雨润，在2002－2004年销售额翻了一番，但两者销售额差距却扩大了一倍（由40亿元扩大到80亿元）。所幸的是两者具有鲜明的品类差异化（双汇是通用型企业、雨润是专业型企业），才不会迅速变成淘汰赛（终极PK）。

我们的观点是，在今天的糖果市场环境下，糖果企业如果只进行战术层面的优化，最多与行业大势保持同步或维持现状。如果敢于在战略上寻求突破，则会超越行业平均增长幅度获得超常规发展；如果能够实施战略突破＋战术优化，就必然成为未来的领导品牌。

这就是糖果围城的"真解"！

二、营销咨询的几何循环路径
——喔喔营销体系诊断与战略规划报告纪实

喔喔如何实现营销转型？

引子

2005年6月4日，星期六，9：30，喔喔公司会议室。

喔喔集团董事会全体成员、食品事业部、食品销售公司各级领导15人，放弃周六的休息，迫不及待地听取上海联纵智达的项目报告解读，这是联纵智达喔喔咨询成果的第一次"亮相"……

时间回到4月12日，喔喔集团市场总监、品牌经理造访联纵智达，与约了一个月才终于见面的首席顾问何慕老师坐在一起。市场总监肖磊先生的开场白是："我们已经与本次咨询项目的10余家目标公司进行了接触，并听取了他们的提案，联纵智达是最后一家目标公司。本周五（15号）要结束所有的意向合作公司提案，由董事会进行评估决策，确定正式合作公司。希望你们周五去公司进行提案，内容不仅要介绍贵司的案例、方法，还要提出你们对糖果市场及喔喔公司的看法。"

又是一个"没有时间准备"的项目！

当日，喔喔项目筹备组成立。在两天的时间里，筹备组不仅迅速完成了对案头资料、市场数据的搜索、阅读、整理，同时借助联纵智达的行业关系网以独特的调查方式完成了对喔喔销售一线人员及市场的了解。15日，常务副总经理林翰老师做了精彩的项目建议书解读，全面阐述了联纵智达的核心理念、作业方法及对糖果竞争态势的观点。

4月28日，喔喔集团与联纵智达营销咨询合作签字仪式在喔喔公司科技馆隆重举行。同日，此消息通过喔喔网站及新闻稿公开发布，一时间各种关切询问向总部回馈……

360°的全面扫描：面广点深的营销调研

面临五一黄金周长假，看到客户的殷殷之意、急迫之情，项目组决定简化内访流程与时间，在 5 月 1 日前完成对总部主要部门领导的访谈，尽快到各区域市场进行一线调研，这一决定得到客户的欢迎与认可。5 月 1－3 日项目组对喔喔数据及内访情况进行汇报沟通，并讲解市场调查注意事项；5 月 4 日，项目组分北、西、南三路开始了一线调研历程。

经过三天的内部访谈及对历史销售数据的研究，结果让项目组大吃一惊：喔喔奶糖，这个畅销全国达 15 年的知名糖果品牌与辉煌时期的差距竟高达数倍！一连串的问题浮现出来：是策略不当还是执行不利、是队伍无能还是产品落伍、是对手打击还是自己虚弱……但与这些问题一同浮现还有更多的悖论现象，而总部的访谈里又留下了太多讳莫如深的"无可奉告"。

联纵智达多年来行之有效的"专家式调研"是一种基于**"营销价值链"**与**"渠道价值链"**两大营销过程性要素而开展的深度调研。它的核心价值在于，这种调研不是对"意见"的收集，而是对被访谈对象"思想"的挖掘。很多接触过联纵智达专家式调研的各类人士，都普遍有被"掏空"与被"灌能"的双重体验。联纵专家组所到之处，无不与被访谈对象从陌生、排斥、敷衍变成"无话不谈"的知心朋友。

专家式调研与一般市场调查公司进行的质化调研（如 FGI－焦点小组座谈）与量化调研（如结构化问卷调查）的不同在于：一方面，我们的调研目标是经过对每个公司独特价值链结构分析制定的有针对性的调查，同时又结合了联纵智达专家组对行业及对标性竞争企业的深度研究；另一方面，联纵智达也具备设计、执行各类型市场调查的专业能力，可以根据项目内容及阶段性需求导入，同时还有庞大的行业及专业数据库资料支持。因此，联纵智达的营销调研在发现影响企业业绩提升的关键因素上，其精准度、深入度都是极高的。

喔喔的营销管理者具有较高的专业素养与职业经验，在调查之前曾与项目组沟通，希望不要简单地以寻找所谓的"落差原因"作为调研的核心，这样会令调查结果陷入企业迷宫。喔喔与不少国内知名的广告、平面设计、策划、咨询公司有过合作，有家咨询公司对喔喔稳定度高、流动性小的销售人员结构得出"八旗子弟"的结论令企业无可奈何。

客户的担忧不无道理，在营销诊断式调研里，如果过多地依赖"结构化的问卷调查"而没有对营销价值链的深入理解，确实会变成"怨言汇总"。

因此，联纵智达的营销调研既具有调查手段（专家访谈、质化与量化调查）的灵活组合，又充分发挥联纵智达专家组对行业市场及对标竞争企业的研究成果，真正做到对客户营销系统的**运作要素、运作流程、关键节点、关键人员**四大核心内容进行360°全面扫描。

喔喔公司是一个有25个办事处、经销客户覆盖到所有地级以上城市、实现全国性销售的品牌，在调研目标选择上我们从不同类型的市场里选择2~3个省区，并且兼顾全国区域的布局，只有这样才能发现真正的共性问题，将执行力、区域文化等特殊性因素进行有效过滤。

20天的时间，项目组高密度地对四川、重庆、湖北、江西、安徽、江苏、上海、浙江、黑龙江、辽宁、北京、山东12个省区近30个大小城市进行走访，各类型终端300余家，访谈人员达200余次。

大量的访谈记录、渠道观察记录、竞品资料、产品样品等组成庞大的信息流，完成了对喔喔营销系统及糖果市场"面广点深"的全面扫描。

360°的体系诊断：复杂系统的作用机制

5月23日，喔喔项目组第一阶段调研情况通报会在公司会议室召开。项目组成员时而仔细聆听、时而追问详情、时而就共同观点各抒己见、时而为某个观点争得面红耳赤，情况在汇总、思想在碰撞……当日会议持续了近10个小时。

营销诊断的基本要求是：对现象进行分类归总、透过现象看本质。从营销的4P到12P，就每一个营销要素都可以将调研信息进行罗列式汇总，然后进行总结，再提出建议——通常的诊断大体如此。

然而，联纵智达的诊断风格却大异其趣！

物理学里的普朗克定律指出：任何分子的运动都受到其他分子的影响，所谓的独立运动是不存在的。现实世界里的"蝴蝶效应"则真实揭示了复杂系统下的非线性作用机制。这些自然规律在社会科学尤其是营销里更是真实呈现的规律。联纵智达的**"品牌全息理论"**认为，任何营销要素包括其表现形式都反映品牌的状况、系统的状况。

联纵智达的诊断从来不是"就事论事"的肢解总结，也不是没有道理的东拉西扯，而是经过对客户企业独特营销体系的"现实的"作用机制进行分析后做出的判断。联纵智达强调，既要真实、全面、深入、系统地揭示内部营销要素的作用机制,更要"跳出企业看企业、跳出行业看行业"。就是说,对内部营销的系统的分析、诊断必须放到行业背景、环境背景中进行更大视野的认识。

联纵智达希望提供给客户的不仅是对企业现实营销状况的系统分析,还要有站在行业、竞争环境的角度进行的比较性分析,并尽可能提供**跨行业营销成功经验的借鉴**分析:这种360°的系统诊断就不是雷达式扫描,而是 X 光式的全面 CT。

在这里,我们挖掘的不仅是大树的详细枝叶分叉及各自形态,还有树里树根下的那些决定枝干分叉的脉络及树叶荣枯的养分供给。简单地讲,**我们寻找的不是水井,而是水井下面的"泉眼"——影响喔喔业绩提升的关键因素。**

项目组从销售数据、产品线、产品概念、品牌、价盘、分销体系、办事处运作、市场管理、市场推广、销售费用、终端管理11个关键点进行了深入的诊断分析,并揭示了这些营销要素间的相互关系与深层作用机制。

我们没有忽视成绩,也没有回避问题,甚至对个别问题如产品、分销、推广等的分析触及企业历史、文化等深层背景,令喔喔领导当场动容。

而以奚云中董事长为核心的喔喔高层领导,自始至终保持虚怀若谷的博大胸襟,认真听取项目组对营销问题的分析,不时地给予肯定,同样令联纵智达感动。

360°的营销规划:突破现状的战略抉择

用战略的眼光思考问题,用战术的办法解决问题。这既是联纵智达营销咨询的核心理念,也是作业准则。我们深知,企业购买的不是诊断,而是系统的解决方案。

在联纵智达的作业流程里,没有纯粹的诊断报告,即只描述分析而不提出解决方案,我们的诊断报告要求与相应的规划报告同时提供。与诊断报告相配套的是战略规划报告,而不是具体执行方法、管理流程报告。这符合企业与咨询公司合作的逻辑规律(先定方向后定方法),不仅是对客户的负责态度,也是减少我们无效作业的保证。

但我们的战略规划并不是普通市场调研报告后面应景式的建议,而是经过认真研究、反复讨论的结论性判断。营销规划确定的是大是大非的"方向"问题，涉及对企业最核心的要素——"营销资源"的分配，错一步只是错先后，错方向可就要错到头！现实里的很多企业之所以出现销量下滑或增长瓶颈，往往是战略方向出了问题，尤其是对**营销作用机制**缺乏系统的认识，这些企业却总是囿于自己的"行业经验"，固执地认为问题在营销方法或执行力。

所谓的战略规划，就是要做到有取有舍，有所为，有所不为，同时分清步骤、明确策略，从而合理调配出有效性最大化的资源、时间、空间的组合形态，才能以奇胜正或以弱胜强。

营销规划的核心必须是可以用精炼语言与图表进行准确表达的思想，在每一个图表与定义语言的背后都牵涉到企业的各类资源及其分配原则，甚至具体对象。同时，战略规划阶段的定位、资源配备、运形造势等，都将在战役实施阶段得到验证。

完整的营销战略规划必须具备五大基本要素：品牌与产品线组合、销售组织、渠道规划、市场推广（传播＋促销）、营销预算。联纵智达的360°战略抉择，是实现营销突破的关键抉择，因此战略体系规划是第一阶段咨询服务成果的核心部分。联纵智达在这个地方始终抱着"反复推敲、如履薄冰"的心态，我们深知战略规划的"利"与"害"，孙子曰"不尽知用兵之害者则不能尽知用兵之利"，因为：**战略规划就是一把刀！**

根据对喔喔营销体系内外状况的综合分析与诊断，联纵智达认为，喔喔要解决制约销售增长的瓶颈问题，必须先从产品整合入手，解决产品力不足的关键问题，同时建立以渠道为核心的高效营销运营体系。

项目组鲜明地提出了喔喔 2005 营销战略规划的核心原则：战略六连环（1－2－3－4－5－6）系统：一个目标、两个核心、三大战役、四项改进、五点成果、六力执行。围绕这一核心，从品牌系统（愿景、定位、诉求、延伸）、产品线整合到区域市场整合、渠道整合、资源配置整合等进行了精确规划。

自此，一系列战略规划词语成为喔喔营销管理的沟通语言，如喔喔品牌发展战略的"核心延伸、一强多能"原则、产品线战略上的"主流差异化、卡位策略"、渠道战略里的"渠道下沉、复合直控模式"等。

在 7 月主题为"精耕渠道、细化管理"的喔喔全国营销会议上，项目组将本报告的精华部分再次与资深区域经理们进行分享。在场区域经理看到这些市场运作上的问题受到极大震动,这些在企业工作10余年,战功显赫的区域"封疆大吏"们,表现出难得的变革意愿。

销售公司因势利导地开展了以主动思考、积极执行为目的的自下而上式区域规划"答辩会",采用销售公司+项目组联席会议的形式,用7天的时间对25个办事处的下半年销售执行计划进行认真推敲,改变过去一度存在的"等、靠、要、叫"的反授权状况,用信息分享达成观念共识,将办事处经理的思路统一到战略方向上,激发了区域经理的热情。

360°的完整结构:严丝合缝的咨询逻辑

从营销角度看,完成上面三个内容层面的360°思考循环,可以说已经完成了诊断与规划的主体部分。但从咨询角度看,如果没有第四个360°的循环,作为一个完整诊断报告还不能取得"几何"级数的效果。因为报告本身作为咨询服务的最终成果("产品"),必须具备论点、论据、论证的完整逻辑,这也是一个独立的思想体系。

客户不会无条件、无争议地同意咨询公司的判断,有效消除异议的办法就是拿出更深入的分析、提供更全面的论据。

这些东西从何而来?

从对市场的全面分析、对竞争对手的全面分析、对消费群的全面分析!

经过对大量资料与数据的消化分析,联纵智达厘清了**中国糖果市场的演变脉络:**

在中国糖果市场演变的三个阶段里(1996年前的高速发展期、1998—2002年的分化调整期、2003年后的创新再生期),制胜因素已经从最初的"单点制胜""多点制胜"发展到新世纪的"体系制胜"阶段。整个行业进入精细营销的复杂阶段,关键成功因素的"靶点"已经从一到多,变化越来越快,难度越来越高,"木桶原理"真实呈现。

从1996年开始,随着消费结构的升级,糖果市场被逐步细分。巧克力、口香糖、薄荷糖、凝胶糖等成为新的热点产品,传统糖果市场被细分为更小的单元,消费者被不断地分流。而奶糖已经不再是消费的主导品种,甚至淡出了日常消费成为特定时间与场合的消费商品——**奶糖的产品**

属性发生了天翻地覆的变化!

短短五六年时间,各个细分领域的领导品牌已经非常明朗化,从细分市场类型和对应的领导品牌来看,大多数的细分品类市场里,如巧克力、口香糖、薄荷糖等已经被强势的外资品牌抢占。这些品牌以强大的资金实力为后盾,排他性的市场操作为手段,使得市场的进入门槛越来越高。

为了进一步透析高速变化的中国糖果市场,项目组对具有代表性借鉴价值的竞争品牌——阿尔卑斯与金丝猴进行了深入的分析。这两个品牌都是从1996年开始在中国糖果市场上一路高歌猛进的。在营销运作上,两家公司具有鲜明甚至相反的"个性特色",这样就更能让喔喔领导层对糖果市场关键成功因素有全面的认识。同时,我们也对大白兔、悠哈、雅客、金冠、徐福记、马大姐、上好佳、旺仔等主要品牌进行了简要分析,对推动糖果市场变化的因素及方向进行了更深入地探讨。

为了更深刻地理解糖果市场,项目组又从消费动因角度对糖果进行了分析,清晰地展现了糖果消费的主体人群、购买时机、消费动机、消费目的、购买渠道五大核心特征。

在上述研究的基础上,项目组对报告的内容顺序、报告内容进行了精心设计,确定了报告主体部分结构:

- 从糖果市场的变化透视喔喔的营销差距。
- 行业成功经验的启迪——透视阿尔卑斯、金丝猴在新市场环境下的营销实践。
- 谁在决定购买——糖果行业的主要消费动因分析。
- 喔喔内部营销诊断。
- 营销诊断总结。
- 喔喔未来营销战略选择。

经过对内容、结构的全面整合,喔喔营销诊断与战略规划报告呈现出严丝合缝的咨询逻辑,成为可以与客户进行深度交流的有利工具。

好产品自己会说话,好的咨询报告岂不也是如此!

后记

6月4日的解读会持续了7个小时,报告的过程如行云流水,不时出现的亮点令人精神为之一振，在复杂的眼光下言者激昂、听者无倦。午饭也是将面条送进来边吃边谈。席间，奚董事长指着会议室前面一块有个四角磨白痕迹的地面对项目组说，那里是当年企业辉煌时工厂加夜班生产，公司领导值夜班开"四方会议"的地方。是的，从董事长的身上，联纵智达感受到喔喔企业与众不同的企业文化，一种注重情感融合的和谐氛围。

报告解读后，奚董事长对战略报告的分析给予明确肯定，要求食品事业部、销售公司尽快与项目组研究具体落实措施。从6月5日到7月11日，项目组马不停蹄地完成了《销售公司营销组织调整要点》《产品线整合规划》《新产品线整合推广规划》《营销组织与管理提升规划》等报告，构建起喔喔营销体系提升的系统方案。

不过，6月4日的晚上，项目组成员总算睡了个好觉，因为6月3日为了过滤文本与最后校对，一直工作到4日早上六点，在解读会前仅合眼了3个小时。

三、2006年：中国啤酒竞争版图新拐点

2005年对于中国啤酒具有重要标志性意义。中国啤酒产业自1978年复苏，各地啤酒厂如雨后春笋般建立，到1992年产量突破1000万吨，用了14年；至1999年突破2000万吨用了7年；而至2005年突破3000万吨用了6年。如图1-19所示。

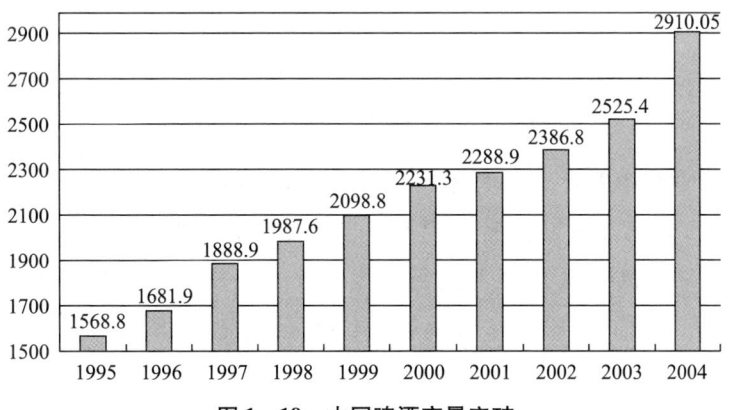

图1-19 中国啤酒产量突破

中国啤酒"高位放量"的背后是中国啤酒消费的成熟：18 年时间，中国啤酒完成了从舶来品到本土化、嗜好品到日常饮品的转化，啤酒成为大众消费渗透率最广、频率最高的酒精类饮品。

在这个过程中，**中国啤酒经历了三个阶段**：1978—1995 年的自然发展阶段、1996—2003 年的战略扩张阶段、2004 年以后的战略相持阶段。如图 1－20 所示。

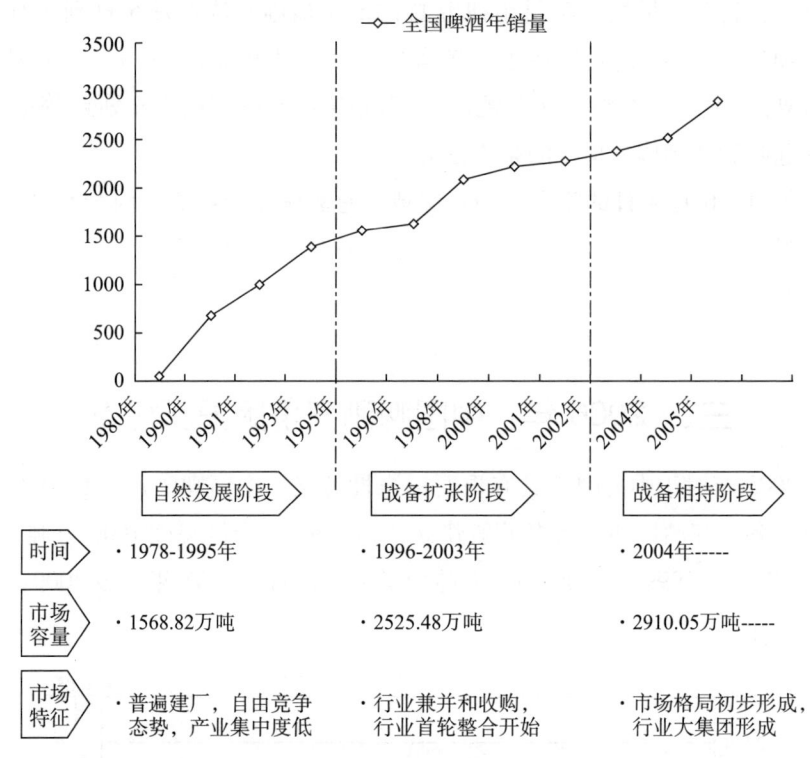

图 1－20　中国啤酒经历了三个阶段

从行业集中度看，1995 年排名第一的燕京啤酒产量 26 万吨，青岛啤酒仅占 2% 的市场份额，至 1997 年，前十位啤酒企业仅占全国市场份额的 17%；而自青岛啤酒 1996 年进行全国兼并收购开始，SAB—华润、燕京、英特布鲁（英博前身）、纽卡斯尔—重啤、金星啤酒等先后进行全国收购或建厂，至 2004 年，前三位的青岛啤酒、华润（雪花）、燕京产量占全国啤酒产量的 32%，前十位啤酒集团的产能已经占据近 60% 的产能，啤酒企业数量从高峰时的 832 家下降到 350 余家。因此，2004—2005 年成为中国啤酒进入战略相持阶段的开始。

在这个阶段，中国啤酒呈现出如下特点：

（1）市场分层明朗化。第一、第二、第三集团军凸现，市场分割形成第一个相对"均衡"的结构：全国市场主要由第一、第二、第三集团军里不足30家啤酒企业（一个集团算一个企业）唱大戏的局面，地方小企业大多在四级低利润区市场维持生存，大企业的利润导向给弱小企业及地方品牌留下生存的空间。如图1-21所示。

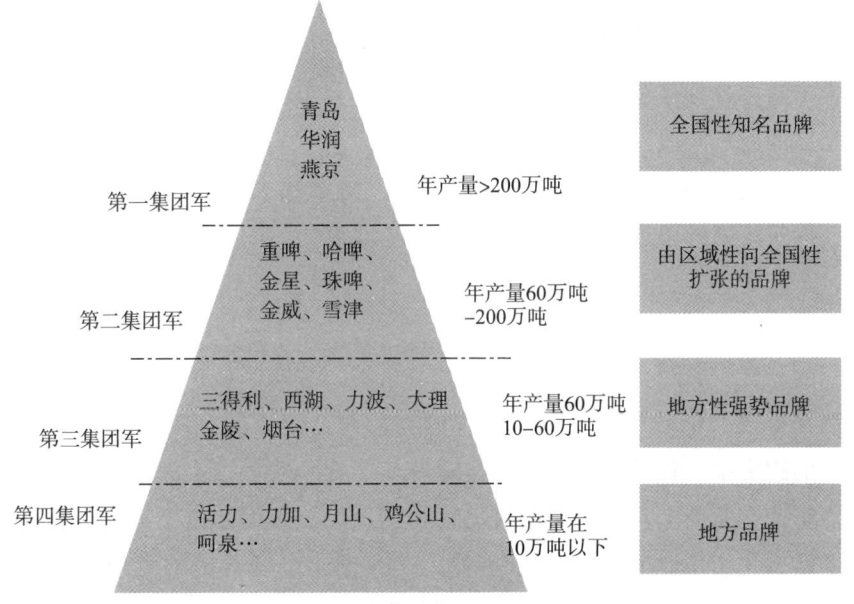

图1-21 啤酒市场分层明朗化

（2）外资再次掀起啤酒收购热潮。外资采取一切办法介入本土企业，在第一、第二集团军的背后都有外资的影子：AB公司先后参、控股青岛和哈啤，SAB公司参股华润，英博参、控股珠啤、浙江KK、金陵啤酒等，纽卡索参股重啤，金星正在与AB洽商，朝日参股西湖、烟台等。

（3）第一、第二军团企业的市场版图已犬牙交错、短兵相接。六大重点区域市场各企业已经形成对峙：北京、长三角、珠三角、华北（山东、河北）、华中（湖北、湖南、江西、安徽）、东南（福建、浙南），在区域市场短兵相接，已经不是任何企业的战略企图心，而是资本的内在要求。

中国啤酒市场格局的现状是：从全国市场到区域市场，产能增加但市场格局没有改变，有第一品牌背景却没有第一销量。简单地讲，要么是第一品牌没有第一销量（青岛啤酒），要么是第一销量却不是第一品牌（华润、燕京），缺乏**核心销售竞争力**是造成行业出现战略相持局面的主要原因。

战略相持阶段，中国啤酒企业的营销思维和行为模式呈现四大鲜明特色：

（1）过度营销。啤酒行业是快速消费品中营销方法使用最丰富的行业，营销手段花样百出，甚至到了无所不用其极的地步。

（2）产品、价格无更大的发展（细分）空间。目前啤酒产品品种已经非常丰富，各种概念的产品充斥市场，价格分布也很完善。啤酒营销已发展至新的瓶颈阶段。

（3）超大型企业构建强固基地市场。由于超大规模企业采用深度分销，构筑牢固的渠道壁垒，形成各自的基地市场。如燕京的基地市场在北京，青岛的基地市场在山东、西安，华润的基地市场在四川、辽宁、安徽。

（4）二三线强龙牢固占据区域核心市场。战略区位价值如重啤、山城啤酒在重庆，金威在深圳，珠江啤酒在广州，南京的金陵啤酒（英博），济南的趵突泉，长沙的白沙啤酒，南昌（亚啤）啤酒，上海三得利等省会啤酒企业在营销上具有很大的机动性与创新性。然而，由于缺乏长远、宏观的结构化市场认识，从整体上看，啤酒企业市场营销的竞争手法陷入**"方法陷阱"**。啤酒成为中国快速消费品里竞争手段使用最多的行业，结果造成当前大多数啤酒企业营销行为变得缺乏"新意"甚至充满"盲动"——每年的预算全部折腾出去，天上、地面（从传播到促销）一片忙碌，名曰"整合营销推广"，实则由于缺乏策略核心，变成"点穴"而没有打到对手的"七寸"，市场结构自然不会发生大的变化。

未来的中国啤酒打破战略相持局面将取决于以下两大核心动因：

第一，超级并购即将上演。2006年继纽卡斯尔为背景的重啤收购安徽四家啤酒厂，使其在苏皖地区产能达到200万吨，英博"天价"（58.6亿元）收购福建雪津并进军江西市场，珠江（英博参股）啤酒在东莞、中山新厂投产从而完成广东地区产能布局，金威在汕头、西安新厂即将投产等，小型啤酒企业不再具有战略收购价值，啤酒业并购将在第一、第二集团军之间进行。近3年内我们极有可能见到100亿元的超级并购。

第二，销售战能力是获取区域霸主地位的关键因素。笔者在《2005年中国啤酒营销新局透视》一文里曾做出判断，自2005年开始中国啤酒行业竞争热点正从跑马圈地式资本秀发展为决胜市场的销售战，在战略相持阶段，第一、第二集团各品牌只是规模差异，均没有完全形成真正意义上的战略优势。只有通过"大规模销售战役"才能打破相持坚冰、获得突破性的市场成功和绝对优势的垄断地位。

在《2005年中国啤酒营销新局透视》里，笔者曾将中国啤酒制胜关键因素总结为"四力十二规则"，只有在"产品力—渠道力—品牌力—组织力"四方阵中进行有效平衡与整合的品牌（企业），才能最终赢得"中国啤酒之王"的桂冠。

并购只是啤酒集团实现规模的手段，绝不会是成为啤酒冠军品牌的道路。百威之所以在美国以1400万吨称王，并不是因为规模大，而是在上述四力的系统完善中登上了冠军宝座。

今天中国前三位的啤酒企业（青岛啤酒、华润雪花、燕京）正在向500万吨级迈进，预计在2~3年内即可实现这一规模目标。届时，三大啤酒巨头的市场份额将达到40%~45%（以到2009年总产量达到3500吨计算）；加上珠江、重啤、金星、英博（雪津—金陵）四大第二集团军企业，"啤酒七雄"的总规模预计会达到2500吨左右，占市场份额的70%。我们同样不能忽视第三集团军企业，主要有上海的三得利、深圳金威、嘉士伯、亚洲（南昌）啤酒、朝日（西湖－烟台）等，上述啤酒集团的总产量在2009年也将达到500万吨左右。

中国啤酒行业在经过短短30年发展就将达到寡头垄断的竞争局面。当然，现在所谈的TOP12大企业集团到2009年还有多少是独立品牌，无疑会发生变化。

这样，从今天预测2009年的中国啤酒市场格局，TOP12（前12位啤酒企业）的总产量将达到3000万吨，市场集中度将达到85%，不仅波士顿的"三四律"会出现，而且"二八律"也将真实呈现。那么，届时还会有多少中小企业来分食那剩下的500万吨销量呢？

站在2006年，中国啤酒市场版图已经隐约可见，但真正全国性的啤酒品牌及产品，还并不清晰（详见笔者的《中国啤酒品牌广告策略本体论》)。中国啤酒的竞争从规模上看已经进入"收官"阶段,而从品牌上看,还正处于"中盘",最后的 TOP3 品牌(赢家)尚在未定之天。

用摩根-士丹利评论中国互联网的话说,中国啤酒的"难解之谜"是:在未来 TOP3 榜单上出现的是否都是 A-B、Iterbrew、SAB 呢?

四、回到事物的基本面

笔者的职业生涯分为三个阶段:成长为职业营销人的阶段、成为营销咨询顾问的阶段、成为创业者的阶段。现在仔细想来,真正指导甚至影响思想方式及职业行为方式的大师观点,还真非德鲁克莫属。

笔者是 1984 年在一位担任国企厂长的姑父家里通读了台湾版的《有效率的经理人》一书,当时虽做了读书摘录,但确实没有真正领悟,后来陆续读了国内出版的德鲁克著作,到了"全国尽谈德鲁克"的时候,反倒是从德鲁克思想里吸取的观念已经成型。因此,好读书而不求甚解的笔者只能谈自己在过去 10 多年的职业经历里对大师思想印象最深刻的地方,谈不上系统研究。

感悟之一:"营销就是让销售变得不必要"

笔者生也不敏,没有在当年的"特区热、海南开发热"的时候去到那片热土闯荡,错过了中国市场经济的早期启蒙阶段。从 1994 年在内地城市做销售,包括成立商贸公司,最后在安徽圣泉啤酒厂接受真正的营销培训,开始了职业营销人的历程。从 Marketing(营销)里的市场调查员到品牌总监,从 Sales(销售)里的办事处主任到管理全国市场的销售总监,伴随着中国营销的兴盛,经历了营销职业的酸甜苦辣。

虽然系统地研究了科特勒的《市场营销管理》,也学习台湾 4A 公司操作性营销技巧的经验体系,但第一次看到德鲁克的这句对营销的定义却可以用振聋发聩来形容。

那是在 2000 年,笔者正在一家小型啤酒厂广东加丹公司担任营销负责人。在广东极其严峻的啤酒大品牌(珠江、金威、青岛)围剿格局下,一个地方小品牌的生存空间受到巨大压制。

广东加丹公司一直以来是引入舶来品牌提升产品的档次，依靠当时啤酒行业还没有实行的深度协销的直营体制，在区域市场里取得了一定的市场份额。渠道上的推力加上终端的开盖有奖成为企业撕开缺口的撒手锏。在广东加丹公司投入庞大业务人员、自购车辆、促销导购划小区域、开拓终端市场的时候，大品牌都还是依靠品牌影响力采用大经销商＋区域销售经理的粗放管理。因此，后来的区域细分、渠道下沉、终端精耕、扁平管理等快速消费品的流行方法，正是广东加丹公司已践行3年的基本销售体制。

尽管如此，到了2000年，由于青岛啤酒大举进入广东市场，各大品牌也开始加紧了营销上的创新，如新产品的投放速度、增加销售人员、开盖有奖等，竞争形势更加严峻。

此时笔者作为广东加丹公司的营销负责人，压力是巨大的。外部是市场里的优质经销商不断地被竞品公司挖走，内部是已经略有惰性的销售组织，尤其是以对两年前辉煌情景的回忆给今天的困境增加哀叹。

在前5个月传统营销操作没有取得预期效果的情况下，终于说服老板在"战术性举措"的前提下接受了改进方案：产品上投放"清爽型"低度酒进入"高度数区域市场"，不惜做市场的破坏者；品牌上开发本土化啤酒品牌投放特定区域市场。两项举措一推出，立即得到市场的热烈响应，产品还在生产中，销售人员仅凭一张传真的瓶标设计图就从市场里拿回了一个月的订单。

德鲁克在为数不多的对营销的思考里，将营销与销售的关系做了终极化的表述：营销就是让销售变得不必要。

就是说营销不是简单地改进销售的行为，比如设计促销计划、进行市场规划、加强管理流程等，而是从根本上解决销售的核心问题：目标顾客的预期购买状态。

直到今天，国内的大多少企业仍然没有认真领会德鲁克这一思想的精髓，仍然是庞大的市场部在研发产品或设计促销方案，到了销售部又需要重新制定执行方案的"两张皮"状况。也就是说，营销不是在为销售推波助澜，而是双方作为企业的两个部门在互相扯皮。

好营销会让销售人员感到进行销售是顺水推舟，但不是主张否定或取消销售行为的存在。营销思维有时正是为了解决销售不能解决的问题。

有位瓜子企业的区域销售经理曾反映自己的困惑：自己所在市场里的覆盖率已经100%，市场占有率80%，据说几乎没有了竞争品牌，问自己的销量还有没有提高的可能？我告诉他，如果他能让当地消费者觉得吃散装瓜子是不卫生或没有档次的，是否可以解决这个困惑呢？既然有这么好的市场占有率，在销售上耗费资源就是没有意义了，要投入资源解决当地消费者头脑里的意识。

营销管理本身也是复杂系统，在解决消费者（即目标顾客）的购买动机之后，还需要解决渠道建设问题、竞争者应对问题、内部管理或服务品质的问题，领导品牌甚至要解决市场环境问题，但认真领会德鲁克的这个思想对于合理配置企业资源，包括解决企业内部争执都会提供一个标尺。

感悟之二：企业里只有研发与营销是效益，其他行为都是成本

在经历过企业营销的最高职位之后，笔者领悟到营销的最终境界是资源分配的艺术。也就是说，营销是否有效并非判断对错的唯一准绳，能否以最小代价获得最佳效果才是评判营销决策的最后标准。

2005年笔者进入上海联纵智达营销咨询公司，有幸接触、参与、领导了多个咨询项目，从乙方视角来为企业提供整体营销管理解决方案，也使笔者可以从局内人与局外人两个角度思考企业这个组织本身。

中国式营销咨询之所以存在，是当前中国经济发展的特殊阶段决定的，也就是大量的市场机会吸引着各个层面的新进入者。这些新进入者需要经历一个不知到已知、不会到熟悉的阶段，还有一些过去成功今天出现困境的企业需要解决从困惑到不惑的问题，中国营销咨询的核心价值体现在上述的过程里。

德鲁克对于企业本身做了大量思考，包括管理者的责任、企业的目的等思想都为中国商界广泛引用。但笔者独对这一观点感受深刻：企业里只有研发与营销是效益，其他行为都是成本。

笔者以为德鲁克对于企业内部行为的上述"定性式"判断比迈克尔·波特的企业价值链更值得企业决策者注意，因为企业的本质就是资源分配与运用的艺术，而对于什么样的资源在什么情况下用什么顺序被运用，就是企业经营者最重要的决策。

企业经营者应该做什么？应该在哪里投入资源？应该如何投入这些资源？这些看似没有意义的问题并不会因为企业老板的"自由裁量权"而变得虚无，笔者的咨询经历恰恰显示，对于这个问题的错误判断是很多企业老板的陷阱。

为什么这个观点是重要的？

笔者的理解是，这两个因素中，研发通常是在为未来的顾客思考解决方案，研究新产品或新服务，如 Intel、Windows、iPod。这些企业每每用新产品摧毁过去的产品，建立起新产品的江山，解决的是企业未来的现金流问题。而营销主要是为现在的顾客提供优质的解决方案，从而实现企业的当期现金流，如果营销不能解决企业的当期现金流问题，就是无效的营销。

在德鲁克的定义里不仅明确了研发与营销是效益之源，更重要的还在于另外半句话："其他行为都是成本"。也就是说，除研发与营销值得企业管理者优先考虑投入资源外，其他的管理行为都应该"缩减预算"。

如果我们完整理解德鲁克的上述思想，再反过来考察现实中企业的行为，就可以发现真正领会并实践这一思想的企业仍然很少。太多的企业是在不断增长的采购成本与管理成本压力下，或提高销售价格丧失市场竞争力，或缩减研发预算、压缩营销预算丧失企业服务渠道与顾客的质量与速度，最后在竞争中丧失市场地位。

在咨询生涯里笔者都在用这个思想考察企业资源投入方向的正确性与实际效益，帮助企业大胆砍掉没有销量的产品线，简化管理组织与流程，坚持企业营销资源优先向终端、渠道、消费者倾斜等。

比如 2006 年我们为世界 500 强企业、最成功的虚拟移动运营商 VM 中国公司所做的上海手机卡渠道调研与渠道策略的咨询项目，就体现了成熟企业"谋定后动"的管理文化。

中国移动通信市场由于是两家垄断性运营商经营的行业，属于非充分竞争市场，其产品——各类品牌（如全球通、神州行等）或品种（如大众卡套餐）的手机卡已进入每个家庭，上海手机卡的普及率更是高达 65%，在遍地开花的零售终端背后到底有着什么样的渠道结构呢？VM 决策层希望联纵智达给他们答案，时间却只有 20 天！

从众多同行公司里获得 VM 的认可不容易，要执行这个"近乎不可能的任务"同样不简单。

很快，笔者根据渠道价值链，即运营商—经销商—分销商—零售终端—用户的完整价值转移链条，设计了细致周密的调研内容，并采用了专业的调研工具与方法，项目按照周密的计划开始了。

经过 20 天早 9 点晚 10 点的辛勤工作，最终的结果是：完成 310 个手机卡零售终端问卷调查、27 个渠道分销商和 28 个个体卡贩深度访谈、110 个目标消费者问卷调查、2 场 FGI（焦点小组）座谈会、徐汇区/静安区/浦东区手机零售终端的地毯式普查，调研样本涵盖上海市区 11 个区、18 个终端类型、移动和联通代理商、批发商。

调研结果勾画了一副上海手机卡市场的"完整营销图景"：我们的客户不仅清楚地看到手机卡的分销结构与各环节所担负的角色、重要性，还看到了每一环节分流手机卡的数量、价盘及两大运营商的操盘手法，包括用户对于运营商品牌与产品的态度、选择关键因素等，调研数据之翔实准确、调研方法之独具一格令维珍上下管理层大感惊喜。

策略研究部分从行业、地区、品牌、产品、价格体系、服务、渠道、推广、组织等多角度提出了系统的解决方案。策略既有坚实的数据支持，又进行了跨行业营销经验的创意组合设计。

在这个项目里，项目前期沟通中 VM 公司 CEO 的反应令笔者印象深刻，当他在我们项目建议书报告里发现与其营销部门提出的渠道策略有不尽相同之处时，马上决定暂时搁置过去 18 个月里内部管理层提出的渠道策略，不惜投入资源重新研究市场，并制定新的渠道策略。

实际上，做企业尤其是做营销是一场高风险的游戏。最大的风险来自于两个因素：不知与不确定。表面看，战略定位、决策力、执行力、资源、环境等影响成功的要素使"成败之道"变得复杂，但真实情况是：一个在正确方向上纠正失误的品牌通常比在错误路线上高效执行的品牌要安全得多。

营销与研发面对的都是未来市场，准确的判断比快速执行更重要。正确的营销策略与符合市场需求的产品研发实际上是企业开展市场营销的"第一颗纽扣"。

而国内的不少企业领导者却还是"三拍"主义——决策拍脑袋、执行拍胸脯、失败了拍屁股（走人）。

企业领导人常常被现实中的人事关系所困扰，影响企业决策的往往不是客观存在的事实，而是表述这一事实的人。并不是所有咨询项目都会去解决企业的人力资源配置问题，咨询是理性的，而现实却经常是感性的。

咨询的边界就是企业的开始。

感悟之三：管理者的核心工作是：权衡利益，建立团队

如果说职业经理人与咨询顾问都是为他人作嫁衣裳，那么创业就是要用自己的针线布料来织造一件新衣裳。

与职业经理人或咨询顾问不同的生存环境是，创业者没有前两种工作状况下的"既定情境"，现在是自己要成为这个情境的制造者。

从一砖一瓦开始，公司所在地、办公环境、桌椅、办公用品、组织与人员、工作计划、制度、培训与沟通、外协单位等，这个叫"公司"的组织在自己的手里由想法变成一项项看得见的成果：办公地、人员、产品及其物料、制度文件、网站等。

过去的职业经理人经历做的是"由外致内"的功夫，现在作为企业的运营者需要更多的"由内致外"的功夫。

在过去的营销经历里，虽然笔者有过大量人员管理的经验，但真正掌握一个公司，越来越感觉到人是公司管理的核心要素。

德鲁克将企业管理者（指有决策权的管理者）的核心工作界定为两个：权衡利益、建立团队。

权衡利益容易理解，因为企业管理者每天都在做各种费用支出的决策或决定，但选择什么、不选择什么、用多少成本，确实成为企业家的基本思维。而建立团队涉及老板是否直接管理，在授权与控制之间如何把握"度"是建立团队的关键问题。

在建立企业之初，一批批新员工进来，没多久，一些人员又离开。有的是个人行为失当，有的是态度与行为变得消极，有的是能力与企业现阶段不匹配等。

现在企业的用人成本不断上升：从招聘、培训到任职。

招聘过程里的信息发布、筛选、面试、谈判入职条件、上岗培训等一系列过程增加企业的时间成本、管理成本，而任职过程里发生的不称职直到离职不仅增加了企业的运营成本与风险，还增加了机会成本。

因此，选好一个人、用好一个人是企业最大的节约成本。

柳传志说的"搭班子、带队伍"确实与德鲁克的思想息息相通，其核心就是企业领导人必须亲自组建一个公司团队。不是靠薪资，不是靠职位，不是靠愿景，更不是靠洗脑教育，而是靠与企业员工在基本价值观上的磨合。

企业总经理应该做什么？很多总经理喜欢签字，每天被大量的借款申请与报销单据淹没，或者喜欢自己直接指派员工做这个做那个，或者是长期忙于外部事务在公司的时间反而很少。企业稍大一些，很多新人甚至不知道总经理是谁。

笔者在建立新公司团队的时候着重抓几个环节：

（1）进人关。也就是每个新录用的员工，不论职务大小，都要做最后面谈考评，这样保证对每个人的性格、能力等基本状况做到心中有数。

（2）明确制度与考评机制。就是对每个岗位的要求明确化，并制定相应的激励与考核机制。

（3）授权。明确自己与副手、部门主管的分工，日常事务由副手与部门主管打理，重要会议与培训则亲自参加，签字上以在预算申请与报销终批为主，正常预算范围内的签字由相应主管按照流程办理。

新公司面临着很多的不确定：产品需要改进、合作者需要开发、销售市场不稳定、生产不稳定等，需要总经理以自己的判断、智慧与勇气给新人以信心，或者解疑释惑。领导者需要以自己的言行让员工"心定"，也就是从内心里认同企业的发展方向、品牌与产品、管理文化、领导人。简单地讲，就是爱这个企业的产品与工作氛围。

能在企业"止"住不是每一个员工都可以做到的。这首先不是企业的选人问题，而是员工是否选择企业。我们看到大量企业里的员工其实没有"止"在自己工作的企业里，更不要说岗位。

企业领导者在研究如何提高执行力之前要先估量自己的员工有多大的"意愿"在为企业服务。

孙子曰："卒未亲附而罚之，则不服，不服则难用。卒已亲附而罚不行，则不可用。"

企业管理者既要避免难用之人太多，也要避免不可用之人太多。严格地讲，企业需要堪用可用易用之人，这就是企业高执行力的根本。

德鲁克的思想，在笔者看来就是用智慧之光洞察到事物的本来状态。在出现思维盲区的时候，德鲁克的观点可以让你的思维回到事物的基本面。

什么是事物的基本面？

《大学》有云："物有本末，事有始终。知所本末则近道矣。"

所谓事物的基本面就是抓住事物的关键点，并且明白事情发生的顺序。离开事物的基本面，无论是否努力，企业的航船都会面临到与不到的问题；与事物的基本面保持一致，即使中间发生波折，也只是早到与晚到的问题。

今天的市场环境，基本的游戏规则仍然是大鱼吃小鱼与快鱼吃慢鱼并存，但犯错误的成本正在越来越高。因此，比起快速行动可能带来的利益，方向正确的机会价值越来越大。

一句话，我们要学会重视较长时间里能取得的成果，而不要太在意短时间里的得失。

成功者需耐得住寂寞。

五、 中国营销，你咨询了吗

中国企业营销究竟需不需要咨询呢？

营销咨询：中国特色的新行当

有人说，成熟的西方市场根本没有"营销咨询"这个行当；又有人说，营销咨询担负着中国企业整体营销素质提升的历史使命。企业对营销咨询可以一言以蔽之："草色遥看近却无"式的围城心理。

中国新经济发展的20年，企业经营、管理、营销经常是被各种流行思潮或大师混为一谈：

20世纪90年代中期的标王现象拉出"媒体品牌论"作为自己的奠基石，制造了一个广告为王的繁荣景象，进而从4A到本土广告公司提出"全程营销服务"模式，试图以对企业营销管理的介入，提高客户满意度，从而促进广告传播业务。这一模式仍然是4A与准4A广告公司的基本作业原则，这是中国企业的营销启蒙期，一直持续到20世纪末标王成为企业倒闭的前兆。

进入21世纪，本土营销力量开始对舶来品式的西方营销思想与理论进行"反刍"：从因为缺乏4A或媒体资源背景而产生的策划公司到中国特色的点子公司（大师），逐渐开始受到舆论与企业界的广泛质疑，营销咨询、管理咨询这一新生事物开始从培训公司里分裂出来，成为中国营销服务舞台上越来越强大的力量。短短两三年时间，营销咨询公司暴增5000余家，频繁活跃在舆论视线里的也可以数出近50家。

管理咨询已经成为广被接受的世界性行业，独独营销咨询再次成为"中国特色的产物"，注定要经受广告、策划、点子公司同样的风雨历程。相对于企业需不需要营销咨询，更大的问题恐怕是：营销咨询到底是不是一个行业或产业？西方成熟经济体里没有的行业在中国会存在吗？能持续多久？

存在决定意识，需求决定供给。

要看中国营销咨询的存在状态，必须考察中国企业的生存与发展需求，在一个较长周期（10～20年）里的中国企业会是一个什么状况呢？

中国企业营销面对的市场环境曾经被总结为"广、乱、杂、小"——营销需要面对地域覆盖范围广、地域文化差异大；竞争企业众多、地方利益对地方产业的政策性保护造成统一大市场迟迟未能实现、各企业的经营成本差异性极大、竞争的不公平性几乎到处存在；中小企业是在中国社会生活里的角色比在经济总量中份额要重要得多，行业集中度与中小企业分裂呈现双向加强的趋势。

上述趋势是中国经济不同于欧美、日韩的本质区别，也是造成中国企业经营特殊性的核心原因。西方经济里可以由管理咨询与广告公司分担企业"外脑"服务的全部内容。中国经济则不会，企业在强化管理与执行传播前需要的是市场战略与销售执行的精细规划。

由此我们可以大胆地预言：中国企业由于竞争环境的复杂性，市场营销是企业较长时期里的核心要素，营销咨询的客观需求在统一大市场形成前将一直存在，西方经济里没有的现象在中国经济的存在是必然的。

但今天的中国市场环境下，企业主没有持续的耐心与深入的鉴别力去区分必要条件与充分条件的细微差别，而宁愿希望所有的行为都围绕直接的目标。企业各类不同层级的人员对营销咨询也各随己意地进行理解：老板要的是让人眼前一亮的惊天创意，市场部希望具备从设计、创意到媒介执行的全程服务，销售部希望看到拯救销售疲态的"通吃性"产品或爆炸性广告，管理部门希望咨询公司提供完整的管理制度与流程。

营销咨询价值何在

营销咨询在中国注定是一个"天降大任于斯"的特殊行业，对于在营销咨询行业里坚持求索的"守道者"，有必要回到问题的原点去看清问题的本质：营销咨询价值何在？可以从内外两个角度认识营销咨询对当代中国企业的特殊价值。

从外部价值因素看，营销咨询公司目前还没有成为社会利益集团的棋子。营销咨询除了自己公司的利益之外，只有一个利益对象：企业主。

而在此之前的广告公司还有另一个主人：媒体。媒体利益是广告公司的真主人。在以媒体利益为核心形成的生态链里，广告公司与媒体的声音总是要成为主流与主导的思想，因为他们占有着"意识形态传播渠道"。但是我们不得不遗憾地看到，在媒体创造一个个营销神话的同时大量的企业却成为牺牲品，可以说是一将功成万骨枯。

媒体利益生态链（媒体、广告公司）一边在大把挥霍企业主的"被浪费的一半广告费"，一边如催眠般地念念有词："广告的作用如果不能带来销量就什么也不是""相信品牌的力量"……

中国企业界每年被挥霍掉的无效广告费的十分之一就可以支持一个成熟健康的咨询产业。这样一个咨询产业所创造的企业价值将是百倍、千倍于投入的咨询费用，而看到广告公司的平面设计、广告片时更喜欢评头论足一番的企业主却大有人在。

从内在价值看，有人说营销咨询是从发现问题到解决问题的过程、是从创造精品到创造经典的超越。从营销的角度看，情况确实如此。因为营销的本质是寻求"畅销、长销、高价值的销"的方法。但如果将营销咨询也定义在这个单一指标上，就无疑在将营销咨询的价值狭窄化，也不符合现实世界里企业咨询需求的真实状况。

营销咨询本身是生意，即受到合同约束的买卖双方的供给与产出的关系。再简单点说，企业投入咨询费用购买咨询公司提供的智力产品，与企业购买任何一项经营性资源（原料、设备、员工、技术、工艺、商标等）

是一样的。这些资源可以成为关键性经营要素，但绝不是唯一性经营要素。就是说，它们可以成为企业成功制胜的武器，但成功的本质是企业整体经营要素的有效协同。

麦肯锡第二代领导人 Marvin Bower 在 20 世纪 40 年代明确麦肯锡的服务理念与公司文化："我们绝不可以直接或间接承诺（效益）成果的方式来拉拢客户。如果我们进入以这种方式争取到的客户组织中，那儿的人就会采取一种对立的有害态度，看你们这些许了愿的顾问能做些什么。"

营销咨询的价值，我们认为可以从以下三个基本支持点上予以准确界定：

第一，销量的突破或利润增加（可以量化的指标）。

第二，管理性难题的解决，从战略制定到方法体系、从组织重组到人力资源提升、从系统运作效率到团队协同等。

第三，作业满意度，这里就不可避免涉及企业权力结构的 KP（Key People，关键人物）：老板、CEO 或 CMO、职能部门主管、销售执行主管四个层级的关键人物（KP），在大多数企业里这四角的关系是错综复杂的。严格地说，很难有一份让这四个权力层的 KP 都满意的咨询报告，然而任何一个层级却都有动摇合作关系的否定力量。

在当今中国的现实环境下，对结果的预期必不可少（通常是企业主的转移风险心理起作用），但应该严格把握承诺的分寸，必须将咨询价值的完整性充分地与客户进行沟通，并以合同形式予以确认。

因此，上述三个因素构成营销咨询的三个支柱。销量目标与管理方案是两边、作业满意度是底边，我们可以从其形成的三角形形态上去辨别出项目的性质，如图 1-22 所示。

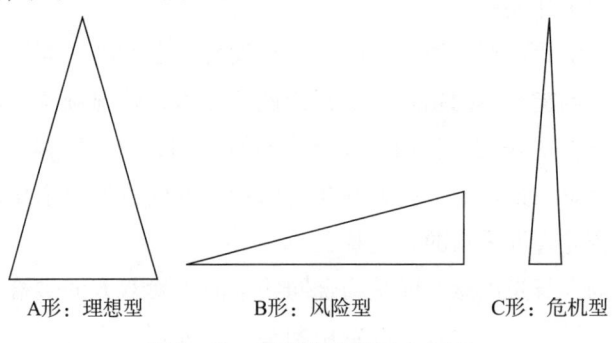

图 1-22　营销咨询的三个支柱

A形——长三角形：对客户既有销量目标的预期，同时又充分体现管理成效的价值，在此基础上建立与客户的协作关系，这是理想的咨询合作架构。

B形——倒卧斜三角形：以销量为核心目标的结构，忽视管理性咨询服务的价值。即使在服务过程比较满意的状态下，项目仍然具有较高的风险性。

C形——尖三角形：销量与管理性指标都比较认可，但缺乏对项目过程里企业政治层级关系的把握，项目将会处于危机状态。

营销咨询既是一种结果也是一个过程。如果探究营销咨询项目的成功之道，那么就必须看到，营销咨询不是简单地对合同项目内容（作业成果）的交易，而是与企业KP（关键人员）一起协力为企业终极目标共同奋斗的智慧交流过程。

营销咨询的思想方法、工具及创意都会为企业的业绩及系统提升提供强大的动能，咨询过程本身的边际贡献就是咨询智慧的内化与转移的过程，是企业经理人包括老板最快速吸收"有效知识"的捷径。

如果用一句话来总结营销咨询的价值，那么我们要说：营销咨询，给在市场的惊涛骇浪里成功航行的企业提供一套"罗盘与航舵"！

中国营销咨询公司的危机与出路

需求可以催生一个市场、行业乃至产业，但需求不会自动让所有参与游戏的企业获利或生存，更不会创造出一个优秀的品牌。

当前社会上对中国咨询业两大主流观点是点石成金的"神话论"与欺世盗名的"骗子论"，部分内部人员愤世嫉俗的"揭黑"作品在加速这个行业道德品性的堕落。由于缺少价格形成标准，失去辨别力的企业主们像进入农贸市场一般肆意砍价，结果是"劣币驱逐良币"现象的集体发作。

随着企业经理人队伍的快速扩大与素质提升，过去靠贩卖"4P论、4C论、4R论"赢得企业尊敬的光环效应日渐式微，营销偶像们的黄昏使企业权力成为评判甚至决定咨询效果的核心因素。

中国的营销咨询真的进入"乱世末法"的时代了吗？

不愿承认也要面对营销咨询（我们加上定语"本土"）的"乱世"

之症：
- 片面总结成功案例的制胜因素，误导舆论、贻害甚深。
- 疯狂抄袭同行成果或自我复制，一方治百病。
- 不负责任的低价格抢单，搅乱了企业主的选择神经。
- 用广告障眼手法掩饰对市场及销售运作的浅薄认识。

其实，如果祛除附着到咨询行业上的各色眼光，将本土营销咨询同样放在一般经济规律、行业规律及营销规律的背景下去考察，就会看到另一副真实的景象：任何产品在从短缺到稳定供给的发展过程里都不可避免会出现"黄钟毁弃、瓦釜雷鸣"的乱世末法阶段。

中国20年经济发展历史上几乎所有的产品品类都发生过这样的情况：从早期的电子三大件（彩电、冰箱、洗衣机）到食品饮料这些低值产品，再到汽车、住宅等高值产品，无一不呈现以"暴利始、搏傻承、伪劣转、规范合"的四步规律。企业主在这四个阶段里会依次经历"崇拜、狂热、疑虑、鉴别"四个心态过程。

今天的中国营销咨询正是处于"伪劣转"的中期。

这个阶段的特点是顾客（企业主）的疑虑开始变成不信任，甚至报怨、否定，顾客心态的变化决定着行业主体（咨询公司）行为与心态的错乱。但企业主的这种不信任情绪最终受损的仍然是企业自己：缺乏鉴别力的企业最大的可能是选择价格最低的产品（服务），认为可以用最低的成本获得一样的产品"效用"，却没有看到一个行业价格趋低的产品（服务）注定会上演"偷梁换柱"的伪劣行径。

正如中国今天可以排上名字的各行业领导品牌成功之路所揭示的规律：优秀品牌都是顶住伪劣品赚钱的短期利益诱惑，坚持修炼内功，提高产品的品质，从而最终胜出，如海尔的"砸冰箱事件"、万科的"精品楼"、联想电脑的"阳光服务"等。

致力于成为中国本土营销咨询领航者的企业，应该认真研究咨询项目作业的内在规律，以确保与客户的"多赢"——销量目标的实现、企业营销体制的系统改善、项目履约率的完整性、与客户KP建立良好的朋友关系。在此笔者提出一个完整项目的金字塔结构，就正于咨询同仁及企业界：

在具体的营销咨询项目作业过程里，有必要将前述三角形组合为一种金字塔结构：在最下面的基础部分是合同义务关系的确立；第二层是与客户进行预期沟通，这种沟通是对项目过程里各阶段性目标的分解与确认；第三层是检讨机制，也就是定期进行作业成果评估，认真听取客户的意见与要求；最上层是履约，这是保证项目正常进展的最终评判标准。如图1-23所示。

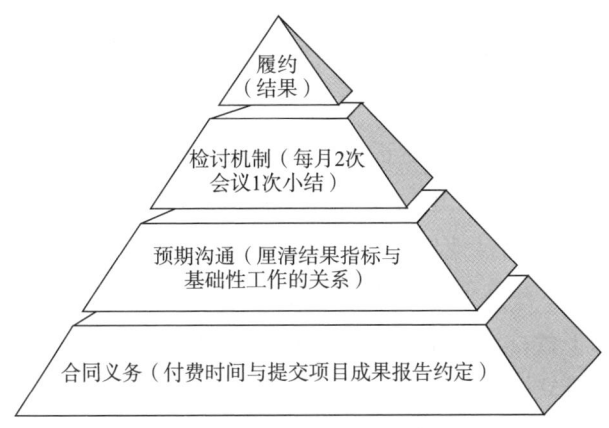

图1-23　营销咨询金字塔结构

营销咨询公司除了保持传统的对结果负责的精神，还必须加快本土市场营销实践积累起来的咨询工具、分析模型的打造，从而实现"两手抓、两手硬"的作业风格，既能够帮助企业实现销量或利润目标，又具有快速"植入"管理系统、运营系统的模型动力。

希望在战争中学习战争的中国营销咨询界，那些不仅是以金钱而是以智慧价值要求自己的同仁们，为打造营销咨询公司的品牌而战。

第一，保持"原创性"的思想活力是构建一个伟大公司的核心基石。咨询的本质是以智慧为交易对象的产业，如果客户是出于对咨询公司、咨询人智慧的尊重而选择购买，那么他购买的一定是这家公司最后提供的完全定制化、个性化的系统解决方案。这个方案抄袭同行来不了、通用模板也来不了，一定是植根于这家公司具有的独特人文氛围：将原创性思想而不是其他的任何东西确定为公司的核心价值。

第二，认真理解作为咨询人的立身之本。有人说，咨询公司的发展依靠两个基本点：成功案例与优秀的咨询师。无论进入咨询这一行前"出身"何处：是学院科班MBA、企业高管，还是政府机构、海归双料，在中国大地上从事这个职业都需要相同的"气质"——火一样的激情与冰一样的理性。从事咨询尤其是营销咨询,与其说是对智力的挑战,毋宁说是对"心性"的磨炼。面对复杂有时是混乱的企业现实,咨询人既要保持高度的责任心与专业操守,同时又必须坦然面对可能从任何角度射出的误解、敌意甚至毁谤,要善于在可为与不可为之间平衡企业主观点与专业判断的落差。

第三,真诚地向企业学习。咨询人有时会产生整顿乾坤、扶大厦于将倾的精神情怀(聪明的企业主会赞赏并鼓励这种精神),但我们必须时刻提醒自己,创造企业历史的真正主体不是咨询人,而是企业人自己。咨询人不是救世主,如果企业里的任何KP将咨询人当作救世主,那么一定要告诉他这个角色只能是他们自己。咨询人最好是成为企业人的"幂数",两者的组合可以产生几何倍增甚至核裂变反应,最低限度是在一段时期里成为企业人的平台,让企业人成为"幂数"。即使成熟如佛教也明白"不依国主、佛法难立",对于咨询人而言,得不到企业KP的配合、支持、鼓励甚至宽容,就什么也做不成。

第四,不做"知了"分子而要成为"知道"分子。在信息爆炸的时代通过"百度、GOOGLE"之类的搜索引擎可以很快地获得信息,由此诞生一大批"知了分子"——听过别人的东西甚多,经过自己思考的东西却甚少,成为知之辄了、"不求甚解"的浪漫派。咨询作为一项商业交易品种,身在其中的咨询人应该加强自身的专业修炼,成为"知道分子"——知其然亦知其所以然。当然,营销之道不仅在于能否解释现状的合理性,更需要突破现状的超越性思想,知之即为行之始。

我们也寄语中国企业:如果你的企业还没有与任何营销咨询公司进行过合作,那么要考虑是否经营思路不够开阔(除非你的企业是行业垄断者);如果你曾经与营销咨询合作失败,不要怀疑、咒骂、失望,请擦亮你的眼睛,反思你与咨询公司是否存在不平等关系,用一颗平常心去辨别、去选择追求卓越的公司;如果你不满意选择的咨询公司,不要觉得自己是花了冤枉钱的,请坦诚地提出分手,因为尊重被你否定的顾问也是尊重你自己。

最适合咨询这个行业发挥最大作用的人性因素是:相互真诚、彼此尊重!

六、 中国营销思想的西学历程

营销界在研究中国营销的创新之路,也在与各种各样西方思想进行交融与争论,对于中国营销究竟还能不能创新,都有期待,但尚无成果。我们可以有击败麦肯锡、超越科特勒、超越定位等各种观点(这种争鸣是个好事,不是太多,而是太少),但并不能真正解决中国营销思想界的正本清源问题:**如何认识前辈的思想,实际决定着后人的水平。**

简单地讲,后人如果不能站在前人的肩膀上,如何能够超越前人?如果后人站着的前人肩膀,已经不是前人有价值的精华,而是被选择的肩膀,那么在认识来源上,就已经先输一局,如何能够超越?这些其实是认识论的常识。

中国营销真的吸收了西方营销思想的所有(指核心,不是指全部)精华了吗?中国营销的西学历程,究竟是什么状况呢?

笔者幸好经历了中国营销发轫、兴盛的全过程,也是在战争中学习战争、战争中思考研究的营销人,在这里对中国营销思想的西学历程的做一个阐述,与对此问题有兴趣与研究者共同探讨。

以西方营销对中国有影响的思想家,笔者认为是五人:菲利普·科特勒、德鲁克、里斯、特劳特、莱维特。

其他如宝洁、奥美、李奥贝纳、舒尔茨、钱金妮(蓝海战略)等,并非营销思想,而是广告、管理、战略的独特视角或方法,不少人认为蓝海战略其实就是定位的另外一种表述方式。

五位大师在中国的"被解读"历程,反映着中国营销思想与实践的问题。

科特勒与德鲁克是中国营销界与商界的两大标杆性思想家。

科特勒的营销,强在体系严谨、跟随时代思想进行不断地修订,如1997年引入的价值让渡理论。价值让渡三阶段应该是麦肯锡咨询最早提出的思想(选择价值、创造价值、传递价值);引入广告运动理论、整合营销传播理论对促销之 P(Promotion)内涵的丰富与完善;将波诺水平思考延伸为水平营销理论等。

科特勒《营销管理》(Marketing Management:Application, Planning,

Implementation and Control），第一版于 1967 年出版，主线是营销过程的管理。在此后的 40 年里，科特勒在借鉴有效的商业方法与思想，将其融入营销管理的架构中，进行了有创造性的转化，如价值让渡理论提出了一个基于顾客效用与成本的剩余价值模型，将水平营销与消费者需求（满足与未满足）、市场等进行了结合，提出了一个水平营销的模型等。

到《营销管理》第 13 版，科特勒的营销体系似乎达到了一个自我的终点。《营销革命 3.0》转向了文化营销、人性营销的阐述，说明科特勒的思想还在"混搭"（科特勒最近的著作都是合著）中前进，但营销管理的体系看来是到此为止了。

德鲁克的营销，其实就是两个最重要的论断：一是营销就是使销售变得没有必要；二是企业里只有研发与营销是效益，其他行为都是成本。

这两个论断并非因为是大师说的才变得重要，而是因为这两个论断符合千百万企业的本质，构成德鲁克思想招牌的奠基石。但检阅德鲁克的著作，对营销的论断也大致就这么多了，德鲁克思想的核心是管理、经理人（CEO）的职责等。德鲁克提供的是企业管理的视角，尤其对经理人使命、职责的思考，成为德鲁克思想最具价值的内容。

就营销来说，德鲁克的两个论断如暗夜灯塔，直接而清晰地指明了方向，其思想价值就像巴菲特的价值投资理论，简单却无人学会。

德鲁克的这两个营销思想，真正领会并付诸执行的企业经理人、策划咨询人员不多。德鲁克对营销问题，没有在具体的细节与方法论上做出如经理人这个课题一样的深度阐述。

科特勒与德鲁克的营销与管理，具有知识体系的严谨与系统，其特点是**"易学难工"：任何背景、经验与水平的人都可以从两位大师的著作开始，但得到的收获却差异极大，而且，大部分人甚至都没有真正完整、认真地读完两位大师的核心著作。**

中国营销界已经意识到科特勒营销进入中国的某种偶然性——改革开放之初，有汪道涵带回作为"营销教材"翻译给国人的第一本营销管理书籍。这个偶然其实还是必然：科特勒的《营销管理》确实是营销学入门的最佳教材。

西方营销思想"难学易工"的，是特劳特、里斯、莱维特的营销思想。

为什么难学？因为这三个人的思想大多数人从理解上就容易走入歧途。无论是里斯与特劳特合著的定位、特劳特后期的聚焦/显而易见、里斯的品类、莱维特的营销短视症/营销想象力，这些思想都极具洞察力与个性。

为什么又说易工？这三位思想家的真实思想，已经在其著作中做了清晰的阐述，把握、认同并认知到三位思想的核心，对于思想的应用实际上是简单的事。

一旦掌握了三位思想的内涵及其蕴含的营销方法的效用与边界，你就会对这些思想的适用对象"火眼金睛、洞若观火"，因为三位的思想在应用中的对与错、真与伪的标准非常清晰。

比如定位与伪定位，品类与伪品类，营销短视与营销远见、营销想象力与营销贫乏症，其实非常容易区分，所谓"即事循理，理明事真"。

正是由于个性（应该说是天才的个性），真正理解三位大师思想内涵的却并不多。特劳特、里斯、科特勒有中国门徒，掌握着各自思想的"官方解释权"。德鲁克虽然没有立派，但门徒更多，郎咸平的"极视智库"出版《杜老师（德鲁克）的行销》等营销书籍。相形之下，莱维特变成了"孤学"。

莱维特的营销思想有何特点呢？

除了1960年的《营销短视症》（具体内容见笔者相关文章），莱维特的重要营销思想还有以下重要贡献：

（1）1974年出版的《业务增长营销学》（Marketing for Business Growth），这比麦肯锡的《增长炼金术》要早20多年，可惜没有发现汉译本（香港、台湾版应该有）。

（2）1973年《第三产业》（The Third Sector: New Tactics for a Responsive Society），阐述了有形产品与无形产品营销的本质差异。其关于服务的核心思想至今仍然有效：引用约翰·拉斯维尔话，产品是造出来的，服务是演出来的。一个造，一个演，将服务产品的"人头"（服务产品要大量人力的投入）本质表现无疑，包括为什么提供无形产品的公司如律师、咨询等机构，都要有富丽堂皇的办公室。

（3）1983年，刊登于《哈佛商业评论》的另一篇文章《市场的全球化》（Globalization of Markets）再次引起轰动，莱维特的全球化论点具有争论性，但"全球化"一词从此载入了管理学词典。

（4）最重要的：对营销想象力的阐述。莱维特明确提出，营销想象力是营销取得成功的出发点。这个真知灼见不正是产品同质化、思维狭隘化、营销平庸化的真药方吗？

什么是营销想象力？发现事物的朴素本质，是营销想象力的本质所在。

莱维特思想不仅奠定了营销的基石——顾客导向、业务增长，还具有创见性——全球化、营销想象力、服务业营销等。

为什么莱维特的营销思想不仅较晚进入中国，而且至今还是翻译寥寥？

个人推测，与莱维特的背景及思想有关。与前四位大师相比，莱维特是美国军人，其早期著作中对资本主义、社会主义有比较及倾向性看法。实际上，莱维特是在营销上为资本主义制度辩护或锦上添花。这种有意识形态倾向的学术思想，在中国改革开放之初阶段，肯定不会被引进成为中国营销学院的教材。

我们以现在翻译（其实是从中国台湾转译）的内容看，**莱维特的营销，是最具产业视野的、具有企业性格的（与军人背景有关）、企业目的性导向（强调顾客、增长），而不是方法工具导向（定位、品类在中国传播的危险所在）的实用且鲜活的营销思想。**

从五位营销大师思想在中国的流传史，我们可以得出什么样的启示呢？

从莱维特营销与前四位大师思想的差异点看，只有莱维特将营销放在了德鲁克所定义的企业位置之中。同时，**莱维特的营销以产业、企业增长、营销战略思维及方法为核心，是唯一"企业本体论的营销学"**。这正是科特勒、里斯、特劳特偏重知识体系或方法工具，德鲁克又没有深度阐述营销细节的企业营销学。

中国营销目前的问题正是如此。各种大师思想都试图"各执一焉以为天下式"，将为企业增长服务变成贩卖自己的思想、方法论，将有条件的、局部的方法放大成包治百病的"神药"。

列宁说："真理往前一步，就是谬误。"营销人说："如果手里拿着一个锤子，看一切东西都是钉子。"岂不都是说这种偏执的方法论狂热吗？

中国营销已经真正经过营销基础概念的普及与熏习了吗？中国营销思想对中国过去30年营销实践进行了批判性地"价值选择"了吗？中国营销为中国企业制胜中国市场、出击全球市场认真总结及研究营销方法论了吗？

中国营销的病症，不是内外均衡的问题。或者说，中国企业依赖营销驱动（中国式营销的特色）本身虽有偏颇，但还不是中国营销的本质问题。

中国营销的本质是"思想软骨症"。从接受西学的落点到本土营销思想的主流倾向，在将中国营销导向一个错误的方向：从来没有建立一个企业本体的营销方法论，都是想将一己之见变成"神药"，包装及采用中国式营销手法，让企业买单。

在极少部分人的利益驱动，与大多数人的无知与虚无主义（拜大主义——谁喊得响，谁就是真理）学风之下，中国营销界没法不呈现方法论癫痫症状：每隔一段时间就风靡一种思想及方法，将这些方法无限神话，使本来有价值的方法，变成了大多数企业的毒药。

直到企业在失败、亏损、倒闭的噩梦中醒来，发现当年高唱蓝海、跨界、定位、品类的人，转脸唱起执行、文化、国学、人性、艺术。

如果你是这个被方法论毒药伤害的企业，面对这个捣糨糊的江湖，哭都没人看到你的眼泪。

本书不是提供一个新的思考或方向，因为这个话题不是一篇短文可以说完的，而是将个人对中国营销界问题的思考，拿出来与读者一起探讨：中国营销不仅有罪与罚的行为问题，更重要的是有思想风气的正与邪（或者说清与浊）的问题。

任何一种思想，其正道在于，思想者自己要先搞清楚思想的范围与边界，然后向读者清晰地表述，而不是：自己也没想清楚，只要有利可图，就拿来为我所用；蛊惑读者，神话自己的方法及工具。

思想的专业与非专业、严肃与游戏、大与小、清与浊、真与伪，还真是态度决定本质。无正见，则无正道，无正道，则无正果。国、家、企、人，莫不如此。

七、思想为王：中国营销的新图景

中国营销走过 30 年，我们认为，正在从少年期走向青年期。

全球的营销历史不过 120 年，中国营销迈过 30 岁，不能再说是幼年或少年了。中国的产业环境进入更年期——本土全球竞争、全球化竞争、全球产业链竞争三大竞争压力同时到来，自甘少年的中国营销如何帮助这种背景下的中国企业，与武装到牙齿的全球巨头竞争？

过去 30 年的成功与梦想、经验与教训，需要的不是中国式辩护，而是面向现实与未来的创新创造，用全球化视野、本地化经验，为中国企业走向未来提供实用实效的营销武器。

中国营销，需要告别少年期的热情盲动，走向青年期的正道气度。

少年期的营销，往往有盲目的方法论热情。此时知识与方法大量输入，每一次的新知都带来一种新方法，每一种新方法论似乎都蕴含着改变世界的魔力。

过去 30 年中国经济是持续的恢复性增长，企业受益于整体市场环境及经营团队的运营能力要远远大于任何方法，包括营销方法。

在绝大部分的品类市场，如家电、数码、食品（含酒类饮料）、鞋服、旅游、餐饮、酒店、美容等，市场需求虽然受经济周期影响略有波动，但总体增长是大趋势。在这些品类市场里要成为行业领导品牌，或占有一席之地，需要的是稳健的运营能力。很多时候，常识比先进的理论或方法更有用。

这个阶段的销售或营销，是这些核心要素：优秀的推销员（跑遍万水千山、说尽千言万语）、大媒体广告（央视的影响力）、渠道运营能力（如徐福记最早运营 KA 卖场、康师傅的深度分销）、高记忆点的产品或品牌创意（如小糊涂仙、统一润滑油）。

能把握上述四点中任何一点，尤其是前三个要素的品牌，都会获得突破式增长。

这些现实增长的真正驱动力与此前流行的引进思想或方法论，如品牌管家、IMC（整合营销传播）、定位、蓝海、跨界、德鲁克、波特等并无直接关系。这些大师、思想与方法完成了管理思想的导入或普及，大多数还没有与中国营销实践紧密有效地结合在一起。

青年期的中国营销，"审美疲劳"却提前到来：如今还想用一个思想或方法论来让中国企业趋之若鹜，已难奏效。

不是今天的中国企业界不爱学习了，或快餐化学习了，而是中国企业界对学习的要求标准更高了。

企业渴望得到新观念的启迪、方法论的指引、管理能力的辅助。这些基本需求不是变弱，而是更加强烈与迫切。

拿一套**无产业分析、无企业诊断、无市场数据（信息）**支持的"三无"抽象方法论（某种知识思维推导图），如何给企业提供真正的帮助呢？

思维导图式的知识演绎结构是个好工具，但这种演绎式的方法论如果不与综合式的方法论结合，未必得出正确的结论。

就像不管是否熟读兵书，打仗都是需要勘察地形等"道天将地法"的现实资讯。战国时期决定秦国命运的惊天战役——长平之战的教训，就是白起用战略家的眼光设计了战局，将赵括引入"战地"——知战之地、知战之日，则可以千里而会师；不知战之地，不知战之日，每战必败。

赵括未尝不知道孙子兵法的这句名言，但赵括缺少在实战中严谨治军、谨慎用战的**"实学精神"**，这也是其父赵奢认为赵括不堪大战之任的原因。

治军也好，治企也好，不仅要有正确的战略与方法论，更要有不厌其烦实地勘察、具体问题具体分析的实学精神。

战略与方法论需要修炼，实地勘察、实际解决更需要修炼，将两者结合，才是真正的实学，缺一不可。

中国营销的现状是，战略与方法论尚且支离破碎、需要进一步整合提升，但深入市场、研究产业的实学方法，更加重要。

在这个营销思想的审美疲劳期，需要升级战略思想与方法论，但绝不能落入贩卖空洞方法论的错误道路上去。

我们做过品牌咨询的一家企业，从另一个产品咨询项目中获得了号称世界500强的产品管理方法，我在了解这个方法论后，明确指出，一个产品咨询方法论如果依赖于企业内部管理人员的经验与判断，就可以推导出产品决策，那岂不是太简单了？

尽管有这个产品思考的框架比没有框架肯定要好，但企业如果把这个思考框架当成产品管理方法论，那就很危险了。

为了证明这种"管理层问卷访谈"（即咨询里的德尔菲法）的问题，我们提出帮他们做一次产品分析，即根据过去三年内部各品种（含每年的新品种）销售数据进行产品线诊断。

诊断分析的结论令管理层熟悉又吃惊，原来这家以产品研发能力与速度著称的企业，正在呈现单品效益下降的趋势，也就是增量来源于新品，包括大量低效新品，所谓低效新品指生命周期最多只有 1 年的新品；产品延伸是产品线"一强多能"原则的有效增量方法，但产品线延伸获得的增量里，单品效益下降的趋势更加明显。

不少老板只关心财务部的数据，因为都是钱，却忽视销售数据，尤其是按照战略方法对销售数据进行汇集与梳理，通过数据挖掘分析内部问题的技术更是欠缺。

我们详细整理了一张"销量驱动力"结构图，可以清晰显示哪些品类、哪些单品（SKU）对于销量的贡献最大，以及有多少低效甚至无效品类。

再反过来检查企业在所有品类、单品研发中投入的人力、物力，就能发现企业产品管理中存在的问题。如某个产品事业部，30 余人的研发团队，2 年的时间还是没有找到突围的具体产品。这样的战略性种子业务，虽然不会造成财务上的困难，但可能显示企业正在步入"中型企业的大企业病"的陷阱。

产品管理方法论，内部销售数据、内部管理层意见及经营都很重要，但是要做出产品决策，还需要品类市场容量、增长速度、竞争产品数据，消费者（或顾客影响链）对现有产品的满意度等真实的市场信息。

获得这些信息的方法未必需要按照跨国公司严格规范的方式（这样当然最好）进行市场研究，简便实用的方法是专人（最好有外脑）、专职、专项地按照正确方法去获得内容。

这个事例反映了一个重要的现实，企业不能将抽象方法论作为救命稻草。方法论必须：不能有偏颇，比如产品管理只对内部管理层经验判断，按照八步骤去分析，就得出结论；必须与充分的现实内容（特别是具体数据）结合；重点是洞察、判断与结论，而不是分析的过程。

企业战略结论或决策，从来不是自来水龙头流出的水。

青年期的中国营销，是"思想为王"的时代。

这个时代不是不需要思想与方法论，恰恰正是在思想为王时代，方法论的价值才能得到真正的体现。没有思想，方法论的真伪高下，就与画鬼容易画虎难的道理一样。

中国营销青年期里的各种咆哮而过的思想与方法论，有多少是鬼画符，有多少是真正实效的规律与规则，在这个思想为王的时代，将得到最后的检验。

中国营销的主要矛盾，是营销界的鬼画符方法论，与产业现实残酷竞争的矛盾。

这些鬼画符在企业界比在咨询策划界有更多的拥趸。企业主、CEO们，有意或无意用这些"方法论毒药"，在自己或受雇的企业身上做实验的大有人在。

本土的策划咨询界目前还只是中国营销界的一个很小的组成部分，这个服务产业如前面已经分析过的，贡献与破坏都被高估，因为这个群体都活跃在话语舞台上。

企业家包括企业主、CEO 及职业经理人，才是中国营销界的主要力量，这个群体的贡献与破坏都被低估，因为这个群体里的失败者与破坏者都主动"抹掉"某些经历。

未来的产业竞争，不是士兵突击、顺溜式的个体高手之争，而是集团军、大规模的歼灭战。营销、思想、方法论，这些元素如兵书战法一样，不是战争或将军的装饰品，而是成功营销的必备武器。要将方法论变成营销武器，需要遵循实学精神之正道。

正道，不是宋襄公式坚守抽象原则，而是如孙子、白起等大批军事家那样，在正确方法论指导下，到战场里认真勘察，按照战争规律排兵布阵，才是胜道之根本。

此为中国营销思想为王的新时代。

第二篇

激荡的时代,向时代致敬

2007年并不是特别的一年，有纪念意义的年份是2008年的北京奥运会、2010年的上海世博会。但2007年依然可以作为一个标志性的年份：以电商平台为代表的"第二世界"，从边缘创新走向主流规模。简单地说，将《中国营销脉搏》的"激荡的时代"划定在2007－2013年，是因为在这6年里，电商与电商的纠缠、新媒体与老媒体的斗争进入了短兵相接的阵地战。

经历过这个年代的营销人都知道，当时有个幽灵游荡在中国企业的头上：不做电子商务是等死，做电子商务是找死。但是在这6年间，"青年马云"变成了"马云爸爸"，天猫双11一天的销售额超过了中国最大零售连锁企业大半年的营业额。过去强大的制造业、流通零售业在崛起的互联网电商平台面前，彻底失去了底气：电商的世界成了。

与此同时，众声喧哗的博客也变成了微博，去中心化、碎片化的信息与传播环境进一步深化。微博上同样崛起一批"大V"，分流了传统媒体话语权与影响力。广告主的微博营销悄然转型，社会化媒体营销登堂入室，成为新营销的主力军。

2010年年末，一个叫米聊的新社交软件出现，在短短半年发展了400多万用户。用户还没有在米聊上建立好友录，微信就横空出世，很快在7个月后就获取第一个1500万用户，超过米聊用户数；到2011年年底，微信用户突破5000万，2013年1月突破3亿，2013年底近5亿用户。那个叫米聊的创新者，从米聊转向小米，换道超车，也超速成为2011－2013年风头最劲的明星品牌。最精彩的2014年春节的红包大战，为2013年完美收官。在此之后，移动互联时代开始了，电商的时代，与"第一世界"（实体店商）一起，成为新世界的奠基石。

2006年，大家都在读《世界是平的》，也相信一个平的世界一定会到来，可是2007－2013年的发展却生动地说明：所有人都能猜中开头，却没有一个人猜得中结尾。

芝麻开过门了，阿里巴巴和"四十大盗"（指淘品牌）都进入宝库里，拿钱拿到手发软。可是企鹅的世界才刚刚开始，需要在下一个时代，才会发现企鹅打开的是一个"潘多拉魔盒"。

因此，2007－2013年显得风云激荡，互联网的第一波冲击是冲向零售业、流通业，再波及上游的制造业。总之，产业链各个层级的企业都在这一轮互联网浪潮里经受了冲击。

这就使这个时代的营销，开始被放在商业大生态的背景下，重新思考商业模式、产业链、新经济、风险投资、动销模式、盈利模式、创业、价值观等，而本书记录的就是这个激荡时代的经历与思考。

笔者曾经说过，对于第二个世界即电商世界，中国营销是整体缺席的，尤其是中国营销策划、咨询，甚至主流广告界。电商品牌大多草根出身，都是从零到1，从1到N，抓住淘宝平台的流量红利，快速发展起来。

这些淘品牌还不可能花大价钱购买外脑服务，特别是纯智慧的服务，因为他们还拿不出钱，实际上快速的大浪淘沙也没有留给新生者太多时间去思考战略、管理等问题。

这是一个创业的时代，电商品牌的崛起更实用、更直接、更简单、更粗暴。成为淘品牌头部的新生代凤毛麟角，或者说只是电商平台"品类领先红利"的获得者。这些幸运者的营销，虽然成功，却并无太多专业含金量，因为这个弱项在电商第二波中暴露出来。当淘宝升级为天猫的时候，传统品牌的份额迅速大幅提高，而且大部分传统领先品牌同样在电商平台上夺回了销量领先的地位。

因此，不要低估电商世界的影响，也不要高估电商新生品牌营销的水平。这个判断淘品牌们可能不服气，但现实的发展正在证明这个判断：纯电商品牌要想持续增长，不仅要补线下的功课，还得补营销专业功夫的课。当电商的"抢鲜红利"消失后，电商世界的规则也在变成实体世界的规则：实力的作用超过创新的作用，电商的机会之门更多地向领导者而不是创新者倾斜。

坏消息是：营销在变，新营销在出现，竞争的门槛乃至进入的门槛在提高。好消息是：平庸更加没有竞争力，创意的价值越来越大。这是营销的福音，营销从来不怕竞争，更不怕对创意的挑战，而是害怕舞台被平庸霸占，害怕没有想象力的营销垄断了话语权。

激荡的时代难免会有些乱，但平庸的权力已经再也无法任性发挥了，这是激荡时代最大的进步。这是一个好的时代。

中国快消品营销这些年

2007 年

一、阿里巴巴：芝麻开门

互联网在如何改变今天的商业版图？一次在浙江的供应商拜访，让笔者对这个问题有了新的认识。

笔者一直在做销售（SALE）与营销（MARKETING），大多是在快速消费品企业或给这些类型企业做咨询，对于互联网在销售上的作用没有太大的感觉。我们也曾经设计过销售管理系统，就是将销售信息、订单信息、物流信息、销售人员工作信息、办公信息集成在一个平台上，实现管理沟通的即时化，使信息可以在企业内部得到很充分的公开化。

1994年，笔者在一家药品交易中心工作。这家交易中心的设计是：开发药企进入交易中心大厅，有一个席位、一台电脑，大屏幕上可以显示每家企业的产品、价格及成交信息（就像证券交易所一样），然后再发展采购者会员即买家，组成一个药品交易市场。以后又经历了几家做交易中心的企业，不同的是，虽然他们将药品换成消费性商品，或旧货、调剂商品等，但无一例外都在筹备运行不到半年就偃旗息鼓。现在看来，这些企业在商业模式设计上都存在巨大的问题。

中国批发市场在20世纪90年代兴起时是改变商业格局的巨大力量。从传统国营采购站与个体"倒爷"主宰的流通形态里，分割出一块新的交易平台，全国一时间大量批发市场风起云涌：义乌小商品市场、杭州四季青服装市场、石家庄南三条市场、海宁皮革市场、成都荷华池市场、武汉汉正街市场、广州一德路市场、南昌洪城大市场、合肥长江批发市场等，千余家大大小小批发市场培养出百万批发商户搭上"先富"的列车，也催生出几十万家企业，有的品牌迅速在三四年间成为全国知名品牌，如笔者服务过的喔喔糖果、金丝猴糖果等。

1998年起，以大型零售卖场为代表的现代零售渠道开始崛起。到2002年，大卖场（KA超市）与连锁便利店（CVS）已经成为城市商业零售的主流，批发市场的衰落与萎缩从此不可收拾：过去的车水马龙变成了今天的门可罗雀。同时，由于各大品牌企业开始撤出或严格控制批发市场的产品销量，批发市场的售卖产品开始沦为非品牌产品或假冒伪劣产品，而批发商的销售对象也主要针对三四级乡镇村市场，使批发市场货物在城市消费市场的比重急剧下降。

并不奇怪，这些批发市场基本风光不再，但义乌小商品市场却在一片批发市场倒闭论的风潮里，经过短短一两年的休整，再次光芒四射，成为中国商品交易的最大平台。原因在哪里呢？

经过比较，笔者认为，义乌的崛起得益于交易平台的创新。

传统批发市场的交易形式是两种：面对面的看样订货与电话订货，现在中国99%的批发市场还是这种交易形态。但走进义乌市场的店铺，你会发现不同：每家店铺里没有产品库存，只有样品、编号，还有就是一台电脑。这台电脑可不是做统计的，它联着互联网。每家公司或者是有自己的网站，或者在如阿里巴巴这样的网上商城里有产品发布，还有就是全部都在用MSN或QQ在与问讯者或客户进行交流——这就是今天义乌市场的交易形式：以阿里巴巴为代表的电子交易平台加MSN与QQ的沟通平台。

2002年以前，向企业推销互联网与网站，在我们看来就像是在推销一个没有用的好玩具，批发商包括义乌的商人会白你一眼说："做生意会数钞票就行了，要什么网络？"而今天，义乌的商人们会说："做生意，没有互联网怎么做？"

这种观念与行为的改变背后是多么巨大的社会及商业变迁！

我们现在做供应商筛选，问的最多的话也是："你们有网站吗？""产品都在网站上有介绍吗？"有了这两个肯定的答复，与供应商的沟通也变得简单，就要求供应商将产品清单、价格与交易条件写下来，我们就可以进行比较选择了。确实如阿里巴巴广告语所说的："天下没有难做的生意。"如此降低产品介绍、比较与选择的沟通成本，我们就可以将沟通内容放在市场、经营甚至个人等更加人性化的内容上。生意，也不仅是简单的交易，交易的最终结果取决人际沟通的效果。

我们看义乌市场交易形态的成功因素：

第一，这样的交易形态首先是降低了产品库存的成本，一切都可以看样订货，实现订单化供应。

第二，降低了人员与运营成本，店铺里基本上三四个人即可，电话也主要是CALL IN（接听），更多是通过即时通信与电子邮件进行交流。

第三，这种交易平台本身就是销售渠道，大大降低了搜索、开发客户的成本。这种程度的成本降低造就了义乌商品的价格优势，且这些价格优势逐渐形成"聚焦效应",使全国乃至全世界的采购者都知道义乌是商品价格最便宜的地方,如此反复推动义乌市场交易额的扩大。而市场效应一旦形成,就会吸引全国各地的生产企业来这里设立交易窗口——整个市场的"正循环效应"就形成了。

这就是义乌市场的秘密——交易形态的创新改变了义乌市场的功能,使义乌从消费者市场变成中国采购者市场,并由于互联网的超地域性而逐步成为世界小商品采购者的市场。

市场——Exchange place,本来的意思就是"交易的场所",由交易主体、采购者、交易形式三者相互作用形成"交易系统"(Exchange system),其中任何一个要素的变化都会或快或慢地引发整体交易系统的变化。

作为交易系统支持的是生产商与物流系统,这两个基础平台以义乌为核心促进了浙江中小(年营业额在10亿元人民币以下都是这样的中小企业类型)生产企业与运输(物流)企业的成长。

阿里巴巴今天在做的电子商务平台涉及"市场交易系统"的所有环节:以诚信通为主的交易(主体)平台、以支付宝为核心的信用平台、以商易通为核心的沟通平台,包括搜索与门户平台等。这就是阿里巴巴构建的 B2B + C2C 电子交易平台体系,笔者称之为"大阿里巴巴体系",目的是真正实现"以虚驭实"。

阿里巴巴的成功得益于马云的坚持,其总部落户在浙江也不是偶然。是马云抓住了浙江经济的新因素成就了阿里巴巴,还是浙江民间经济借助阿里巴巴获得了发展的舞台,已经不重要,马云与阿里巴巴确实在中国电子商务应用上成为"第一推动力",事实上成为今天中国电子商务真正的"8848"。

从安吉到绍兴再到义乌,给笔者印象深刻的是浙江商人们对电子商务的重视:讨论网站内容,或者在申请成为诚信通会员,或建立自己的网站。其中一个企业尤其具有代表性,这家企业位于浙南深山的县城,2000年创立时是小作坊,连续亏损2年,只见钱出去,没有钱进来。2002年,偶然的机会与武汉学电子商务的网友认识,出于热心网友帮助建立了一个企业网站,由此生意竟开始逐步走上轨道。到2006年,已经成长为当地的龙头企业,拥有30亩自建厂房与原料基地,外销、自销、OEM代工销售构成其生意内容,并且尝到了电子商务甜头,现在已开设了10余个专业网站，用来扩大企业知名度与客户源。听着他的介绍，笔者深深地感受到互联网在改变生意形态上的巨大力量，这不是理论与愿望，而是被成功经验证明的现实。

但笔者也分明感觉到，在"大阿里巴巴体系"之外还有一些新的疆界。比如利用互联网实现供应链的整合平台、产业的整合平台、真正的产品整合平台等，这些还需要进行探索与思考。

阿里巴巴之类的电子商务交易平台已经在深刻改变中国未来的商业版图，至于这个过程是开始还是中间现在判断为时尚早。重要的是，我们需要学会这个新商业时代的"暗号"：芝麻开门！

这几天细思阿里巴巴的故事令笔者不能平静：一个几次被合作者"为难"的做事者；一个从创立就不断被学者、权威、媒体断言"注定失败"的公司；一个让自己的创业团队拿出除伙食费以外的所有积蓄，每月只发500元工资，每天工作16～18小时的"狂人"；一个在一周里先从高盛获得500万美元，又从孙正义的软银获得2000万美元投资的传奇融资；一个致力于打通中国电子商务应用领域"奇经八脉"的商业模式（从支付宝到E邮宝）；一个没有上市已经价值30亿美元的公司——阿里巴巴、马云及其"十八罗汉"团队。

马云不无调侃地恶搞一下今天中国的所谓"主流文化"，说："当你成功的时候，你说的每一句话都是真理。"我们在学习这些成功者的时候还真是要小心，因为他们现在说的话有多少是深思熟虑，又有多少不是为了作秀，恐怕连名人们自己也未必清楚。所以按照尼采的话说，与这些"至理名言"接触还是戴上手套的好。

一个人的历史透露了比他自己回顾时更多的信息。当马云及其"八大金刚"在长城上责问：为什么我们付出那么多，却什么也得不到时，我们可以体会到那种"天问"式的悲愤！这个队伍没有散，而是回到杭州拿出每个人的私房钱开始新的创业——阿里巴巴。

马云在阿里巴巴创业会上却说："你们只能做连长、排长，团级以上干部我得另请高明。"这是1999年2月21日，春节过后不久的一天，其过程被全程录像（看来马云当时就有"历史性时刻"的感觉了）。

1999年4月15日，阿里巴巴上线。外经贸项目没有给马云创造机会与财富，却寻找到了一个商业运行模式。现在马云在杭州重新开始。第一个空降兵、耶鲁博士、华尔街混迹多年的 Investor AB 副总裁蔡崇信，由准备投资到决定立即加入阿里巴巴。1999 年 10 月 29 日，完成由高盛牵头的联合投资人向阿里巴巴注资 500 万美金的第一轮融资；10 月 30 日，马云与蔡崇信去北京与孙正义见面。孙正义决定投资 4000 万美元，但马云最终只接受 2000 万美元；2000 年 1 月，软银投资落实。2000 年 4 月，Nasdaq 崩盘，.com 烧钱泡沫破灭。

后面的故事，引用一下公开数据：2001 年 12 月，阿里巴巴当月冲破收支平衡线，盈利达几万美金；2001 年 12 月，阿里巴巴注册商人会员突破 100 万家，成为全球首家超过百万会员的商务网站；2002 年年底，阿里巴巴现金盈利冲破 600 万元；2003 年 5 月，提前实现当月每日收入 100 万元人民币目标。

令笔者感兴趣的不是阿里巴巴故事本身，而是其背后关于人性的内容：马云没有对阿里巴巴的控股权，却有对公司的实际控制权（影响力）；十八罗汉团队没有选择安稳的金领、白领之路，而是选择了与马云一起"疯狂"；在 2 月 21 日至 4 月 15 日建设阿里巴巴的过程里，马云与团队因网站设计问题（用 BBS）发生激烈矛盾，马云在电话里狂怒："你们立刻、现在、马上去做！立刻！现在！马上！"

阿里巴巴的故事里不全是"笑傲江湖"，5 年中累计有 40% 的老员工（通常老员工指 2 年以上工龄的人）离开，核心团队中的"八大金刚"则保持稳定，在"核心干净"的同时实现基本的"外围稳定"。40% 的离职率在西方公司里是很高的人员流动，但对在发展期的中国企业来说已经属于稳定型流动了；可贵的是，核心层基本稳定，这是很多创业型公司做不到的：企业稍有起色，核心层就开始鸟燕分飞、各立山头，中国企业做不大与这个因素很有关系。

作为团队灵魂的马云，与万科的王石、蒙牛的牛根生等具有相同的领袖特质，没有控股甚至不是大股东，却保持对公司运营的高度控制，对资本同样显得强势。

在他们身上有我吗？我很大很强，但又似乎没有我，只有公司。

有利吗？有大利无小利，有公利无私利，考虑团队之利而非一己之利。

有名吗？很大之名（主流媒体），很广之名（世界范围），名中却有实相。

在企业里什么是最有害的因素？名利小人，是中国文人蔑视商人、政客们的词汇，可如今求名逐利者皆成成功商人，文人们的蔑视要么针对老板、要么针对其同仁，发一发自己不得意、不满意的愤懑。在企业实际里看，"我见"深者可能是最大的炸弹。

"我见"是什么？就是控制欲、知情欲、决定欲的综合体。

控制欲，指那些我见深的干部总要其下属请示汇报才可以说话与行动，通常企业出现的跨部门协调不畅均源于此；知情欲，是一种希望对下属或公司信息的知晓欲望，即想让下属的行动、思想都先经过自己的审核；决定欲就更厉害，无论在任何正常或非正常的事情上都想显示自己才是决定者，显示其权力，也就是通常所说"喜欢收买人心"。

究其根本，具有这样心态的人表现的是其个性，实际上反映的是其内心深处的"不安全感"与"不满足感"。不安全感，是这些干部或者感到老板对自己的压力，或者觉得同仁、上司是自己的障碍，由于无法对别人信任，从而总觉得别人的成功或荣誉就是自己的损失，产生不安全感。不满足感，通常是这些人做了些事情，与公司里的其他人比较（尤其是与自己心里的竞争对手比较），总是抱怨自己辛苦、付出多等，这就是不满足感。

很多年了，笔者一直看到在有些企业里这样内心不净的人越来越多，而有的公司老板认为这样有利于自己对公司的控制，确实看到不少企业因此而陷入内讧、对冲、停滞。

所以创办一家成功的企业真的不容易，考验的是企业首脑的"心智"，即判断力。而这种判断力的根源只能是自己的内心——我们每个人其实都是在与自己做斗争。

在成大功者的身上，确实发现了超越名利我相的心智特质，他们为着事业的目标排除一切。笔者还是在强调目标。在笔者看来很多企业的增长停滞是因为缺乏坚定的目标，更多企业失败同样是改变目标。笔者也始终强调，企业的存在是为了实现自己的目标而不是别的。一个失去了明确坚定目标的企业，迟早会陷入企业政治的泥潭、迟早会丧失对事物及人之本质的基本判断（也就是什么是对自己有利的、什么是有害的），迟早会变成一群庸庸碌碌但求混日子之人的名利场。

2001年年底，在所谓互联网的冬天里，马云参加孙正义在上海举行的他投资的三十几家公司的工作报告会议。马云讲了三句话，孙正义说："在所有的公司里，只有马云当初告诉我要干什么，现在还在干什么。我以为，这就是企业目标的巨大力量。"

有了这样的目标，马云在2000年年底进行公司大整改（号称"延安整风"运动）的时候，可以这样说："如果认为我们是疯子，请你离开！如果你专等上市，请你离开！如果你带着不利于公司的个人目的，请你离开！如果你心浮气躁，请你离开！"这就是大善，为了实现企业目标将自己的要求敢于明确地提出来，而不是靠假仁假意或小恩小惠的伎俩。

伟大公司的特质，笔者认为，就是必须目标清晰、明确、坚定、可执行。目标本身，并以对目标之实际贡献为标准，就是企业的价值观与文化，企业的领袖、干部、员工要以这样的目标为标杆。

企业里的每一个人应将自己的个性、知识、经验融入企业目标，而不是以自己的个性、经验、知识为标杆来判断人与事。每个人真正的对手其实只有自己，自净其心才能够宁静致远。不必有太多我执我见，要给别人一点自由成长甚至自由犯错的空间。

马云还说了句比较俏皮的话："一个公司在两种情况下容易犯错误，第一是有太多钱的时候，第二是面对太多的机会。"一个CEO看到的不应该是机会，因为机会无处不在，而更应该看到灾难，并把灾难扼杀在摇篮里。

仔细研究中国互联网第一代与第二代企业的不同，可以发现很多差异：第一代互联网是以新浪、搜狐、网易为代表的门户网站，其最初业务模式的特点是信息大全性质的"第四媒体"；第二代互联网是以应用增值服务为特色的新兴企业，如网游的盛大、IM即时通信的腾讯QQ、B2B的阿里巴巴、搜索引擎的百度、招聘网站的51Job等；第三代互联网是以WEB2.0及移动通信相结合的企业，如空中网等。

第三代互联网企业还处在发展中，比较令人感兴趣的是第二代企业的特别之处：第二代互联网企业的创始人均比眼球时代里的创业者经历更丰富一些，包括年龄都稍大，如马云、李彦宏之于丁磊、张朝阳。因此，第二代互联网成功企业具有更多"人文精神"的内涵，包括企业价值观、企业文化、企业风格、企业理念等，而且他们都将企业价值观及风格当作团队建设的最核心内容。

马云将他对中国武侠精神的理解融入个人理念与经营战略里，如以武功境界来诠释阿里巴巴的企业目标、以有招无招来看待与竞争对手的关系等。真正的高手眼里没有对手，眼里没有敌人也就没有人可以成为自己的对手；李彦宏则以蔡元培等新文化运动时期形成的"北大精神传统"作为人生选择的"灯塔"：丰博的学识、闪光的才智、庄严无畏的独立思想，这一切又与耿介不阿的人的操守和抗争相结合，构成了一种独特的精神的魅力值。

阿里巴巴与百度确实是第二代互联网企业的佼佼者，笔者认为不仅是因为他们在中国市场里超越或击败了比自己强大数百倍的巨人型企业（Amazon、Ebay、Yahoo、Google），而且是在以一种做百年老店的精神、技术、坚持来建立企业基业长青的根本：企业的文化或企业的精神、风格、价值观。

这两家企业甚至不约而同地在倡导同一价值取向的东西：为客户创造最具性价比的价值，为员工创造最大能力发挥的平台与机制，CEO寻找对企业提升基础能力有帮助的专业人员进入核心经营层等。与阿里巴巴的"十八罗汉"创业团队相同的是百度也有一个"七剑客"创业团队，同时又保持着不断吸收新人才的开放气度：阿里巴巴将百安居的卫哲迎娶为公司新总裁，百度甚至吸引娱乐名人梁冬出任副总裁。

不要小看在这些重大人事调整里所透露出的企业精神。这两个企业是真正以对事业、对未来负责为价值导向在调整企业的权力与利益格局，而这一点是绝大多数企业根本做不到的：不是老板容不下所谓的职业经理人（如牛根生在伊利），就是创业子弟兵与后进精英群的倾轧与内讧。

一个企业能否"做成"靠的可能是某一单点的突破，如老板的意志与眼光、卓越的产品、特别的行销方法、强大的执行能力等，而企业要"做大"则必须靠一个高效整合与开放的经营团队。CEO是这个团队的旗帜与灵魂，但绝不是"统治者"——沈南鹏列举的CEO十大败笔里有一条就是"CEO以为自己是企业的KING（国王）"。

这些企业以成为"伟大公司"为自己的追求，也就是寻求超越企业价值以外的社会价值贡献。阿里巴巴在强调其对中国人生意形态的贡献（网上贸易、改变生活），百度强调其对中国文化的深入理解（百度更懂中文）。

这两家企业也许可以说是幸运的。在改变中国人生意或生活方式方面互联网的作用正空前变得强大，中国GDP已经在短短5年间翻了一番，达到20万亿元人民币，中国的和平崛起正成为一个真正"世界历史性"事件，而风云际会，阿里巴巴、百度"抢"到了最佳的位置，也得到了世界的认同。

伟大公司绝不仅是一个规模最大、最会赚钱的公司，而一定是因为其真正在对社会贡献更加符合人类生存与发展的新价值，为千百万的企业或个人创造更多实现价值的机会与平台，或者是其产品、服务、理念等的实际作为在改变社会与个人生活的质量，比如可持续发展的理念、生物技术、农业技术、金融工具技术等的创新。但笔者并不赞成"企业办社会"，即以所谓的社会职能为企业的经营目标，而是亚当·斯密所说的，企业在做好的同时就是在为社会做贡献。

马云看到了阿里巴巴代表的不仅是交易渠道的创新与交易成本的降低，而是对中国商人生意形态的改变；李彦宏看到的也不仅是自己比对手有更快、更先进的技术，而是借助百度搜索让客户价值得到更好的实现（事实证明，竞价排名这一盈利性服务成为百度称王中文搜索市场的制胜武器）。

除了内容方面这些卓尔不凡的企业显示出其对社会主流价值与企业核心能力相融合的远见，在执行层面其管理文化都非常明显的"简单化"，即专注于事物的关键点，抛开一切的非关键性因素，并用非常直接而简单的方法执行核心战略目标，包括在处理公司事务与人际关系（沟通）方面都非常强调简单化。百度有两句管理格言是：因为简单，所以能够依赖。容易，能容则易，反映出百度信任、和谐的团队文化。

容、易、简、信这些因素确实是成大功者必须培养的企业素养与个人风格。《易经》曰："易则易知，简则易从。易知则有亲，易从则有功，有亲则可久，有功则可大。可久则贤人之德，可大则贤人之业。易简而天下之理得矣，天下之理得而成位乎其中矣。"

成功有大小，"做成"之道以易以简，"做大"之机则需能亲能久，与老子所说的"往而不害、安平泰"的意思相同。眼界决定未来，胸襟决定空间！

二、新经济的属性与基本逻辑

经济型连锁酒店是继星级酒店品牌后出现的新型细分酒店,虽然采用的是西方 INN、MOTEL 的概念。目前有经济型、便捷性、快捷型酒店等名称,但实际上具有中国特色,也蕴涵在中国这样的新兴市场才可能具有的巨大商业机会与资本价值。

经济型酒店快速发展的背景是商务中间经理阶层的成长壮大,休闲自驾旅游潮流,二级以上城市的中心效应(目标消费群的主要聚集地)。由此诞生体现中国新经济特色的服务性产品——经济型连锁酒店,而且当前主要在 140~200 元的主流商务房价上产生连锁品牌,不仅是因为这个房价空间由于对传统一星、二星酒店进行颠覆而产生强大的竞争优势(性价比),同时也是大规模连锁化所需要的成本 - 效益达成均衡的平衡点。

经济型连锁酒店的竞争优势在于,在新价值取向下用价格杠杆"撬"走传统二星、老三星酒店的客户层,且连锁品牌提供了这些"漫游客层"跨地域的选择问题,同时预订房的便利性符合商务人士理性计划的思维习惯。

经济型连锁酒店正成为中国普通酒店(包括中小旅馆)市场的升级改造运动,其发展潜力可以与商业房地产在中国的崛起相提并论。

当前在二级以上市场进行的连锁品牌运动,将来也必然延伸到三级(地、县级市)市场,在 80~140 价格空间上仍然将有实惠型连锁酒店品牌的产生。

时至 10 月,上面提到的所有预测都已经成为现实。

新经济的特性改变了传统星级酒店的自我滚动式发展路径,迅速成为 VC(风险投资)追捧的热点,如家、锦江之星陆续完成在资本市场的上市,从而加速开店布局的步伐。

但是,谁将成为中国经济型酒店的第一品牌?

现在看来,如家、锦江之星维持双领先地位的可能性更大。由于酒店行业本身运营的复杂性与复制(包括并购)的难度,出现如楼宇电视广告市场里以分众对聚众的收购从而结束品牌割据格局的情况,在经济型酒店里并不容易出现。

"新兴传统行业"正在越来越多地受到过去以互联网技术为主要投资方向的VC们的青睐，不是没有道理。按照蓝海战略的观点，新兴传统行业通常是在传统行业的"红海"之外，另外开辟出一个没有竞争（或弱竞争性）的"蓝海"市场。比如经济型连锁酒店正是成功地推动并实现了"细分市场变主流"的重大结构性变化，而传统二、三星级酒店在经济型酒店的攻城掠地面前"束手无策"。这样，由于没有竞争阻力，经济型酒店的巨大发展空间与增长速度得以被认同（上升通道的形成），"资本的故事"被完美演绎，股东尤其是VC投资价值的最大化变得现实而快捷。

新兴传统行业正呈现越来越清晰的"新经济"的特性：

首先，收入被无限放大的可能性与现实渠道（商业模式、收入模式与盈利模式的成熟）成为VC"疯投"的按钮。

其次，"快速规模化能力"，即快速实现超大规模化甚至垄断性品牌地位是新经济的典型特征，也是新经济给创导性企业提供的"天赐机缘"。

因此，我们通过对新经济的研究，总结的新经济的基本逻辑路径是：

第一步是战略导航。即商业智慧及其战略执行力是缔造新经济传奇的"原始动力"！三年前的盛大网络、两年前的阿里巴巴、一年前的中芯微电子等。

第二步是快速规模化。新经济确实体现了一个关键词：速度——快鱼吃慢鱼！新经济的教父级人物Intel前总裁安迪·格鲁夫在《只有偏执狂才能生存》中说："当竞争以十倍速发展的时候，一切守旧的行为都会导致企业在很短的时间内，被对手远远地抛弃在后面。"这已经不是预言，而是新经济行业里的规则！

第三步也是结局。即赢家通吃：参与者很多，成功者（垄断市场份额）仅一两家而已。

上面的"经典三步曲"就是新经济新行业或产业的基本属性。准确把握新经济的属性、特性、规律、规则是获取"全胜"的关键。

三、消费者需要"唤醒"不需要"教育"

如果现在有人说营销的核心就是"以市场为依归，消费者为中心"，应该不会再有人表示怀疑或惊诧。但当说这一观点的李传屏先生及其当时福记公司的台湾营销专家团队（对笔者影响最深的是张良吉先生）在1998年那个闷热的夏天对我们年轻的安徽圣泉啤酒集团市场部进行专业培训时，还是属于比较有冲击力的新鲜观点的。

8年过去了，李先生将其观点与思想结集在《营销论语》中出版了。阅读这本书，看着熟悉的思想，笔者仿佛又回到了盛夏的记忆里，再次感受到过去的成长轨迹。

从那以后，笔者经历了不少企业，进入咨询后，接触了更多的企业，发现真正将这个观点理解透彻并"一以贯之"去执行的企业比想象中的要少得多，包括很多将这些词语挂在嘴边的企业主与职业经理人，令笔者有些感叹时间改变了很多但未必一定是进步（章太炎在《俱分进化论》中对天演论的不断改进的社会进化思想提出质疑，认为"善进化、恶亦进化"）。

过去的中国市场提供了很多机会，可以让不研究消费者，或者不研究市场的企业，甚至不少违背商业道德的企业，透过其他的手段与方法实现了原始积累。这个现象本来是新兴市场的"特色"，却不知为何变成了很多人搞专业怀疑论与知识无用论的证据。

比如以消费者为中心，不少人就认为搞市场调研费钱没效果、教育消费者传播成本高等。其实，这都是将消费者复杂化的偏见。

笔者认为，消费者本身是单纯而直接的，营销中强调的把握消费者与是否进行调研与广告没有必然关系，需要的是营销经理人对消费者"动机"与"习性"的认真观察与深入洞见。

在涉及消费者的认识上，最大的谬论或误解有两个：一是消费者需要教育；二是消费者的教育成本高、见效慢。

营销经常是在帮助企业推广新产品、新技术，一碰到新事物市场推广失败就归结为消费者教育不够，还举出一些案例比如万燕VCD的失败、海王系列产品的失败等来证明"先进成先烈"的故事。

笔者必须说，自己失败何必找"普遍规律"来找下台阶呢？为什么自己花费资源、使出浑身解数而消费者不尝试或尝试后不重购，不去反思自己在设计、执行、操作上的问题却拿一个毫无根据的"规律"做借口呢？

消费者也许不知道新产品、新技术的原理、过程等，但消费者为什么没有感受到这些新产品、新技术带来的新感受、新利益呢？这个问题才是检讨的核心。

很多新产品、新技术企业将消费者当成研发工程师，将自己当成"扫盲普法"培训员，编出一大堆产品手册。笔者曾经看过一个保健品企业的企划部编的一本"产品机理说明书"，洋洋15万字，把产品说得简直像"神药"。企业市场推广的气魄也很大，能一夜之间让全城人民满眼都是产品宣传材料，但销量却少得可怜，没有消费者买单。这种说明书不是在做营销、推广，而是让所有人糊涂。

消费者真的麻木到连几千万元广告也教育不清楚、理解不了产品功能的程度了吗？

事实是，企业没有简单明了地将产品与消费者可感知与可接受的利益成功挂接，或者没有找到向消费者传递产品信息的合适渠道。

最重要的是，消费者无论对于自己的需求是否明确与急迫，营销者要成功让目标消费者购买都必须做三件简单的事：诱使消费者进行品牌的转换，或者将隐性需求激发为显性需求，将不急迫需求激发为紧急需求。一句话，必须创造目标消费者购买本产品（品牌）的动机，否则一切都是白忙活。

因此，不要说消费者难教育，消费者根本就不需要你去教育，而是需要去"唤醒"！

回到20世纪末的5年里，互联网在中国刚刚起步，除了用中国电信的电话线拨号上网，没有别的途径；新浪、搜狐、网易三大门户网站与其他很多门户网站的内容大体相同；中国网民不足1000万户。第一轮互联网泡沫后，门户网站出现新经济的"赢家定律"，大量同质化而没有快速规模化（在网用户数量）及实现上市的烧钱网站大量倒闭，被称为互联网的冬天。但正是在这个严冬（2000—2004年）里，中国宽带基础建设取得突破性成长，网民数量迅速突破5000万、1亿、2亿，而且过去更多是在国际贸易里频繁使用的电子邮件（EDI）开始成为普通人沟通的工具，甚至在取代传真机。今天，中国互联网用户据称突破3亿人，宽带化时代已经初步到来，E－MAIL、IM（MSN、QQ）、WEB2.0、IPTV、BLOG成为越来越多人工作生活的必需工具，互联网正从过去猎奇性、补充性的工具变成数据性、助手性的工作箱。

世界发生的变化已经彻底改变了中国人获取知识、信息的途径，而今天互联网上的内容完全消除了历史性、民族性、地域性的隔阂让任何人可以在网上轻松获得想知道的任何资讯。简单地讲，知识，这个在过去必须通过学校、图书馆、书店、报纸等才可以获得的东西，现在已经可以为任何人只需通过互联网就可以获得，"百度一下""GOOGLE一下"成为获得信息的途径，而且获得的内容超过任何老师可以传授的内容。

那么，今天的教育还能与过去的教育相同吗？靠贩卖"先知"（指比别人早知道的知识）已经不能做一个合格的老师了，因为在这个时代里学生可以简单"百度一下"就获得比老师讲出的知识更多的内容。

世界变了！工作生活在变，生意、营销也必须变！

今天的消费者（或者说生活者）地位已经改变：过去是被动接受信息、很难（或者说没有足够的手段）去比较与鉴别信息，所以那个时代消费者受广告、媒体的影响要大。今天消费者可以轻松地获取感兴趣对象的更充分的信息，并可以对信息进行比较。

因此，从启蒙时代开始的知识大众化运动，到互联网时代已经不再需要了，知识大众化已经变成大众化知识，没有什么知识是神秘的先知了。

变化还在于：知识大众化时代的人是用脑子在记忆、用本子来记录，而今天的人是用百度来搜索、键盘来复制。过去的人，关注的很多，知道的较少；今天的人知道的很多，但关注的很少。

在这样的世界里还用过去的那些思维，尤其20世纪80年代前的人其受到的是上面那种"填鸭式的教育"，其思维模式就是认为向别人传递信息就是"教育"。

然而，今天接受知识的人已经不会对他不感兴趣的内容投注脑力了，而如果能够引起他的兴趣，他可以将你从任何角落里GOOGLE出来并很快与同伴分享——过去的人在用脑子吸收知识，而今天的人是在体验心灵兴趣的方向。

如果说过去时代是"脑经济"，那么这个时代就是"心经济"。脑经济里比的是谁知识渊博、深入浅出、演绎生动（易中天的《品三国》就这类的代表），而心经济里要的是个性鲜明、直截了当、过目难忘。

拿爱情来比喻：过去是处朋友、谈恋爱、培养感情，而今天是凭直觉、谈眼缘、一见钟情。

营销也是一样，今天的企业要实现对消费者的深度渗透（即传统意义上的消费者教育）需要研究新的信息传播路径，但肯定不是大量的广告。

对于新产品、新技术企业而言,营销的重点不是如何"诉说家世",而是能否让目标消费者"一见动心"。唤醒是感性化操作,而教育是理性化诉求。

都说新经济是"注意力经济",因此新经济里的营销第一法则是"兴趣带动销售",兴趣不会因了解(知识)而产生,知识只会因产生兴趣而被了解。

这就是今天品牌(产品)营销需要认真理解的关键之处:企业必须集中其人力、心智与资金去设计吸引目标消费者兴趣的路径,然后在关键点上去唤醒消费者,从而实现"高杠杆解方案"。

一句话,衡量今天品牌成功与潜力的标准越来越简单迅速:能否让渠道、消费者看到你的产品都"春心浮动"?

认为没这回事儿的人就不要做营销了,免得误己前程;认为这事很难的人最好休息,不必勉强自己;相信这是自己必须达到目标的人,勇敢前行吧,不要怕被别人说成是"疯子"!

笔者为这些营销"疯子"加油!

四、 蒙牛的启示:业既欲大、创必非常

尼采在《偶像的黄昏》一书的序言里说:"当一个人在从事一项阴郁而责任极其重大的任务时,保持快乐的心情就绝非微不足道的本领。"40年后,毛泽东率领中国工农红军在国民党军的围追堵截里艰难战斗的时候,写道:"红军不怕远征难,万水千山只等闲;五岭逶迤腾细浪,乌蒙磅礴走泥丸;金沙水拍云崖暖,大渡桥横铁索寒;更喜岷山千里雪,三军过后尽开颜!"

通俗点讲,所谓的"革命乐观主义精神",对于革命者来说确实是最重要的资源。

笔者从另一个角度来看一下历史上的大成功者,发现能成大功确实都仿佛得到巨大偶然性的眷顾,人们称其为"幸运之神"。比如红军长征的历次死里脱险,尤其是抢渡大渡河一役,避免了成为太平天国石达开第二的覆没命运。红军没有去修桥或找船,而是在48小时里奔袭300余里,去强夺唯一的渡口桥,而桥既被抽去垫板只剩十三根铁索,对面又有一连兵

力轻重机枪把守,"从军事指挥角度看,攻取这样的目标绝对是错误的妄想。朱德事后评价:这是人类战争史的奇迹!"

因此,不是什么幸运之神的眷顾,而是关键的指挥者选择了非常规的办法,取得成功后就变得似乎是大幸运。如果红军指挥者组织架桥找船,谁也不能说不是正确的办法,却可能会让历史变一个模样了。

《老子》开章明义:"道,可道,非常道!"

这句话的完整意思是:道是存在的并可以找到的,但能找到的道却一定不是平常的道。言下之意,平常的道即非道也。何以言常与非常?常道即是指人类经验阈内所能认识的规律并遵循的规则,而非常道则反之,即超出特定时空环境下的人类经验阈集。

笔者1998年在给销售经理们培训时曾提醒他们:经验是财富也是陷阱!这么多年来,笔者自己也是在这种财富与陷阱的交相碰撞里不断加深对事物的认识,就是对自我"心灵素质"(用这个词指称知识、见识、胆略、胸襟、情感等的综合特性)的不断超越。既要在认识客观情势时冷静镇定地还原事物的本来面目,不因自己的个人因素影响对事物的判断;又要在决定行动时大胆快速地执行,不受任何限制地创造解决困难的办法。

慢慢地,笔者开始领悟到一些事物的真相:为什么事情是存在的?为什么存在的事情又可以不存在?如何将不存在的事情变成存在的?为什么有的人只能小有成就?为什么有人能成就大业?等等。

蒙牛,中国快速消费品史上最成功的超速成长品牌,在蒙牛神话的背后是什么呢?已经有很多解释蒙牛成长的记录与评论,笔者仅从成大功关键因素角度再补充说明之。

牛根生说:"眼光决定高度,布局决定结局。"

老牛1999年开始创业,几乎将伊利产供销环节的核心骨干尽数吸收,这就是被老牛称为"中国顶尖资深牛奶专家组成的最年轻、最弱小的乳制品企业"。这些人之所以愿意放弃伊利大企业的既有地位来重新创立新企业,是因为他们相信自己的团队可以再造第二个伊利,而在这个新企业里可以获得更大的价值实现。

从蒙牛进入市场的第一天起,就包括蒙牛这个名称,都显示出超凡的气质:一夜之间成为呼和浩特家喻户晓的新品牌、第一桶金选择在东北卖冰棒、第一场大规模砖奶战役选择长途奔袭深圳等。蒙牛的成长历史确实犹如一辆战车，剑锋所指、所向披靡，所有确定攻打的城市几乎无一例外的应声而落。上海之战虽然有些小波折，但在成功将前光明总裁助理策反之后，随即长驱直入如入无人之境（再次说明在关键的岗位上，人是解决问题的钥匙这一核心规则）。

于是，跨国资本开始对蒙牛进行战略投资，很快蒙牛就成长为与伊利平分天下的乳品企业。牛根生再次出手惊人，将自己所有股份捐出成立公共基金，以大舍获大得。

蒙牛的速度：1999年成立时仅100万元注册资金，办公地址在200元月租金的53平方米的民房里，1999—2000年实现1亿多元的销售。但从2001年至2005年的五年里蒙牛拔地而起：7.24亿元—16.68亿元—40.715亿元—72.138亿元—108.25亿元。牛根生本人在整个过程里起到了"拉起大旗"的标杆作用，但真正成就蒙牛的仍然是蒙牛在战略上对中国乳业格局与趋势的独到把握，操作层面的布局思维（舍地理之近取市场之近、舍风险低的二级市场取市场制高点的核心城市、舍循序渐进取瞬时爆破等一系列运营策略与执行）决定了蒙牛最后的"大成"。

是什么催生了蒙牛速度？是什么让蒙牛成就如此奇迹？从上面的叙述里可以看到三个关键词：领袖、团队、正循环。

一是VC（风险投资）喜欢讲"项目+团队"是决定投资的关键因素。笔者认为，其实项目本身就是团队的核心—领袖或CEO。没有CEO，项目本身是没有意义的，即使项目的前景、模式、技术等再正确，没有CEO的核心作用，也是没有用的，这还是符合"人是解决问题的钥匙"的基本规则。

二是团队，也就是CEO所组建的"班子"，按柳传志说法"定战略、搭班子、带队伍"三部曲里的后两部分。一个企业能否整合合适的人才，并发挥整合作业的效能是考察所谓创业团队的核心内容。

三是正循环，也就是在CEO、团队与事业三者之间形成正循环——相互促进、相互支持、相互激荡，简言之"组织相合性"。CEO从团队与事业获得更大的信用与形象资源，团队原有人员长项得到发挥，越来越多英才加入企业团队，事业得到超常发展，同时高速成长的事业也给CEO与团队实现个人价值提供支持。到了正循环的顶点时，能创大业者必然需要也必然会出现"不合理的行为"，即超常规的作为，再回头看去就仿佛是得到"幸运的眷顾"及天成之象。

所谓的成大功者即是如此，领袖是战略层面的因素，团队是战术层面的因素，正循环是运营层面的因素，欲得大成，三者缺一不可：当年共产党从长征到陕北到抗日在解放全国也是这三大因素在起作用。

这其实也不是什么新鲜的发现，而是在《老子》里早已说清楚的"大成之道"：执大象、天下往；往而不害，安平泰。乐与饵、过客止。

意思是：能操作大业的人将其事业的战旗树起，天下英才即会心往而至，聚集在一起共创大业；天下各路英才来了，但不互相产生"祸害"如相倾相轧之事，才可以使事业平安、顺利、逐步做大！在这种高速成长的时候，还是乐于让别人特别是无关的人分享成功果实，就会像往池塘里撒下鱼饵一样，让那些本来只是随意游到这里的过客，自动加入自己的团队里。

老子的这段话简直就是对创大业过程及关键要素的高度概括：无大象则天下才俊不会心向往之，天下才俊既往则不可相害相克，否则就会不安不平，自然不能做大（古大与泰同训）。在成长过程中，不是小心眼而是乐于与不相干的人分享成果，就会吸引意想不到的英才，做成意想不到的成果，这样的互动过程会让事业的进展总是可以在关键时候得到关键人员的帮助，犹如天成。

没有什么幸运之神的眷顾，也没有什么犹如神助，是人的有效组合创造出大奇迹。还是《国际歌》所唱的："从来就没有什么救世主，也没有神仙和皇帝，我们要做自己的主人！"

五、 商业模式的逻辑基础是销售形态

商业模式是什么？很多时候只懂埋头做产品或销售的企业确实缺乏从产业链、价值链角度的业务模式设计，从而使本来可以赚钱的业务变得亏损。比如动画或动漫产业，如果依靠开发动漫作品从电视台购买节目中获利，实际上不是最好的业务模式。迪士尼从动画形象授权、主题乐园中获得的收入与利润远远超过销售动画片版权的收入。如果在缺乏品牌的情况下希望销售动画片播放权就更是很难行得通的业务模式，蓝猫投入6000万元制作费用却无法从电视台的播放里获得一分钱收入，最后是依靠卡通形

象（品牌授权）的形式走上盈利之路。动漫产业的这种特性其实正反映出企业的商业模式（或业务模式）对于获取收入与盈利是至关重要的。

商业模式是超过传统的企业经营逻辑的。传统的企业经营逻辑是设计并制造一项产品或服务，建立销售组织与分销渠道，配以线上及线下的宣传与推广形式，实现产品或服务的市场价值。商业模式思维意味着企业必须跳出产品经营的传统逻辑，从产业价值链的角度来设计最佳收入来源（也可以称之为"利润池"设计），最需要的是品牌思维、产业思维、商业布局思维三大主要思维相结合的创造性洞见。

品牌是以虚驭实、道生万物式的经营智慧，耐克，包括很多国际奢侈品牌的成功运作；产业是企业通过分解整体产业价值链从而发现最佳收入模式，如美特斯邦威的虚拟经营模式；商业布局实际上是对稀缺资源的强势，甚至是垄断式占有策略，如经济型酒店的竞争、家电零售企业的竞争等。以互联网为平台的新经济也是上述新商业模式设计思维成功的典范。

但笔者越思考商业模式的实质内涵，就越有一种从看山是山到看山不是山再到看山是山的顿悟之感。那就是任何成功的商业模式必须回归或符合商业基本规则——从哪里获得现金，又如何在这个过程里赚得利润。先不深究互联网新经济的商业逻辑，这里先探讨一下需要进行商业模式创新才能获得最佳收入的传统产业的"游戏规则"。

在所有的传统产业里，销售渠道的建立都是最核心的，可以说是企业的死生之地、存亡之道，不可不察的。在商业模式下，销售本身的战术性技巧已经不再重要，理解销售形态与商业模式之间的关系变得重要。也就是说，最佳商业模式必然需要建立在最佳销售形态的基础上，同时必须清醒认识销售形态与商业模式之间的关系才不会出现战略性错误。

"8848"的失败与阿里巴巴的成功正是由于前者以电子商务＝鼠标＋水泥的错误概念为基础，当年包括现在还在有很多电子商务的狂热者在以亚马逊为案例来设计一般消费品的电子商务运营模式，其实都注定是在沙滩上建城堡。阿里巴巴则抓住了电子商务的互联网本质：信息海洋及其低成本传播的价值，购买阿里巴巴提供产品的经营者都认为自己是做了一笔低投入、高产出的买卖（建立销售渠道），聚沙成塔的效应成就了阿里巴巴。

所以，洞悉商业模式与销售形态的关系是打造新兴传统行业商业模式必须解决的战略性问题。

整个销售形态总体上可以分为三种类型：产品销售、店铺零售、无店铺销售。产品销售是以产品为单位，建立相应的销售组织，使产品通过经销商或自己的直营组织进入目标渠道（批发、零售）的销售方式；店铺销售就是指以自营或合作商开店的形式实现产品的销售，相当于零售；而无店铺则是指以人员、电视、电话、网络等非地理性销售场所的形式实现的销售。实际的销售形态有时会出现混合的形态。但总体来说，能在三种基本类型上做出自己竞争优势的产品、品牌或企业才可以发展得长久。

看起来，上面总结的似乎是普通的销售形式，但对于很多企业来说，并不是完全认识到理解这些"商业基本因素"（Bussiness Basic Factors）对于制定企业战略与营销组合具有多么重要的意义。

每一种类型的销售形式都具有自己的独特规则与规律，尤其具有特殊的顾客接触与获得渠道，因为这种渠道既是成本也是机会。如果要说清商业模式与销售形式之间的关系，那就是一句话：商业模式就是可以将销售渠道由成本转变为资产的企业业务发展路径，这个路径里的核心是获取现金与盈利结构。

零售的本质是什么？

为什么很多企业在进入终端尤其是零售环节后都不同程度地出现"不适应症"？蒙牛的自建终端喊了两年，至今悄无声息；汇源投入巨资建立的汇源专卖店，结果变成一次失败的冒险；双汇的冷鲜肉专卖连锁正在大卖场、菜市场与盈利之间艰苦地徘徊；包括我们过去服务过的很多制造型企业，在进入零售环节后也出现诸多问题。很多企业的专卖店系统都有制作精美的"商业计划书"，但大多数到现在都没有探索出真正的可盈利的持续发展模式。

"终端为王"已经喊了很多年，自建终端也演变成声势浩荡的"连锁加盟体系"，但我们仔细看一下目前唱主角的企业或品牌就会发现，真正成功的仍然是服务业品牌，电器里的国美、苏宁，酒店里的如家、锦江之星、莫泰168、7天等，服装里的ESPRIT、美特斯邦威，餐饮里的肯德基、星巴克等。那些传统制造业里的大品牌在进入自营或加盟连锁零售时大多斩获不丰。前有海尔、TCL等家电大鳄，后有蒙牛、"茅五剑"等快消品强势企业，在建立直控零售系统方面都没有形成战略性业务单元，即直营系统销售额占社会流通渠道销售额的比例很低。

现在很多行业热衷的连锁加盟，究其本质其实是非主流商业渠道里的个体创业。这就不难理解现在的所谓招商加盟几乎都是以"小（五）本、大利、无（低）风险"为煽动口号：看起来5~10万元的开店投入似乎门槛不高，年40%左右的盈利预期听来不乏道理，但真正做下去大多数都是惨淡经营6~12个月后斩臂退出，为什么？

原因确实是"系统因素"，但笔者认为核心是一个：迷失对战略本质的考量。

所谓的战略本质，在笔者看来就是必须明白在什么市场里、用什么策略性方法来经营自己的产品（这里的产品包括服务性产品，本篇提到的产品均属此意），按照流行的词来说就要搞清楚自己的"业务（商业）模式"（Bussiness Model）是什么？笔者在博客里说过，商业模式的逻辑基础是销售形态，也就是搞清楚对哪些客户、用什么销售形态、如何完成销售过程，从而获取现金收入，并明确收入结构里的成本构成"动因"，进而设计盈利模式（Profit Model）。

具体到上面所说的问题，其不能成功的最大战略迷失就是缺乏对零售业本质的认识。

零售业的本质不是产品本身，而是服务，广义的服务，尽管产品是重要的。可以将属于"硬件性"的资源都归类为"产品"，如制造商生产的产品、酒店的菜肴、旅店的房间、咨询公司的方案、广告公司的设计与媒介投放计划、美容院里的理发与护理项目等，而笔者所说的"服务"则是指在进行上述产品销售过程中所涉及的一系列"软件性"资源：人员、流程、态度、客户关系、增值服务、环境感受等。

不同的行业及销售形态对上述硬资源、软资源的依赖程度各不相同，大体上制造业对硬件资源依赖更多一些，服务性行业对软件资源依赖更多一些。

零售店之所以生意兴隆，本质不在其提供的产品，而是服务。

任何零售店在创业初期都不会比同行的产品具有更大的优势，包括商品种类、采购价格等。最终推动一个零售店成长为具有规模效应的连锁体系甚至强势品牌，其根本在于"服务"这一关键因素。就是说，是零售企业或品牌独特的"服务系统"，或文化在培养顾客的购物偏好，而不是其售卖的产品本身。服务品牌的建立肯定对于零售企业整合供应商产品提供强大的"侃价"优势。这是家乐福、国美、7-11、屈臣氏、星巴克等快速崛起的关键原因。

道理看来普通理解未必深入,方法说时简单做时未必坚持。很多企业的折戟沉沙往往是输在违反或违背了基本常识。

我们需要深入理解并研究零售业自身的规律、规则与方法,而不是传统制造业里的游戏规则,这里更需要创意与创新。

六、 手机第三代革命:iPhone of 苹果

2007年1月11日,苹果公司举行盛大发布仪式宣布其手机产品 iPhone 的诞生。这款产品立即成为全球"苹果迷"翘首期盼的产品,尽管正式上市日期是 2007 年 6 月,但这款产品又一次成功地成为"紫牛"式产品。以其公布的价格(499~599 美元)来看,上市后引发大规模购买热潮并没有太大悬念(iPhone 目前的商标问题不会是致命的影响,如果上市时需要更换名称,我们倒可以期待苹果又一场盛大的创新饕餮)。

这是一款令人心动即令人"惊艳"的产品,笔者看着对它的测评报道,心里浮出一个念头是:为什么又是苹果?

这里有两层意思:一是手机的革命;二是苹果的创新。

先话手机的革命。中国移动通信用户突破 4 亿,而手机的供应量却远远大于用户数量,反映出中国消费者在手机消费上具有非常突出的"非基本功能性"消费倾向。也就是说,消费者购买或使用手机并不是为了满足基本的通信功能,手机的自我符号功能、审美愉悦功能、时尚满足功能对于消费者购买倾向具有更强烈的影响。

因此,中国移动通信及手机产业在近 10 年里的变迁可以划分为三个阶段:第一代是模拟通信时代,碰巧的是当时手机产业也是供应稀缺的阶段,以摩托罗拉的两款机型为主导,爱力信、NEC 等超薄型产品轻松占领市场。那时手机是身份的象征,"腰别 BP 机、手拿大哥大"是老板的道具。

1997 年中国移动开始模拟转数字的制式革命,随着放号压力的增加,手机开始了价格由奢侈到大众的演变。1998 年摩托罗拉的 CD928 与诺基亚

的 8810 成为两款最惊艳的手机。CD928 刚上市时，笔者所在的圣泉啤酒集团（3000 人的规模）里使用该型号的人只有 5 人。诺基亚 8810 更是成为老板们的时髦（当时一位身材高大的老板使用了一段时间 8810 后嘀咕：键盘太小，按起来真是麻烦，可见在手机消费上基本功能总是让位给其他消费利益的）。

1999 年成为中国手机革命的前夜，CD928 在短短 6 个月价格下降一半多，开始了摩托罗拉代表的"手机普及化曲线"。价格由上市期到普及期快速下降，使用人群则与价格成反比快速增加，从而完成一款产品的生命周期。1999 年上市的三星 AnyCall 透露了手机第二代革命的信息：手机开始由使用功能向娱乐与时尚功能变化，拥有手机的愿望得到满足以后，拥有一款具有个性的手机成为手机消费族的最强大消费冲动。

从 2000 年开始，手机供应商开始爆炸式增长。这以后的 5 年里成为国产品牌手机瓜分三巨头（摩托罗拉、诺基亚、爱立信）份额的产业增长阶段：尽管市场分割形势发生变化，三巨头相对市场占有率下降，但总销量却都是增长的，这自然得益于中国移动通信市场普及率的快速增长，TCL、波导、夏新、康佳、熊猫、中科健等一大批国内品牌迅速崛起。21 世纪这五年是中国移动通信服务发生巨大变迁的五年，短信、彩信、GPRS、彩铃、移动秘书、IP、MP3 等大量服务产品问世，推动手机的升级。但这一阶段的手机仍然是在时尚化路线上的变化，阶段性兴奋点是拍照与 MP3 两项功能的普及。这是手机的第二代革命：在完成普及化的同时进入群雄割据状态。

2006 年手机市场进入混战期，"大热门"产品几乎没有，手机库存增加，各品牌均感受到前所未有的压力，市场似乎在酝酿或期待一场真正的革命。LG 的"巧克力"虽然是亮点，但其采取的坚挺价格策略将会被证明是贻误手机第二代最后一次掘金机会的战略错误。在摩托罗拉的 V6 上市及苹果 iPhone 先后上市的情况下，第二代手机将面临"全军覆没"的命运。也就是说，所有这些产品都将陷入价格红海，现在已经开始了倒计时。LG 的"巧克力"作为手机第二代的"最后的玫瑰"，放弃了最佳战机，让笔者感到惋惜。

现在可以说说苹果的 iPhone 了，笔者认为这是手机第三代革命的滥觞。

在笔者看来，iPhone 与 iPod 如出一辙，它们的创新与其说在技术与设计上,不如说是对消费者内在需求的独创性洞察上。在市场上与 iPod 外形相似或看起来更酷更眩的产品不是没有,但 iPod 的消费群绝不会接受"替代性"产品,因为 iPod 是不可替代的。iPod 是将硬盘、设计、自动下载(iTune)进行了嫁接,iPhone 则是将目前手机所有最大应用的功能进行了整合:WINDOWS 系统、MSN、MP3/MP4、硬盘、拍照、手写屏、高清晰度显示屏等。

看起来并没有什么的独门绝世武功,但笔者认为这就是第三代手机的样板。因为它具备了对 2G 也好、3G 也好,所有与消费者感兴趣功能的最佳载体:大容量曲库、高清晰电影、与互联网的自由衔接(黑莓)、方便时尚的外形,第三代手机将以此为标杆重洗手机市场格局。

最后说一下为什么又是苹果?

笔者很惋惜,多普达(dopod)没有成为第三代手机的领头雁而是苹果后来居上。笔者认为,在苹果的 iPhone 里除了消费者体验层面的设计多普达不具备外,在核心技术方面两者并没有差异。而多普达自 2001 年问世以来,一直在走技术路线,鲜见在外观、消费者体验方面有大的创新,笔者在使用多普达后就惊诧于它在功能上的技术先进性,而看多普达的销售情况,却失望地发现它还处于"捧着金碗要饭"的境地,实在是让笔者大跌眼镜。

前次看到波士堂里多普达新任总裁李绍唐先生的节目,真是对他有大好感,在李先生身上体现着台湾职业经理人受到王永庆、施振荣等商界大佬薰习的草根精神,所以就更加惋惜。最有机会、有条件也有资格成为第三代手机领头雁的品牌,被一个"智能化手机"的定位画地为牢。

商业是残酷的,前人栽树,后人乘凉。乔布斯简直就是电子江湖里的"小李飞刀",一出手就必然改变战局,这种"高位营销"(把德鲁克名言"营销就是使销售成为不必要"落到现实中的典范)技巧值得认真琢磨。

为永恒的苹果精神喝彩:Think Different!

七、 回到企业战略的基本面

每天都有大量的梦想在投入市场,每天有多少投资在市场里打了水漂?

企业一旦投入运营就好像上了一条开动的航船,很多时候你在上船前的计划、想法、看法在开船后已经所剩无几。而管理者经常是在具体的人、事、紧急情况中过了一天又一天。经过一段时间之后，有的企业开始蒸蒸日上、大量现金进入企业，而有的企业却在艰难地寻求现金来支撑每个月的运营费用，为什么差异如此巨大？

战略、执行、管理（运营评估）是企业经营价值链的基本环节，企业的经营主要是围绕这三个环节来做"权衡利益"的管理动作。也就是说，管理者必须在这三大经营价值链里不断地评估成本、收益、差异、改进。

其中，执行力主要是考察战略既定以后的目标达成情况，即考察企业内部的各职能部门是否都在按照计划推进，也就是前面说的"达成目标"。围绕目标才有计划，有了计划才有执行，有了执行才有协调，在目标－计划－执行－协调的过程里执行力低下的所有问题才一一得以出现：不能承受压力（把信送给加西亚）、怀疑目标、行动迟缓、作业质量达不到要求、推诿扯皮、相互埋怨、不配合、各行其是……因此，执行力成为企业管理咨询的一门显学也就不奇怪了。

笔者这里所指的管理是指定期或不定期对企业运营效益、效率的一种评估、沟通行为，是由企业的核心经营层对过去经营状况的分析而得出一系列改进行为，涉及从财务、营销、人力资源、职位、薪酬、组织等所有经营环节。这种改进措施将改变过去经营状态里的成本收益结构，即朝着提高资源投入产出比例的方向而改变组织行为。这种管理可能会也可能不必涉及资源的再投入，从终极意义上看，可以在不增加任何资源投入的情况下仅通过对原有经营要素组合形式的改变而取得降低成本、增加收益的效果。这种管理动作同样是管理咨询大显身手的地方。

即使在执行力、管理这两项日常管理行为都做得很好的情况下，也并不能保证企业出现正向增长的局面。这时问题的根源就在战略层面。

战略这个词经常因为被滥用而被企业主视为咨询顾问们玩弄学识与数据的"花拳绣腿"，比如经营战略、人才战略、文化战略、市场战略等。这些对战略这一概念的外延性使用，迷失了企业战略的基本面：现金流从何而来？

苏格拉底说："未经思索的人生是没有价值的。"我们要说："没有经过战略性规划的企业经营行为将可能制造'负价值'——低（负）现金流、低（负）增长、低（负）利润。"

笔者不使用战略规划这个容易被混淆的字眼，而用战略性规划来指这里所说的战略是企业经营的"元战略"：现金流从何而来？

现金流进入企业的源头（顾客类型）、形态（资金形式如现金、汇票、承兑、实物等）、流量（笔数、金额、频次）、成本（促销费用等），是企业战略需要确定与规划的核心。企业现金流的结构反映并决定了企业的商业模式、盈利空间、未来前景。

那么，这是否是所谓的"以目标客户为出发点"的经营战略呢？不是。因为战略不仅要看到企业自己理想中定位的目标客户，还要看到目标客户的数量、质量、规模、忠诚度、趋势等，战略需要比目标客户定位更加开阔的评估市场的视角。

战略解决的核心是企业资源的最大化配置问题，即资源需求的种类、企业资源的投向、资源投放的效益等。正是因为有了这样的战略性规划，才会出现同样资源条件下不同的企业产生不同的绩效成果。

企业战略需要从大市场背景的角度来选择企业的核心经营领域（聚焦战略），即必须基于战略的基本面来思考并选择经营战略，属于基本面的战略性认识主要是以下四个方面：

（1）需求类型：公司提供的产品对于顾客来说是必需品还是选择品（即非必需性需求）？需求决定动机，动机决定顾客的支付意愿与价格承受度，不同的需求类型决定着不同的商业模式，从产品定位、定价、渠道、人力资源、推广组合的全过程要素。

（2）市场类型：公司进入的是大众化市场还是小众市场？公司在市场里是创新者、进攻者、追随者还是利基者？

市场规模及其发展趋势代表着公司的未来。成熟业务模式之所以会得到投资人的青睐并不单是因为其经营团队的运营水平，更重要的是在这个经过小规模验证为行得通的商业模式背后的市场成长性。

市场类型也取决于进入该市场的品牌或企业。这些已经进入市场的品牌形成的"市场阵地"对于后进入者既是障碍也是机会。

因此，由市场规模、市场阵地而形成的市场格局及其趋势，对于参与市场的每一个企业都是重要的，哪个企业或品牌对市场的发展阶段性认识更深入并及时地配置资源，谁将有更大的机会成为最后的赢家。

（3）资源导向：是渠道系统导向还是品牌系统导向？关于这个问题存

在很多不同包括错误的理解，而企业资源从大类上确实应按照"渠道 VS 品牌"两大主干来归类，这种归类体现了企业在战略层面的大智慧。

渠道是什么？渠道是 Place（地点），也就是说只要把产品放在合适的地方就会产生购买，在这种购买行为背后的消费动机是便利性、价格、口碑，这是渠道的根本内涵。缺乏品牌消费群的产品很容易在渠道里被其他产品替代。大白兔虽然是圆柱奶糖里最知名的品牌，由于缺乏在品牌上的战略性运作，被金丝猴通过渠道上的主动进攻轻松地掠走大半江山。

品牌是什么？品牌是 Trade Marks（交易标记）与 Love Marks（心爱标记），也就是说品牌对于购买者要么是加快交易速度（指牌购买），要么就是心中最爱（忠诚购买），在这种购买行为背后的消费动机是品牌的保证、信赖与喜欢。耐克的消费者绝不会去买一双看起来一模一样的其他品牌的鞋子，在高复杂性、智力性或享受性产品如软件、奢侈品里，先建立品牌影响是关键。

因此，渠道与品牌的关系不是孰重孰轻的理论问题，而是谁先谁后的资源投向问题，这是企业经营的大是大非。

在需要优先投入渠道的时候花大钱建立品牌知名度，这是中国企业，尤其是快速消费品企业里犯得最多的错误，也是很多红极一时的品牌快速凋零的致命原因。

（4）驱动力类型：是系统（平台）驱动还是人员驱动？也就是指产品销售额的增长是否需要人员数量的正向增长做保证？

直销是典型的人员驱动，通过零售终端，如巨无霸型的沃尔玛、家乐福等实现销售则属于平台型驱动，而电子商务或电视购物也同样是平台型驱动。这种驱动销售增长的关键因素的不同对于企业成本、效益、组织、资源等具有决定性作用，同样是企业战略必须明确的内容。

明白企业驱动力的核心不仅是解决销售增长的战略导向问题，对于改善中远期利润结构同样是必需的。很多企业在销售增长时没有赚到足够的利润或是同样销售额利润不同，其中一个重要因素就是由于对推动销售增长的驱动系统认识不清，从而发生该投入的没有投入、不需投入的却在投入，这是资源投向的错位。

上述四项战略规划内容，对于形成企业战略是决定性的。因此，笔者将这些看作企业战略的基本面，缺乏对这四项内容深入研究的战略规划绝不能给企业提供真正实效的帮助。

实际上，四项内容的系统架构就是企业商业模式（Bussiness Model）的最核心部分。

八、 蓝海战略与新经济

近两三年商业思想里最核心的名词应是蓝海战略与新经济，两者都是创新的精神。不同的是，前者代表着在传统市场之外发现新市场的能力，后者则代表一个全新商业领域的出现。也就是说，蓝海有"对待物"——红海，没有红海就没有蓝海，而新经济则是没有航标的新海域，新经济公司本身就是这个海域的新航标。

蓝海战略的核心是所谓的价值曲线创新，即通过剔除、减少、增加、创造四种手段实现新价值曲线的创新，从而建立具有市场价值的新战略布局图。在中国，蓝海战略被更多地解读为"新品类市场"的开发，如王老吉、分众传媒、订票系统（携程、E龙）、新中式快餐（真功夫、东方既白、一茶一座）、经济型连锁酒店（如家、锦江之星、7天等）。这些获得高成长的公司都具有与其所在行业传统的公司在产品、价格、渠道、服务等方面有着显著的不同，这种不同用定位的思想来说是开辟了对手无法与之竞争的新市场。

所以，营销界的人士从蓝海战略看到的是定位的影子，而蓝海战略从方法论上提供了比定位法更加工具化的操作流程，从概念上提出了具有想象空间的新名词，是路径也是方法。

但开创蓝海市场的公司大多没有与传统的同行公司在"商业模式"上有本质的不同，即这些蓝海公司的现金流获取方式与利润构成与传统公司大致相同。王老吉与可口可乐的不同在于产品的差异化，在渠道、推广、品牌化等方面两者只有强弱之别；分众的办公楼液晶屏媒体与传统户外媒体一样是通过广告投放的价格与规模获利；新快餐与经济酒店仍然是以开店及数量规模获得竞争优势，经济酒店略有不同的是总部网上或电话定房的比例比传统酒店要高。

这些公司增加销售额的方式与传统公司一样，增加利润的方式也是成本、费用的控制，其公司价值估算大都还是传统会计核算方法（资产—负债—净值、收入—成本—利润）蓝海市场的成功开发使这个公司获得高成长性，从而得到风险投资及资本市场的认可。

新经济公司则不同，新经济公司之新在于其创造了前所未有的商业模式，同时这个商业模式的运作本身具有很大的模仿门槛。如阿里巴巴、淘宝网、PPG、ITAT、橡果国际（电视购物），这些公司的共同特点是创造了一个新平台体系实现业绩与盈利的双增长。这个平台体系是其商业模式的精华所在，平台完成后其成本曲线将发生本质性改变，即随着平台上交易规模的扩大，成本不仅不会同比例上升，反而会大幅度下降。

新公司的创新之处就在于此，打破传统公司里固定成本、变动成本的结构，尤其是改变了促成交易量增长的变动成本的组成。因此，这些新经济公司一旦建立平台就会成为公司发展的分水岭。

然而，平台体系——既承载交易又决定盈利水平的综合交换系统（交换信息流、现金流、客户流等），是对企业经营价值链（供应链、运营链、市场链）与企业社会关联资源的整合，在这个整合思想里体现着新公司的战略远见与执行能力。

阿里巴巴为何与慧聪不同？慧聪仍然在卖商情、卖信息，阿里巴巴在卖交易平台；易趣为何竞争不过后起之秀淘宝？易趣还在做自由集市，而淘宝已经在做现代卖场；PPG 卖衬衫很快晋升前三甲，与雅戈尔、佐丹奴等不同，PPG 通过网络与电话而不是店铺，同样实现了传统公司需要 1000 多家专卖店才可以实现的日销 1 万件成衣的业绩；ITAT，一个更加没有太大产品创新的运营模式，通过其独特的商业分配机制成功整合供应商与地产商，这是需要其总部的运营水平有比 ZARA 更强的决策、整合与反应能力；橡果国际为代表的电视购物开创了真正一站式、点对点的顾客交易模式，电视购物的呼叫中心，可以即时完成顾客订单的处理，从而完成营销里最困难、最重要的一环：产品到顾客的最后一跃。

"新"公司，不一定是以其产品的创新、概念的创新，而首先是以其对交易平台的创新，才能实现真正的"非传统成本曲线的增长"，平台价值比平台上所有产品价值的总和要大得多。

新经济下的商业模式不是简单地建立一个理想的模型，而是建立在对价值链与社会资源真正洞察基础上的公司运营创新。

商业模式绝不是"温吞水"，而是一把利刃，可以由小及大地实现核心资源的积累。

九、长征战术的营销启示

毛泽东与石达开在命运的洪流中只在一个空间点上发生"关系"——安顺场：石达开率领的太平西征军在这里因无法渡河而全军覆没，毛泽东率领的红军到这里也无法渡河，所以选择了军事上"不可能"的打法，一天一夜长途奔袭240华里，以22人爬13根铁索攻破卢定桥蒋军防守，从而让红军逃出生天。

这种军事上的胜利表明，中共在军事上的作战能力是优秀的，尤其在战术上具有特别值得研究的价值，而不仅仅是政治与战略。因为任何战斗的胜利首先取决于战术的成功，战术能力反映着指挥者的军事智慧。

总结长征战术对于希望从长征中获得人生的、商业的经验的人来说，是饶有兴味的一件事情。

长征战术一：保存有生力量。

红军从苏区转移是8万人马，在湘江之战前非战斗性减员即逃兵约2万人，到湘江之战6万人打过去3万人，损失过半。湘江之战是红军在三大战役之前少有的一次惨烈战斗，经此一役李德、博古的军事领导能力受到压倒性的怀疑，毛泽东的"游击战"思想开始得到拥护。

游击战的核心就是打得赢就打，打不赢就走，符合《孙子兵法》所云"小敌之坚，大敌之擒"的兵家之忌。看起来这个战术原则是应该的，但未必每个指挥者真能做到，对战场的认识如何才能客观冷静并不是简单兵力对比所能决定的，战争具有太大的偶然性。

兵力少的未必战胜不了兵力多的，但开仗的战术肯定不是正面对决。在兵力较少的情况下，保存有生力量，避免阵地战、消耗战是根本。

长征战术二：强者弱处不禁打。

弱胜强的战例里一定都会发现对手的错误或弱点，如果是命门那就可能导致"蛇吞象"了，比如曹袁官渡之战。

长征里的毛对蒋军弱点把握莫过于各地方武装与蒋军嫡系的矛盾，因此毛泽东总是利用地方军阀战斗意志弱、自保意识强、对蒋军有提防等心理，通过战术调动来制造蒋军各部队间配合的不协调，从而创造战机。四渡赤水就是利用"形敌、动敌"之术从战术上转变局部战场的强弱对比，从而获得战术主动的经典。

这就是说，战略上实力薄弱的一方，可以通过战术的组合，同时利用对手的弱点，为自己争取到局部战场的主动权。

善战者无不具有这种战术"动敌"的能力，刘伯承的上党战役、粟裕的苏中七战七捷、林彪的三下临江，无不是这种高超的战术运作能力的体现。

长征战术三：行不由径。

红军走起"弓背路"，连林彪这个井冈山"朱毛"武装嫡系里的王牌——红一军团军团长都萌生对毛军事指挥能力的怀疑，而历史证明毛的路是对的，按常规行军路线行动，只会走入蒋军的包围中。

"行不由径"这个让人"看不懂"的战术，不是隐蔽自己的行军动作（当然能消失在敌人的侦察里是好的），而是隐蔽自己的真实行军意图，即让对方无法准确判断部队的真实意图，又恰是《老子》里"迂则直，洼则盈"辩证思想在军事上的运用。用时髦的话说：不走寻常路。

说来容易做来难。不走寻常路不单在考验指挥者的智商，更在考验团队的执行力，或者说向心力。在似乎看不到前途与目标的情况下，对不符合正常认知或理解范围的事物能否做到"理解了执行，不理解也执行"。

长征战术四：跑路需要思想。

长征其实就是跑路，为了生存、为了避开被围歼而跑，所以长征确实反映了人在极度逆境里的生命意志。

但我们也知道，如果只是为了活命，也是跑不了多远的，不单是跑路人的"脚力"会慢慢丧失，人的"心力"会更快地丧失。《甜蜜蜜》里曾志伟扮演的黑帮大佬亡命天涯多年后，说了一句"跑不动了"，所以意外地遭到一伙混混的打劫，暴尸街头——这个纯粹偶然的死亡恰恰证明在人的"心力"丧失后，生命就真的像一盏微火，经不起一点风雨。

所以在红军25000里长征的背后，既要看到"行走的力量"，更要看到"思想的力量"，是思想的力量在支持行走的意志。

人生、事业，但凡是有所追求又遭遇困难的情境，亦复如是。

长征战术五：轻装前进。

既然是跑路，除了维持生命与战斗力的东西以外的其他"物件"，都只能"割爱"了，有用但影响跑动速度的"物件"也要扔掉。这是长征的基本规则，所以苏区政府的"档案"要扔下，非战斗性人员要留下，甚至重武器也要扔下。

跑路的速度决定着生死存亡！

这不是快鱼吃慢鱼，而是跑快点才能活下去。

传统商业里的"空手套白狼"是"轻资产运营"的代表。中国流通领域的开放政策让一大批"倒爷"实现了一部分人先富起来，而现代电子商务正在诞生越来越多的"轻公司"，如橡果国际、史泰博、PPG、ITAT等新兴公司。这些公司利用网站、电视、目录册、电话等新行销手段快速打开消费闸门，实现了非传统渠道的销售突破。

长征战术六：敢打必胜。

长征之所以成为传奇在于仿佛有命运之神在眷顾这支队伍。四渡赤水、飞夺卢定桥、巧渡金沙江，每每面临绝境的时候总有"关键的少数人"意外地创造出生机，让人不得不叹服。

而笔者认为，之所以能出现这样的现象，与红军的军队建设是息息相关的，也就是"带兵能力"。

任何战略、战术都需要人去执行，同样是红军，红一军团之所以成为蒋军都害怕的主力，核心是"敢打必胜"这一种精神：敢打是对任何强敌都敢于与之作战，必胜是有充分把握再投入战斗，与简单的匹夫之勇是不能相提并论的。

长征战术有普遍意义，也有局限性，并不是"战争通则"。长征战术更加适合实力相对弱小的部队，也就是说这些战术原则总的来说对弱小一方摆脱逆境、由小变大具有更多的借鉴价值。因此，在商业上对于创业型企业具有更大的参考意义。

十、行业第一品牌的非常道

一个企业的成熟，至少需要三个核心元素的成熟：独特产品、独特方法、独特客户。

独特产品：我们深入地接触与研究各行业成功企业（品牌），都发现了一个看似不起眼实则最关键的元素——其产品与同类企业存在着能够被其目标客户感知并认可的特别之处，哪怕这种特别仅占产品元素的1％！

因此，哀叹产品同质化，做不出"差异化"的产品，只是导致企业没落的可怕的"自我催眠"。没有具有企业或品牌"个性"的产品，企业的生存只有靠"贿赂（打折促销）、运气"。

都在做巧克力，为什么德芙的味道似乎最正宗？苹果的所有产品变成一个令人爱不释手的玩具，即使它的操作系统未必所有人都适应。

科技含量、技术复杂度、原料差异、作业人员等，都不是产品差异性的根本，独特产品来源于企业长期积累的由对"产品虔敬"而创造出的微妙的"工艺差异化"。这种差异性渗透到产品制造的每一个环节，从外部或表面看，体会不到产品制造过程中沉淀的细微差异。

独特方法：能做出有个性产品的品牌，其构建企业的元素（涉及上、中、下游的全价值链要素）必然与同行有所不同，哪怕这个不同在企业经营"全价值链"要素中的综合占比仅是1％。

所有做B2C的网站都把重心放在上线产品、搜索引擎、物流等，卓越、当当、京东都是这种"内容为王"思想的代表，而阿里巴巴则独辟蹊径地去解决交易过程的"诚信"问题，让买家与卖家在自己的平台上沟通。于是诚信通诞生，后来C2C淘宝网发展出真正的交易平台——支付宝。

思路的一小步，价值的一大步！独特的方法有可能改变整个行业的"惯例"！

独特客户：这里的独特客户不是指企业自己设定的客户对象或经过细分筛选的客户，而是基于前面独特产品、独特方法，必然会"黏上"来的客户。

这些客户不是比较品牌之间的价格、促销、销售人员等外在因素，而是出于对企业的独特产品、独特方法的信任（满意及习惯）而"自动"购买产品的客户。这些客户早期即使只占客户总数量的1％，都是汇成江海的源头活水。

如家等经济型连锁酒店开创的"订房中心"客户服务渠道，改变了传统酒店依赖旅行社、社会关系、散客的"集客模式"，将电话、互联网变成商务旅行客最习惯的订房方式。其目标客户是商旅型经常出差人群，这个客户群是互联网信息社会形成的独特消费群，那些出差频次少、对价格不敏感的旅行客人自然还是通过传统的渠道订房。

1%独特的产品+1%独特的方法+1%独特的早期客户，三个1%就是构建独特商业系统的核心元素，也是建立独特价值品牌的关键DNA，拥有这种商业系统的企业不但必然获得快速的可持续增长，而且有很大的机会成就行业第一品牌。

什么是行业第一品牌呢？根据博纳睿成企业战略三路向理论，所谓的"行业第一"至少包括以下三类企业：

（1）创新或首创（FIRST）：企业必须创造出具有鲜明个性及市场认可的产品或其他经营要素。创新其实没有想象的那么遥不可及，比如王老吉凉茶，其创新在于将岭南的传统凉茶做成了可以消解火气的饮料，这是典型的从消费者感受出发进行的产品元素重组式创新。而很多号称创新研发的产品，如核桃露、玉米露，企业却未能快速做大市场，欠缺的正是对消费者感受的洞察与把握。

（2）快速成为市场份额第一或区域市场份额第一：当行业发展是以规模赢得比较优势进而抢夺份额的趋势下，企业必须按照成为"规模第一"的方法去重组企业"全价值链要素"。否则，或者因亏损而退出市场，或者被收购，如著名的格兰仕微波炉"价格屠刀"策略。

（3）成为独一无二价值的提供者（ONLY）：并不是所有行业都走向规模化垄断，很多行业或企业可以自成一系地向一定客户提供独特的产品，如奢侈品、地产稀缺性产品（阳澄湖大闸蟹、茅台酒等）、独特技术产品（如研祥的特种计算机）。这些品牌都是以自己的独特性（甚至唯一性）为特质吸引客户。

传统理解的行业第一主要是指规模化的第一，这是正确的，但并不完整。行业第一的范畴至少可以包括上述三种类型。当然，从最终结局的角度看，规模化的第一与价值化的唯一是行业第一企业的归宿。

行业首创者的领先价值既不能低估，也不能高估。在创新者之后，尤其是创新门槛不高的行业首创，被快速跟随、快速复制、快速超越的概率极大。

比如2010年中国发生的百团大战，到2011年已经演变为千团大战，而团购商业模式的鼻祖——美国的Groupon，不仅中文域名groupon.cn（团宝网）、中文译名"美团"（meituan.com）被"土鳖"企业抢占，由于入市较晚,即使是与腾讯合资,也难免上市之初的水土不服。

从企业经营策略上看,跟随是一种有效的降低风险的战略。大量依靠模仿的山寨企业或跟随型企业如果能在积累原始资本后,按照三路向的思想与方法重新组合企业的价值链,就可以从生意模式向企业模式转型,如手机里的天语,MP3/MP4里的爱国者,都从技术学习、产品模仿过渡到构建独特企业系统的新阶段。即使先从"山寨"积累资源,最后修成"正果"之道,也必须是成就"第一"。

上面三种不同价值维度下的"第一",从根本意义上看,首创式第一、山寨策略只是一种手段与过程,真正的行业第一只能是规模第一及价值型的第一。

企业的正道,必须是迈向"行业第一"的经营意志,这是企业战略的核心,是企业必须根据行业发展状况做出的明确决策。是成就百年基业、长青品牌还是成为过客或流星,于此之际已见端倪。

第一道,非常道,商界正道。竞争力是企业需要始终关注的根本战略。

所谓的竞争力(包括比较优势、核心竞争力等名称),是指一个企业在获取其市场及行业地位中所采用的"方法总和",用我们的术语,指企业在经营"全价值链"环节的整体能力高过同行的企业。

比如在产品研发上引入工业设计与平面设计的顶尖专家,供应链关系带来的采购速度、价格、品质上的优势,先进的制造设备与工艺流程,优质的经理人及一线作业人员,系统集成的流程管理体系,符合竞争需求的销售组织架构、营销策划团队、销售团队等。

竞争力表现在一些外在的(可感知或可量化的)指标如产品品质、品牌运营能力(品牌资产)、新品成功率、市场渗透率、渠道覆盖率等,最后表现在销量(及增长率)、市场份额、盈利能力等关键指标上。

由此,我们得出两个重要结论:

(1)离开竞争力谈企业经营要素(营销、管理、文化、员工满意度等)及战略方向(如成本领先、差异化、品类延伸、品牌化等)的优化及价值,没有意义。

(2)如果竞争力不能转化为实际的销量驱动因子(Engine)及行业地位(以市场份额为代表)也没有意义,说明此竞争力只是企业对自己的一种错误总结。

但是，以竞争力为纲未必解决了企业管理层的战略困惑：

——竞争力如何量化到具体的日常管理中？

——对于那些宣称采用了某种新思想及独特方法（比如蓝海战略、品类战略、定位战略等）使企业超速增长的"神奇"理论，企业该如何面对？

——对于管理咨询与培训界强大地推广的一种"超越智慧"——领导魅力（包括总裁执行、总裁演讲、宗教智慧等）才是企业增长的火车头，企业家如何抉择？

——很多市场领先的企业却在一些"不经意"的问题上倾覆或挫折，如三聚氰胺之对三鹿、健美猪之对双汇、黄光裕之对国美等。行业领先甚至领导地位并不能确保企业的可持续发展，外向竞争力并不会"自动"形成内在强韧力，是否企业家个人修为、内部管理能力才是终极竞争力呢？

企业管理悖论之一正是：如果企业没有行业地位，那么谈论差异化、管理、文化等都是没有意义的。市场份额决定市场地位，市场地位决定行业话语权，企业必须首先通过外向战略及其执行（即产业营销战略）获得市场地位。但正是因为外部市场环境复杂、竞争对手众多、外脑方案分歧，企业（核心经营团队）又必须坚持自己的独立判断与个性做法（有时是违反流行观点的决策），才能真正出类拔萃。

不看市场是盲目，只看市场不看内心却是迷茫，比如三鹿的三聚氰胺门，企业想节约成本、要应对挑战，忽视了企业存在的根本（顾客至上、"公器"责任等）；特立独行才能出类拔萃，但脱离主流与正道，又成倾覆之源，比如著名的"野蛮生长"逻辑、"大者不死"（Too big to fall）幻觉，德隆、蒙牛、黄光裕等的前车之鉴。

显然，想用一招一式、一个定律或规则解决企业竞争力难题，如果不是不可能，也是困难的。

管理学者总结出基于平衡计分卡的核心能力体系，共计5大部分40个指标，5大部分是：规模实力、市场开拓能力、经营管理能力、创新学习能力、政策支持力度。40个指标里，有19个软性（质化）指标，其余21个是可以量化的指标。

我们相信图2-1是一个比较全面的企业核心能力的指标体系。其中，规模实力、市场开拓、政策支持三项都是产业营销战略涉及的内容，而经营管理、创新学习自然是任何企业任何阶段都需要的"支撑力与驱动力"。

图2-1 核心能力体系

但是在"中国式管理"面前，这个指标体系有两个问题：一是过于全面，不知何为重点，违反了中国人强调"抓住矛盾主要方面"的简化思维习惯；二是没有建立各指标之间的逻辑次序关系，平行排列这些指标，而没有将指标之间的逻辑关系阐述清楚，陷入了"贪大求全"的思维误区。

在快速变化的"中国式市场环境"下，这套强调完整性的核心能力体系，如何操作提炼这一核心能力变成了一个漫长的工程，而对这40个指标知识内涵的理解能否形成共识本身也变成企业管理层的一项漫长的工作。这两个"漫长"过程几乎宣告了这个指标体系作为一个方法论的破产。

更重要的是，这个体系如果作为一个提升企业竞争力的方法论，忽视了企业增长的关键驱动要素：产业边界的跨越与突变（蓝海战略研究的问题）、市场营销策略（产品、品牌、渠道）创意创新的革命性影响、渠道结构/新媒体的颠覆性变化等。

这样一个操作上复杂与漫长、关键驱动力上有缺项的思想与方法论，就失去了企业方法论所需要的"刀锋力"：快速帮助企业辨识机会、形成决策并推动执行，而不是将企业管理（包括外脑咨询介入）变成理论探讨（更多时候只是观点、情绪与立场分歧）的课堂辩论或大论战。

无论是企业自我管理还是企业咨询的战略方法论，必须提供可以提高企业竞争力的战略思维与方法，即想得通（战略决策）、做得到（系统操作）、上得手（具体落实）、能量化（成果界定）。

用一句话总结所谓的"管理箴言"经常是危险的，除非这个箴言是经过反复权衡的。否则，很多"伪箴言（规律）"将企业误导入一个思维陷阱甚至管理误区，似乎抓住了这个"神奇的"魔杖，就可以青蛙变王子。

比如领导的演说魅力就是超级影响力（大量企业家很讷于言，不是都像马云、俞敏洪等那么擅长演讲，企业一样非常成功）。小领导管事、大领导管人、领袖管心（把做企业变成了宗教，宗教就那么好收心了吗？宗教的人性驱动力与企业的人性驱动力能一样吗？）；一流企业做标准/文化、二流企业做品牌、三流企业做产品（企业没有拳头产品，哪里有什么品牌、文化与标准）。

我们当然也不赞成因为反对轻率结论就否定存在规律与规则的倾向。典型的就是提出上述那种贪大求全的所谓"体系化理论"。这种挂着体系、系统、全面、完整"标签"的"伪思想、伪方法论"实际上是一种学院派的清谈主义，说它是"企业八股"毫不为过：看似知识渊博，实则空洞无物，甚至可以说是有毒的。

那么究竟有没有一个具备"刀锋力"的战略方法论呢？

博纳睿成根据现阶段产业发展状况及企业管理需求的分析，将这个战略方法论总结为"3+2"模型，即正和之道三，奇胜之道二（大纲）：

（1）正和之道：

战略力：战略是企业的第一生产力。

实效战略＝战略规划＋战略执行＝战略增长（滚雪球式增长）。

没有执行的规划是伪规划，没有规划的执行是瞎行动。

战略解决三大问题：现金流、盈利模式、可持续性。

创新力：创意成就品牌。

品牌战略定位、战略品相设计、影视片创意、品牌（产品）命名。

可视化、落地化品牌创意，解决品牌的战略定位、视觉表现、传播诉求。

管理力：系统技术驱动盈利能力。

无系统，无管理力；无系统，无执行力。

系统技术能力决定企业的盈利能力，

系统技术决定人力资源的执行效能。

（2）奇胜之道：

登鼎力：商业模式决定行业地位。

商业模式解决企业的竞争优势、资源整合瓶颈问题。

超越同行，才能获得超常规增长。

具备竞争优势，才能整合外部资源。

优势、资源、模式匹配协同，才能成就行业第一地位。

通媒力：网络营销技术与电子商务品牌的速成之道。

电子商务品牌形成的独特路径——"通媒力"。

媒体即渠道、渠道即平台、平台即品牌。

外销型、制造型企业的转型之路：创建电子商务品牌！

新消费品牌新路径：如何成为下一个凡客诚品？

如何让你的产品插上"电子商务品牌"的翅膀？

正和三道看似无奇，但企业必须"先扎好自家的篱笆"，才可以保企业不走错路，不花冤枉钱——即此一点，已是善莫大焉！

以眼前的事件举例，就算是核电厂也要考虑防震等级，才能应对各种意想不到的环境变化。日本福岛核电厂在设计时，美国工程师30年前已经提出防震等级过低，而且为此丢了饭碗，所以这次的核灾难不全是天灾，也是"人祸"。

奇胜二道，是针对一些特殊的企业，用新的战略思维与新工具技术，对企业的战略路径、产品设计、战略品相提升、管理系统等进行"升级"。

如果说正和三道是推动企业量变，不断进步，那么奇胜二道可能会推动企业质变，发生突变、甚至引发"行业灾变"，是可以导致企业"进化"的力量。

综上所述，企业的终极竞争力，可以归结为一种在正确战略及方法论指导下的实操系统建设,即战略执行系统,或战略操作系统。

这套战略操作系统可以让企业根据不同时期、不同资源制定恰当的战略,并持续地以专业的手法推动实现,最终掌握"行业高手"的全部技巧,成为商界"不死鸟"。不要嫌这个名字没有"浴火凤凰"给力,企业能长寿,就是终极竞争力的体现!

十一、 战略增长新思维

何为战略增长?

思想界讨论了很多战略观点,也总是在讲一切为了增长,但是真正的问题是:忽视或者根本就没有搞清楚什么是"战略增长"。

这才造成了很多热闹而实际无用的理论(思想或观点),如战略与战术的区别、战略的层级管理、战略性思维与战略方法论之关系、战略是来自于分析还是直觉等。

为什么这样说?

正如笔者曾经举过的电力学、发电站、电灯与用电照明的关系:最终用户只需要知道如何用电照明即可,但是实现用电照明需要一整套由供电工业、试验学术研究层组成的产学研产业链的科学体系的支持。

这就是说,企业战略的研究对象,不是学术试验层面的战略分析(可以称之为学院派战略),也不是战略供应方(以智库、咨询公司等商业服务机构为主)的战略方法论(可以称之为应用派战略),而是对于企业实现可持续增长有直接效果的战略思想及战略决策,可以称之为企业战略。

笔者这样区分战略的三个层面与现有的战略分类大不相同,但正是在此处,反映着我们对于企业战略的本质认识。这个认识由以下两个核心观点组成:

(1)企业战略的唯一目标是"现实的"(或者说直接可见的)增长。或者为了避免误解,用笔者在《战略决定销量》一文中的表述方式:只有与销量有直接关系的企业决策才可以称之为战略,不能体现在销量层面的战略规划行为都是无用功。

(2)战略增长是为企业打造一个"滚雪球"式的增长路径。这个定义是区分战略增长与一般增长、机会增长的根本之处。

没有制定战略的企业也会增长,甚至大多数的第一桶金都来自一次偶然的机会。

那些战略摇摆、喜欢追随机会,却没有搞清楚真正"增长之源"的企业,或快或慢,会陷入增长乏力甚至负增长的陷阱中。

我们此处使用的"滚雪球"比喻来自于股神巴菲特,也是完全沿用其滚雪球思想的全部内涵。

我们所谓的"战略增长"就是指通过战略"炼金术"(战略制定流程)为企业打造一个可以实现"无限度增长空间"的增长路径(发展战略规划)。

为了避免歧义,笔者先解释一下"无限度"概念:商业上的无限度概念是指在当前可以发现的条件(成为"条件集")下。某种发展趋势的可延展性(时间导向的数量概念),比如巴菲特投资可口可乐的核心理由之一,是他认为可口可乐具有从美国到全世界范围内的"无限延展性"。

在巴菲特投资可口可乐的时代,可口可乐正在进入战后西方繁荣增长的高速成长期(20世纪70年代至90年代是可口可乐"浓缩液+灌装厂"战略全球落地开花的黄金30年)。今天可口可乐的增长天花板虽然已经出现,但仍然不失为有稳定现金流及盈利可预期的蓝筹股。

那么,什么是企业的战略增长呢?

简单地讲,企业的战略增长就该企业"只"在富矿区打井,而不是有了挖井设备,看到哪里有水就从哪里挖。

前一种,基于对富矿区判断的打井行为,我们称之为战略增长;后者,就是我们所说的机会增长,或盲目增长。

注意,增长本身意味着企业资源的分配与投入;战略增长的决策意义就是企业只在战略增长确定的方向上投入资源。

所以,战略增长的思想,与巴菲特的投资思想一样,基于非常简单的常识:只在有大鱼的地方下钩。

问题是大多数企业不能做到"只在"富矿区打井,以及不能"坚持"在富矿区打井。这与那些羡慕巴菲特财富却不能按照巴菲特理念行动的投资人一样。

巴菲特与盖茨的关系已经不是中国俗话说的"铁瓷"可以概括的,但巴菲特没有购买微软的股票。巴菲特说他不明白软件这种东西,尽管全世界的电脑都在用，而且他不认为没有买微软是一件可惜的事情。

巴菲特这种选择在任何一个中国商人或投资家的身上，都是不可思议的，而且持续了20多年。

但是这个信息透露出的内涵是：战略考验的不仅是发现的眼光，更重要的是坚持——比丘戒250条，汝今能持否？真假和尚，不是看会说多少佛典，首先要看能否持戒——战略之本质也是如此。

有了战略判断，但是做起来还是机会主义、随机漫步，那就不要说战略了，或者干脆说自己采取的就是随机漫步战略。随机漫步就是博傻主义，相信自己是运气好的企业主，可以一试。

那些不相信运气的企业主，以及希望掌控企业未来发展节奏的企业主，选择"战略增长"是人类理性范围内的最佳选择。

所以，我们研究的企业战略，只是帮助那些为了实现战略增长的企业的一种专业规划。

目标的不同带来过程与结果的不同。

我们不去为前面所说的那些关于战略的热闹而无用理论牵涉精力（最好一点都没有），我们需要研究的问题只是帮助企业找到"战略增长"及其"增长引擎"的方法与途径。

再简而言之，我们的研究核心是两个方面：

（1）如何从战略性市场情报中寻找"大商机"？可以称之为战略思维。

（2）如何进行企业商业模式设计，创造势不可挡的销量增长引擎？即通过专业化的战略方法论，科学地规划企业的"增长（行动）路线图"。

上述两个方法组成的战略咨询，就是实现"一以贯之"的企业战略的全过程，即帮助企业主、高管团队、执行层描绘出企业战略增长的蓝图。

里斯本北约峰会成果，是被称为冷战结束后的第三份"战略概念"（Strategical Concepts）——北约新战略宣言。这份11页的以"积极参与现代防御"为主题的北约新战略，全面阐述了北约对于全球军事力量使用的指导原则与行动计划。

可见，战略本质上就是明确地界定做什么、谁去做及怎么做。军事、政治、商业乃至个人，所谓战略规划的本质都是一样，不存在学院派战略与企业家战略之别。

学院派战略是一种宏观基础层面的研究，因其不是针对具体客户，对任何企业都不会具备直接指导意义。

企业家战略直觉是一种个人判断,如果每次都是依赖这种个人判断,企业发展难免受制于企业家个人的认识、思想甚至兴趣(关注度)的水平。

因此,我们提出的战略规划路径(详见《企业成功营销的方法论正道》一文),是将专业的战略研究与企业家的最终判断进行结合的流程。至于是企业家先有想法再进行专业考证,或是在专业研究的基础上进行选择与决策,倒不是重要问题,关键是必须有这样的互动,才是确保企业战略精准的方法。

战略增长,这是所有企业必须做出"排他性"(或者"优先性")判断与选择的核心问题。

在此之后,企业才可以进入资源与执行细节的铺排之中。

我们是战略实用主义者:学院派的战略理论有价值,企业主及管理团队除非个人兴趣,一般听听公开讲座就可以,学习或研究就没有必要了;咨询机构的战略制定方法,企业主应该有所了解,或者让管理团队进行学习,甚至让自己的管理团队执行,但是最好方法是外购,自己做质询者与决策者。

制定企业战略,即企业如何实现"战略增长",才是需要解决的焦点问题,而不是战略规划,或者一般性增长手段。

战略增长是一个需要定义与厘清的核心概念,不是战术增长、战略性增长之类名称术语下的概念游戏。战略增长,您想清楚了吗?

从机遇增长到战略增长

不可否认,中国第一代创业者都是把握机遇的勇士与高手。无论是早期的倒爷,还是价格双轨制、特区开发、产业政策、出国潮、公司热,把握任何一次机会,人生命运由此改变。

早期的机遇把握更多凭借企业家的勇气、胆气,也就是行动力(或甚至"冲动力"),真正在机遇中成功沉淀下来的其实还是少数。

透过这个事实,我们可以发现,机遇是促成某种行为的起点,但修成正果还需要更多的能力与素养。

那些不管在多偶然的机遇场合勇敢把握的人，取得最后（或阶段性）的成功，在于把握机遇后的竞争力（无论是产品、渠道、推销、供应链等任何一种超越对手的能力），以及机遇背后市场或生意来源的客观潜力（选对行、行业本身处在上升期内）。

因此，我们认为对于"做企业"来说，把握机遇是必然的，但不需要对偶然的、外在的机遇太在意。

从成功关键因素角度看，机遇背后的产业背景、把握机遇者的个体竞争能力（比较优势），才是一个企业家需要作为"战略问题"（存亡之道）经常考量的。

中国改革开放本身就是一次巨大的"产业复苏型机会赶集"。在30年恢复性增长大背景下，机会导向下成长起来的一代企业，却形成一种"侥幸心智模式"及观念体系，并且系统地作为"总裁智慧"（如帝王之术般神秘）进行传播。

为什么会出现那么多的"大败局"？

尤其是最近10年中国商业史里的大败局并不是因为史玉柱（珠海巨人）、飞龙、三株等早期失败者对于市场形势的误判或者个人决策的失误，而是越来越多地表现为企业家对顾客、政策、道德之底线的逾越。

也就是说，是取得成功的企业家犯上了哈耶克所说的"致命的自负"，企业家的帝王情结前所未有地泛滥。

如顾雏军对郎咸平批评的反应，蓝田对刘姝威批评的反应，三鹿、黄光裕、蒙牛对操纵媒体的不吝千金（2010年11月9日蒙牛再次以2.3亿元夺得央视标王）与自负，百度对搜索引擎占有率的自负，腾讯对用户垄断的自负等。

为什么这些企业家敢于用各种他们自认为"可控制"的方式决策并采取行动，最后却被证明是搬起石头砸了自己的脚？

这些企业家不是倒在对手、媒体或政府管制手上，恰恰都是倒在自己认为"有恃无恐的利器"的手上。

这些在野蛮生长理念主导下成功的企业，染上了致命的"自毁因子"。这些自毁因子与其成功理念相伴而生，确实是"成也萧何败也萧何"。

从草根、草莽企业家（年广久、邱作敏、唐万新），到儒商企业家（倪润峰、严介和、牛根生），到如今的海龟、IT新锐（顾雏军、张海、唐骏），出现同一类行为的心智模式并无不同。

这种心智模式的特点就是**机会主义、侥幸心态、漠视规则**。

蒙牛恶性公关门、360与腾讯的用户大战等，都是这种心智模式的体现。

将把握机遇变成了习惯性投机、将侥幸逃过监管变成有组织地规避甚至（操纵）监管、接受"规则是为别人制定，自己是去打破（或者美其名曰创造）规则"的所谓成功者思维，最后在保护公司核心利益的"单向度"思维下走到社会规则的对立面。

这些是野蛮生长企业家的心智密码，毒害这些成功企业不能走向卓越，也在毒害新一代企业家的企业经营理念。

与上述钻营偶然性机遇、侥幸、漠视客观规则的心态相伴随的，就是机会导向的企业经营风格，浪漫主义决策、无规则多元化、投机取巧（对产品、客户、顾客的以次充好等）。

在这种经营风格主导下，企业或是遭遇规模天花板（国美盲目开店导致的盈利与现金流危机），或是盲目自信被金融资本算计（如对赌），没有把握将企业持续做大且盈利的"稳健增长型"战略导向，如苏宁、当当网、阿里巴巴，瑕不掩瑜，百度、腾讯、蒙牛在商业上还是成功的。

把握机遇增长，创造战略增长

如果说告别野蛮生长，继续生猛成长是一次"观念跳闸"，那么创造战略增长，就是中国企业二世代心智模式的真正内涵。

这个心智内涵就是：**理性认知企业战略的本质、掌握企业战略思维、了解企业战略方法论**。尤其是企业家（安危之主），**将理性、专业、客观的决策与管理作为企业之"正道"**。

博纳睿成对于这种企业战略方法论的定义是：企业的正道是从行业机会与趋势开始定位企业的战略（包括突破口），结合行业/市场竞争形态与企业资源、企图心，最终形成企业的完整商业模式（目标、战略、产品、渠道、定价、推广、传播、组织、团队等一揽子价值链元素）。然后在这些价值链环节里，以专业化素养的提升为主轴，持续促进效益与效率的改善。

企业战略的形成路径如图2-2所示。

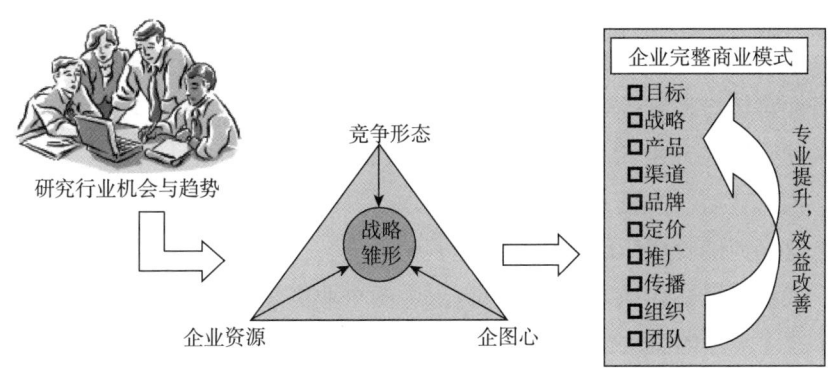

图2-2 企业战略的形成路径

核心还是在源头：战略增长的根基是对行业机会与趋势的把握。

认识中国企业环境之天：中国企业正面临新一轮市场竞争环境——全球化、全产业链、全价值链、全方位的"四全"竞争格局，企业运营的环境更加复杂。

了解中国企业运营之地：中国市场营销环境的变化产生并形成了三大新的现实：以连锁大卖场为代表的现代零售渠道的崛起；网络化销售渠道B2C+C2C的崛起；中国制造（产能）的崛起。

知天知地，胜乃不穷。

正如中国宏观经济也在进行结构调整、增长模式转变，中国企业的微观经营行为同样面临结构升级、增长模式转变的挑战。

这种挑战的本质就是要求中国企业从机遇增长模式转向战略增长模式，但是**战略增长不是对机遇的放弃，而是在更加现实、客观、可持续的行业高度实现"战略性机遇"的增长。**

从产业、行业、市场与企业角度看，全球产业价值链分工格局、每个行业内部的价值链结构、企业/品牌的集中化趋势（行业竞争与整合）给中国企业的未来运营提出挑战。

中国企业需要改变自由市场经济概念下的简单的行业竞争思维，即过去20年里主导中国企业行为的一些主线：价格战（如家电、个人电脑）、并购战（啤酒）、多元化（海尔）等，转而建立从全球产业链、行业价值链、行业集中化趋势等角度认识行业与市场的发展，从而准确找到自己企业的定位（行业的、市场的）。

中国企业不能再做埋头拉车、不看前路的马车夫（这种精神仍然是企业家素质的优秀品质），而**必须看到所在行业的发展趋势，预先制定企业的行业定位与发展战略，不仅要关注行业集中度趋势、速度与驱动力，还要关注企业在产业价值链包括国际产业价值链中的位置**，这是"中国制造、内需转型"大背景下的**企业都必须认真面对的问题**。

这是博纳睿成所倡导的"产业营销思维"。

我们在上述认识的基础上，提出中国企业必须进行战略思维创新，以及加强企业战略方法论建设的呼吁。5E模式，是我们对中国企业战略增长思维与方法论一体化的总结。

今天的商业竞争正在进入"专业通吃"的时代，不是撑死胆大的，饿死胆小的草莽时代，专业化——Expertizing——是企业决胜市场的必需素养。

中国企业需要通过提升专业化管理能力，培养理解中国"新商业社会"的战略思维，磨炼新一代企业家的心智模式，从而实现企业增长方式的转变。

战略思维不仅需要跨越企业、行业、产业，也涉及对人生、社会、历史、人性的思考，真正的战略思维本质上是一种心智模式。

表现方式与本质把握之间没有必然联系，有的人可以用书法、绘画、音乐甚至沉默而不是语言、文字，来表现其思想之境界、心智之结晶。

德鲁克说："**一个企业只能在企业家的思维空间之内成长，一个企业的成长被其经营者所能达到的思维空间所限制。**"

我们认为，中国企业解决"创造战略增长"之空间及驱动力问题，是企业发展的大机会、大未来。

把握机遇增长，创造战略增长。

这是企业实现可持续快速增长、成就卓越企业之正道。

重新理解战略

关于战略这一问题的最重要"错位"恐怕就是对于**战略本质的阉割：**

将决定企业命运的战略决策变成战略规划，将战略规划变成宏观战略背景分析（PEST、五力模型等），将战略分析变成按照某种模板进行填空的MBA作业文本。

从"**决策**"变为"**规划**"，企业家（安危之主）精神体系崩盘；从规划再变为"**分析**"，离战略的本质（存亡之道）的关系若即若离；从分析变为"**作文**"，战略之严肃性、现实性全无。

至此，战略彻底变为一场文字游戏，战略规划也变成唱戏。

笔者不否认战略需要进行宏观背景分析，但是我们需要追问，所有分析的最终结论是什么？

笔者更强调战略需要进行产业分析，但是我们同样需要追问，从产业的结构、集中度、趋势中究竟有什么关键发现？

战略涉及的企业发展（目标与路径）规划、战略要素分析、战略执行规划、战略资源配称（匹配性）规划等，但是我们还是需要追问，所有的规划里与企业"当下的"收入增长究竟有什么因果关系？

如果不能解答上述三个问题，那么笔者只能不客气地说所有的战略、战略规划、战略分析都是在误导企业。

因此，我们提出一个并不十分科学，但是却具有现实性的命题：战略决定销量。

博纳睿成提出这个命题，意味着我们坚持销量与战略之间具有"**直接的**"**因果关系**，而不是间接及或有的关系。

这一定律与两类错误思想针锋相对：一是认为战略是高层次规划，战略与执行是两个环节；二是认为战略是一种远景规划，并不必然与销量挂钩。

博纳睿成的咨询经验及对中国过去20年里成功与失败企业的研究，反映出的根本问题是：**成功企业理解了战略与销量之间的关系，而失败的企业则恰恰相反。**

战略与销量之间的关系究竟是什么呢？

失败的企业将战略与销量割裂为两个部分：老板及公司高管做战略规划，销量由基层销售人员及销售管理部门负责。我们会看到这样的企业动辄发布宏伟的战略规划、投资计划、资本运营规划、大手笔的明星代言、巨额的广告/赞助投入等，却看不到这些企业在销售系统上的真正投入——无论是产品、渠道、品牌价值等营销层面的,还是销售系统管理、厂商关系,或者销售人员技能提升等。

事实是:**只有与销量有直接关系的企业决策才可以称之为战略**。这些直接决定销量的战略主要是 5 大层面:产品战略、渠道战略、战略重组、组织战略、品牌战略。

战略与销量之间的关系是直接的、因果关系,而不是隔着很多的环节。

企业的真实课题,不是由战略规划部门制定企业规划,然后分解到管理部门去执行,而是战略规划部门必须基于可执行(可操作的逻辑)的考量制定一个整体计划,让战略决策直接变成销量驱动力,这就是博纳睿成所说的"增长引擎"。

跨国企业已经深谙此道,**销量(Market Share)、利润(EBIT)、企业各项投入、市场行为之间具有清晰的逻辑因果关系**,而中国的企业却仍然在不绝如缕地发生战略失误导致的"大败局"。

因此,我们有必要提醒中国企业注意这一思想的基本规则:

规则 1:不能体现在销量层面的战略规划行为都是一种无用功。

战略必须与数字相关,而数字在企业运营上就是一种投入与产出之间的逻辑关系。凡是文字洋洋洒洒,却没有数字的战略规划,只是一篇"情况通报",而不是战略,无论这种战略规划的文本看起来多么有"体系"。

规则 2:战略规划不是面面俱到的分析,而是基于现状的决策。

有一批号称专业的外脑,学习了战略规划的模板:从 PEST 到 SWOT,再到价值链、核心能力、企业愿景,甚至商业模式、企业文化等,一套模板写下来,分析一箩筐,到处是总结,却没有有说服力的、可以支持决策的逻辑与证据。

那些出现销量徘徊、低于竞争对手、低于行业平均增长比率等情况的企业,无一不是在上述企业战略决策上出现错误或盲区。

规则 3:战略规划是一项随着企业规模而同步增长的专业技术。

战略规划既需要专业方法,更需要专业洞察。行业经验、市场认知及个人眼界等,都是重要因素,绝不是依靠专业模板的"自动化填空作业"。

无论是企业自己还是与引入外脑进行此项规划，都遵循同一规则、方法。没有运用专业性方法进行的战略决策，只能说胆略，而不是战略。

胆略可以带来成功，但只有战略才能降低风险、带来持续的成功。

企业只有先认识到战略决定销量这一"定律"的基本内涵，才能做出正确的选择，以及明白是否需要及由何种类型的外脑来帮助自己，达成目标。

战略决定销量，真正"明白"这一定律的内涵，企业的增长之路将是另一番新天地。

十二、告别野蛮生长

从三鹿三聚氰胺门开始，中国企业的道德底线被一次次质疑，尤其是当昔日一个个光鲜的企业家、一个个最受尊敬的品牌，被爆出丑闻、黑幕，而且企业高管在这些丑闻面前发表"被迫害"的言论腔调。中国人不知道今天生活的这个社会还有没有基本的伦理规则，或者"廉耻羞恶"之心？

老实说，"3Q之争"的悖论是：如果腾讯如360所称的不再安全的时候，那么360更加不会安全，因为这两家企业"绑架"用户的手段都超出了用户能够了解底细并进行选择的自由。

卸载360的是对现实的妥协，即使咒骂腾讯霸道的人，就一定选择不用QQ了吗？

德隆唐万新、格林柯尔顾雏军、健力宝张海、国美黄光裕这些"资本大鳄"会出现问题，公众并不意外；如今牛根生、马化腾、周鸿祎这些"新人类"也出问题，全国哗然。

为什么？

因为过去出问题的可能只是一个企业、一群企业家（及背后的关系网），并不涉及普通人的生活。没有德隆，股市一样有庄家；顾雏军入狱，中国人不缺家电；即使国美倒闭，也不会少了买电器的地方。

近2年发生问题的企业，越来越触及公众日常生活，到3Q大战终于"史无前例"地将6亿网民的日常生活变成企业利益争夺砧板上的"鱼肉"。

这些带着原罪或是价值观错误的企业，做出选择的理由都是一个：为了保护公司的核心利益。为了这个公司的核心利益，就可以不择手段、就可以忘记公司的产品是一种公共服务，这在平时是一个无需置疑的理由，如今却成为"野蛮"的标签。

为什么？

因为这些公司的做法已经侵害到顾客的选择权、公共道德底线（如网络公关公司的"无中生有"式新闻）及隐私权（个人信息）等。

简单地说，这些公司利益的对手或"敌人"，不仅是其竞争对手，而是顾客及社会的道德规则。

6亿用户在这种打劫面前实际上没有选择的自由。

这充分说明，只要是垄断权力，不管是传统的"电"老虎（电信、电力、电视），还是"洋"企鹅，都是真老虎，一样会吃人。

这令我们自2008年以来一直思考的一个命题变得更具有现实性了：

告别野蛮生长，继续生猛成长。

我们认为，在2008年的这一年，中国商业社会、思想界发生了一个转折，这个转折与1989年苏联解体对中国的影响一样重要。

外因：从1840年起长期对中国保持强者地位的"西方世界"，在我们面前如911世贸大楼般倒塌。由美国次贷危机引发的西方企业（雷曼、通用汽车灯）及国家（冰岛、希腊、英国）债务的连环破产危机风潮，让百年来对西方顶礼膜拜的光环黯然失色。

内因：从三鹿三聚氰胺门以来暴露的中国企业"机会主义心智模式"及"野蛮生长"价值观的危害。

2008年的这个转变令冯仑在《野蛮生长》中透露的中国过去30年（1978—2008年）企业生长史的"底牌"—唯野蛮者得生长—成为一个"化石"：中国商业史的游戏规则已经改变。

未必是市场、社会、人性、伦理发生了本质变化，但是越来越明显的是，那些仍然按照野蛮生长规则出牌的企业家，会迅速倒在自己的成就里：三鹿、黄光裕、牛根生……如今添上了腾讯、360。

同时笔者有理由为那些在此次3Q大战中趁火打劫的"新经济企业"的未来担心：金山、百度、傲游、可牛，以及暗度陈仓的新浪、搜狐（都在不失时机地推荐他们可以"兼容"的IM）。

我们确实想大声问一下：还有谁？

我们确实不知道还会有谁？

笔者将下列企业作为中国新商业文明代表（现在也不知未来还会删去哪些）：阿里巴巴、巨人、携程、如家、汉庭、格兰仕、华为、研成、吉利、万科、海尔、养生堂、神舟（电脑）、盛大、当当、凡客诚品……

但至少从现在看，这些企业（包括蒙牛、百度、腾讯、360）演绎了中国式的商业智慧：在战略、产品、渠道、组织、品牌等企业做强做大的所有商业元素上的正确抉择、快速执行与协同一致。

它们是依靠专业、执行等"纯商业化"的元素获得自己生存空间的企业，它们代表着中国未来——一个没有"原罪""更干净"商业社会的成功典范与品质。

笔者用"生猛成长"这个词来简要地揭示这些企业的内在精神。

在这些企业的发展历程中，我们看到的不是野蛮，而是一种敢于挑战商业现实的"堂吉诃德"式的精神。

——它们没有去找政府拉关系、要批文、要政策，而经常在没有政府批文的时候也敢于去做。

——它们也没有利用市场的机会、大企业的漏洞去打擦边球，而是自己筚路蓝缕地去培育一个未来的市场。

——它们更没有利用人性的弱点巧取豪夺、用江湖的方式呼朋引类，而是用自己的理想（或者精神、风格、信仰）凝聚起一个团队、用不懈的创意影响社会、顾客对它们的态度。

——它们有很多秘密，那是不足为外人道的艰辛、孤立无援时的坚持，甚至四面楚歌时的勇往直前，但它们没有沾染"血和肮脏的东西"。

这些"生猛"的成功基因与气质，是缔造中国未来新商业社会的力量，对于中国企业在全球商业舞台的崛起、中国力量在国际社会的影响力、中国智慧对人类的贡献等，是一种宝贵的精神与能力。

这些企业宣示了一个现实：没有野蛮生长，一样可以选择生猛成长。

如果说野蛮生长是第一代创业者不能选择他们的起点，因为他们经常是在生与死、有与无之间进行选择。

那么笔者觉得，告别野蛮生长，继续生猛成长，是中国第二代企业家可以选择的起点,因为他们是在有与多、好与更好之间进行选择。

这不是一个"艰难的决定"。每个人都可以做出自己的选择,并因为个人的选择最后改变社会的现实。

生猛成长,不是励志宣言,而是一种企业气质(Character)与力量(Power),同时也是一套思维逻辑(Think Model)与方法工具(Methedology),对于这个新世代里游戏规则的认识才刚刚开始。

重要的是起点:道生一,一生二,二生三,三生万物。

我们不要在原罪、侥幸、负疚中空对良辰美景,要开心地享受自己创造的资产,保护我们的资源,给后代一个没有负累的财富江山。

中国人需要继续"给力"经济、社会、世界。

我们不是要退回商业社会前期的牧歌时代,也不需要再走控诉金钱、交易、财富罪恶的传统"伦理",因为中国需要建立的是3000年中国历史没有经验的全球化背景下的"丰裕社会"。

我们寄希望于中国的富二代及所有的二世代(80后、90后、00后)企业家,以新商业文明的规则、伦理,"成就自我、追求无我"(李嘉诚语)。

没有厚黑、没有野蛮,二世代的中国企业、中国企业家一样生猛!

此外,笔者还是要对那些信奉或还没有洗去"野蛮生长"胎记的企业家们说一句:告别野蛮生长,继续生猛成长,这不是呼吁,仅仅是我们的发现。我们强为之名曰"生猛成长",因为这是未来中国社会的基本游戏规则!

我们能选择的只是在新规则下生猛成长,或是与新规则碰撞到遍体鳞伤,最后OUT(出局)。

风物长宜放眼量。

我们还没有失去希望,这是对"他人"的信心。

面对未来,我们更加需要一种胸怀,是"天地大美入我心"的中国式胸怀。

十三、新咨询驱动力:管理软件的力量

中国企业的未来形态是什么?什么类型的企业才能决胜未来?这些看似"未来学"的艰难问题,其实从咨询公司的业务模式里可以看到端倪。

为什么这么说?

在中国对外开放的30年里,跨国企业实际上是中国企业乃至商业社会的重要标杆。这些企业带来的投资及其市场份额,对于中国商业的影响远没有他们在企业管理、市场营销、供应链管理的理念与方法重大。

不仅是跨国企业相对成熟的市场调研、广告媒介,跨国管理咨询在企业战略、管理、运营等方面的咨询模式,也在深深地影响中国企业的组织形态。

本土管理咨询以复制跨国咨询方法论,独具中国成长期特色的"营销咨询/策划",构成中国式咨询的基本形态。

但是,因为中国商业社会的演进速度超乎想象,环境也前所未有地国际化与复杂,中国市场的竞争已经进入"一视同仁"的时代:跨国企业并不因为它们掌握的投资再拥有优势,未来企业的商业形态都面临着全新的重塑课题,那就是驱动企业增长的力量已经发生变化。

过去驱动企业增长的是投资、先知(成功经验)、方法论、战略理论、管理理论等,未来的增长动力是明晰的战略与系统平台的驱动。

这一次,在中国市场上,中国企业与跨国企业的竞争环境已经趋同。中国咨询与跨国咨询的竞争,同样回归到同一个起跑点。

跨国咨询过去对中国企业贩卖的那套"标杆""最佳实践"等,已经不再叫座,因为塑造未来企业的基石不再是发达经济体过去的"知识",而是谁也难以预测的中国市场、互联网新技术及其应用的巨大影响力。

在这两大力量的驱动下,企业、商业、咨询都在发生革命性的变化。老牌跨国咨询的神话还没有散去,新的颠覆性咨询形态已经出现。

老牌跨国咨询品牌包括麦肯锡、波士顿(BCG)、罗兰-贝格等,凭借美国模式、欧洲模式成长壮大的跨国咨询,代表了新经济崛起之前(2005年以前)商业企业的战略、管理、运营。

中国本土咨询业还没有来得及充分消化其商业理念及方法,已经与他们一样站在了即将被新咨询形态"清洗"的境地。

新咨询业态反映着未来企业的新特质

这些新咨询形态是哪些呢?

是IBM、SAP、埃森哲等代表的咨询新业态。这种新业态的特点是，将信息技术、互联网技术、管理软件、互联网服务等与企业价值链管理进行了紧密的结合，对企业的咨询已经不仅仅停留于"咨询方案"，而是延展为对企业运营价值链进行实质性流程、运营模式改造的"新系统平台"的打造。

在IBM的早期，是郭士纳的以咨询卖解决方案，以解决方案卖软件与硬件的模式。在最近的"智慧地球"商业模式中，IBM已经变成对行业领先企业乃至政府管制实施"外包性"改造的实体力量。

SAP看起来在从解决方案向支持平台转变，成为系统背后的系统；埃森哲则是明确了其核心业务：管理咨询、信息技术、经营外包。

我们称这些新型咨询企业是一种系统技术驱动的企业咨询模式。它们的本质已经不再停留于老牌咨询公司出方案、定决策、培训辅导的模式，而是运用先进的系统技术，对企业进行真正的"价值链管理模式及流程的再造"。

这些新咨询企业首先颠覆的是老牌咨询的业务模式，从传统咨询的人力资本（咨询顾问）驱动转变为商业理念及系统驱动（如IBM最近提出的智慧地球），用一句官方的话说，是先进生产力对落后生产力的一场颠覆。

未来世界及中国的经济、商业、社会版图正在发生我们现在可以感觉却很难准确描述的本质性的改变。在那个新世界里，今天的很多商业价值将变得不再重要，甚至可以免费获得。

举个简单的例子，如书籍与知识，在工业化之前只有贵族、僧侣、学院等少数人才可以看到前人的成果，工业化革命让普通人都可以用货币购买书籍，互联网时代，所有的知识几乎都是免费获得的。那些在中世纪为一本书要发生战争或争夺的事情，在互联网时代完全不可想象。

互联网时代，过去卖家需要找供销社、找商场、找经销商、开商店才能把货卖出去，现在只要在网上挂上产品的信息，再掌握网络推广的方法，就可以完成产品的交易。这种网络交易的未来是什么？

从小了说，是传统零售业态将发生重大变化；往大了说，未来的商业形态乃至商圈及其功能，都会发生变化。所谓一铺旺三世的商业地产神话，大多数将成为一个过去时代的挽歌。

这些变化在改变企业的运营环境及形态，也就是企业战略、管理、运营、市场营销等都将产生根本性改变，为企业提供咨询服务的外脑，同样在经历一场巨大的"方法论革命"。

未来企业的方法论革命

这场方法论革命的含义是：企业战略咨询首先是帮助企业认清行业格局的变化趋势，确立在新的行业格局中的选择，帮助企业建立新的运营系统。

因此，咨询公司必须具备战略咨询之后的"系统设计及（部分）交付"能力，也就是帮助企业建立起新的运营系统：从供应链到内部管理到市场营销。如图2-3所示。

企业经营价值链	MES 制造执行系统	ERP 企业资源计划	CRM/POSM 客户关系管理/零售终端管理	HRM/OA 人力资源管理/办公自动化	SCM 供应链管理	PLM 产品生命周期管理
原料供应		✓			✓	
产品研发设计						✓
生产制造	✓	✓				
物流运输		✓				
市场营销			✓	✓		
分销渠道						
终端零售			✓			
消费者			✓			

√表示该产品主要包含的价值链环节

图2-3　管理系统解决方案对企业经营价值链的渗透

系统解决方案已经全面渗透到企业经营价值链的所有环节，不仅成为优化价值链的必备工具，也是企业内生性盈利的来源。

没有系统的支持，一个企业想做大并且产生真实的利润，已经变得不可能。因为今天企业的竞争是采用了专业方法并进行了系统改造的企业，对那些仍旧沿用传统方式管理的企业的逐步"掠夺"。

跨国公司在中国市场攻城略地、所向无敌的秘密就在于此，而不是那些被看到的所谓的广告投放、市场营销活动等。

中国市场的未来是系统竞争的时代，对于中国企业来说，重要的只有两个核心：战略决定增长（及销量）、系统决定盈利（及规模）。

这是新时代的企业竞争法则，早把握的企业将成为行业的领先者。

中国市场的创业家精神、企业家精神仍然是创新的旗帜，但是驱动企业可持续增长的力量，正在从引进、学习、模仿转变为自主企业战略系统的建设。

战略思维需要通过战略方法论的科学展开，才能直触市场本质，把握行业规律，确定企业的增长战略。

系统建设则是基于企业全价值链的一种竞争能力打造，这种建设中有创新也有颠覆，有共性也有个性。

战略决定增长，系统决定盈利。战略系统能力，是企业最终形成强大（以及不可复制）竞争力（包括商业模式）的根本。

中国快消品营销这些年

2008 年

一、中国企业的增长路径

考察过去 30 年中国企业的发展规律,会发现企业由小到大、由弱变强大致上有这样的规律——"三级五种驱动力系统",如图 2-4 所示。

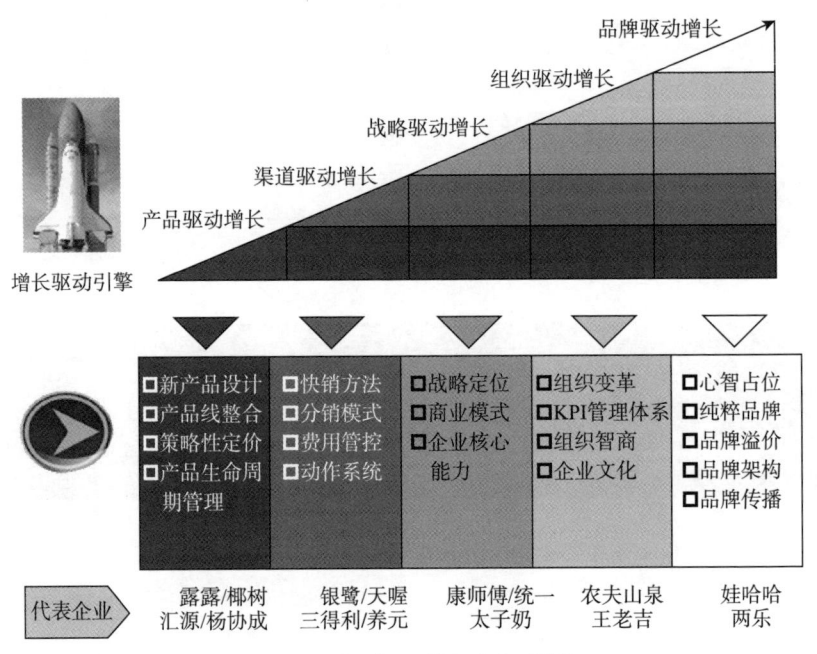

图 2-4 "三级五种驱动力系统"

三级五种驱动引擎规划实现企业可持续快速增长。

原始积累:产品驱动、渠道驱动;

二次创业:战略驱动、再造商业模式;

大成之道:组织驱动、品牌驱动。

所谓的"三级跳",对于中国的企业来讲,一般经历三个阶段实现企业规模做大:

"原始积累"依靠的是产品和渠道,就是我们前面说的机会导向。不是机会主义,是机会导向,是以产品和渠道驱动为核心的。

企业的二次创业靠的是战略上的创新,即战略性的升级,或者是商业模式的再造。商业模式的再造以后,必然会对产品和渠道重新规划。

但是真正的要做到百年企业,非常稳固的一个企业,需要的是在原始积累、二次创业之后，进行第三次的企业再造，叫作组织驱动和品牌驱动。就是企业真正地用内部组织的形式，把企业的产品、渠道和战略固化下来。

组织是什么，很多人以为组织就是一个机构，就是设置几个部门。真正的组织不是这么回事儿。

真正的组织是企业以一个部门流程的方式，把它对外部资源的获取和对内部人员的驱动，把它固化在我们称为组织的这样的一个环境里。当你做到这一点的时候，就意味着你的企业已经不再是产品驱动，也不是渠道驱动，而是组织驱动，所以这就是国外的大公司需要做组织变革和组织架构的调整，而每一次组织架构的调整都会给企业带来新的增长驱动力的原因。

当然最高的一点，真正的大成，除了组织驱动外，还需要有品牌驱动。因为品牌才是一个企业真正最核心的资产，尤其是对食品企业。产品的形态是千变万化的，品类的发展也是千变万化的，但企业的品牌是不变的。而企业品牌的价值，看企业能不能从过去的产品驱动、渠道驱动，最终转化成让它的品牌跟消费者建立一个牢固的关系，变成一个品牌驱动的企业，这才是中国食品企业要获得百年基业或者未来30年、50年发展最核心的因素。

在这五个驱动里面，需要我们对每个驱动的点火按钮进行精细的规划，也就是说它具体的行为方式。

产品驱动里有四种方式，分别是新产品的设计、产品线的整合、策略性的定价、产品生命周期管理。

渠道驱动里最核心的点火按钮是快销方法、分销模式、费用的管控，包括运作系统。

战略驱动，主要是指企业的战略定位、商业模式、企业的核心能力规划等。

组织驱动里是组织变革的方法、KPI 的管理体系、组织智商、企业文化这四大因素，驱动组织进行变革。

品牌驱动里是心智的占位、纯粹品牌的规划、品牌溢价的规划、品牌架构的规划和品牌传播的规划五大品牌要素。

五大驱动引擎和下面我们优选出来的二十个点火按钮，意味着企业在明确自己的阶段性驱动引擎的同时再精细科学地规划点火按钮，就能够使企业的资源利用效率最大化。也就是说，可以少花点冤枉钱，用最经济的方式去获得最大的增长效益。

精细化增长引擎思维：企业资源的精细规划。

这个思维的意思是什么？

企业资源是有限的。过去中国的很多企业，往往在市场运作的时候投入很多资源。比如同时在品牌、产品、渠道、组织架构等方面全面出击，这种行为美其名曰"体系化经营（营销）"，比早年崇尚"点子"的策划确实对企业更有利。

矫枉可以在一定时期过正，这样才能扭转一下过去之"枉"对人们心智的侵占，但过正到一定时候，就又变成一种新的"枉"了。体系化营销只是一个愿望与理想，从来不是企业经营的现实。

行业本质与规律的洞察是告诉我们要科学性地运营，全价值链思维是让我们的视野拓宽，但是最终企业怎么去做，就需要有增长引擎的思维。

在整个行业高增长时期，企业多花一点钱，有的时候它的机会成本很低。也就是说，我们多花10元，能赚50元，它不需要太精细的运作，因为那个时候机会很多。但是当机会很小，或者行业的增长率开始降低的时候，你多花10元，而你的对手能够少花10元，这一增一减，就意味着你的对手会比你多20元的空间。

有了这个空间意味着：

第一，会影响两个企业之间的盈利率。

第二，也会最终影响一个企业对另外一个企业实施相对的价格竞争，或投入更多的资源进行品牌竞争。

因为你的对手比你更会花钱。他每花10元，可以获得30%的收益；而你每花10元，只能获得20%的收益。这10%的差异，只要经过有一两年的积累，另一个企业就可以向你发起致命的一击。也就是说，它可以把多余的利润拿出来，逼迫你降价、收购资源、发动品牌攻势。

这些降价等竞争举措，在未来都是一个战略。就是让利润越来越小，压制或减小市场份额，小到最后把你的整个现金流或盈利能力彻底打断。

过去说的营销4P也好，12个P也好，这些P都对，都是市场存在的现实。但是对企业来讲，不可能同时去做4P，更不可能同时去做12P，尽管每个P企业都是有的也是需要加强的。但是企业必须要做出选择，把它的有限资源推放到最优先的一个P上面，也就是要以一个最有效益的聚焦点来整合其他的资源与措施。

这个点我们叫它"增长引擎"。增长引擎下面最核心的点，我们叫它"点火按钮"。就是说只要抓住一个最关键的——主要矛盾的主要方面，就可以获得企业增长的阶段性最优化解决方案。把资源投在聚焦点上，而不是平摊地投入企业的资源。未来需要企业在前面产业思维和全价值链思维之下，相应调整企业的战术。

调整的是什么？即我们所说的精细化的增长引擎，就是在什么时候做什么，把资源花在哪里是最经济最省钱的，这种精细化规划对企业的利润影响会越来越大。

如何找到企业的"聚焦点"呢？

过去企业这种资源优先性分配方案，是凭老板的直觉和意志。

专业的方法原则是：在明确企业的规模、企业在行业中的地位和这个行业成功所需要的资源（行业本质与关键成功因素）这三点后，就能够找到一个资源优先性的分配方案。

二、系好营销的"第一颗纽扣"

怀揣梦想的企业每天在市场里上演着各自的营销行动，成少败多。战略定位、决策力、执行力、资源、环境等各种影响成功的要素将"成败之道"变得复杂。我们看到的是：一个在正确方向上纠正失误的品牌通常比在错误路线上高效执行的品牌要安全得多。

营销是一场高风险的游戏。最大的风险来自于两个因素：不知与不确定。

如何制定策略？首要条件是市场调研及充分的数据与信息。这种调研是营销的"第一颗纽扣"，如果这个纽扣系错，后面的策略自然就会错位。

市场调研广受大公司的重视，无论是购买零售卖场数据（如尼尔森、GFK等建立的消费品零食、家电零食数据系统），还是Store Check（零售网点调研）、消费者调研（CLT—拦截问卷调研、FGI—焦点小组座谈），都可以提供充分的数据，为制定策略奠定基础。

移动通信市场属于垄断性性行业，市场营销上以套餐、资费、广告为主要手段。笔者印象里各类品牌（如全球通、神州行等）或品种（如大众卡套餐）的手机卡，都是在运营商的营业厅完成办卡、缴费、打印话费单与发票、选购手机等一系列行为，销售渠道似乎没有太多的"花头"，远没有家电、日化等普通消费品那么复杂。

笔者做过的一个咨询项目最终确定：摸清上海市场手机卡分销渠道结构、终端类型、月度销售数据，从而为新手机卡上市制定渠道策略提供依据。

上海市场仅市区就有11个区，涉及18个销售终端类型。粗略计算，零售网点约1万家，至于分销渠道的结构，除了知道市区大概有5~7个批发市场外，都不知道渠道的层级有多少。在这种情况下如何进行调研计划的设计与执行？客户要求在20天内完成调研并提交调研报告。

怎么做？能不能做？多长时间可以做成？

这是6年前我们为世界500强客户VM所做的上海市场手机卡分销渠道及终端调研与策略咨询项目，项目难度之大、时间之紧、要求之高都是前所未有的。

我们迅速根据渠道价值链，即运营商—经销商—分销商—零售终端—用户的完整价值转移链条，设计了细致周密的调研内容，并制定了详细的调研工具与计划，项目目标设定为：

——零售终端：310个手机卡零售终端问卷调查；

——分销商：27个渠道分销商；

——28个个体卡贩深度访谈；

——110个目标消费者问卷调查、2场FGI座谈会；

——徐汇区、静安区、浦东区三个区手机零售终端的地毯式普查。

调研样本涵盖上海市区11个区、18个终端类型，移动和联通代理商、批发商、主要销售的手机卡品牌、品种。

调研的过程可谓惊心动魄，20天的时间"Deadline"（时限）就像一把达摩克利斯之剑，每天折磨着笔者及项目组的每一个人。20天里，项目组每天9：00准时早会，9：30出发调研，18：30返回公司汇总当天情况，21：30离开公司。大多数人因住处较远，都是12：00睡觉，第二天6：30出门，最后一周撰写报告，一半咨询师都有过在公司过夜的经历。

工作强度之大，技巧要求之高，执行过程之严格，大多数项目组成员都经历了一个自我说服的过程，都有"蜕了一层皮"的感觉。最后的结果是每一个参与者都留下了一份宝贵的咨询经历，尤其对于部分刚踏入咨询行业的顾问，他们体会到严谨的作风、严格的标准、严密的计划是怎样让团队的力量超出个体的经验水平。

本次调研究竟得出了怎样的数据与信息？这些数据对于决策会有怎样的影响？

鉴于该项目已经超过保密期，我们将其中的一些结果呈现出来，方便读者感受专业的市场研究咨询可以达到的精确度。如图2-5至图2-12所示。

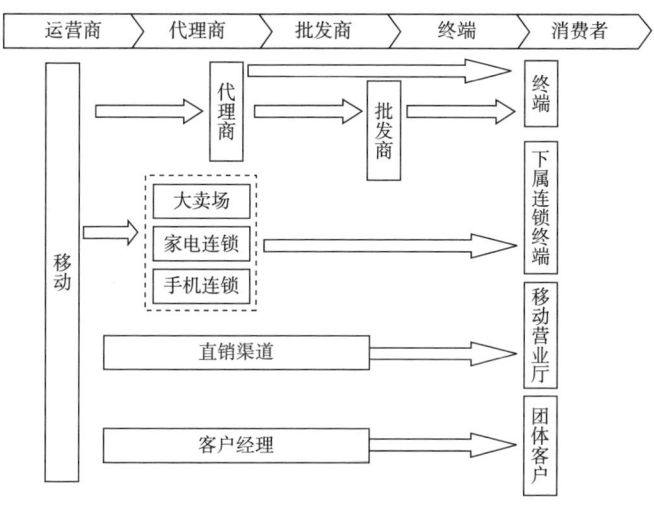

图2-5 移动运营商销售渠道结构

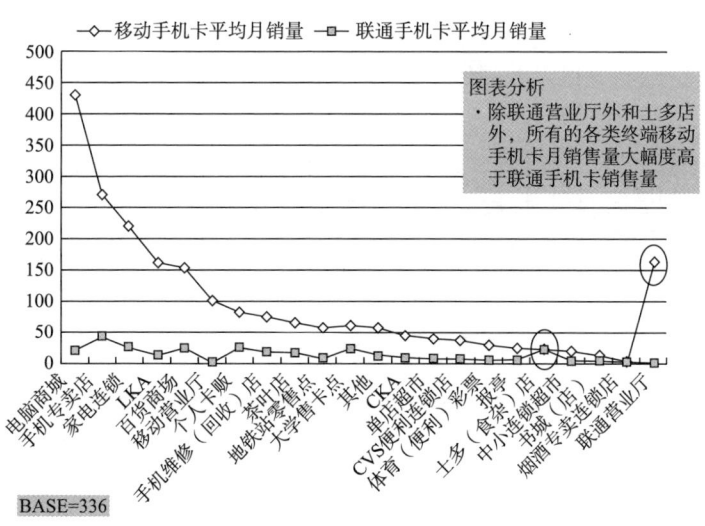

图2-6 徐汇区普查：移动与联通手机卡各类型终端单店平均销量对比

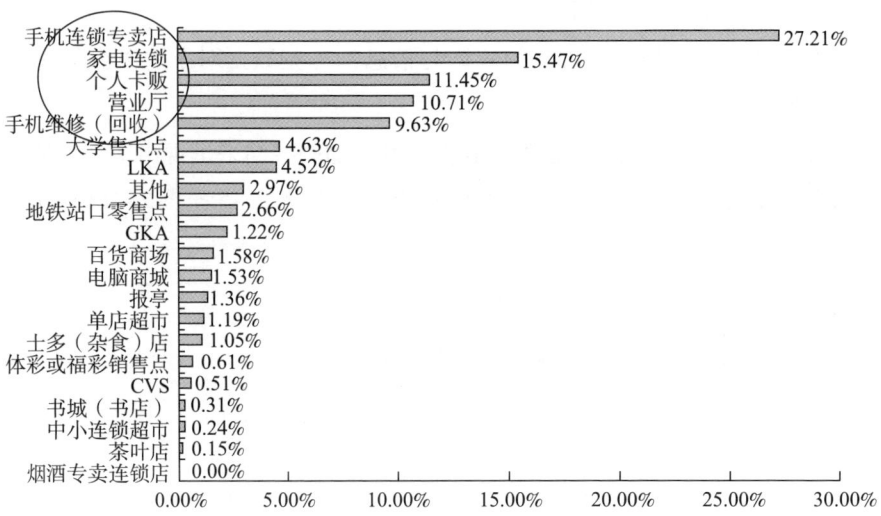

图 2-7 上海市场各类型终端手机卡累计月销量占比

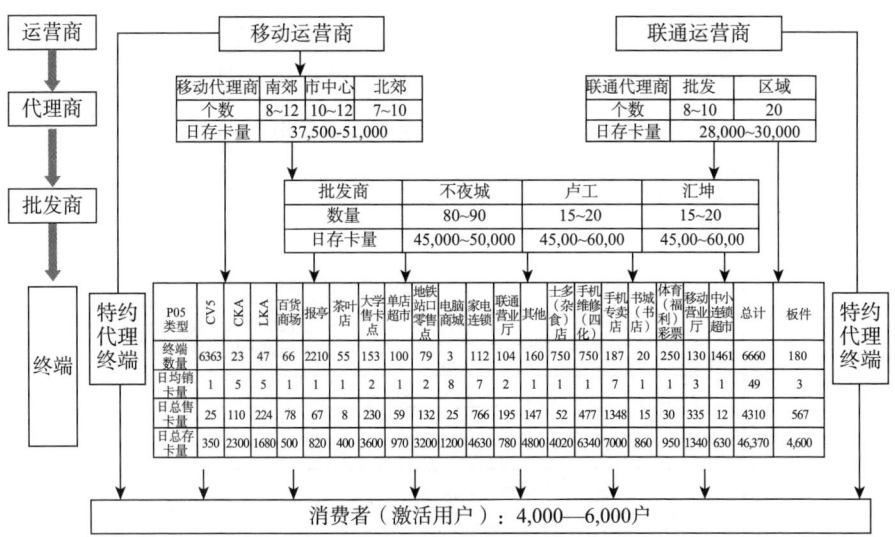

图 2-8 上海手机卡渠道日均存卡量估测

图 2-9　手机卡零售终端结构特点和发展趋势

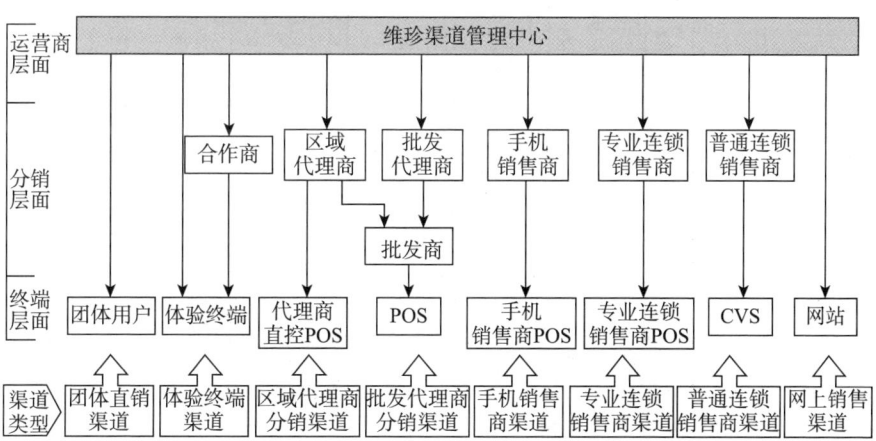

图 2-10　渠道策略：VM 手机卡用户量增长整体渠道模型

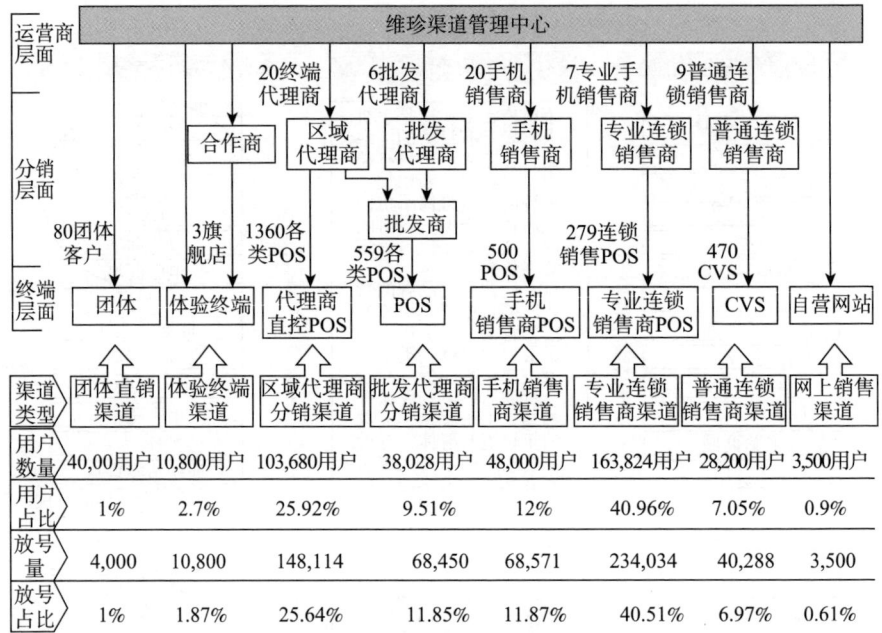

图 2-11 VM 放号量增长模型

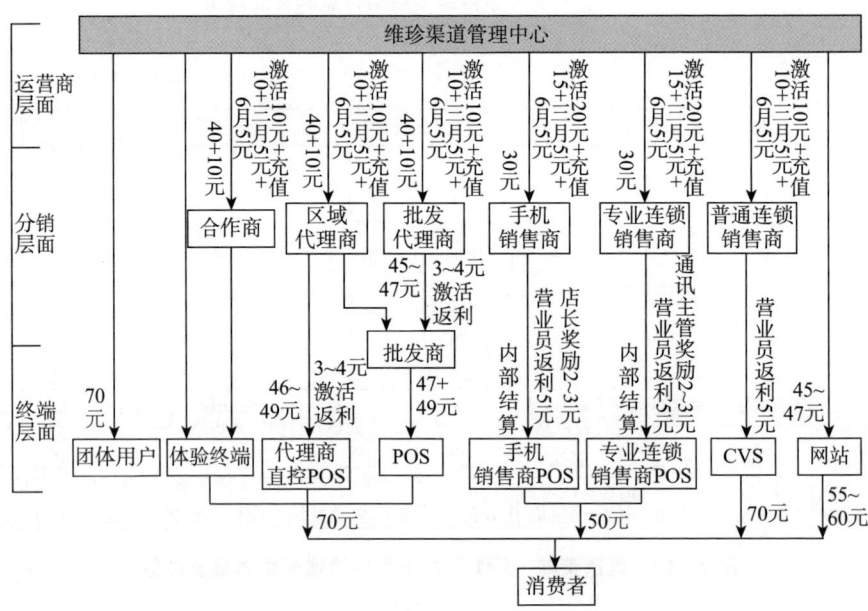

图 2-12 VM 手机卡渠道价值链——价格瀑布模型

调研结果勾画了一副上海手机卡市场的"完整分销图景"：客户不仅清楚地看到手机卡的分销结构与各环节所担负的角色、重要性，还看到了每一环节分流手机卡的数量、价盘及两大运营商的操盘手法，包括用户对于运营商品牌与产品的态度、选择关键因素等，调研数据之翔实准确、调研方法之独具一格令 VM 上下管理层大感惊喜。

在此基础上的渠道策略，如渠道优先性、终端分销量计划、渠道价值链设计、渠道推广方法等，就具有了坚实的基础。

调研项目的结果不仅让世界 500 强的优秀客户满意及惊喜，同样也令我们自己吃惊。我们在成功完成了近乎不可能的项目之后发现，原来通过专业的市场调研，整合零散的数据与信息，可以将市场研究得如此透彻。

在这样的市场研究面前，进行一项决策使沟通变得理性而轻松，因为市场的真实图景可以考量出每一项决策的成功概率、风险与预期收益。

对于准备上演营销大戏并企图从市场里淘出金矿的企业来说，在策略阶段进行慎重研究是一项值得的投资。如果说正确的策略是市场营销的第一颗纽扣，那么在进行一场营销大战之前，对战场做一次"全景式 CT（透视）"就是系好这关键的第一颗纽扣的最好投资。

三、 乔治·路易斯：定位是屁

乔治·路易斯被称为"麦迪逊大街的坏小子"，曾在伯恩巴克的 DDB 广告公司任创意指导，是甲壳虫 Think Small（想想小的好处）创意及广告运动的关键人物。

乔治·路易斯在《蔚蓝诡计》中将其 30 余年广告创意生涯的经历及思想，以极其个性化的方式呈现出来。笔者认为以下三个最著名的观点体现了他的天才：

（1）"广告，是一种有毒气体。它能使你流泪。它能使你神经错乱。它能使你神魂颠倒！"

（2）"定位是屁。"

（3）"我的工作是使 100 万元看起来像 1000 万元。"

乔治·路易斯列举了他为 UniRoyal 公司一种皮革替代品 Naugahyde 如何从大量的仿冒品中区隔的问题，用了一个"牛海哥"——一个高达 210

公分的卡通形象（看起来象是 ET 的前身）。

这个卡通玩偶形象活化了 UniRoyal 产品的通路，并成为广告运动的主角。推广牛哥的广告语里有一条在若干年后仍被记得的 Slogan：

"牛哥很丑，但是皮很温柔。"

当时 UniRoyal 公司负责该项目的经理正是杰克·特劳特。

杰克·特劳特离开 UniRoyal 后与里斯成立了 Riels&Trout 广告公司，并于 1981 年出版《定位》一书。书中的这个观点显然激怒了乔治·路易斯：今天，创造力已死。麦迪逊大街新游戏名称是"定位"。

乔治·路易斯反驳：定位的道理非常浅白，就像撒尿前一定要先把拉链拉开一样。

乔治·路易斯反对定位的理由，他认为，非逻辑性的、令人惊奇的创意才是解决产品行销问题的钥匙，而不是理性的、逻辑的定位。

"定位的伪科学问题，将逻辑与直线式思考奉为圭臬。最好的定位观绝对必须来自突破障碍的广告，以及惊奇而有创意的解决方法，理性的逻辑反而会束缚任何可能制造奇迹、有创意的解决方案"。

乔治·路易斯坚持，广告创意是艺术，不是科学。

当他与两位广告大佬参加电视脱口秀节目，节目主持人大卫·萨斯坎德（David Susskind）问道："先生们，什么是广告？"两位广告重量级人物讲述了传统的市场营销步骤——界定产品概念、勾勒消费者特征、市场调查、竞争分析、品类分析直到制定媒体策略。

乔治·路易斯非常不认同的表情被主持人抓住，问道："你为什么这样一副表情，乔治？你难道不同意这两位先生的看法吗？"

乔治·路易斯说道："我想我和他们不是同行吧！广告，是一种有毒气体。它能使你流泪。它能使你神经错乱。它能使你神魂颠倒！"

顿时，全美国的广告界都知道了这个"广告是有毒气体"的观点。乔治·路易斯因此荣获广告疯子、麦迪逊大街的坏小子等诸多头衔。

就广告而言，笔者赞成他的观点。

对于一个产品来说，理性的定位描述不是最重要的，重要的是是否创意出了"令人惊奇且记忆深刻"的解决方法。

里斯与杰克·特劳特的批评也没有错，创造力确实已死，否则我们怎么会看到这么多千篇一律的广告？

一个广告如果不能依靠创意，在受众看到的第一眼（First Sight）就留下印象，而需要依靠"大当量"的媒介投放维持知名度，这只能说是创意的悲哀。

所以，我们不得不佩服史玉柱、叶茂中等，他们知道创意很难得，选择了到声音最大的地方（央视）去亮一嗓子（大手笔广告）。这种做法至少比谨慎的广告策略，能赢得更大的曝光机会与胜算。

这个"谁的声音大谁就有理"的逻辑有一个很别致的学名，就是知名度永远不够——真是扯淡：如果碰巧品牌的美誉度正向，知名度多多益善；如果品牌美誉度是负面的，知名度就成了毒药。

笔者欣赏乔治·路易斯说他的工作是使 100 万元看起来像 1000 万元的广告策略，这才是真创意与真营销：乔治·路易斯擅长对广告对象（产品等）进行"意识形态"的挂接（笔者称之为品牌的外向赋值理论）。

他为希腊国家观光组织（GNTO）创意的促使美国人去希腊旅游的广告：
They're going home, to Greece. Are you?

以希腊是西方民主与文明摇篮为号召，唤起美国人的"寻根"旅游潮。

乔治·路易斯没有被客户接受但他自己非常喜欢的，为世界金融中心所做的创意：
World Financial Center——it's Heaven on the Hudson.

乔治·路易斯用一个天使的翅膀形象传递"天堂"的主题，设计了围绕天堂的系列广告，其句式与我们熟悉的一些广告很接近，如：

开往天堂的巴士；

本土山寨：开往春天的地铁——徐静蕾电影片名；

过两个街口就到天堂了；

本土山寨：中国人离信息高速公路还有多远？向北 1500 米。—瀛海威；

爱吃的就来天堂吧；

本土山寨：喜欢维生素糖果的，就跟上来吧—雅客 V9。

乔治·路易斯，是广告史上的一个天才性人物，犀利、直率，充满争议。

显然，这样的怪咖才是真正的营销人、创意人、广告人。他能让你的 100 万元看起来像 1000 万元，而不是花客户 2 亿元的媒介费用，得到什么：企业获得1亿元甚至更少的销售额；创意人获得品牌大师、定位大师的声誉。

让客户赚大钱的广告人才是真大师。

广告、创意、设计文案，毫无疑问是高智商、高难度的专业成果，这些真创意为企业带来的销量与利润增长是客观真实的。有时，真正的营销咨询甚至不花费任何市场费用，就可以帮助客户获得增长、避免犯错，乃至直接的利润进账。

这不是神话，它的专业名称叫战略，或者策略。

战略本身"并不一定"（注意：是不一定，不是一定不）要企业投入额外的成本，但是获得这种具备大功效的好战略，途径只有两个：一是企业撞大运；二是购买外部专业服务。

1998年，是笔者的"营销元年"。

笔者虽然在1993年就做销售，1994年在商贸公司做销售经理，一边读从图书馆里找到的《营销管理》（下），一边给业务员培训；1995—1996年在大型商场做营销策划，直到1998年进入啤酒厂市场部，才真正从市场营销的基本概念、调研、营销规划等开始入门。

1998年，市场部的学习风气很浓，特批的购书政策，让我们把当时市面上几乎所有的营销类书籍都买了回来，有《科学的广告》《宝洁的观点》《奥美的观点》《市场营销管理－亚洲版》等，但是给我留下深刻印象的，还是乔治·路易斯的《蔚蓝诡计》。

正是这本书及其中的观点，让笔者对于广告创意有了深刻的认识，不同于何阳的点子、王力的策划，是可以让产品起死回生的创意。

作为啤酒厂独家广告代理的金鹃公司总经理徐总，兼任市场部部长，对市场部进行了系统的营销培训。厂里还出资专门聘请中国台湾广告大佬李传屏（盛世长城中国区总经理，著有《营销论语》一书，不幸早逝）的传福顾问团队为市场部进行15天的全封闭培训：策略、调研、创意、销售、产品、品牌等。其中，台湾酒业销售鬼才张良吉先生犀利睿智的观点，得到参训人员的推崇。

1998年，作为啤酒厂品牌与产品群负责人，规划1999年产品线时，笔者与金鹃公司的意见差异很大，甚至部门人员也大部分赞同金鹃公司的规划，最后只能以联席大会议的形式对决。

当笔者在胶片幻灯前阐述完产品线规划之后,金鹃公司团队(总经理、客户总监、客户经理、创意总监、AE)开始发炮。现在回忆当时情形,那就是一句话,我仿佛是"一个人在战斗"。

但是金鹃公司的反对仍然不能说服笔者,大佬们开始用行政口气进行争论,会场气氛激烈。此时,刚从三株进入市场部的王思远说:"就算史贤龙的规划是错的,也应该有发言的权利。"

一句话将皇帝的新衣挑开,会议只能讪讪收场。

事后很多年,现在的合作伙伴、百特调研公司总经理杨更新对笔者说:"你那时在我们眼里就像那个说定位是屁的坏小子!"

现在想想,笔者当时也不过是大佬们手中的鲶鱼,市场部1998年年底打破金鹃公司的独家代理,1999年逐步中断了与金鹃公司持续三年的代理合作。

这件事情也提醒笔者,作为乙方,不管甲方多么授权信任,都不能跨越乙方的本分。老师如果情绪化到与学生打仗,老师也就做到了尽头。

笔者做甲方,对于乙方伙伴是敬重的,从每一个乙方都能吸收到有价值的东西。尊重乙方的甲方,都是聪明人。

金鹃公司是一家值得尊敬但又有些可惜的优秀广告公司,他们是真正有投入、有计划、系统引进中国香港、台湾地区广告行销的重量级人物给员工及客户充电的广告公司。笔者在金鹃公司听过陈碧富(中国台湾奥美市场调研负责人、创办观唐广告)、李传屏(江湖人称李小辫)、陈一枬等大师讲课,受益匪浅。但是金鹃公司的体制又造成了核心人员的大量流失,失去了成为中国营销策划领先公司的机会。

现在的"营销皖军"至少一半出自金鹃公司,大半与金鹃公司有过关联,这也是一个公司的荣耀了。

金鹃公司为啤酒厂所做的创意也是经典:

麦香浓郁清风止,豪情冲天流云随,品牌形象广告(1996年);

圣泉黑啤,给不怕黑的男人(1997年);

喜宝啤酒——朋友越多越好、喝酒要喝喜宝;喝酒不在菜,图的是痛快(1998年)。

金鹃公司之后的嘉宝广告则创意了零点啤酒:

新开始,就在零点(1999年)。

2000年啤酒厂被华润雪花收购。

那是激情四溢的年代。我们没有虚度光阴。

四、李奥·贝纳：好广告穿透大众的心灵

如果营销就是"卖货"——开发经销商、分销商、零售商、管理业务团队、执行公司销量任务、与各路人员讨价还价等，营销的魅力也就会失去。

营销不仅是对销售的策略或谋划（经营），也超越了德鲁克所说的"企业只有研发与营销是投资，其他都是成本"这种对营销战略性地位的认可。更重要的是，营销的精彩之处是"影响消费者认知与购买行为"。

营销的历史并不长，严格意义上的商业广告在美国也是战后才逐步成长起来，至今不过80年。

中国营销30多年，虽然时间短很多，但与美国建国历史与中国历史的比例来看，这种时间间隔下的差距，要说就到了"追赶不上"的地步，未免过于短视与自卑。

笔者一向认为，中国式营销不必要是"辩护式肯定"：我们在改革开放的这些年里，那些带有阶段性烙印的营销思想及手段，比如先要销量还是品牌、多元化还是聚集、品牌延伸还是单一产品等。

对于中国式营销的正确态度应该是"辩证式创新"：以开放、自信、科学，同时也是带着"中国智慧"的方式，继往开来，为中国企业决胜中国市场（全球最大的消费市场），以及出击世界市场，提供战略思想、方法论指导。

营销是一种科学性与艺术性兼备的"商业美学"。

这个观念是笔者在2000年读到《李奥·贝纳金言100句》时萌生的想法。在此之前的1998年，笔者也阅读了施密特的《营销美学》一书，只是当2000年读到李奥·贝纳这些闪耀着天才与伟大光辉的思想时，坚信了"营销是美学"的认识。

"李奥·贝纳金言100句"对广告、营销的思考，总共不到4000字（汉字），但是笔者一直坚信，这是广告/营销史上的划时代思想，可与哲学里的《老子》或《孙子兵法》相媲美。

笔者最经常引用的话是这一句：好广告不只在传达讯息，它能以信心和希望，穿透大众心灵（No.39）。

用好广告"穿透"大众的心灵——这不是简单地卖货，而是将广告的美学价值、社会价值同时标示了出来。

这也是一个理想：在这个没人知道明天是什么样子的世界里，唯一能教人免于沮丧发狂的东西，就是朴实原始的作品（No.18）。

有理想的人并不是头脑简单或者天真主义者，理想主义者比任何心灵"顿感"的普通人更加感受到世界的疯狂、沉闷、混乱及无聊。

理想主义者大多不是乐天派，但也绝非悲观主义者。这些理想主义者相信，凭借"某种力量"可以为社会、为世界贡献出一点什么。

后来有个企业家说了一句更有名的话："活着，就是为了改变世界。"

这种力量在营销或者广告人身上，就是用创意、用可与引起共鸣的表现形式，直指"大众"。注意，不是狭隘的目标受众，而是广泛的大众。心灵，或者掀起生活的痛苦面纱，让大众在人性的光芒下，享受到并不需要特别条件的快乐。

李奥·贝纳为美国肉类研究所芝加哥总部做的"肉"广告，是李奥·贝纳广告公司的划时代重大事件之一。

这则广告以已被宰割、分割的血淋淋的生肉为诉求对象，需要唤起大众对肉食的欲望及好感。

广告从每个人的生活开始：红色的背景下，两块鲜嫩的牛排占据了画面的主要部分。画面上方有一个词构成的主标题——肉（MEAT），副标题是"使你吸收所需的蛋白质成为一种乐趣"。

这个广告直指主题——肉，直指吃肉的核心利益点——吸收蛋白质，但是做了一个广告创意，让吸收成为乐趣。

广告文案正文是在《定位》里被屡次重复的原则：顾客感兴趣的不是牛肉，而是牛排的滋滋声。

李奥·贝纳的文案是："你能不能听到它们在锅里滋滋作响？"

辅助文案不忘继续对顾客诉求：是那么好吃，那么丰富的 B1，那么合适的蛋白质。这类蛋白质对正在长大的孩子会帮助发育，对成年人能再造你的健康。像一切肉的蛋白质一样，它们都合乎每一种蛋白质所需的标准。"

广告口号很响亮——美国最高级牛排！

这个广告不仅体现了李奥·贝纳公司创意原则：发现"产品与生俱来的戏剧性"（我们后面再谈），也反映了李奥·贝纳的广告观念：

创意给人生命和生趣（No. 29）；

广告代理商的作品是温暖的，全然人性的，它触及人们的需求、欲望、梦想和希望（No. 37）。

关于李奥·贝纳观点的论述，可以到此为止。他的观点本身清晰明确，并不需要额外解释。

笔者想多说几句的是，为什么这么一个似乎简单的观点应该被称之为"天才"？

我们仔细想一想，今天有多少广告是以这个观点来创意的？为什么企业主苦恼广告缺乏"创意"，而广告人苦恼创意没有被慧眼接受？

如果一个产品的广告创意，能够达到上面这个牛肉广告的清晰阐释，那么上述问题还会存在吗？哪个企业主不会一眼就看中这样的广告？

一个真正的创意，拥有它自己的力量与生命（No. 84）。

这样的创意如何而来：

笔者所享有的任何成就，完全归因于对客户与工作的高度责任感，不惜付出自我而成就完美的热情，以及绝不容忍马虎的想法，草率粗心的工作，与差强人意的作品（No. 87）。

营销的终极归宿是美学，是营销人像对待艺术作品一样对待自己的工作。

笔者总是想，能在营销中增加美学的元素——从美感素材到美学理论——可能是拯救营销过度功利化、庸俗化，甚至不道德倾向的真正途径。

一个信奉"营销美学"的人，应该不会去为了某种利益而做各种各样的欺骗了吧？又或者，即使排除道德考虑，将营销美学进行到底的营销人，可以做到这一点：

笔者相信广告最大的危险之一，不在误导群众，而是让他们觉得要命地无聊（No. 58）。

金言100句里还有很多关于广告人、广告公司经营等的精彩观点，可以说句句珠玑，恰如满天繁星，成为每个创意人的精神归依：

伸手摘星，即使徒劳无功，亦不致一手污泥（No.1）。

中国广告，何时可以不再以"凶狠"吸引眼球？中国营销，能否在生猛之时不必走向"恶俗"？

归根结底，中国营销缺的不是创意，而是价值观。

与公司门面及财务状况相较，我们应该更关心公司的灵魂——那就是我们的价值观，热情与操守（No.45）。

笔者唯一的警告是，公司的成长绝不能以正直为代价。笔者认为，正直是这家广告代理商的灵魂与前进的动力（No.81）。

在李奥·贝纳、马文·鲍尔、亨德森这些智业前辈面前，中国智业的"德性"实在是太低了，尤其是看起来生意不错、到处做广告却满口跑火车的大腕们，真是让人汗颜。

3000年礼仪之邦，如今最缺的是基本礼貌。

5000千年精神文明，如今最缺的是敬畏与谦逊。

智业这个行业或者专业大师，怎么能把自己降低到暴发户的格调里去呢？

我们要有专业自信，但不应该有专业自负。

中国营销无论如何进化，忘记这个根本，就只能是今天满目所看到的：有钱、任性、财大、气粗、赚钱、有理，无底线的各种丑陋与自鸣得意的平庸。

李奥·贝纳（1891—1971年）以"金言100句"阐述了其行销、广告创意等观点。更重要的是，他明确了其广告公司的经营哲学：以正直价值观为核心的创意服务原则。

1935年，李奥·贝纳时年45岁，就职于纽约Erwin Wasey广告公司芝加哥分公司创意副总监。他自感与公司的理念越来越远，无法忍受"就像洗碗水一样乏味"的广告创意活计，决定创业，变卖所有财产，在芝加哥筹组自己的李奥贝纳广告公司。

公司建立之始只有一家客户，年营业额是20万美元；经过20年努力，终于把李奥贝纳公司发展成一家世界级的大公司。李奥·贝纳去世时，李奥贝纳广告公司是美国排名第一的广告公司，在全球80多个国家设有将近100个办事处，拥有一万多名员工，年营业额在20亿美元上下。

李奥贝纳广告公司的客户包括全球25个最有价值品牌当中的7个，如麦当劳、可口可乐、迪士尼、万宝路、Kellogg、Tampax和Nintendo等。

李奥贝纳广告公司的核心创意原则是：每一样产品本身都具有它与生俱来的戏剧性。

笔者认为，正是发现并坚持这一创意原则，李奥贝纳广告公司脱离了李奥·贝纳个人天分的影响，成为一家"原则与价值观驱动的真正组织"。这也是所有伟大创始人与伟大组织之间唯一正确的联系方式，组织的发展虽然需要有天赋的个人，但是其原则与方法论具有共性、并可以传承。

到目前为止，这个对产品的创意观点是"最具有行销意味"的原则与方法，我们且称之为"李奥贝纳方法"。在大半个世纪之后，它仍然是所有的制造厂商建立"产品力"的最具价值的途径。

对李奥贝纳方法，各种解释较多，但笔者认为核心是两个：

（1）目标：挖掘产品本身的戏剧性。

（2）方法：如何寻找这种戏剧性。

产品的戏剧性：每一样产品本身都具有它与生俱来带有戏剧性意味的故事，我们的第一件工作是去发掘它，并用它来赚钱。

李奥·贝纳认为："产品即英雄。"

这个目标之所以重要，是与以奥美为代表的品牌形象流派相对的广告观点。这里的重点不在于论定奥美与李奥·贝纳的是非，而恰恰是两个方法（其实还有很多如伯恩巴克、乔治·路易斯、萨奇兄弟）都是有效的（说明达成目的的方法从来不止一条），因为奥美的方法等同样创造了许多营销经典。

李奥·贝纳将产品放在广告的中心，产品即英雄这个观点确实代表了其核心理念：做生意的唯一目的，就在服务人群；而广告的唯一目的，就在对人们解释这项服务。我们希望消费者说"这真是个好产品"，而不是说"这真是个好广告"。

这显然是在反对以创意而不是以销售产品为目的的广告创意倾向。如今的各种广告饕餮盛宴，正在变成广告人的游戏，得奖的作品变成大部分消费者看不懂的广告。

在产品拜物教与广告拜物教之间，我们有时很难取舍。

企业都喜欢广告将产品放在中心，但是缺乏创意的产品宣传，将广告变成产品说明书；广告人希望有不受产品拘束的创意，认为创意只要与目标消费者相关即可，不一定必须解释产品特点，但是这种倾向操作不当，也会让创意变成与产品属性差距过大的东西。

前一种情况往往出现在产业发展初期，企业数量众多。如太阳能热水器、白酒等行业，所有厂家的广告倒是以产品为中心了，但是广告内容惊人的同质化：无一例外都是产品的特性、品质，或者明星代言人。

后一种情况出现在价值型市场即以差异化为立基点的产业，如服装业、餐饮业、服务业等。自从真功夫借势李小龙形象以来，中式快餐掀起一股"形象热"：老娘舅、吴大嫂、马子禄等，而服装更是以"外在观念或形象联系"作为产品（或品牌）的诉求法则，如利郎、九牧王、才子、希努尔等。

中华立领：男人就应该对自己狠点；361运动系列：唤醒你心中的豹子。这是将产品与戏剧性结合较好的案例。

奇客饼干、网络饭饭、怡达山楂、飞儿馍片等，试图激发消费者对产品的惯性思维"转弯"，被市场证明是行不通的路径。

上述现象说明，产品是英雄这种产品中心主义广告观，也需要辩证地去看待。笔者认为，做广告最伟大的成就是使人信服，而没有任何东西比产品本身更能说服人。

如何寻找这种戏剧性：李奥·贝纳方法实际上是一种"焦点人物深度访谈/观察"。

与FGI（焦点小组讨论）不同，是指在"放松聊天"或"实际购物环境"中，倾听、观察产品的购买者、使用者对产品的真实体验（感受）的一种调研技术。

这种调研可以获得比CLT（街头拦截访问）的量化数据、FGI中由于访问环境造成的"无意识隐瞒"，更能接近真实顾客对产品的真实态度，是一种需要用心才能获得、非常有用的调研技术。

以下是李奥·贝纳方法对这种创意过程的描述，不用再解释：

我的方法就是把自己浸透在商品之中。

我深信，我应该去面对实际，对我要卖给他商品的人们，做极有深度的访问，我设法在心中把他们是哪一类人勾勒出一个轮廓——他们怎样使用这种商品，以及这种商品是什么——虽然他们不告诉你这么多，但你一定要发现并启发他们购买某种东西或者对某一类事情产生兴趣的动机。

我们再三强调事物的所谓"与生俱来的戏剧性"，如果你能够找出来那种使得商品保留在市场上的原因。一般说来,在那里是有着某种东西,几乎常有着某种东西在那里,最初也一定有着某种东西才使得制造商来做它,有某种东西使得人们继续去买它。

抓住它,然后,无论它是什么都抓住它,同时使这件东西的本身来引起人们的注意而不是靠欺诈的手段来引人注意。最重要的任务就是把它发掘出来加以利用,而不是投机取巧,或依靠雕琢的技巧及牵强附会的联想。

总结一下:李奥·贝纳方法是广告创意里以"产品"为核心的流派代表。有人认为与罗斯·里夫斯的"独特销售主张—即 USP"比较接近,但两者不同在于,李奥·贝纳更强调的是事物本身的"戏剧性",而不是一种"说辞或主张"。

在以"品牌"为号召的广告界,李奥·贝纳的观点实际上争议很大,而且确实有些行业或品牌,也有以品牌创意而不是产品戏剧性实现巨大影响的案例:麦当劳——我就是喜欢;嘉士伯 Chill 啤酒——不准不开心;水井坊——穿越历史、传承文明(中国高尚生活元素)等。

有些产品或品牌,实际上只需要"吸引眼球的知名度",并不需要太深入的产品本身的戏剧性。从某种角度看,吸引眼球的知名度创意并不比挖掘产品本身的戏剧性创意难度要低,因为这是一种"弱智化顾客"却可以增强顾客好感及记忆度的创意方法。

但是笔者认为,任何试图将李奥·贝纳方法与奥美方法融合在一起的做法,最终都将是"非驴非马"的怪胎。合适的做法是,要么坚持李奥·贝纳方法,要么就走奥美的道路。

创意其实没有中间路线,最安全的做法恰恰是做到极端。只有极端,才能极致。

从中国企业目前的状况来看,产品中心的创意,如果能够给顾客一个"不可拒绝的购买理由",这是一种"强驱动型产品战略",是企业进行广告投资的第一优先考虑方向。李奥·贝纳方法也因此具有了普适性价值。

五、 伯恩巴克:广告"鬼斧"的 ROI 原则

严格地说,伯恩巴克的思想代表了广告创意的"主流派观点":说什么不重要,重要的是怎么说。这一派创意观点与李奥·贝纳、奥格威等

"科学派"正相反,被称为广告创意的"艺术派",前面提到的乔治·路易斯也被归入这个流派,且其本人创业前就曾任 BBD 公司的艺术指导。

广告创意本来就需要天马行空的想象力,因此,强调"用什么方法来说去感动受众",就像说需要按格律、押韵写才能称之为诗,与乔治·路易斯讽刺"定位就像撒尿前要拉开拉链"一样,是自明的真理。

问题是,伯恩巴克最著名的两个创意都被里斯 & 特劳特认为是"定位"的最典型代表:

一个是 20 世纪 60 年代为大众甲壳虫汽车创意的"Think Small"。这个创意被定位论认为代表了定位的精髓:找到现有产品(美国式长宽大汽车)的不足,然后将自己看似弱点的特点,变成对手无法竞争的优点。

《想想小的好处》:"当你挤进狭小的停车场时,当你更换那笔少量的保险金时,当你支付修理账单时,或者当你用旧大众换新大众时,请想想小的好处。"

据参与这个广告创意的乔治·路易斯说,当时德国"大众"汽车在美国尤其是美国犹太人的印象里,就是"纳粹"的残留物。因此,必须让顾客的思维"转个弯"才能解决大众甲壳虫汽车的行销问题。

英国经济学家舒马赫(E. F. Schumacher)于 1973 年出版的《小即是美》(Small is beautiful)一书,"小即是美"成为一种现代哲学观念。

2009 年 10 月 28 日,马云在《纽约时报》网络版的"观点"(Opinion)栏目发表了题为《小即是美》的署名文章,在金融海啸的风声鹤唳之际,认为小企业是新商业革命的主力军。在随后的一些发言中,马云也声称自己整天在想如何将阿里巴巴"做小"。这些都代表了马云"因小而美"的思想。

如此看来,不管伯恩巴克或 BBD(BBDO 天联广告前身)的创意思想为何,Think Small 这个产品广告创意足以成为一个天才的创见与观点。

对此,广告教父大卫·奥格威喟然长叹:"即使我活到 100 岁,也写不出这样的广告。"

另一个是艾维斯出租车的"行业第二位"定位:我们是第二,所以我们更努力。

在《定位》一书里有相当大篇幅讨论了艾维斯这个定位的绝妙之处:比附老大,自己就是第二。这是避开行业巨头,但是从其他竞争者中脱颖而出的策略。

"艾维斯在出租车行业只是第二位,那为何要与我们同行?"广告正文:"我们更努力(当你不是最好时,你就必须如此),我们不会提供油箱不满、雨刷不好或没有清洗过的车子,我们要力求最好。我们会为您提供一部新车和一个愉快的微笑……与我们同行,我们不会让您久等。"

到目前为止,自己定位"第二"而成功的品牌,还是只有艾维斯出租车,似乎这个天才的创意已为绝唱,更加映衬出艾维斯的空谷余响。

伯恩巴克"艺术派"创意案例,为什么会被科学派的定位论所推崇呢?

从上面两个经典案例,是否可以印证伯恩巴克的观点:不是你的广告说什么感动了观众,而是你用什么方法去说来感动他们?

老实说,笔者看不出来这两个创意的效果,是"说什么"(Say what)还是"怎么说"(Way to say),起了更大的作用。

伯恩巴克并无专门著述,仅有一些谈话记录。从上面两个案例来看,笔者认为伯恩巴克是天才的实践派,而不是理论家。因此,广告究竟是艺术还是科学的论断,伯恩巴克虽然自认为是站在艺术的一边(我奉劝你一句,切勿相信广告是科学),我们大可不必太当回事儿。

但其传世之作竟成不可复制与企及的绝响,说明伯恩巴克在广告创意上的方法论具有学习的价值:

忘却与永存的区别是艺术技巧。

令一个广告,一个人或一件商品起眼、成功,先要替它建立自我的独特个性。否则,它永远都不会被人注意。

笔者宁愿选择一个平凡简单但却活泼,充满意思和生命的广告,也不愿选择一个美丽而无头脑的广告。

要相信你的直觉,注意倾听你放松时、散步时或者睡觉前弥漫于意识中的想法。

规则正是艺术家所要突破的东西,值得记忆的事物从来不是从方程式中来的。

所谓市场调查、选择媒体及广告公司中的一切其他活动,都不过是最后执行(说服艺术)的前奏而已。适当地动用创作力,能够使你的"说辞"脱颖而出,使其能够被接受、被相信、有说服力、促成购买。

威廉·伯恩巴克 William Bernbach（1911—1982 年）被誉为 20 世纪 60 年代美国广告"创意革命时期"的三位代表人物和旗手之一（另两位是奥格威和李奥·贝纳）。1947 年，DDB 公司成立之初，全部资本只有区区 1200 美元，而到了 1982 年，当庆祝自己的 35 周年诞辰时，已是世界第十大广告公司，年营业额超过了 10 亿美元。

这一年，伯恩巴克病逝。在此前不久，有人曾问他 20 世纪 80 年代的广告变化会是什么，他回答说："十亿年来，人类的本性从没有改变过，再过十亿年，也是一样。只有表面的东西会改变……一个传播人应注意不变的人性……创作人员若能洞察人类的本性，以艺术的手法去感动人，他便成功。没有这样，他一定失败。"

值得一提的是，伯恩巴克具有独特的职业尊严和道德底线。在他主持公司的 23 年里，没有接受任何一家烟草公司，始终拒绝庞大的广告费的诱惑，坚持不做香烟广告。伯恩巴克为人谦逊朴实，穿着随便，从不夸耀自己的生活。

伯恩巴克奠定了 DDB 广告创意标准，被称为广告"鬼斧"的 ROI 原则：一个好的广告应当具备三个基本要素，即 ROI：相关性原则（Relevance）、原创性原则（Originality）、震撼性原则（Impact）。

我们当务之急是要令沉闷的产品起死回生，充满生命。

所有的营销举措、创意方法，殊途同归。

中国快消品营销这些年

2009年

一、中国大豆产业链危机"珍珑劫"

所谓"珍珑劫",指围棋里一种很难破解的连环劫,在《天龙八部》里虚竹以自闭气眼、先死后活的方式破解了逍遥子的珍珑局,从而可以在新的广阔天地里重新布局、博弈。

种种迹象显示,2009年的中国大豆产业,正在经历这场"珍珑劫"局面……

疑点丛生

从3月到5月,一场关于大豆的风波再起,我们用"大豆疑云"这样的文学词汇研究一个产业实属无奈:太多自相矛盾的数据,太多似是而非的报道。如果说2008年4月、5月是猪肉成为CPI猛涨的元凶,那么2009年大豆的涨涨跌跌却充满疑点。

比如国际大豆价格在下跌,进口大豆量再创历史天量。5月份成品豆油批发、零售价格集体上涨,为什么原料成本降低了,零售价格却上涨了?

如果说是担心2009年大豆歉收,那么美国农业部的数据却在证明美国2009年大豆种植面积没有减少,美国对中国出口也创出天量,为什么?

奇怪的是,去年CPI成为热点的时候,猪肉价格一路疯涨,食用油价格也要跟涨时被紧急叫停,为什么这次没有任何主管部门对食用油价格上涨发表看法?比如物价局搞个价格听证会,或者商务部调查一下是否存在合谋涨价的不正当竞争行为?

为什么美国政府对豆农的保护价格及补贴,可以让每个豆农们安心种豆,跨国粮商也在其中没有遭受损失,而中国的国家豆农补贴政策却成为让豆农闹心(看着下雨没阴凉)、东北榨油企业停产(无法就地收豆又不敢进口转基因大豆)、消费者损失(食用油涨价)的导火索?

如果留意各大媒体关于大豆事件的报道,只能发现对一个一个环节、事件的报道,还有一些似是而非、含糊其辞的观点,怎么也不能让人做出一个清晰的判断:中国大豆究竟怎么了?

自2004年中国大豆美国采购导致随后一年里中国1000家规模以上大豆压榨企业被压缩到90家,其中64家被外资控制,占据中国榨油总量份额的85%。

自2006年起,进口大豆逐年上涨,由2006年的2600万吨猛增到2008年的3744万吨。

2009年第一季度进口大豆达1015万吨,中国进口大豆占全球大豆贸易总量的40%左右,预计全年进口将达到4100万吨。

与此同时,国家2008年制定的对黑龙江大豆的收储计划遭遇尴尬局面:一方面,2008年黑龙江的大豆丰收,国际出台保护性收购价格,保护农民利益;另一方面,黑龙江豆油压榨企业收不到(或无法收)黑龙江产大豆,一季度规模以上68家榨油企业普遍处于半停产状态,榨油企业称公司盈亏平衡点的大豆收进价格最高为1.65元/斤。

在这种情况下,5月中旬,包装油企业集体涨价10%,全面提高成品食用油的批发价与终端零售价。

而在国产非转基因大豆油最后消费市场的哈尔滨,超市里转基因大豆油却在做"特价促销":福临门5升特价37.9元,而九三油价格47.5元。据超市人员称,转基因豆油的销售份额已经从过去的20%上升到60%,九三哈尔滨销售公司人员也承认,九三的份额已经从过去的80%下降到30%左右。

更为离奇的是,保护农民的收购价格也没有让农民得到实惠。央视采访显示,农民自己送豆到中储粮仓库根本排不上队,耽误等待的时间把微薄的利润又会吃回去,所以农民只能接受上门收豆的"豆商(豆贩)"以比国家收购价低20%(1.5~1.85元/斤)左右的价格卖出,农民还是没有得到国家保护的利益。

中储粮吃进的700多万吨大豆,全面爆仓,很多大豆保存在临时室外库里,质量能否保证需要看老天爷脸色。按照国家规定,中储粮每收购1吨大豆,将从财政获得50元的收购补贴和120元的保管轮换补贴,这样按700万吨计算,补贴中储粮的费用为11.9亿元。

但是,中储粮以3700元/吨收进来的大豆,面对3000元/吨的进口大豆,怎么出得了仓库?卖给谁或者补贴送给谁?

如果按照3200元/吨价格卖出,国家将补贴35亿元,每吨100元的价格就是6亿元的补贴,这个单谁来买?谁受益?

这700多万吨的去向与价格已成为2009年中国大豆迷局里的最大悬念。

再看国内粮油市场的两大巨头:中粮与丰益国际(益海嘉里母公司),3月、4月间,丰益国际在泰州港新建两个4万吨码头,年吞吐量为130万吨;中粮则投资40亿元在天津临港工业区兴建600万吨级粮油综合基地。显然,这些为消化即将增加的700万吨的进口大豆货量做好了准备。

ABCD——ADM、邦吉、嘉吉、路易·达孚——四大跨国巨头粮商已经在天津滨海新区布局落子。

九三集团号称黑龙江大豆(乃至中国非转基因大豆)的最后堡垒,已经无法守住非转基因大豆油唯一的消费市场——东北。九三集团在黑龙江的榨油工厂处于半停产的亏损状态,在沿海的榨油工厂利润都比去年翻番增长。奥秘不是品牌有多好或者经营能力强,而是进口大豆价格下跌了。

这一边,中国大豆产业协会积极推进"订单农业",即种植-企业联手的产业化道路,加强企业与农户的合力;国家大豆工程技术研究中心则发起成立"国家大豆产业(加工)技术创新战略联盟",试图运用技术创新提高国产非转基因大豆的竞争优势,推动产业升级,注重研发与企业之间的互动。如图2-13所示。

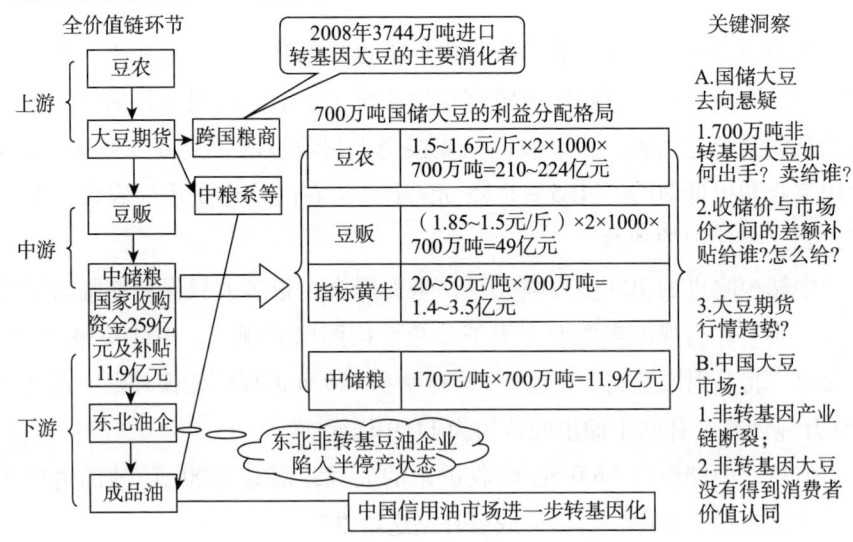

图2-13 大豆产业的全价值链洞察于利益格局

上面我们简单勾勒了构成大豆产业市场的一些主要力量：豆农、中储粮、豆商、榨油企业、行业协会、科研机构、跨国粮商，还有后面的物流、港口、航运企业及其所在地的政府。

我们并非上述大豆产业环节里的任何利益方，从 2005 年起关注这个产业的发展。根据上面的种种动向看，我们认为，如果说 2004 年以后的中国大豆产业是第一次洗牌，那么 2009 年应该是大豆产业第二次洗牌的序幕。

直面挑战

《天龙八部》里有一段虚竹破解逍遥子的"珍珑劫"棋局的情节，说的是在棋局胶着不开、没有出路的时候，其实自闭"气眼"先死一片棋子，反而腾出更大空间，可以重新拼抢争夺，这可说是对中国式"大舍大得"智慧的形象诠释。

现在的中国大豆产业格局，同样到了"珍珑劫"的地步，甚至连政府的一项惠农政策与真金白银的投入都反而制造出更大的麻烦。这恰恰说明，到了中国大豆产业进行"战略转身"的时候了！

为什么这次中国政府（或主管部门）"好心没有办好事"呢？

第一，中国政府在公布 1.85 元/斤的大豆保护性收购价后，没有考虑收进来的大豆怎样被消化。如果这个问题早解决了，至少东北豆油企业不会半停产。

政府在本次收购政策里考虑了豆农的利益，却没有考虑保护东北大豆榨油企业的利益，那么，东北榨油企业没有了，政府保护的豆农种出的大豆给谁呢？

第二，选择中储粮作为东北大豆的唯一收储，实际上是"与企抢粮"——这个政策不正成了东北榨油企业的一根绞索吗？

中储粮收了 800 万吨优质大豆里的 700 万吨，剩下约 150 万吨（品质也达不到中储粮收购标准）让东北 100 家榨油企业去抢，这不等于在"二桃杀三士"吗？跨国粮商想打压东北非转基因企业没有做到的事情，中储粮全给做了。

而中储粮不过是一个中间中转仓，对这个系统执行本次收购的"劳务"补贴也有 11.9 亿元，东北榨油企业有多少利润？为什么不去补贴真正的生产者，却要补贴中间商？

第三，大账没算明白：本次保护大豆价格与国际市场到岸价格相差近700元/吨，按照700万吨的保护规模也就是需花费49亿元的政府补贴，那么算上中储粮的执行费用，总共是60.9亿元（政府投入及损失）。如果政府将700万吨里的200万或300万吨转为由东北大豆榨油企业收购，政府只要补贴12亿或18亿，可以节省补贴中储粮的3.4亿或5.1亿元，而东北榨油企业也就不会像现在这样束手待毙了。

同时，只要规定榨油企业必须直接接受豆农送豆，违者不予补贴，至少也会减少农民得不到收购价的实惠、被豆贩子盘剥的情况。

中储粮紧急收购这么多大豆，如何可能面对每一户豆农的直接交易？还需要检查、过秤、入库，这些环节既费时又耗人，中储粮老总对于豆贩问题只能说了句："我们只能管进了中储粮库的，外面的事情我们无法管。"无异于默认豆贩的存在。而媒体也采访到，进入中储粮的指标被炒卖到20～50元，这又是一个1200万元到3000万元之间的利益黑洞！

与中国非转基因大豆产业的存亡相比，豆贩49亿元（1.5～1.85元/斤×2×1000×700万吨）的中间利润，1.4～3.5亿元的门槛寻租费用，都比不了东北500多亿大豆种植-加工产业链的断裂危害之深！

日本的神户牛、韩国的牛肉等都无不以行业及政府之力悉心保护，中国不能成为第二个印度或阿根廷，任由跨国转基因利益集团摧毁中国乃至全球最珍贵的食品产业！

我们从上面的迹象可以对当前大豆产业形势做出几个判断：

（1）国际大豆价格与产量构成对中国政府（中储粮代表）大豆政策的"杀多陷阱"（即使排除阴谋论，市场的实际也是如此）。

（2）东北非转基因大豆油消费市场如果消失，那么非转基因大豆产量将以2009年为分水岭，从此进入下降通道，萎缩多少？如果按照现在的趋势，50%的跌幅是完全可能出现的。

（3）国产大豆与进口大豆量1∶3的差距可能在2009年变为1∶4，而东北非转基因大豆的减少或者种植基地被转基因大豆所占领，将使中国大豆产业陷入积重难返之困境。

（4）转基因大豆大量进入中国的所有障碍都已经拆除。中粮成为最大的非转基因大豆进口企业，九三等中小榨油企业也暗度陈仓，在全国范围内来讲与非转基因进行抗争的力量已经没有，港口、船舶、地方政府都是在巨量转基因大豆进口利益链下的驱动力量。

（5）食用油在大豆价格明显走低的情况下涨价，是一次垄断性的侵害消费者权益的行为。大豆企业的涨价行为应该进行价格听证，而不能由企业单方面决定。

2009年的大豆战争，对于美国农业部或跨国粮商来说，中国（特别是东北）大豆种植的转基因化很可能才是最终的目标（混收、混种、花粉漂移污染种源植被等已经露出苗头）。

因此，要真正解决中国大豆的这次风波（但愿不是危机），中国大豆产业链特别是非转基因大豆产业链上的利益相关方需要面对几个现实：

从政策上鼓动限制进口转基因大豆已不可能，这等于是要中国人不要吃油；

流于情绪化的阴谋论，控诉跨国粮商与美国的补贴政策也无济于事，最终市场的问题需要市场解决；

国内大豆行业组织采取的措施不能解决眼前的困局，如果当前的趋势不能逆转，这些联盟、协会终将成为被边缘化的散兵游勇企业主们发牢骚的地方；

中国政府在解决大豆问题上的责任：欧盟、美日韩等发达国家均有农业补贴与交易门槛，中国在这个问题上不能听任所谓"自由市场"调节这样的错误思想。政府有关部门应该看到本次大豆收储政策及其执行存在的设计上与操作上缺陷，对这些缺陷如果不马上采取措施补救，东北非转基因大豆企业的末日也许将被我们自己断送。

破局长短策

怎么办？怎样渡过中国大豆产业眼前的这道"坎"？

根本的问题是，中国政府补贴应该给谁？

按照国际惯例是应该给豆农的，但中国企业的实际标明，油脂企业与豆农都是褪褓中的婴儿，而且是连体婴儿，如果一个断了气，另一个也活不了多久。

第二个问题是中储粮的定位。中储粮不仅是国家政策的执行者，更是国家储备与粮食安全的保卫者,而不能成为与企争利、夺企口粮的战略杀手。

第三,非转基因企业最需要(非常急迫)成立的是"消费者教育联盟",也就是每年拿出3亿元甚至更多进行非转基因大豆(及食品)好处的宣传(包括宣称非转基因优秀企业品牌),这难道不比300亿元市场的毁灭更有价值与急迫性吗?

说到底,谁来保护中国的非转基因大豆产业,不是政府,是市场:是消费者意识的觉醒、消费行为的改变,是媒体的公正报道,是大量非转基因食品捍卫者的不懈努力与"声音"!

近期来说,需要政府及东北油脂企业紧急采取以下"止血"举措:

(1)用行政手段对转基因大豆进入东北,严令禁止。

(2)从中储粮中按照东北企业油脂企业的现有加工能力进行"平价"(国家承担收购价与市场价之间的损失)非转基因大豆的供给,保证东北油脂企业的正常生产、定价及销售。

(3)禁止转基因食用油品牌进行"低价"促销,违者对其进行不正当竞争调查,给东北大豆品牌一个公平竞争的机会——将非价格诱惑选择的主导权交给消费者。

长远看,可以采取以下措施:

(1)将中国大豆协会改造为"中国绿色大豆协会",或者另外成立一个独立的NGO组织,专门进行非转基因大豆的消费者教育、传播、品牌孵化。

(2)在大连商品交易所设立"中国绿色大豆"期货品种,对东北非转基因大豆的价格进行期货市场的价格发现与避险运作,推动"中国绿色大豆"成为世界非转基因大豆的主要品种。

(3)中国政府参照美国政府做法,对非转基因豆农实行保价收购,收购主体应多元化,按照国家战略储备目标在中储粮、非转基因油脂企业间合理安排收购配额,使国家战略储备安全、企业正常运行、豆农顺畅交易,三方得利。

加大在非转基因大豆品种上的研发、分销、技术指导,将东北非转基因大豆真正打造成高品质绿色大豆的代名词。

东北的大豆企业需要反思一下,每年到底有多少市场营销费用是用于对消费者的宣传？到底在品牌建设上应该进行怎样的投入？为什么一个几十亿元规模的企业却没有去建立差异化的品牌来保护自己？

为什么可口可乐敢于夸口即使工厂被毁，都能重新建立？是消费者的忠诚，而不是可口可乐是最有钱或实力的公司。

很少有几个产业能有这样的幸运，这个产业的健康存在是对人类的贡献，不仅在捍卫人类的健康，更在维护一个有价值的信仰上，起点独特的贡献。

中国大豆、东北的非转基因大豆企业，历史赋予了东北大豆企业建立"绿色食品价值代表之品牌"的机会。不仅是为了企业的发展，为了中国人还能吃上绿色健康的大豆食品，希望东北大豆产业及油脂企业快快"雄起"！

二、 刘老根大舞台：离太阳马戏团有多远

2009年，刘老根大舞台开进了北京前门东大街。赵本山、二人转不是以一个艺术品种，而是以一个炙手可热的"摇钱树"的形象冲击中国公众的思想与情绪，一时热议如潮。

不少媒体称刘老根大舞台进入北京市场，标志着东北二人转这种民间艺术门类进入主流娱乐圈，就好比当年的徽班进京，使京剧代替昆曲成为国粹。

也有不少人觉得这个声称洗去东北二人转粗俗、黄色、自虐、丑化的"干净"二人转更像一个暴发户，带着满脚的泥巴甚至牛粪，套上西装改头换面，很难平衡"清雅的无趣"与"俗鄙之搞笑"。

本书不想讨论二人转的前途与内容，但中国的改革史告诉我们一个事实，几乎所有以高雅（或诸如此类）名义对新生商业形态的怀疑、嘲讽、打击，最后都不可避免地成为落伍者，被浩浩荡荡的商业潮流淹没。

原因很简单：人民群众需要一点自发的娱乐，成本不要太高，也不需要哪个组织来安排。

拜《蓝海战略》一书的介绍，太阳马戏团成为蓝海战略的代表案例（年收入高达25亿美金），间接扩大了太阳马戏团在中国的知名度。2007年太阳马戏团的"神秘人"项目来到上海，成为当年上海最火爆的娱乐节

目，演出 60 场，上座率达到 80% 以上。

而上海本地已经演了 5 年多的上海旅游精品节目《ERA—时空之旅》超级多媒体梦幻剧默默耕耘，却没有太阳马戏团这样的话题性与火爆场面。

作为一个行业咨询人员，我们也不想重复记者们的报道与评论，而是将我们从商业角度的分析观察得出的结论与大家分享，那就是：**刘老根大舞台成为中国的太阳马戏团的"必要条件"已经具备，但还需要完善"充分条件"**。

为什么我们认为刘老根大舞台将成为中国的太阳马戏团，而不是已经火爆很久的同在前门的郭德纲的德云社、上海现在风生水起的周立波海派清口呢？

首先，说刘老根大舞台可以成为中国的太阳马戏团，原因在于通过对本山传媒集团"全价值链"的考察，我们可以发现成为本山集团收入与盈利来源的正是巨大的且呈现火爆增长的刘老根大舞台票房（2008 年据披露票房收入达 1 亿元）。

这个现实说明是刘老根大舞台，而不是赵本山、小沈阳的小品，或者赵本山的影视剧系列，不仅是收入与盈利的主要来源，而且具备了规模化复制的商业模式，"刘老根大舞台"已初步完成了**独立的**产品、渠道、品牌、组织体系的建立。

从商业角度看，当一个项目（产品或服务）越过早期成长阶段的瓶颈（知名度低、现金流低、渠道不健全、投入产出不成比例、核心团队没有形成等），被顾客接受并开始呈现现金流规律性流入的时候，就进入第二阶段规模化复制阶段，而规模化复制阶段完成后，意味着该项目的商业模式已经成熟，剩下的是运用资金、品牌、管理、组织等手段去完成快速的大规模扩张，冲向品牌的辉煌期。

其次，刘老根大舞台具备了进行**"规模化复制"**的独立娱乐产品形态：

第一，刘老根大舞台从品牌上看可以成为独立于赵本山，甚至超越传统二人转的新的舞台表演形态。此言一出，想必很多人会质疑：没有赵本山刘老根大舞台还能火吗？不是表演东北二人转，刘老根大舞台演什么呢？

这些疑问都对，但我们反问一下：刘老根大舞台就必须且只能演东北二人转吗（就算是赵本山所谓的干净的东北二人转）？如果在刘老根大舞台上出现一点别的表演形态，必然郭德纲式的相声、周立波式的清口、太阳马戏团式的马戏、严顺开式的滑稽剧等，观众就一定不喜欢吗？

没有赵本山就没有刘老根大舞台，但再过50年后没有赵本山、没有小沈阳，刘老根大舞台就一定会消亡吗？

从这个角度来看，我们认为，刘老根大舞台有比赵本山、小沈阳、二人转更深刻的文化内涵与生存土壤：这就是中国9亿的农民、占70%广袤国土的农村天地！

第二，刘老根大舞台从产品上看具备了快速规模化的所有要素。前面我们也提到了几个精品娱乐节目：德云社、时空之旅、周立波海派清口等，不需要太高深的分析，只要仔细思考一下就可以看出，这些艺术节目（或项目）都很难快速"做大"。

主要原因是去德云社、看海派清口都是冲着郭德纲、周立波个人去的，而刘老根大舞台里，赵本山渐渐变成招牌（赵本山自己甚至已经在有意识地这样做），小沈阳成为快速吸引眼球聚集人气的明星。

这也就是说，至少是现在的情况，大家去刘老根大舞台，如果有小沈阳在，没有赵本山也不是致命的缺憾。而小沈阳本人并不需要像周立波那样一个人表演2小时，串场30分钟或占到整场演出的30%。观众虽然有点余味未尽，但也不至于彻底失望。

第三，刘老根大舞台从渠道上看已经具备了可盈利、可复制的商业模式。刘老根大舞台据披露已经开了9家，每家每晚的票房收入约20万元，基本上充分挖掘了"赵家班"从《刘老根》《马大帅》《一村之长》《乡村爱情》《乡村名流》《关东大先生》等电视剧里培养锻炼出来的核心明星表演团队的能量：每场刘老根大舞台的基本人员配置是1个核心明星+5个二线明星（上过赵本山电视剧露过脸的）+学员级二人转演员10~20人，跑龙套3~5人，一台100—120分钟的戏就基本上成形了。

那么以马家班（本山传媒集团）现在100多人的二人转演员阵容，应付9个刘老根大舞台的演出虽然有点紧张，但由于剧场主要分布在北方-东北一线城市，人员之间的调动、轮换还可以保持各舞台剧目的更新与轮转。

由于 9 家刘老根大舞台的全部投入运营，2009 年刘老根大舞台的票房预计可能达到 3~5 亿元左右，这将成为中国娱乐史上的大事件：冯小刚与华谊兄弟传媒用了近 10 年时间打造了冯小刚导演贺岁片累计 10 亿票房收入的传奇，刘老根大舞台不仅很有可能打破这个娱乐产品票房纪录，更有可能成为每年创造 5~10 亿元稳定现金收入的娱乐形态！

从 1 亿元起步，3 亿元也好，5 亿元、10 亿元也好，赵本山倒是显得气定神闲：毕竟这些项目、节目、演员无不浸透了赵本山的心血。

但是，一个年票房收入从 1 亿元到 10 亿元级的跨越，需要更多精细的**路径规划与清楚的商业元素界定的，本山集团需要主动地去形成一个更加完整的商业战略规划。**

赵本山已经意识到需要运用现代企业经营的方法来管理"本山传媒集团"，聘请职业经理人打理，甚至自掏 60 万元去商学院进修 EMBA 课程。

确实，集团运营管理、二人转艺术形式的创新、二人转演员的培训、本山传媒集团的产业化运营、电视剧的策划与拍摄，等等，都是摆在赵本山及其经营管理团队面前的巨大而繁重的工作，并不会轻松。

实现上述的目标，还有很多路要走，甚至还有谁也无法预知预测的"黑天鹅"可能戏剧性地改变赵本山、小沈阳、刘老根大舞台、本山传媒集团的命运，就像最近的"周立波太太"风波带来的冲击一样。

但我们相信只要赵本山不要失去支持其成长壮大的"灵魂"，就不会出现飞龙、三株、巨人式的瞬间冰消。

什么是赵本山之魂呢？应该是对中国农民、中国农村的本真、深厚的爱与感恩！

三、 海尔的战略高原

作为家电业著名的善于以公关软文进行宣传的企业，海尔从 2006 年起似乎刻意地保持低调。

当年的三大战略：名牌战略、多元化战略、国际化战略都一步步实现的时候，海尔低调了，甚至在 2006 年张瑞敏明确表示，海尔开始进入"高原"市场。

2009 年，张瑞敏再次发表了三大终极管理问题的演讲：如何做适应中国国情的管理？信息化时代如何管理创新？如何进行商业模式创新？

此前报道中，张瑞敏在海尔2009年经营年会上，宣称海尔的主要目标是从制造业向营销服务业进行战略转型，要向"成套供货"模式转变，并开始更多进行"生产外包"的作业模式。

2006年，笔者即撰文对海尔对标GE的多元化战略表示怀疑，特别是进入金融租赁、人寿保险、城市商业银行等金融领域的行为。事实以伊梅尔特将GE号称"365D×24H"的"不落地"资金管理的GE保险SBU卖出而画上句号：在海尔1000多亿元的全球营收里也找不到多少金融业务单元的贡献。

国际化战略，从TCL开始高调进入惨败收场，到明基、联想等一众中国企业集体交了一次海外并购的学费。海尔虽然宣称未来要让海外营收占到集团收入的三分之二，但面对的却是目前10%左右的现实，显然需要跨越的目标还是很高的。

海尔宣称拥有白色家电、黑色家电、米色家电三大类的96个细分门类15100多个规格的产品群，但不利的消息接踵而来：2007年海尔退出微波炉市场，2008年，海尔空调业务负增长7.15%（格力10.58%、美的28.77%），手机、彩电、电脑、小家电等业务则面临盈利低或剥离的局面。

如今海尔的"外包战略""营销服务战略""管理终极问题"等，并不能看出对于解决海尔目前低盈利率、低增长率有什么战略性的帮助。

笔者得说，海尔在制造业、流通领域、售后服务领域、供应链管理领域都是中国制造业的标杆。在这一方面，面对这个1000多亿元的庞然大物，若非身处操盘者角色，还是要多保留一份敬畏与尊重。

但看着海尔的言论，甚至被媒体冠名为"去制造化"潮流，向产业链高利润端寻找利润点，不觉疑惑又担心。疑惑的是，如果海尔的产品业务单元已经无法摆脱"双低"局面，那么向这个产业链的哪里可以找到所谓的高盈利区呢？岂不落入是"皮之不存，毛将焉附"的逻辑矛盾之中？

担心的是，怎么看海尔也没有走在正确的"战略逻辑"道路上。

还是以海尔的榜样两个蓝色巨人IBM、GE的转型为例：郭士纳对IBM的最大革新是放弃IBM–PC品牌及制造业务，向管理咨询领域实施转身，扭转了IBM企业价值创造的逻辑，实现了看似不可能的转型，结果大象真的起舞；伊梅尔特的"后韦尔奇GE"，没有将韦尔奇的6西格玛、无边界组织等管理原则进行到底，而是提出了新的战略构想，推进以"绿色创想"为主题的战略性业务转型与升级。

随着底特律巨人GM的破产重组，GE的绿色战略及其新业务组合架构显示出了多么重要的战略远见。

因此，当我们看到海尔的"战略宣言"，还是所谓的"以客户需求为核心"，以服务性的成套供货这样一厢情愿式的供应商思维面对市场，甚至是简单的"生产外包"来转移资产回报率不足及收入波动风险的生意型思维，再看到张瑞敏发布的他思考的"三个终极管理问题"等。我们确实担心，这些真的是海尔获得未来10年的竞争优势，并使资产、收入、盈利回报登上2000亿级企业甚至更高的战略吗？

在书中为海尔出谋划策要求太高，我们只能依据"全价值链—增长引擎"思维模型对海尔进行一点初步的"破坏性"思考：

（1）以海尔推崇的韦尔奇"数一数二"战略去看海尔的各产品组合，海尔是否需要思考一下，如果海尔品牌旗下的产品群业务单元不能进入"安全规模"占有率，那么这种"战术性"业务单元存在的价值与时间应该是多长？预期的回报与投入应该是怎样的？

（2）海尔是否应该考虑一下，在未来的中国社会里，海尔的核心业务应该扮演什么角色？海尔以自身规模化的地位、网络、品牌、实力来说，应该怎样引领中国社会未来生活形态的转型？比如家用电器过多的节能问题、遥控器过多的单一化解决方案问题、家电辐射的消解问题、绿色家电家居整体解决方案问题等，还可以有更多新的未来生活创想。

（3）海尔是铁定了将"B2C"消费品牌做到永远吗？海尔在B2B市场、B2G（政府采购）市场里还有没有机会，为什么要把所有的机会都让给GE、PHILIP这样的跨国公司？

（4）海尔作为中国规模最大、综合性最强的家电品牌，如何对金字塔从塔基到塔顶的消费层进行"战略通吃"，以确保在中国家电市场的强势地位（市场份额）？而不仅仅是"家电下乡""卡萨地冰箱"等这样的战术性举措。

（5）在家电制造产能过剩的背景下，如何通过战略性的规划进行优质产能的集中化控制，或者是采取格兰仕式的规模化战略来实现产能－市场的占有,从而形成具有控制力的产业链格局?

还有很多值得进行思考的课题,每一个课题的破解,都可能为海尔创造再一个10年乃至更长时间的战略增长引擎。

正确地提出问题,是最终创造性地解决问题的前提。如果不能提出正确的问题,往往说明有可能陷入思维的误区或陷阱,这才是"执大象"者最大的问题。

附录:高原与冰川(作于2006年11月)

看到海尔的张瑞敏公开发表了"海尔已经进入高原市场"的感叹,我丝毫不觉得惊奇,在我看来,这句话萦绕张瑞敏的思想应该很久了。

海尔在中国市场名牌化、中国品牌国际化、管理现代化(内部市场链、物流革命等)等方面超越同行而一骑绝尘的时候,销售增长率反而开始出现下降,从营销的角度看,高度认知与认可的新产品不多了。这三四年来海尔在新产品开发上确实乏善可陈,张瑞敏也说,现在产品开发的效率(包括产品品质)在提高,但产品效能却在下降,实际上就是指没有出现市场"大卖"的新产品。

以"中国GE"自许的海尔学习GE的多元化战略(如进入人寿保险、金融租赁),其实不过是给非相关延伸找个理由,我们并不看好,果然这块的业务没有给海尔带来战略收益,而海尔学习的楷模GE在伊梅尔特时代却卖掉了保险SBU(战略业务部门)获取现金。

海尔甚至放弃与"蓝色巨人"比肩的审美风格,启动以粉红色为LOGO主色调的年轻化品牌运动,这不可谓不是一个大的勇气,但我们仍然不看好,原因是这种品牌的调性改变并没有与企业整体战略相协调,比如与新产品策略、与传播策略、与市场策略的结合。

今天的海尔中规中矩的东西多了,创新创意的东西少了,让人眼前一亮的产品或市场动作没有了,确实让消费者信赖了(真诚到永远),却失去了让消费者惊喜的能力。

当一个品牌够大但不够新潮的时候,就是最危险的时候!

索尼的产品创新被三星轻易追上,伊莱克斯的品牌创意被LG的极致魅力大抢风头,苹果借助iPod重返全球电子消费王者宝座。如果说新经济下的新世代有什么规则,那么就应该说是"不出位就灭亡"!

创新与创意，这是改变我们生活的两大引擎，实际上也是商业成功的不二法门。

也是在5年前，全世界的媒体都在说互联网泡沫破裂，互联网经济进入冰川时代，但5年后的今天，互联网经济已经彻底改变了中国人获取信息、人际交流、商业运营的方式。从战略思维到营销战术，举凡商业模式、业务模式、经营模式到人力资源、品牌风格、产品理念、传播媒体、零售业态都发生天翻地覆式变化，今天的世界我认为比"鼠标+水泥"要复杂得多，而我们现在对这个"新世界"的认识并不真正清楚。

那时，出了个《华为的冬天》，我并不记得任正非在这篇冬天宣言里究竟说了些什么，但我们可以看到华为在这几年里像疯子一样在加强研发、加强客户拓展，以致于闹出一个"过劳死"悲剧。在对这一事件进行报道的新闻片里，我们看到华为总部大厦里的万人研发大军，如蚂蚁与蜂巢般的知识汇集之地，从外人眼里看确实产生"沧海一粟"之感，但我相信在这支"蚂蚁大军"里的每一个个体都是活生生而独特的。

这个自认为进入冬天，又生活在公认的冰川纪的企业没有灭亡，不仅在两岸猿声啼不住中，轻舟已过万重山，而且把握了机会，"忽如一夜春风来，千树万树梨花开"！

因此，生活在所谓冰川纪里的未必一定会冻死，攀登到高原的也未必就活得滋润。张瑞敏说："家电业早已进入了微利时代。"如果我们想爬到珠峰顶，就必须有氧气瓶，那个氧气瓶就是利润。没有利润，我们不可能爬上去。——这才是张瑞敏"高原反应"的真正内涵，不是高处不胜寒，而是"盈不可久"。

不论是高原还是冰川，条件都不好，机会都一样。企业要生存，必须有现金与利润，而增加利润的终极方法只有创新与创意。无论如何，只有创新与创意的产品与服务才可以创造更大的溢价能力。

当一个企业越来越流于平庸的时候，你可能先是感到增长的乏力、盈利的减少，而在这些表症的背后，实质上是创新与创意的衰竭。

所以，无论你认为自己在哪里，高原还是冰川，用创新为你的产品插上翅膀，用创意刮起助飞的风暴。必须打破平庸的思维，没有创新与创意，我们所做的一切都可能是垃圾！不要轻易地放弃与妥协，也不要轻易地让自己妥协与放弃！

创新与创意是一个听起来美妙做起来极度痛苦的过程，在这条荆棘之路上确实需要我们有拒绝妥协的坚定意志：这就是说，要拿出让自己心动也让别人心动的创意。如果自我感觉良好而别人不认同，需要有自我否定的勇气与心胸；如果别人满意而自己不满意，要有精益求精的专业精神。

为了生存，企业必须这样来苛责自己；为了实现真正的奇迹，企业需要这样来要求自己；企业离死亡并不遥远，如果失去创新与创意，企业将会失去速度、失去机会。

中国快消品营销这些年

2010 年

一、2010年中国产业十大事件

2010年,中国商业第二个黄金30年的序幕,是金融海啸后中国经济依然保持高增长的一年,盘点总结十大事件,不仅是为了留下2010年即将离去的背影,更是这些事件可能影响2011年乃至更长时期的商业史。

以下排列并无主次及时间先后之分:

国美控制权大战:一个艰难的决定

关键词:公司治理结构

事件点评:

表面上是黄光裕与陈晓,实际上是创始人与投资人、管理团队的三角博弈。陈晓的"黄光裕已经退出历史舞台"的讲话固然过于自信,但黄光裕"家公司"的心态在国美已经社会化的情况下也不合时宜。

据媒体报道,双方均动用了大手笔(据称1000万元级)的公关费用进行股东拉票,这也创下了中国公司权力争夺史上的第一次。股东投票结果,说明股民对于管理层与创始人地位之间做出了折中的选择,这个结果将国美争夺导入理性的董事会争夺之中,最新的结果是黄宏燕、邹晓春增补进入国美董事会。

无论如何,国美控制权之争,都是中国公司股权争夺史上一次难得一见的奇观。早前的达娃之争、未来的阿里巴巴与雅虎的股权之争,都是巨型企业的控制权争夺,国美给出了竞争的一种非典型形态。

吉利收购沃尔沃:美梦成真

关键词:企业家价值

事件点评:

吉利收购沃尔沃是一桩中国商业并不能理解的交易。福特将巨资购买的沃尔沃整体出售给吉利,是中国民营企业第一次真正的"中并外":将品牌、产品、技术、渠道完整收购,而且是汽车行业的"贫民娶了贵族"。

吉利收购沃尔沃的核心，我们认为是李书福作为企业家价值的最大限度的释放。福特显然很难说是认可吉利集团，而是被汽车疯子李书福的企业家精神所打动。

尽管整合之路漫长，但是沃尔沃变成"中国品牌"这一事实，为中国企业家乃至中国民营资本的跨国并购开了个好头。

电子阅读元年：仍然在博弈

关键词：电子阅读产业链之争

事件点评：

电子阅读包括两大新势力：一派是以 E-ink 技术为核心的电子书阵营；另一派是以 iPad 为代表的 MID（移动互联网终端）阵营。

但是，不管是电子书阵营还是 MID 阵营，都正在从终端设备的竞争转入产业链竞争，不仅是内容竞争，还包括客户端、程序软件（APP）的竞争。2010 年价格战硝烟已经定型：以 iPad – 16G 价格 3899 元为顶，以盛大 Bombook 999 元为底，电子阅读器的价位空间已经被锁定。

售价高于 Bambook 的电子书如汉王，增长势头受到遏制，而高于 iPad 的 MID 如三星银河（Gallery）、汉王平板，都变得不合时宜。

但是电子阅读市场谁将称霸，两个派别的竞争仍未分出胜负。

B2C 电子商务：大战正在爆发

关键词：价格战

事件点评：

麦考林、当当纳斯达克上市，宣示了中国 B2C 企业的想象空间，B2C 的春天已经不是期待，变成了真实的资本阳光。

京东、凡客诚品、1 号店等一大批 B2C 网站成为各大门户网站的广告大户，B2C 消费大爆发的同时，B2C 企业细分已经开始，如以淘宝、当当、京东为代表的平台型，以凡客诚品为代表的渠道品牌平台型。

从未来看，纯粹平台型 B2C 将不可避免地进入价格战。供应链争夺、物流成本竞争将是决胜未来的关键，而品牌型 B2C 将呈现风格—

客层—产品差异化竞争格局。前者的竞争是拼规模优势，剩者为王；后者是拼设计优势，把握住消费群心理者为王。"凡客体"的诞生，并不是偶然事件。

今年互联网的百团大战、LBS（切客）、微博、SNS 等也热闹非常，但是比起 B2C 来说，这些新商业模式的成熟还需要一点时间，但是并不会太远，因为 Facebook 已经超越 Google。

电影产业：中国文化的回归

关键词：上市

事件点评：

年初华谊兄弟登陆创业板，华谊群星顿成新富豪，年末保利博纳登陆纳斯达克。2010 年中国电影产业以打开国内国外资本市场的方式，宣告了中国影视产业进入资本阶段。

还有一些刚发生但未来会成为大事件的动向：熊晓鸽连续投资《高考1977》《山楂树之恋》等，马云的云峰基金投资印象系列，华谊与史玉柱合作推网游，各路资本都对中国文化娱乐产业的未来充满了信心。

本年度，国产大片云集，成为院线与票房的主导者，《狄仁杰通天帝国》《大笑江湖》《赵氏孤儿》《让子弹飞》《非诚勿扰 2》等，将进口大片如《盗梦空间》《哈利·波特》等拍在了"沙滩"上。

在院线建设上，万达集团、金典集团等都在加快电影院线的投资与建设，中国电影的渠道容量也在扩大。上游制片、中游院线的繁荣，带动着观影偏好与票房的攀升。

2010 年比电影造富运动更重要的是影片内容及形式的变化。上述电影的内容及叙事语言越来越"中国化"，张艺谋、冯小刚、陈凯歌等二代导演的个人风格臻于成熟，体现了导演对于中国社会及精神的思考与态度，这或许是中国文化崛起的一个信号。

图书市场：小荷才露尖尖角

关键词：作家富豪榜

事件点评：

一份中国作家富豪榜让所有人大跌眼镜：少儿文学作家杨红樱、郭敬明、郑渊洁等包揽前三甲。即使韩寒这样以80后、90后为读者群的作家，也不敌少儿市场，《锵锵三人行》戏称中国成年人没有孩子爱读书。

实际上，民营书商正在从出版社的附庸走上前台，甚至变成独立的力量，如磨铁图书、唐码图书、天鸿图书等都与风险投资有了第一轮亲密接触。

国有出版集团、新华书店系统的改制上市，国有出版主流及零售主渠道大格局已经形成，民营出版商正在成为一个有益的补充。得到政策的鼓励，在教辅、小说、教育类图书方面，民营出版商正以其市场化、专业化的运作，成为主要的内容供应者。

非房勿扰：房价的社会焦虑

关键词：调控失效

事件点评：

2010年国家对房地产分别在春季与年末进行了两次明显的调控措施，但是地王仍然不断刷新纪录、房价没有低下它高昂的头。

春节后，两会召开，代表们谴责高房价的话音还没落到地上，保利地产拍出了北京新地王。

4月发布的广州高校女大学生群体价值观问卷调研显示，38.4%的女大学生有意"嫁碗"（嫁给持有铁饭碗的男性）；59.2%的女大学生愿意嫁给"富二代"。12月15日在京发布的《2010中国人婚恋状况调查报告》显示，七成女性认为男方要先有房再结婚。前份调研涉及样本1100人，而后面这份调研覆盖全国31个省份，涉及20岁至60岁的调查对象共32676位。

中国女性表达了她们真实的选择：非房勿扰！

说房子及房价成为中国社会矛盾的焦点并不为过。在此背景下，中国房价的坚挺，就包含了太多的社会含义，现在没有人知道最后的结局。

3Q 火拼、蒙牛公关门：缺的不只是德

关键词：新商业伦理与公司理念

事件点评：

3Q 火拼的事件过程，几乎所有网民都亲历了，这在中国改革开放商业史上还是头一次涉及了 4 亿人之众；蒙牛的公关门终于将"网络暴力（水军）产业链"从水底拉到阳光下。这两件事情之所以要放在一起，是因为都与互联网有关。

过去我们都善良地欢迎互联网带来的信息革命，但 2010 年，我们不得不看到互联网的凶恶与黑暗。

这里有一个关键性商业问题：互联网公司的属性并不能用传统经济学的股东价值最大化来定义，必须引入新的公司理念，比如尤努斯的"社会公司"概念及理论。

马云似乎是意识到这一问题的少数企业家，屡次说支付宝可以无偿送给国家，阿里巴巴的使命是推动中国新商业文明，但愿马云此番言论不是因为对于阿里巴巴的股权控制力不足，将"国家"当作与资本博弈的筹码。阿里巴巴与雅虎股权纠纷如何解决，可能是中国新经济的最大一块试金石了。

食品价格上涨：问题不在 CPI

关键词：工资份额及增长

事件点评：

每次物价上涨，不是谴责奸商（中间商、游资），就是谴责涨价的企业，却总是回避问题的根源。甚至将 CPI 上涨与通货膨胀、美国的量化宽松政策、热钱涌入挂钩，但都不是问题的本质。

真实的本质隐藏在数据之中：

（1）从 1995 年到 2007 年，国家财政税收总共增长了 6.7 倍左右，城镇居民人均可支配收入是增长了 6.7 倍，而农民收入只增长了 1.2 倍。

（2）过去四五年左右，平均国家财政税收的增长是 GDP 平均增长速

度的 2 倍到 3 倍左右。

（3）劳动者收入占 GDP 的比重，从 1993 年到 2007 年，劳动报酬从占原来 GDP 的 49.49% 下降到 2007 年的 39.74%，下降了近 10%，22 年来下降了近 20%。

（4）2009 年中国百万美元资产家庭的数量达到 670000 户，中国的富人家庭已居世界第三，但只占所有中国家庭户数的 0.2% 左右。这一比例远远低于其他国家和地区，美国这一比例为 4.1%、瑞士是 8.4%，而中国香港则达到了 8.8%。

仔细琢磨上面的数据，就可以得出一些判断：CPI 上涨、通货膨胀的根本问题是普通劳动者（工资收入者）收入过低；CPI 上涨来源于食品价格的上涨，食品价格的上涨来源于基础农产品的上涨，基层农产品的上涨动力来自"务农收入"过低。

农产品的长期趋势是上涨，何况还有一个国际农产品市场的推动力；奢侈消费也会涨，中国富人的钱总得有个出口。

真正的农民与真正的城市工资收入人群，陷入"穷吃穷生死劫"：农民收入低，农产品要涨价，农产品涨价，城市工资收入者生活困难，而推动物价上涨的基础资源产业（电、煤、石油、水、矿产等）都是垄断国企。

政府必须干涉基础食品的价格，让市场自由调节物价是不负责任的话；对于中国的奢侈产业及品牌要鼓励，茅台等白酒涨价有何不妥？肉烂在锅里，总比到别人锅里（西方奢侈品牌）喝汤好。

美的崛起：红海武士的魅力

关键词：M-home

事件点评：

将美的列为最后一个值得关注的事件，是美的崛起的"学术价值"非常重大。

2010 年美的集团销售目标是冲刺 1100 亿元，从而成为中国家电业继海尔之后的第二个企业，并跻身全球白色家电制造商前五位。2010 年上半年，美的空调及零部件营收 258.55 亿元，格力空调营收 229.72 亿元，后起之秀美的在空调这个被认为是夕阳产业的红海市场里,划出了一道靓丽的风景线。

更重要的是美的在智能家居——美的 M-home 家居体验馆的积极布局。

集成厨房成为厨电企业的行业趋势,家居一体化解决方案也将是家电企业的行业趋势。这不是"搭积木"式地向目标顾客的房间填充家电,而是真正集成化、智能化、物联网化的家居解决方案:中央空气系统、中央热水系统、地热系统、净水系统、家电节能控制系统等。

这是一个庞大的产业,但模式并未成熟。美的的创新布局,为美的的战略增长提供了足够的空间,美的这个雪球还会越滚越大。

美的在红海及夕阳产业背景下的超越式成长,有很多值得探讨及借鉴的操作经验,如品牌、产品、创新、战略、渠道、产业趋势等。

二、 茅台酒价格,到底代表了什么

2010 年 12 月 16 日,茅台集团宣布自 2011 年 1 月 1 日起上调茅台系列产品价格约 20%。在当前物价管控的背景下,财经界、资本市场,甚至白酒同行都对茅台涨价反应过度,各路人士都想把茅台涨价与各种敏感元素挂钩:通货膨胀、腐败指数、物价调控等。

我们认为这些评论的逻辑极其荒谬、观点荒唐,或者是不负责任、缺乏行业常识。

先看茅台涨价与通货膨胀的关系。所谓通货膨胀,是指基本生活产品的价格上涨,如米面油、水电煤、蔬菜等,"补充型"产品如方便面、瓶装水、饮料、酒类等,基础产品价格上涨会造成这些被波及品类的成本上升,但其产品价格波动与通胀指数即 CPI 并没有关系。高端白酒属于"改善型"奢侈消费品,与通胀更没有任何关系。

那么,茅台等高端白酒涨价,有什么可以吃惊的呢?

上述财富人群,是高端消费的客观基础。因此,中国高端消费市场不是"要不要"的问题,而是"向内还是向外"的价值导向问题。

当国内的公共知识分子在抹黑中国奢侈(高价值)品牌的时候,外资奢侈品巨头们笑了:2009 年,中国消费者以 94 亿美元的总额购买了世界上 27.5% 的奢侈品,而 2004 年这个数据仅为 20 亿美元。

我们需要提醒各位专家注意的是：为什么这些消费不能贡献给中国奢侈品牌呢？为什么中国富人拿出600亿真金白银去养活外资奢侈品，没有人把这个数字与"卖国指数"挂钩，100亿元的茅台价格却要与腐败指数捆绑在一起？——这是爱德华·萨义德所说的"殖民地知识分子"被西方文化帝国主义逻辑洗脑的症状之一。

中国白酒特别是高端白酒是外资希望染指却碰了一鼻子灰的本土优质产业，捕风捉影地"抹黑"优质白酒品牌，结果与动机都很可疑。

资本市场评论员对于茅台涨价也发出非议，大致说茅台增长率没有洋河快，茅台的利润增长主要来自价格上涨，而不是大规模的销售收入增长：如2009年，洋河营业收入的增长幅度是茅台的2.5倍，是五粮液的1.1倍；2010年前三个季度，这个数字分别是4.7倍和2.1倍。

在股票分析师眼里，这是洋河股价超越茅台的理由，更是分析师们鼓吹洋河股价"或可"在年内突破A股20年来天顶价300元，甚至有分析师预言未来12个月洋河股价达到350元，市值将变成1600亿元，超越五粮液、逼近茅台：截至2010年12月8日收盘，贵州茅台总市值约1851.55亿元人民币，五粮液是1434.88亿元，洋河股份是1091.3亿元。

我们想说的是，茅台的增长来自价格上涨，说明茅台靠的是品牌消费的内涵式增长。茅台的利润是来自市场价值的真实增长，而不是并购式的泡沫增长、外延增长，这怎么能成为唱空茅台的理由呢？

按照巴菲特价值投资的理念，内涵增长的茅台，其未来潜力显然比外延增长的洋河要踏实得多。参与跟风洋河股价上涨，这才是股民需要警惕的事情。

第三再看白酒行业内部。媒体透露五粮液"要响应发改委的号召今年不会宣布涨价"——好像五粮液不涨价就是"听政府话"，涨价的茅台是"顶风作案"。

殊不知，不涨价的五粮液实际利润率已经高于茅台，因为浓香的酿造成本比酱香低得多，所以五粮液的资产收益率远远高于茅台。也就是说，茅台的真实价格实际并没有得到反映。

茅台在今年开始拉开与五粮液的比价关系，零售价茅台比五粮液高出了40%左右，飞天茅台零售价突破1000元，这是茅台真实价值的回归，而且远没有达到五粮液同等产品的资产收益率水平。

笔者可以大胆地预测一下：未来的 5～10 年，茅台的真实价格"恢复"后，茅台与五粮液将不再是可以"比价"的品牌。

我们列举了三类人士对茅台涨价的反应，是奇怪这些缺乏证据、逻辑混乱以及行业无知的言论为什么会占据舆论主导地位？

茅台涨价为什么需要理由？对于总是在叫喊要产业升级、提升价值、做品牌不做低水平制造的舆论界，为什么在中国白酒行业出现真正的价值品牌、奢侈品牌时，都变成叶公好龙般，如此的思维错乱、胡言乱语？

茅台为什么每年的销售额增长缓慢？是因为茅台坚持窖藏 4 年出酒、定量储存的原则，不可能大规模地满足市场需求。

为什么茅台不能快速地大规模地满足市场需求？是因为酱香白酒的酿造工艺复杂，高品质的茅台酒找不到"基酒"购买源头，除了茅台自己增加产能；而茅台要保证提供 15 年、50 年年份酒的供应，还必须每年将固定数量（新增产能的 50%）作为原酒储备。

上述两点茅台酒的独特属性，造成了茅台酒高成本与规模增长缓慢，这是茅台高价格的内在原因。

笔者在 2010 年 4 月份的文章中依据茅台 2009 年报对茅台成本进行了推算：

2009 年贵州茅台共生产茅台酒及系列产品 29269.18 吨（按相关数据推算，其中茅台酒约占 2 万吨），实现营业收入 96.7 亿元，营业利润 60.76 亿元，实现净利润 43.12 亿元。也就是说，茅台的营业利润率为 63%，净利润率为 45%。

茅台酒的吨酒成本约为 12 万元，即 60 元/斤（含包装物）。那么，这个均价里的茅台酒成本过低的原因应该是 9000 多吨的茅台系列产品（不是飞天及年份茅台）价格影响所致。茅台酒液的成本价至少在 100 元/斤。

茅台标准生产的酱香酒，按照均价 100 元/斤的产品成本计算，1 吨酒就是 20 万元，储存 1 万吨就需要 20 亿元资金的投入。以 2009 年销量中茅台酒总产量 2 万吨计算，如果这些产品都是 4 年出酒的，需要占用的资金近 40 亿元。

这个数字再与茅台的营业收入比较，40∶96.7（其实还要抛去 9000 吨茅台系列产品的销售），就显示出茅台酒的资产收益率并不是很高。

茅台计划在 2020 年实现 4 万吨的出酒，销售收入达到 260 亿元，以现有成本计算，茅台需要投入的储酒资金高达 80 亿元！80∶260，资产收益率还是偏低，维持这种利润水平是不够的。

所以，我们的推测是，茅台酒价格有刚性上涨动力。这是由茅台酒这种产品内在价值属性决定的资产收益驱动因素。

上述预测后的 2010 年的行程里，各种各样的事件在"逼涨"茅台的价格：先是年中经销商对茅台零售价格提价，然后是市场上茅台产品全面断货（有价无货）；股票市场里洋河股价"压制"茅台，鸠占凤巢的嘲弄，茅台在一片逼涨的氛围下于年末正式涨价。在笔者看来，不是不合适，而是涨得太晚！

茅台的国有体制、政府介入的程度，比一般企业深，因而茅台的决策已经变得越来越要在市场内在因素与政府意见之间找平衡。

作为新中国催生培育出来的白酒优质品牌，茅台成为中国消费的代表符号，乃至作为中国奢侈品牌的代表符号，是崛起的中国的真正荣耀，而绝不是什么腐败指数的代表！

茅台产品属性，已经从消费市场实现了向收藏市场的升级，这是茅台酒内在品质（酱香产品比浓香产品更可以长期窖藏），以及茅台品牌"双力"提升的结果，是中国企业的卓越成就，为什么市场里无知荒谬的议论如此嚣张？

现在的洋河是否被资本绑架？洋河酒厂的管理者、洋河背后的政府官员，是否也被资本的鸡血冲昏了头脑？

白酒企业最重要的资源是什么？白酒企业盈利的根本是什么？高端白酒的核心是什么？白酒品牌的根基是什么？

失去了对上面白酒行业本质的清醒认知，以为依靠资本多买几个酒厂、多买些基酒、多花钱买一些终端，就可以打造出白酒品牌，这是白酒企业的最大危险！

洋河必须警惕过于膨胀的欲望，警惕以为钱多就无所不能的陷阱，以及风投、投行们的大而不倒（Too big to fall）理论，前面的秦池是败在对白酒行业消费本质的漠视，德隆就是倒在大而不倒的精神麻醉里。

茅台的"刻板与保守"，或许反而是成就茅台的关键心智。茅台的"时髦与新潮"，恐怕才是茅台的危险。

茅台具有稳步涨价的内在必然性，至少在茅台资产收益率达到及超过高端浓香白酒资产收益率之前，茅台价格的上涨趋势不可避免。

再由茅台涨价延伸说去，非 CPI 类别商品的价格，可以完全由市场供需决定，不需要对价格决策附加其他的非市场元素。

中国白酒的行业本质是依托产地特性形成的品牌文化价值，就像法国的波尔多葡萄酒，法兰西即使在战争时期，波尔多的酿酒也没有被中断，这是文化价值超越政治价值、自然价值战胜邪恶世道的体现。

某种意义上看，茅台已经成为中国消费顶级水平的代表品牌。茅台镇成为中国白酒顶级产品的背书，茅台镇依托的赤水河成了中国酱香白酒的正宗产地标志（郎酒）。茅台对这些社会价值的贡献，已经超出了茅台品牌的商业价值。

这是中国品牌的希望与福音，与腐败指数没有任何关联。

三、《阿凡达》的吸金之道

《阿凡达》成为全球电影票房新巅峰，其中中国票房贡献达到近 11 亿元，果真成为陆川导演所说的"中国电影人要集体目睹的、集体服输的一次完败，击碎所有这块土地上关于电影所有真的假的制作的炒作的哄骗的哄抬的纪录"：中国电影界过去 5 年票房冲刺（在虚高的票房中裸奔与狂欢）的成绩在《阿凡达》面前只有"一览众山小"的资格。

2010 年 1 月 18 日，电影金球奖颁奖典礼上，阿诺德·施瓦辛格以"如果你还没有看过《阿凡达》，那你就要成为最后一人了"的发言，为《阿凡达》的影响力做了最完美的"官方证言"。正如金球奖上一位获奖者以美式幽默所言："看起来这里所有的奖项都应该属于《阿凡达》，我不明白为什么把奖颁给了我。"

《阿凡达》获得了超高的票房与赞誉，但传统电影的奖项如最佳编剧、最佳男女主角、最佳音乐等重量级奖项还是很难颁给《阿凡达》。

这才是《阿凡达》成功背后值得思考的问题：为什么那些"大片模式"下题材、明星、故事、音乐等"获奖点"，没有成为《阿凡达》的核心元素呢？

而《阿凡达》的成功显然超过了最近 10 年来的所有大片，唯一需要超越的（而且肯定已经超越的）正是导演卡梅隆 10 多年前的经典《泰坦尼克》!

《阿凡达》的中国票房神话引起中国营销界的集体兴奋,以前所未有的热情借《阿凡达》谈企业营销之道,如创新、整合营销传播、档期操作技巧等,却较少探究《阿凡达》背后的制造本身:为什么会出现这样划时代的大产品?

在我们看来,《阿凡达》能够跨越电影产业的范畴,给各行各业提供营销启示录的东西,不是创新、市场推广技巧这样正确但还不够深入的元素,而是体现在《阿凡达》产品创造过程中的"产业营销思维"。

电影产业实际上是一个高风险产业,很多大制作、大投资最后血本无归。2009年中国贺岁档电影,票房高的《十月围城》据说亏损,票房中等的《花木兰》亏损,票房少的《刺陵》更是惨不忍睹。投资人为导演的判断失误买单者比赚钱者要多得多。

电影营销里的影片策划、拍摄制作、宣传推广等,每一个价值链环节都对制片人、导演提出挑战。《阿凡达》的背后包含着卡梅隆对电影本质的理解、对电影技术趋势的判断,简言之,是对电影产业具有战略营销思维的产物。

为什么说《阿凡达》是产业营销思维的产物?

简单的佐证:卡梅隆自《泰坦尼克》之后酝酿制作10年之久的影片,总投资达到5亿美金的创世纪数字。这样"苦心孤诣、十年磨一剑"的大投入,如果没有超前性、精细规划的"战略蓝图",仅凭卡梅隆导演的声望,恐怕也是难以忍受的吧?

但《阿凡达》究竟有多少支持5亿美元投资的产品特质呢?

题材、主题、理念:最牛钉子户与拆迁大队的矛盾冲突,故事情节与当年欧洲移民对印第安部落殖民征服的历史何其相似?在《阿凡达》里的那些理念有多少新意?又有多少观众会留下印象呢?

演员:非明星,非人形、超人类物种。卡梅隆导演一直坚持不用当红明星作为主角,而是相信好的电影可以制造出新的影帝、影后,如《泰坦尼克》里的迪卡普里奥、温丝莱特等。一部敢于将非人形作为主角的电影,其票房号召显然不是当红明星的人气,如《三枪拍案惊奇》之类的电影策略。

情节、故事、悬念、情感、惊悚、音乐、音响这些电影里制造观众兴奋神经的元素，《阿凡达》整个故事情节对于任何一个"老饕级"影迷而言，都没有任何悬念可言——老实说，有一段笔者自己差点都给看睡着了，就像《三枪》下半部将笔者送入短时间的睡眠一样。

植入式广告、动漫、网游，这些精明的电影跨界盈利手法，《阿凡达》似乎也很难用那个"潘多拉星"的故事去演绎出一些电影衍生品：如玩偶、动漫、网游等。

显然，《阿凡达》没有依靠上述这些被中国电影界视为至宝的"产品元素"，到最后只剩下一个最核心元素：好看！

《阿凡达》这部片子，无论其2D还是3D，最后的评论都集中在这个元素：好看。好看到你已经不需要再琢磨它的主题、情节、人物身份、音乐等，好看到我们在电影院里仔细追逐每一个出现的场景。

所以，**《阿凡达》是以电影本身的本质性元素，颠覆了大片模式下的所有战术性元素**：如剧本、题材、明星、制作、取景、宣传推广、影视衍生物等，仅凭借一个"好看"，吸引全球的观众到电影院去看这部划时代的《阿凡达》。

那么，组成阿凡达好看的元素又是什么？

想象力：未来世界或超人类世界的自然、天真、和谐天地，满足了人类对童话世界的至深情结。

细致的画面制作：影片里每一幅景色都是在现有的人类经验里"见所未见"，令人为之目眩神迷、心驰神往！

3D效果：《阿凡达》不是第一部立体电影，但将IMAX技术做到如此登峰造极地步的，即使在此后的数年里，也将是一个里程碑。

对于在2009年里，经历过《风声》《建国大业》《十月围城》等主旋律红色电影洗礼的中国观众来说，《阿凡达》提供了比《2012》更恢弘的场景，同时也并不缺乏如强火力武器、毁灭场景、高科技等好莱坞式元素。

《阿凡达》标志着2D技术下，人类想象力的某种极限。即使以最擅长运用色彩、场景的张艺谋去比较（张艺谋更擅长凸显现实本身的色彩），也缺少卡梅隆这种"无限驭虚"的想象力，难怪陆川会在看后感慨中国电影人缺乏卡梅隆式的天真想象。

更重要的是，《阿凡达》开启了3D影音的新时代。3D影院因不及播放《阿凡达》而告急，3D 电视、3D 投影更在 1 月 8 日开幕的拉斯维加斯 2009 年 CES（国际消费电子展）上大放异彩，一场电子消费领域的 3D 产品升级呼之欲出！

很显然，这并不是巧合：《阿凡达》将催生出一个 3D 产业群。

并非 3D、IMAX 技术在《阿凡达》之前没有，而是《阿凡达》以其成功吸引全球娱乐、电子、商业投资资本及人才，提供更多的 3D 产品与娱乐产品。这个因《阿凡达》而开始成熟的市场，相信是卡梅隆及其投资人在做出 5 亿美金投入时就已经看到的，这就是产业思维的远见。

让我们简要总结一下，通过《阿凡达》看到产业营销思维的基本特点：

启示 1：系统化营销、体系化营销这些战术要素的优化，并不能解决产业或市场的所有问题，突破性产业创新恰恰需要打破这种"战术优化"思维的惯性，找到"回归行业本质（顾客关键驱动力）"的产品原点。

启示 2：战略增长的威力在于对行业价值链的重塑。《阿凡达》用 3D 超级技术返璞归真，创造了不同于 2D 环境下的新消费动机，这是创造战略性增长的出发点。

启示 3：《卖拐》与《阿凡达》的区别。中国营销以《卖拐》式忽悠为主要思维导向，强调激发、诱导需求产生主动购买（动机与行为），而《阿凡达》则以创意、想象、苦心孤诣的"精品"精神，去创造未被满足的需求，催生新的市场，这种对产品的执着值得尊敬与学习。

启示 4：超越在于卓越者的自我更新。卡梅隆以《泰坦尼克》《阿凡达》成为 2D、3D 电影时代的标杆，在于卡梅隆本人对电影本质的深刻思考：观众要的是什么？

情感？是的。《泰坦尼克》赚足了全球的同情的眼泪。

场面？是的。在这两部片子里，无论生活还是自然的场景都是绚烂的。

好看？这是一切的根本！

满足"观众"而不是"人"在 120～180 分钟里坐在电影院里的感官愉悦体验，这是获取票房的保证。

《阿凡达》的成功告诉我们：突破行业现有边界的产业营销思维，是获取大成功的根本之道！

四、 叩问 CEO：你是不是行业高手

兵熊熊一个，将熊熊一窝。

中国还没有形成美国式的职业经理人"市场"，创业者、投资人、经理人三方仍处在"公司治理及管理机制"的博弈中。无论所有制形式（国有、股份或私有），企业的命运都取决于企业家（CEO为代表的核心团队）的思维与行动能力。

行业高手的竞争舞台

中国市场经济的历史非常短，在过去企业竞争的决定因素里面，产品、渠道、执行力、价格、广告、促销等技术性的因素，都在某一个历史阶段发挥了关键的作用；机会、资源等企业之外的外在因素，也发挥了一定的作用。

进入21世纪，尤其是2010年以后。我们明显地发现，只依靠机会和获得的资源，尤其是还仅仅限于企业内部要素的优化，已经很难决定企业真正的胜负。

我们可以举几个案例看一下。比如价格战，价格战实际上一直是中国企业致胜市场的法宝，"中国制造"可以说80%是在以价格为导向进行竞争。在家电行业，长虹发起的价格战成就了长虹，但实际上也毁了长虹。格兰仕的价格战却让格兰仕不仅成为中国微波炉的行业领先者，而且成为世界微波炉的行业领先者。为什么同样是价格战，在不同的企业身上会发生不同的效力？

再看渠道，中国企业在中国市场里面制胜的核心因素，主要是靠渠道。同样是以渠道制胜的企业，娃哈哈的宗庆后今天能够成为中国的首富，而汇源、农夫山泉却没有成为行业的老大，更不要说首富。难道说汇源、农夫山泉的产品比娃哈哈差吗？他们也在做渠道，为什么做渠道的效能会不一样？

再看产品。在植物蛋白饮品的大市场里面，日常饮用最大量的豆奶包括其他植物蛋白的产品，都没有成为行业的主要消费产品，而我们不经常

喝的产品，像王老吉的凉茶、露露的杏仁露、椰树的椰汁，反而成了市场里的佼佼者。豆奶、玉米汁为什么它们没有机会成为市场的主流？

广告战。秦池的广告战号称，开进去一辆桑塔纳，开出来一辆奥迪。结果秦池不到三年就成为白酒行业的一颗流星。口子窖、郎酒、洋河蓝色经典，甚至高炉家酒、迎驾贡酒、稻花香、金六福、白云边等，都成为近五年来白酒行业的新星，央视广告的投入成为品牌爆发性崛起的关键驱动力。为什么不同的企业运用同样的战术手段它的效果会不同？这些白酒企业在崛起之前的品牌、渠道等资源比秦池高多少呢？

再说执行力。中国企业非常迷信执行力。同样依赖执行力的渠道模式，执行力效能不同的企业，结果不一样。比如同样是深度分销模式的太子奶和金丝猴，两家同样是在全国设置了一百多个办事处。但是太子奶今天已经走到了要清盘的地步，而金丝猴顺利地实现了10亿元品牌的道路，并且仍然在持续稳健增长，能够与世界的糖果企业德芙和阿尔卑斯来同台竞技。

我们的结论是，决定企业决胜市场的关键因素，已经不是过去所谈的产品、渠道、价格、广告等简单要素的单独或组合式使用，而是要从行业的高度，以产业市场来作为企业战略的起点，才能够真正使战术手段发挥真正的效能。

战略、企业的背后是人，即企业家。德鲁克说："一个企业的成长被其经营者所能达到的思维空间所限制！"

品牌之争、企业之争的背后都是企业家之争，即以CEO为核心的经营团队之争。决定企业家能力的，是企业家的战略思维与运营能力。因此，决定今天企业在市场里胜负的，是企业家的行业高手思维及行为能力。

今天的竞争已经转变为行业高手之间的较量。

行业高手的四大特质

我们研究成功企业的实际作为及企业家的言论，初步总结了行业高手的四个特质：

第一，所有在市场中能够成为行业高手的企业，第一特征无一不是深谙行业的结构、规则和趋势。他们的眼光不是只盯着企业怎么做产品、怎么进行定价、请多少代言人、怎么打价格战,而是看到了整个行业的趋势。

比如中国乳业的"狂牛"品牌——蒙牛。牛根生从伊利出来的时候,他说了一句话:"蒙牛是新生的品牌,可我们的团队是行业里最资深的营销力量。"为什么蒙牛能在短短的5年里面就成为行业老二,成为可以跟伊利平分天下的品牌?是因为牛根生非常清楚中国乳业的行业结构、规则和趋势。

第二,行业高手无一例外都对所从事行业的全价值链有完整、透彻和细节的把握。他们对所经营的行业里面的每个价值链的每个细节都非常清楚。代表性的人物,比如福耀玻璃的曹德旺,他对整个玻璃行业、生产、供应的每个细节都进行了完整、透彻和细节的把握。其他的行业高手里面,我们也会发现特质,行业高手对他们所在行业里的竞争环境、竞争对手,包括企业价值链的每个环节(成本、运作、效能等)都如数家珍。

第三,行业高手是三重角色的混合体:行业高手既是领导者,也是管理者,同时也是销售者。娃哈哈的联销体体制决定了娃哈哈成为中国饮料行业的老大。娃哈哈的宗庆后为什么能够看到中国饮料行业的竞争因素不是产品,而是渠道?因为宗庆后本身是最大的销售人员,对中国市场的环境及饮料行业的渠道的作用有非常深刻的把握。

宗庆后200多天在市场里面干什么?寻找产品的机会,更重要的是在过程中跟经销商进行密切的互动,他知道经销商需要什么,所以娃哈哈的每个产品都能迅速在渠道里得到响应。同时他们也是优秀的管理者,知道怎么带领团队。能做大的企业,企业家也能够很好地将自己定位在领导者的角色上,进行整个行业资源的统调。

第四,行业高手都非常善于寻找行业的高点。什么是行业高点?在很多的行业里,当行业变化速度比较快的时候,特别是新技术、新政策、新的商业模式,包括新的人才、顶尖的人才,都会成为行业里的高点,都需要行业高手进行敏锐和快速的把握。

比如沈南鹏,他从创立携程到创立如家,投资麦考林、投资乡村基、投资诺亚财富,投资的行业跨度很大,有的企业所涉足的行业甚至很"小众"(细分)。但他所进入的每个行业都快速地得到了资本市场的认可,就是因为沈南鹏非常善于寻找行业的高点。

同样，在其他的行业里面，行业高手也在不断地寻找行业的高点，让自己站在引领行业发展的角色上面。比如白酒一线企业对超高端产品的开发，就是在抢夺对行业高点的制空权。比如茅台最高拍卖价达到 150 万元/瓶，刺激着对茅台收藏价值的投资热情，茅台从一个高端消费品正在变成增值收藏品牌。五粮液等对此也是望尘莫及，以至于五粮液搞出一个"内部竞投"的高端拍卖新闻。

上述行业高手的四大特点里，具备了前面三个，知道行业的本质、趋势、全价值链，同时能够很好地统和三种角色的就已经是优秀的行业高手。如果高手又能够不断地站在行业高点的位置上，他一定会是高手中的高手。

企业的 CEO（不管你是老板、股东还是职业经理人），都需要问一问自己：是不是行业高手？将带领企业走向何方？达到目标的路径是否明确？每天是否已经在路上？

五、赵本山《捐助》口水战风波背后

一边是央视与本山传媒利益链的强势话语权：春晚小品、12 年小品王、央视一套黄金时间《乡村爱情故事》、植入广告赞助商、赵家班、刘老根大舞台等；另一方面是激起全面公愤的赤裸裸到疯狂的敛财路径——借公众娱乐舞台（春晚不是完全商业化运作平台）行一己（一个利益链集团）私利，而且对公众的质疑与批评完全置若罔闻。

赵本山小品《捐助》及其口水战究竟说明了什么？

《捐助》被骂是市场对赵本山的一次警告

被央视春晚视为镇场之宝的赵本山小品《捐助》刚一演完，网上一片"倒赵"之声就扑面而来。《凤凰网》的网上投票结果显示，70% 的网友对《捐助》表示不满。到正月初十为止，网上再次形成"倒赵"与"挺赵"两大阵营。"挺赵"主力当然是央视、春晚导演组，包括魏明伦等文化名人；"倒赵"则包括观众、文化界、营销界等大批圈内圈外人员。

临近正月十五春晚最受喜爱节目颁奖晚会，赵本山及《捐助》是否继续蝉联"小品王"成为争论的焦点。正月十五谜底揭晓,赵本山继续蝉联,网上舆论只能对春晚强势话语表示无奈,称春晚节目评选的不是"最喜爱",而是"被喜爱"。

赵本山商业利益链的核心一环是央视影视制作中心,与本山传媒都是《刘老根》《乡村爱情故事》电视剧的制片方。一个利益共同体里的伙伴怎么会自毁墙角?

在这场由《捐助》引发的一轮一轮绯闻与争论的背后,闪现的是围绕媒体话语权的一场纠结着利益、权力、大众心理的博弈。

2009年7月在《中国经营报》发表了笔者对刘老根大舞台及本山传媒作为一种娱乐产品及娱乐企业的评论——《刘老根大舞台舞向何方》,是迄今为止从企业运营及营销角度评论"赵本山现象"(本书特指与赵本山及其产品、企业相关联的一切商业形态)为数不多的专业文章。

春晚小品《捐助》的被骂,验证了笔者在2009年6月份对赵本山现象的担忧,以及在春晚播放前的一个直觉:2010年赵本山的春晚小品将成为引爆"倒赵"心理的导火索。

为什么会这样说?

从产品角度看,2010年春晚是第一次纯赵家班出演,是赵本山第一次在春晚走上与其过去成名成功不同的道路,即被媒体描述的"本山娱乐帝国路线图",而赵本山集20年之功获得的"成功基因"并不支持这个帝国。

从现实看,《捐助》是本山团队开始在商业利益与自大心理驱动(扭曲)下,漠视观众及公众情感的一个拙劣产品。

2010年赵本山"被骂"之因不在春晚小品《捐助》,而有娱乐产品及品牌更深层次的原因值得进行探讨。

2010年春晚:赵本山命数难逃的一劫

易经乾卦九六爻辞曰:亢龙有悔。象曰:亢龙有悔,盈不可久也。

2009年是赵本山展露其商业财富最多的一年:

继2009年春晚小沈阳一炮而红之后,刘老根大舞台2008年年收入1.5亿元成为热议焦点。小沈阳的全国巡演等,将本山娱乐帝国吸金术路线图展现无遗：利用央视春晚捧红演员，央视一套乡村爱情系列电视剧、刘老根大舞台、二人转巡演等形成收入来源，赵本山的央视特权隐然成为"不能说得太细"的资本积累"类原罪"事儿。

4月赵本山60万元去长江商学院CEO班进修被认为是长江商学院的炒作与降低学术价值的举措；

5月，刘老根大舞台开进北京前门，进京赶考获得成功；

9月，赵本山突然生病，春晚借机炒作赵本山是否能上春晚，提前预热；

12月，媒体报道赵本山耗资2亿元购置私人客机；

12月，《三枪拍案惊奇》上映，赵家班二人转演员在这部骂声最多、赚钱最多的"谋财不谋艺"的电影里集体亮相，显示了娱乐圈两大强势人物的联合；

2010年1月，媒体报道，赵本山以13亿元在海南圈地开发综合娱乐项目；

至2010年2月13日，小沈阳2009年巡演收入号称过1亿元，炒作师徒关系绯闻及赵本山是否让小沈阳上春晚达到高潮。

在2009年上述一系列围绕赵本山的一个个热点新闻里，赵本山已经与很多刺激当下不同利益群体神经的关键词建立了联系：家长作风、霸道、暴富、权力、挥霍（奢侈消费）、圈地、淘金、话语权垄断等。

在这样一个大背景下，赵本山的春晚小品《捐助》亮相，迎接赵本山的自然是"凶多吉少"的命运。

更何况《捐助》这个小品出现了一大堆"硬伤"：说众口难调就轻看了这一次的现象。实际上，《捐助》即使不是赵本山的"黑天鹅"，也反映出赵本山团队作品在把握社会价值及审美趣味方面面临着的困境。

《捐助》：故事原型很积极，小品演绎很糟烂

赵本山及春晚导演组还是保持了"政治正确性"的。《捐助》故事原型很积极，如赵本山所言是这些年小品里难得的一个正面的故事。

《捐助》取自真实的故事：两个农村老亲家，共同积攒了3万元，存在一个银行账户里。赵本山在去银行准备取钱给王小利相亲找老伴，结果在银行门口碰到一个为单身母亲孩子捐款上大学的活动。赵本山准备捐

3000元，结果不小心将30000元都捐了出去，自己还不知道。媒体记者追到家采访才知道出错了，但赵本山坚持将错就错，自己借钱还王小利的15000元。故事最后，王小利向被捐助人说明30000元是错捐，想要回12000元，赵本山愤而宣称不与王小利处下去——故事到这里是非常感人的，反映了中国基层农民的优秀品质——乐于助人、勇于担当、穷不失信等。

如此好的一个故事原型，怎么会招来骂声一片呢？而且看网友对小品的不满，其实都是点到了这个小品（而不是故事）的硬伤：

硬伤1：植入广告太多：如果说植入搜狐还可以说得过去，但植入国窖1573就太生硬。不仅如此，积攒一辈子才3万元的农民，能够流利清楚的报出"国窖1573"的品牌名称，就像天天在喝一样。试问，有哪里的农村将国窖1573作为礼品，难怪被营销界人士嘲笑为要将国窖变成寡妇酒。

硬伤2：被捐助的单身母亲表现过火。即使在激动状态下确实会出现这样的生活场景，也不能说明这种艺术表现是正确的。而实际上，孙立荣在《捐款》里表现不是生活的真实，更像是拜谢赵本山师傅带徒弟上春晚露脸的真实的感恩之情。

硬伤3：被阉割的小沈阳：不管是不是在最后一刻将小沈阳带进《捐款》，赵本山在小沈阳问题上的表现并不光彩。先是放言"谁翘尾巴就收拾谁"，接着是宣称小沈阳是仗着赵本山才火起来，言下之意，赵本山带谁上春晚谁就火。所以，《捐款》里的小沈阳讲着标准普通话，与赵本山一起去捧王小利——但王小利真的能火起来吗？或者能像小沈阳一样受到欢迎吗？或者如赵本山自己说的，指谁火谁就火吗？——赵本山可以把春晚当做刘老根大舞台，但全国观众却不是春晚导演，也不是广告赞助商那么听话。

硬伤4：变味的情节：故事原型里的赵本山是一个非常有戏剧效果的角色，发生在这个角色上的冲突、误会、情感才是这样故事打动人的核心。赵本山却宣称自己要退后，推王小利出位，而王小利这个角色在故事里是一个典型的反面（或负面）形象，恰恰反映的是人性萎缩、小气的一面，这样的角色定位怎么能感染观众呢？即使与小沈阳那段"人生与钱"的议论比，其思想境界也是相差甚远的。

硬伤5：《捐款》植入广告赵本山自己获得收入：如果国窖的植入可以

推给春晚导演组,那么赵本山自己带着搜狐等广告进入小品,就只能是利益加圈子效用。这种利用公共平台赚自己利益的行为如果不反对,那么以后春晚的歌手、舞蹈演员是否都可以将衣服、手表等品牌"展览"给观众了?如果别人不可以有,赵本山就为什么可以有?不正是被评论指出的赵本山的"春晚霸权"吗?

硬伤6:春晚赵本山小品变味成赵家班二人转:赵本山成名依靠的是他自己吗?那些在过去历届春晚与赵本山搭档的优秀演员宋丹丹、高秀敏、范伟等。他们的小品哪一个不是经典?全国观众关于赵本山小品王的美好记忆里,有多少是这些演员的贡献?而现在的《捐助》已经变成清一色的赵家班,赵本山春晚小品要变成二人转段子?这难道不是赵本山小品真正、也是最重要的硬伤吗?

一个真实的好故事,在商业利益、盲目自大、近亲繁殖等一系列创作毒药的驱使下,蜕变为一盘霉变的剩菜,并不奇怪。如果赵本山及其创作团队不能冷静面对这些硬伤反映的问题,真的会让20年英名毁于20分钟。

中国富人的"福布斯咒语":天欲其亡,必令其狂

赵本山集团(此处指赵本山、本山传媒旗下产业)真实的问题,并不是《捐助》这个小品,而是由这个小品所反映的更深层面的问题:赵本山集团的价值定位,或者赵本山及其本山集团的品牌战略定位问题。

2009年是赵本山显示其进入"中国富人"俱乐部最突出的一年。但中国富人俱乐部,受到一个被称为"福布斯咒语"的困扰。这个咒语的核心只有一个,关乎富人的个人心智或思维水平:天欲其亡,必令其狂。

黄光裕、牛根生、章子怡等,无一不是在功成名就的辉煌时刻遭受重创,都仿佛在验证"亢龙有悔,盈不可久"的天道。

这些出现问题的富人(名人),其遭遇滑铁卢的"狂"之表象大致包括以下内容:

第一,是极度自信与自我膨胀:黄光裕如果学习一点同是潮汕人李嘉诚的成就自我、追求无我的精神,或许不会出现如此局面;

第二,是滥用话语权与公众关注:如果牛根生不在"三聚氰胺"事件后发表那些被视为博出位的言论,包括在网络上进行删除不利信息的行为

等，蒙牛何必被逼宫、牛根生又何必万言书煽情？

第三，控制力幻觉：名人、富人的社会关系、权力关系、利益关系等交织出的一个关系网，会产生一种对环境有控制力的幻觉。这种控制力，如果只是消除一般的商业困难或个人间的争执，可以是有效的，但对于触碰到一些社会"底线"的行为就很难控制。如王石2008年关于捐款的一个在平时没有太大问题的言论，被放在一个特殊的场合，就产生了巨大的杀伤力。

第四，狡辩（死不认错、不肯认输等）：主要表现是两：高估隐藏证据的能力，或者是将责任推给手下人去承担。如章子怡100万元捐款的问题，经纪人季玲玲先是故做被侮辱状（子怡会拿不出100万元吗），然后在铁证面前又以为可以补交了事，并将责任推给工作人员的疏忽。这种瞒天过海的狡辩出现在这些高度关注的富人身上，简直无异于贻人口实、自取其咎。

其实，当今中国的富人阶层，还真是一个历史性现象，因为中国从没有在全球化的环境下出现如此之多的商界富人群体，而且这个群体掌握了很大的公共话语权。

在财富分配不均匀、财富原罪、潜规则、金权交易等背景下，大众的"仇富"情绪不能一概被列为"不健康心理"。中国富人群体，认识并正面对待这种社会情绪，不仅是一种心智成熟的表现，而且是逃避福布斯咒语的护身符。

赵本山本人及其团队，是否可以对号入座地检查一下，赵本山2009年以来的言论、行为已经露出了多少因狂而乱的症象了？

赵本山的"老根"究竟是什么

在2009年的文章里，笔者曾提出一个命题：刘老根大舞台成为中国的太阳马戏团的"必要条件"已经具备，但还需要完善"充分条件"。

在对赵本山集团全价值链资源进行简要分析后，指出刘老根大舞台要复制扩大规模还存在需要解决的战略与管理的问题，提出把握命门、守住气门是赵本山集团在高速增长过程里必须时刻清晰关注的要点。

2010年的《捐助》风波，是市场对赵本山的一次警告，因为《捐款》

及前后赵本山集团的言行已经在偏离赵本山作为最受喜爱人物的一些重要元素。

这个警告需要赵本山本人及本山集团都认真反思一下未来的路，同时也要好好总结一下过去是怎么来的，应该对过去20年里推动了赵本山成就王者地位的伙伴、观众等抱有怎样的心态，消除自己可以点石成金的控制力幻觉。

如果按照易经的卦卜来看，《捐助》被骂总体来说还不是大凶之局，毕竟故事原型还是积极正确的。但在这次《捐助》口水战中，赵本山及本山传媒管理层应以悔吝之心省察，其中把握命门，守住气门是参悟之关键。

2月24日，赵本山经纪人高大宽在接受媒体采访时还在为《捐助》的植入广告辩解，并宣称明年春晚小品还会植入广告，大有一种我是权威我怕谁的硬骨头精神。

但是，赵本山集团如果真的继续这样自我固执下去，破坏了赵本山这个品牌的气门，陷入"被声讨"的境地，就不是一句道歉可以挽回的了。

我们简单解析一下赵本山的命名与气门。

赵本山之气门实际已经很深：中国娱乐界以个人作品成就一个庞大的商业化娱乐组织，赵本山集团是最具商业价值与潜力的品牌，但需要分清赵本山品牌气门的神与形。

什么是赵本山集团气门之形呢？

本山传媒下属的刘老根大舞台、影视作品、影视基地、演员学校等，这些构成企业资产的物质形态，都是气门之形。

气门之神，不是赵本山这个人，而是赵本山过去20年勤奋耕耘形成的代表着中国农民品性的人格特质。

这个特质是赵本山、央视、春晚用20年时间（超百亿元传播资源），刻印在中国亿万大众心目里的美好形象——是赵本山品牌的气门之神。

只要这个气门之神不伤，赵本山将仍然在中国娱乐市场占据其王者地位。

那么，什么是赵本山的命门呢？

有两大命门：其一是被赵本山称为博露脸的春晚小品，另外一个就是与赵本山这个名字（品牌）相关的公众形象（品牌形象）。

春晚小品对于赵本山确实已经变成了一个双刃剑：一方面，快速推出新人并进而来了新增长的舞台；另一方面，又可能成为滑铁卢。对赵本山来说春晚不是上或不上的问题，而是如何上好的问题。离开春晚，赵本山品牌命门里的神与形都将受到削弱。

好的小品作品确实不容易，但赵本山的春晚小品要至少可以避开一些硬伤，比如赤裸裸的植入广告、演员近亲繁殖、表演形式"二人转化"等。

只有继续开放与赵本山集团之外的优秀演员包括新人搭戏，才可以避免一点瑕疵即被集体讨伐的情况。

2010年《捐助》被骂，敲响的不是赵本山小品的丧钟，而是2009年以来赵家班近亲繁殖的警钟。

再说赵本山的品牌形象问题。

赵本山海南圈地是一项聪明而及时的投资，这是赵本山品牌效应的一种体现，这项投资在海南国际旅游岛的淘金狂潮里，会成为回报率很高的气门性资产。

但赵本山买私人飞机，有损赵本山的品牌命门。作为农民形象的代表，赵本山富起来的形象里最忌讳以奢侈品炫耀财富。

赵本山的家长作风，某些霸道的言论等，都不利于赵本山品牌的正面形象。

实际上，赵本山集团倒是可以学习一下周立波管理团队，以市场调查的方式了解观众对演出内容的偏好，而不是以直觉（哪怕是集体直觉）做决策。

我们说赵本山气门很深，其实在大的背景上是政府对"三农"的持续重视，这是赵本山影视作品能够轻松登上央视一套黄金档的真正原因——赵本山要明白，是这个大时势造就并护佑着赵本山集团的财富之路。

那么，赵本山集团是否应该考虑不要只会念生意经、拉植入广告等，而要投入慈善或其他社会行为呢？比如将刘老根大舞台收入的一部分捐助给希望工程之类的农村教育、医疗基金，这比花2亿元买私人飞机要有意义得多。

赵本山应该意识到，随着赵本山集团未来财富的增长，社会包括公众对于赵本山在公益及慈善上的要求会越来越高，包括对慈善的投资技巧都会很挑剔，无可回避。2009年新华都陈发树的慈善门说明，即使做慈善也不是一件简单随意的事情。

因此，赵本山必须明白自己的品牌"老根"到底在哪里。

在去年的文章里比较刘老根大舞台与郭德纲德云社、周立波海派清口后指出，赵本山的根基不是赵家班，不是二人转，不是东北文化，不是春晚，不是央视，而是中国的9亿农民、占70%广袤国土的农村天地！

赵本山之魂，是对中国农民、中国农村的本真、深厚的爱与感恩！

留住这个"老根"，保护这个"老根"，不要被短期的商业利益冲昏头脑，更不要与公众舆论较劲斗嘴，赵本山才能金身不坏，反之，如果一意孤行地走上"被声讨"的道路，就太可惜了！

六、 商业模式新生代还是退化代

《赢在中国》上，风投评委都在问创业者："你的商业模式是什么？"商业模式顿时变成显学，仿佛哈利·波特手中的魔法棒，具有点石成金的魔力。《商界》传媒旗下的《商界评论》通过杂志定位并举办年度"中国最佳商业模式"评选这个热点与关键点，在激烈的财经杂志市场取得了话语权。这几年，不少风投开始说，商业模式是个屁，创业团队才是投资的关键因素，投商业模式不如投人靠谱。

其实，对于创业企业来说，模式本身怎么会有竞争力呢？只有创业者才是打江山的关键。但是，**企业从无到有、由小到大了，商业模式就开始变得重要了：商业模式在此时成为与山寨企业（或曰摆脱同质化竞争）拉开距离的关键要素。**

企业在从"初步规模化"向"成熟规模化"以及"超级规模化"迈进的过程中，已经可以通过积累"差异化细节"来构建自己的独特商业模式，从而最终形成与竞争对手的"模式差异化"，进而形成模仿壁垒，这就是企业的高复制壁垒的"终极差异化"的来源。

吊诡的是，中国学界关于商业模式的研究与思想并未取得真正的成果，反而有"退化"之势。为什么说中国的商业模式思想有退化之势呢？因为**现在对商业模式的定义，正在变成企业经营要素的解析。**最具代表性的以下这个描述：

商业模式，就是仔细想清楚如何赚钱？

- 谁付你钱——客户。
- 你给客户什么好处——价值。
- 你如何让客户掏钱——营销。
- 你如何将价值送达客户——渠道。
- 你如何做——主要任务。
- 你缺少什么——资源。
- 谁能帮助你——合作伙伴。
- 你有多少种赚钱方式——产品线。
- 你需要花费才能赚到钱——成本结构。

这9点叫企业经营要素更为准确，一定要叫商业模式，未免有点张冠李戴、指鹿为马的味道。

对商业模式的这种描述带有"拨乱反正"的意思，扭转过去几年将商业模式神话、玄学化的倾向。但从专业角度看，还是"名实不符"，就像非要把一只杯子称呼为容器以显得比较"科学"一样。

对于创业者来说，一个风投需要的商业计划书，必须包括以上9项内容是完全可以理解的，因为这些就是讲清楚企业到底是干什么、怎么赚钱的问题。但是说这9项内容就是商业模式，就未必正确。这种倾向同样体现在畅销书《商业模式新生代》上。

该书提出的商业模式9要素、两大板块（成本结构与收入结构），仍然是对企业经营要素的战略澄清，也就是说，《商业模式新生代》也是"用不同的方式解释世界（企业）"，而未必是商业模式创新的有效工具。

原因很简单：**真正的商业模式创新，往往是在很多要素"缺乏参照、缺乏数据、缺乏条件"基础上的不合常理的创新。**

正是这种突破原有产业、产品，甚至人类"生活经验"的前所未有的创新，如互联网各种创新产品（从门户到IM、到C2C、B2C、SNS、LBS、O2O等），人们用以往的商业规则、产品经验无法理解，才产生了商业模式这个话题与课题。同时，**商业模式的思维创新也推动着产品模式的创新与大胆试验**，这是商业模式研究对商业思想、企业经营、创业者最大的贡献。

如果商业模式就是"合理地"描述企业经营要素，那么十有八九，这个所谓的创新商业模式不过是一个抄袭与模仿。**没有一种创新不是存在不可理解、无法论证、难以预测的因素——没有了这些，商业模式创新、产品的创新，都是平庸的幌子。**

尽管如此，《商业模式新生代》不失为一本帮助企业正确"认知"（解析）商业模式的好书。如图2-14所示。因为它提出了一个新的认知模型。在这个模型里，你可以对关键经营要素进行深入的研究、思考与推敲，当然也可以采用该书倡导的"众包"性的头脑风暴。这种方法论及操作上的群体风暴的体验，或许是该书成为各类机构教学选择的原因。建立共同的话语平台比如何发言更重要，这就是方法论的力量。

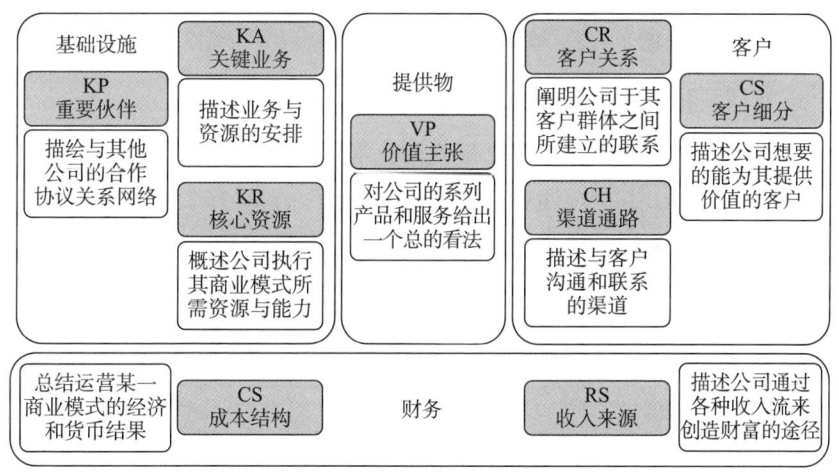

图2-14 九个模块及其结构

我们看到的现实是，乔布斯在创造iPod时，没有考虑这么复杂。他要创造一款时尚的大容量（容纳5000首乐曲——多么疯狂的想法）的音乐播放器。即使在创造iTunes时，他也只是想要提供一个合法的、低成本的正版音乐下载渠道。因为当时市场上没有这样的平台，就像马云做淘宝网时发明了诚信通、支付宝（支付宝创造了第三方支付新产业），都是被逼出来的创新——这种创新当然是可以放到上述结构里得到合理的理解与认识的。

图2-15是该书提供的对苹果iTunes与iPod商业模式的描述，不知道你是否认为解密了苹果的商业模式。

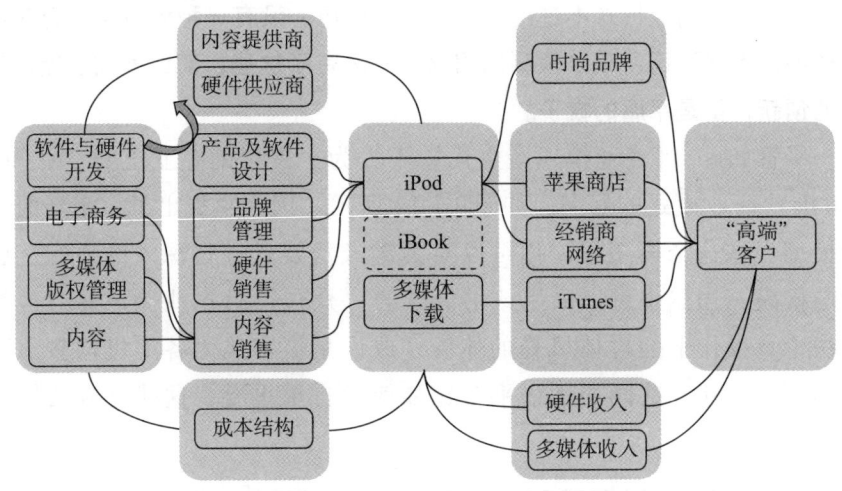

图2-15 苹果iTunes与iPod商业模式的描述

是否有可能通过上述模型，创新出一种商业模式呢？也许。或者更多的是帮助企业对现有商业模式进行战略反思，从而找到优化企业经营要素的方向。这种优化本身，如笔者前面描述的初步规模化企业的战略反思与升级，就包含了对商业模式的优化。

图2-16是该书倡导的即时贴式"画布"商业模式头脑风暴的成果。在笔者看来，这是帮助企业理性、系统、完整思考企业经营要素的科学方法。

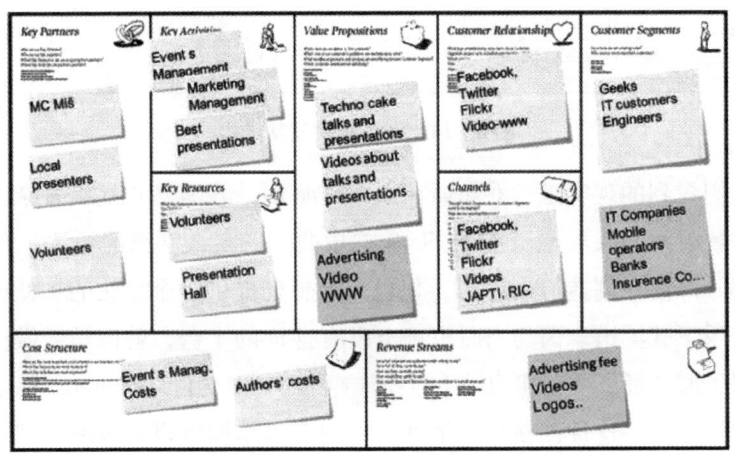

图2-16 即时贴式"画布"商业模式头脑风暴的成果

最后简要谈一下笔者对商业模式的理解：

商业模式的创新意义在于创造前所未有的新事物——新的产品形态或新的产业系统，如安卓 Android 在将苹果 App 开放化后，对数码电子、手机，包括家庭影视产品的革命性冲击力。

商业模式是打破领导垄断产业格局的新生力量，如电子阅读正在对传统出版产业链的改造。

商业模式可以创造出新的产品形态，或者让产品起死回生。如 Salesforce 没有重新发明 CRM（客户关系管理），但它让 CRM 从 SAP、ORACLE 等巨头的垄断中，变成任何企业都可以使用的管理工具，将管理软件的门槛降低到几乎为零，云计算成为软件行业的新标准。这是创新商业模式的巨大力量。

一句话，**商业模式创新，绝不仅仅是对现有事物的认识与理解，而是对前所未有的新事物的创新创造。**

在这条创新的道路上，中国学界对商业模式的研究还有很长的路要走。

中国快消品营销这些年

2011 年

一、从产品营销到产业战略营销

为什么产品营销战略模式已经无效？

为什么从毫无创新（甚至山寨）的产品起家，最后成为中国食品产业各细分行业的领军品牌的是没有产品优势的金丝猴、娃哈哈们？

为什么格兰仕的价格战成就了一个世界级品牌，而长虹的价格战却使中国家电陷入低潮？太阳能热水器行业的价格战为什么反而将行业领先品牌打到边缘？

为什么国人皆知青岛啤酒是中国啤酒的第一品牌，但中国啤酒的第一销量品牌变成了华润雪花？

根本原因是市场的竞争已经由产品营销的竞争转入产业营销的竞争，由终端、顾客的要素竞争转入产业竞争、全价值链竞争。

这要求营销战略模式的转型：传统的产品营销战略只能解释及指导企业静态的、内部的要素优化，缺乏对持续增长背后的真正规则，即企业成败决定因素——产业结构的洞察。

中国营销从4P（产品、价格、渠道、促销）、4C（顾客、成本、便利、沟通）到6P（顾客、价值、产品、渠道、传播、品牌）等各种理论，其立基点都是以企业为中心的封闭式要素规划与优化。

这种以产品为中心的营销战略模式，是中国企业比较普遍采用的营销组合方式。理论上虽然有将中心位置的"产品"换成"顾客""价值""品牌"等，但只是着眼点或视野不同，战略导向的自闭性上没有本质的区别。

图2-17是最常见的企业营销要素组合图。

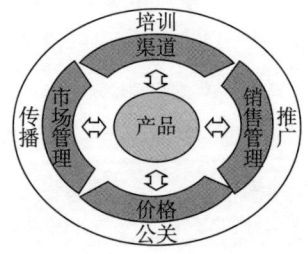

图2-17 最常见的企业营销要素组合图

（来源：博纳睿成咨询）

这种营销战略模式的根本问题是：先将企业射出的箭（产品、品牌定位、目标顾客等）到达的点确定为核心，然后围绕这个预先设定的"靶心"去画竞品、顾客的圈。无论怎样画圈（各种调研报告、规划报告等），最后都是为了论证前面设定的那个既成事实的合理性。

中国改革开放才 30 多年，真正的市场经济历史才 20 年，产业处于"爆发性恢复"发展阶段，在这种产业市场爆发初期，成功企业的最大共性是快速把握机会、优化内部要素效率。产品营销战略模式是满足了这个阶段企业的核心需求。

30 年产业发展已经将中国推上世界第二大经济体位置。在商业全球化、产业链啮合的市场环境下，中国的崛起也随之进入竞争的复杂与高级阶段，一场发生在所有产业里的以产业主导权（资源供给权、产品定价权、市场份额、客户端等）为目标的竞争已经开始。

在产业竞争大潮下，注重内部要素优化的产品营销战略模式，已不能适应新的竞争形势的要求，需要新的营销思维与营销方法论，即产业营销战略模式，指导企业成功参与未来的市场竞争。

什么是产业营销战略模式？

联想本是以代理 PC 销售的贸易公司，在看到中国 PC 机由办公转入家庭消费的趋势后，柳传志判断到 PC 普及化的核心驱动力是降低价格门槛。联想 PC 以大众消费品的普及化营销手段，打破电脑的高科技、高价格印象，推动了联想品牌的快速崛起，最终收购世界 PC 巨头 IBM 硬件事业部。联想明白，在 PC 普及化的趋势下，不是"最好者"而是"最快者"将主宰市场，这是典型的产业营销战略思维。

格兰仕在微波炉行业、娃哈哈在饮料行业、蒙牛在液态乳业、如家/锦江之星/汉庭/7 天在经济型连锁酒店行业、华润雪花在啤酒行业、双汇/雨润在生猪产业链、国美/苏宁在家电零售产业、当当网在图书零售行业，中国市场的竞争关键词已经不再是产品、品类、顾客、促销这些产品营销战略模式下的热点词汇，而是产业。

通过对新能源、3C 消费电子、家电、食品、百货、互联网等热门消费品产业的研究，我们发现，**中国经济最大的结构驱动力与掘金机会已经从产品或品类，转移到产业。那些把握产业趋势、结构及驱动力的企业，才是最后的赢家。**

以产业市场为起点的营销战略模式，不再是传统的 STP（细分 - 目标 - 定位），或者以某一竞争要素（产品、顾客、品牌等）为核心构筑的企业营销战略体系，而是需要通过对产业现状的研究，判断产业结构、趋势、驱动力等特点，再与企业实际相结合，制定企业营销战略的模式。

简单地说，就是以客观现实的产业结构为起点构建的新营销战略模式。包括三个步骤：产业结构及其驱动力、约束条件；竞争要素与策略（战略雏形）；构建商业模式（以及优化及创新）。

由此，企业制定营销战略的思维方向需要进行 180 度大转弯：

核心的战略逻辑是：中国企业必须对行业市场特性有清醒认识，并对不同阶段的企业战略重心有准确判断，才能展开有效的市场营销战役，突破快速做大的规模瓶颈。

基本方法是：中国企业需要以对行业所处阶段、趋势及本企业的发展定位的判断为核心，依据不同市场下的关键成功要素与核心增长引擎，重新配置企业资源，形成战略蓝图，并围绕这个基本战略构建运营操作系统。

中国营销以顾客、价值、产品为中心的"封闭"营销战略模式已经走到尽头，需要新的营销战略模式。开创新局，即由外致内的营销战略，才是驱动企业增长的强劲引擎，更是争夺行业第一品牌的法宝，我们称之为产业营销战略模式。

产业营销战略模式，是打赢已经到来的"充分竞争、高技术条件下"产业市场"战争"的思想武器。

产业营销战略模式对企业的具体价值

一种思想尤其是战略思想的有效性，是看这种思想是否能为现实中国的企业制定营销战略提供帮助，而能为哪些类型的企业提供帮助，也决定着这种思想价值的范围。

我们认为，与传统的产品战略营销模式可以为所有企业提供方法指导一样，产业营销战略模式并非规模企业的专利，而是可以为所有类型的企业提供帮助。

具体来说，对于从无到有的创业型企业、由小到大的成长型企业、由弱致强（包括争夺行业第一位置）的规模型企业，即企业三个关键发展阶段的增长问题都具有战略指导性。

产业营销战略模式的三段论是一个完整的运作过程，三个阶段的关键词：市场洞察、竞争要素（KSF—关键成功因素）、商业模式（协同性与创新），对于任何一个成功企业都不可或缺。

值得注意的是，这三个关键词也可以单独地对不同发展阶段的企业发挥"战略性作用"。创业企业更加需要市场洞察，成长型企业更加需要优化竞争要素，规模型企业一定是企业战略与商业模式协同性做得最好的。

产业营销战略模式如何帮助企业"从无到有"？

创业企业的起点无非是两个：创新或模仿（山寨）。严格的创新是指真正在技术上有所突破的发明，如 Imtel 在处理器芯片技术上的持续进步、模拟技术向数字技术的转变等。现实中，创造商业价值的发明更多的是应用创新，而且模仿者的应用创新同样具有商业价值。

有人说，中国企业模式其实都是西方尤其是美国商业模式的翻版。说得没错，但是只说对了一半。另一半事实是，在中国市场，中国的模仿者都比学习对象更加成功，如学习美国 Expedia 模式的携程、学习 Google 的百度、学习 ebay 的淘宝、学习 Land's End 的 PPG 及 PPG 倒下后的继承者 Vancl。

这些模仿成功者、后发制人者之所以成功，是因为这些企业在创业之时，无一例外都对某种新技术、新模式所要服务的顾客、市场、竞争等有深入洞察。

这些商业洞察主要分为六大类别：顾客洞察、竞争洞察、行业趋势洞察、企业能力洞察、增长引擎洞察、商业模式洞察。具备产业营销思维的创业者，通过超越市场表象的行业本质洞察，发现了让自己的企业实现战略增长的大商机。

举两个例子，一个是新经济，另一个是传统产业。

我们不同意认为"8848"诞生的时代，中国电子商务的配套环境不成熟这一观点。马云创立阿里巴巴时同样面对相同的环境。

关键在于马云对于电子商务驱动力的认识超越了其同行。马云认为

"电子商务＝鼠标＋水泥"是一个错误概念,认为电子商务在早期,必须基于买家与卖家的价值需求:对于买家(网购迷)这是一个省事、省时间的"看货"渠道,对于卖家(网商)则是一个低成本、低风险的渠道投资。当网商、网购迷规模增大并产生依赖的时候,电子商务将回归其作为一种便捷交易渠道的功能。

当1999年马云与外经贸部合作的EDI(电子数据交易系统)的失败后,马云看到了EDI平台本身在中国进出口贸易中的巨大作用与潜力,这就是降低交易成本、减少采购双方的搜索时间等。同时,中国巨大的制造业与同样巨大的国外买家之间需要一个互相认识甚至交易的平台。

回到杭州的马云,创立了阿里巴巴。阿里巴巴的发展历史表明马云抓住了电子商务的互联网本质:信息海洋、低成本传播、促进交易。

加入诚信通的买方与买方,都认为自己是做了一笔低投入、高产出的投入(建立了一个销售渠道),而随后推出的"淘宝",已经成为可以挑战沃尔玛的新型商业零售体。

史玉柱在2002年选择脑白金重新创业的时候,相信他自己都不敢想到会走到今天的巨人的高峰。

史玉柱还是选择了声名狼藉的保健品行业,其产品"脑白金"与当年的巨人脑黄金虽然名称相似,但是目标顾客已经转变。当年脑黄金的目标客户是学生(让一亿人先聪明起来),而脑白金的目标客户是饱受失眠之苦的中老年人。脑白金实际上是一个将褪黑体素(增强睡眠)与调理肠胃的类三株口服液液体相结合的新产品。

即使在今天回过头看脑白金的产品设计思维,也令人惊奇:史玉柱怎么就发现或确信在中老年"失眠"这个市场里存在机会?

很多人只看到后期脑白金"恶俗广告"营造的"送礼"效应,却没有看到当年设计这个产品的时候,史玉柱并没有以"广告"作为销售驱动力。

我们惊奇的是史玉柱的洞察:中老年失眠人群及其市场。

这个洞察中涉及的潜在症状人群的客观存在,以及脑白金在"治疗"或者说"改善"中老年人睡眠质量上的"显效",是脑白金成功的基石。

史玉柱抓住了保健品的关键按钮：恐吓诉求（唤起注意）、承诺疗效、显效证言的"三级跳"。失败的或者说小胜而不能大胜的保健品，大多死在"显效证言"这个环节。

所有消费品的持续增长动力，是来源于客户的口碑及重复购买，保健品更不能例外。脑白金在改善中老年失眠的"亚健康"状态上确实是具有显效的。

这一切源于史玉柱对目标顾客生活形态的洞察，特别是对保健品行业"生命线"的认识。这不是简单的产品营销思维，而是一种产业营销战略思维。后期史玉柱进入网游行业，也是这种产业营销思维的体现。

今天阿里巴巴与巨人都够大，但是我们不要忘记它们诞生时，可能比今天大多数创业者都要困难，甚至茫然不知路在何方。

看似在模仿（马云）、看似很寻常（史玉柱），这些获得大胜的企业（品牌）在创立之时，从一个与众不同的洞察开始，设计完整的商业体：品牌名称、产品形态、销售渠道、客户开发策略、传播推广策略、组织团队等，最终长成参天大树。

洞察是从平常的商业或生活表象下面，发现一座"金山"的矿脉。虽然洞察需要直觉、用心，这个过程很难量化，但是，大部分商业洞察可以从一个有效的逻辑与方法中开始。即运用产业营销战略的思维，从研究准备进入的产业开始，思考这个产业的结构、特点、趋势、关键要素等，而不是只盯着自己的产品。

从产业的视野看产品，才能发现传统产品思维模式下看不到的大商机。

今天的创业机会是否变少变难了？

答案是：今天的产业机会是更多而不是更少，可以利用的资源也更多，是把握机会与资源的要求变得更高了。不再是胆大者成功，而是具备产业营销战略思维者更有机会成功。

战略对于创业者虽然是奢侈品，但是战略思维尤其是产业营销战略思维，是创业者开启市场大商机之门的钥匙。

产业营销战略模式如何帮助成长型企业"由小到大"？

过创业期的企业意味着创业时的基本判断没有大的错误：无论是行业选择、产品开发，还是渠道设计。

如何快速做大？这个命题的真实意思是如何跑得比对手更快一些？

靠什么？不是靠打折、明星、广告、促销、人海战术，而是靠运用产业营销战略模式，准确把握关键竞争要素。

传统营销模式推崇水平增长（扩大销售范围—区域、渠道、目标人群），但是产业营销模式认为，在成长性产业里，只有懂得垂直增长、并购增长的企业，才能在同质化的市场中脱颖而出。蒙牛用5年成为中国液态乳业的数一数二品牌，是基于对中国乳业关键竞争要素的深刻理解与把握。

竞争要素的判断决定了企业的资源投向，资源投向决定了企业的竞争优势，竞争优势最终加强企业的资源优势。这就是强者恒强、弱者愈弱的内在机理，不是由于市场的原因，而且源于企业在关键竞争要素上的准确判断与持续投入。

例如糖果行业的金丝猴。

金丝猴的奶糖模仿大白兔，金丝猴的很多产品都是模仿同类糖果企业的产品。但是金丝猴做了中国其他的糖果企业都没有做的事情，即最深度的渠道精耕和市场下沉。

为此，金丝猴致力于建立超强的执行力，设置了中国糖果行业里最多的直销办事处，对办事处一线经理的薪资激励政策、高频率的会议培训、标准化的分类型终端运作指导及KPI（绩效考核体系）。

饮料行业的娃哈哈也没有特别创新的产品，但是娃哈哈有着中国饮料行业最强大的渠道运营能力，而且是二、三、四级市场的运营能力。同时娃哈哈依据饮料销售半径，广泛建厂，缩短了物流等远程销售成本。

金丝猴、娃哈哈都准确地认识到：中国食品产业的关键竞争要素是渠道，不是产品，更不是品牌。把握住这个关键竞争要素，才能成功。

中国的太阳能热水器行业提供了相反的案例。由于缺乏产业营销思维，这个行业的后发者的攻击正在将领先者边缘化。

皇明是中国太阳能热水器的启蒙者与领先品牌，黄明本人也堪称中国太阳能热水器的"教父"。皇明14年创业与市场开发，唤醒了中国太阳能消费大商机。早期皇明就是太阳能热水器的代表，市场份额50%以上，但直到2004年太阳能热水器整体市场才100亿元。

从 2007 年以后，太阳能热水器进行保值式增长，2008 年市场规模突破 400 亿元，皇明成为销售额 100 亿元的规模型企业，但是市场份额只有 10%。

通过产业结构研究我们发现，行业规模暴涨的同时，行业集中度却极低：前 10 名仅占 17%，能够发起对老大挑战的中等规模企业多达 50 余家。

为什么皇明在行业规模暴增的关键阶段正在失去行业领导地位？

是皇明的企业营销战略走向了与行业整合趋势相反的变化。

图 2-18 太阳能热水器市场基本状况。

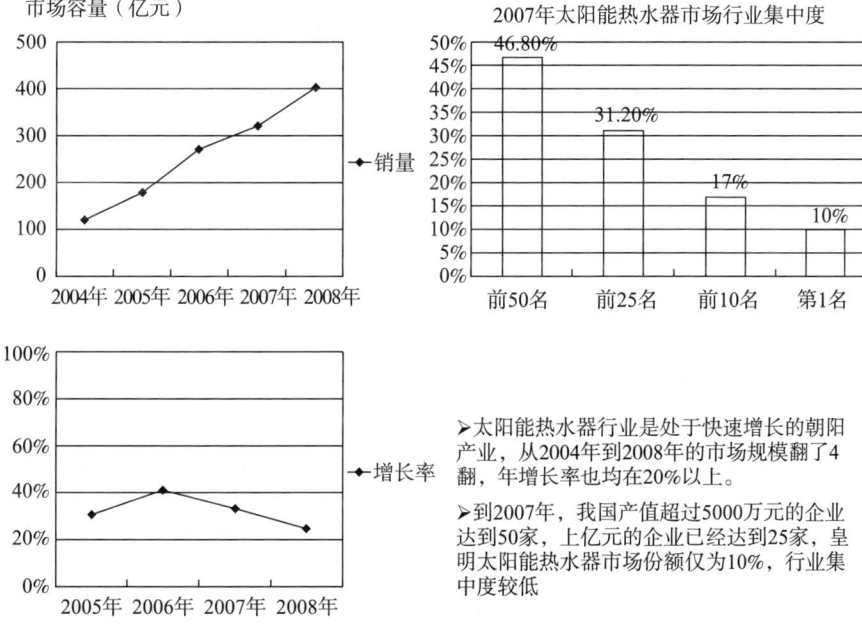

图 2-18 太阳能热水器市场基本状况

太阳能热水器的"摘桃派"完全摸透了皇明成功的关键竞争要素：品类概念、形象传播、渠道服务（老三篇），采用了完全相似甚至更夸张的竞争手段。从 2004 年亿家能开始，桑乐、太阳雨、四季沐歌、清华阳光、力诺瑞特等集体发力，普遍采取诉求类似的产品概念，个个表现出"技术领先、品牌优秀、品质可靠"的霸王气势。在这种传播、渠道、价格的三重攻势下，皇明的"领先者、行业龙头"已不能成为消费者选择品牌的驱动力。

皇明没有去迎击竞争、清理市场，反而为了保持"教父"姿态，投入巨大资源开发"蔚来谷"高端太阳能商业地产，实质上意味着皇明在退出（仅能维持现状）普通太阳能热水器的"低俗"竞争。

以产业营销战略思维看，太阳能热水器的普及化是大趋势，普及化产品是"大类市场"。皇明的太阳能商业地产却是一个"小众市场"，皇明弃大类市场而倾注资源进入小众市场，意味着放弃近20年辛苦建立的行业领先优势。

皇明在2004年起行业井喷的时候，营销战略思维没有及时转变，采取如引入资本、并购地方强势企业等竞争手段，失去了扩大（实际是保持）市场份额的机会，直接导致在"太阳能热水器"的下乡运动中，逐步失去在大众市场里的领导地位。

可能的结局：太阳能热水器竞争的最后结局与家电业相似，必将以残酷的产能淘汰而收场。无论是几家区域强势品牌瓜分，还是一两个全国化的领导品牌垄断，新的规模化品牌将在已经打通资本渠道（如已经上市的）的品牌之中诞生。

这个行业未来3~5年将进入技术+资本驱动的行业洗牌阶段，关键竞争要素不是"老三篇"，而是两个关键竞争要素：产品低价格、向服务盈利模式迁移。

与此相反，格兰仕案例极端地反映了抓住关键竞争要素的战略价值。

格兰仕的价格战看似简单的营销手段，但事实证明，价格战是格兰仕在产业战略高度下制定的"杀手级"战术手段。

格兰仕看到了中国制造成本优势下的大商机，采取大规模OEM的方式吸收国外产能，主动抓住西方产业转移的机会，以低成本、高品质的优势完成国际微波炉产能的转移。

同时，积极自创品牌、渠道及国内消费市场，以低价催生了中国家庭的电磁化消费习惯，从而掌握了微波产品市场的主动权乃至主导权，击退了来自多国（日本、韩国等）品牌的高、中、低价位的多路进攻，最终掌握了国内、国际两个市场的主导权。

格兰仕抓住了规模化趋势下的行业本质：没有足够的市场份额，或者说不能实现高市场占有率，一切现有的成果都是刹那芳华。

格兰仕的胜利，是产业营销战略思维制胜的典型代表。

中国彩电业长虹、康佳、TCL等发动的价格战，也是在市场份额第一愿景下企图称霸市场的行为。但企业忽视了彩电行业的本质，是新技术对落后技术的淘汰。没有技术创新"制空权"的消费电子企业，根本没有"资格"去完成行业的整合。

质疑者会说，不可能出现很多的格兰仕，中小企业怎么办？

答案很简单，中小企业要么走金丝猴、娃哈哈、格兰仕们的行业争霸道路，要么就走皇明"蔚来谷"那种复杂、高技术含量、复制困难的价值化道路。

行业领先者如果在关键时刻转变竞争策略，那么将失去在规模市场的领导地位。娃哈哈、格兰仕们在行业混战的时候，迅速明确了超越竞争对手的关键竞争要素——金丝猴、娃哈哈的渠道而不是创新产品（及品类）；格兰仕的价格、产能，而不是品牌、渠道——并且在这个关键竞争要素上投入大部分资源，最终一骑绝尘，成为行业翘楚。

通过以上案例，我们需要明白把握关键竞争要素的战略思维秘诀：**重点并不是营销的体系与完整性，而是合乎增长逻辑的围绕"关键按钮"的竞争要素组合与创新。**

这个增长逻辑就是我们总结的企业发展三段论，各阶段的增长引擎有所不同：**原始积累**主要依靠产品驱动、渠道驱动；**二次创业**需要进行战略革新，再造商业模式；**大成之道**在于实施组织变革、品牌驱动。

不同行业、不同的企业发展阶段，关键成功因素（KSF）均不相同。需要针对性地规划企业不同发展阶段的增长引擎系统，即在产业营销战略导向下，根据企业发展的不同阶段，确定增长引擎，选择关键点火按钮。剩下的事情，该落实的去落实，该精细化的精细化，需要创意的购买创意。

成长型企业如果在行业市场规模放大的时候，缺乏对产业市场的研究与判断，尤其是不能从产业的高度理解现实的竞争，而是陷入企业内部产品群、管理效率的优化，那么即使身处高增长的行业，也将难以超越竞争对手，甚至会被后起之秀反超。

行业领先优势不会自动转化为行业领导优势，行业的创新或领先不是取得行业最终地位的入场券，成长型企业，特别是高速增长的行业，更加需要产业营销战略思维。

产业营销战略模式如何帮助规模企业"由弱致强",成就行业第一品牌?

实现了初步规模化的企业,为什么很多企业会在一个销量水平徘徊不前?为什么有的企业年增长速度超过行业平均却仍然失去行业第一的位置?

关键的原因是能够持续增长并最终成就行业第一的企业,必须具备商业模式的协同性。也就是说,企业的资源配置、品牌—产品架构、组织架构、人力资源等,必须与企业的核心战略目标相匹配。

这个核心战略目标就是企业依据产业营销战略模式,对于行业的未来结局及走向这个结局的关键驱动力有清晰的判断,然后在此判断下,重新调整并坚持企业的商业模式。

知道自己要去哪里,所有的资源都为这个方向加力,而不是随意改变方向,这就是基于产业战略的商业模式协同。

图2-19 行业演变的三个驱动力与方向。

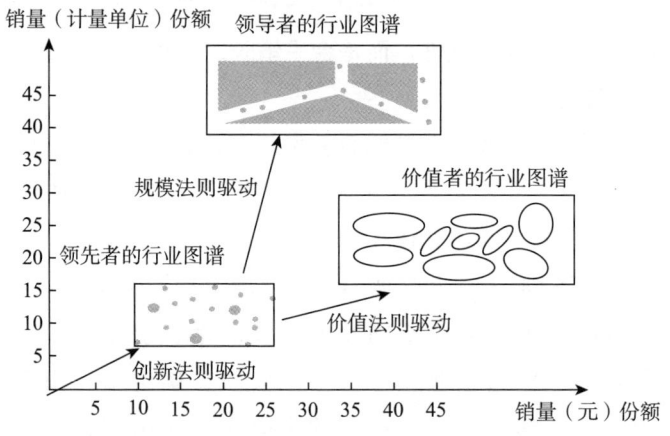

图2-19 行业演变的三个驱动力与方向

(来源:博纳睿成咨询)

所有行业都会形成"产品过剩"的局面。如中国白酒,到现在还有38000家大大小小的企业,啤酒业虽然行业集中度(CR4-前四位企业份额之和)已经近60%,也仍然有300家中小企业在瓜分区域市场,饮料行业、食品行业更是如此。

任何有价值的行业都会出现过度竞争,也必然要经过残酷竞争才能最后淘汰盲目跟风的企业，也就是"剩者为王"。

至2005年，青岛啤酒一直占据行业第一的位置；2006年，华润雪花第一次超过青岛啤酒；至2009年，雪花销量超过青岛200多万吨，形成了第一与第二的规模门槛。

青岛啤酒为什么输掉了由自己发起的中国啤酒行业整合的竞争？

图2-20是2004-2009年啤酒行业数据分析。

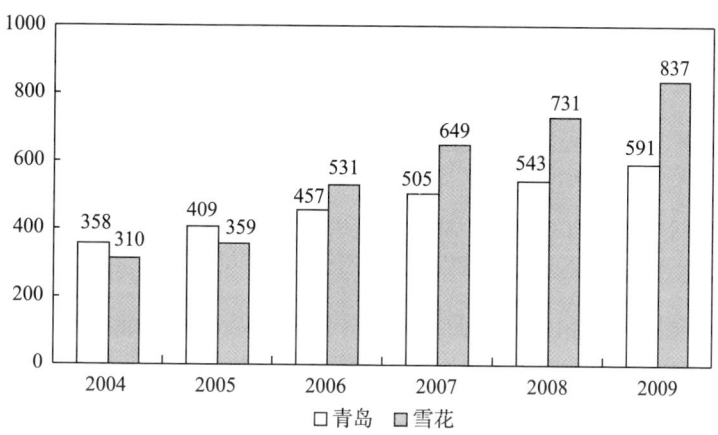

图2-20　2004-2009年啤酒行业数据分析

（来源：行业数据，博纳睿成咨询整理）

青岛在实现第一轮（1999—2003年）行业并购后，虽然制定了积极的增长战略目标，但是在竞争的最后阶段，由于华润雪花"高位持续放量"，最终在中国啤酒行业整合的第二阶段被超越。

这场争夺行业第一大战的真相是：不是因为资本或背景，战略及商业模式协同性是决胜的根本原因。

从解析2004年以后青岛啤酒增量慢下来，而华润雪花却能持续高速增量就可明白。

就中国啤酒市场来说，青岛啤酒定位是中高档，雪花定位是主流。中国啤酒虽然从主流低价格区间（零售价2元/瓶以下、地方品牌）的低价值市场里脱身，实现主流、主流高价格区间（零售价3~5元/瓶、雪花为代表）市场快速放大销量的局面，但中高档（6~9元/瓶、青岛啤酒为代表）、高档（10元/瓶以上、百威为代表）市场虽然也是快速增长，但相比主流市场的规模而言占比很小。

图 2-21 中国啤酒地形图——价格区间—终端类型的对位特点。

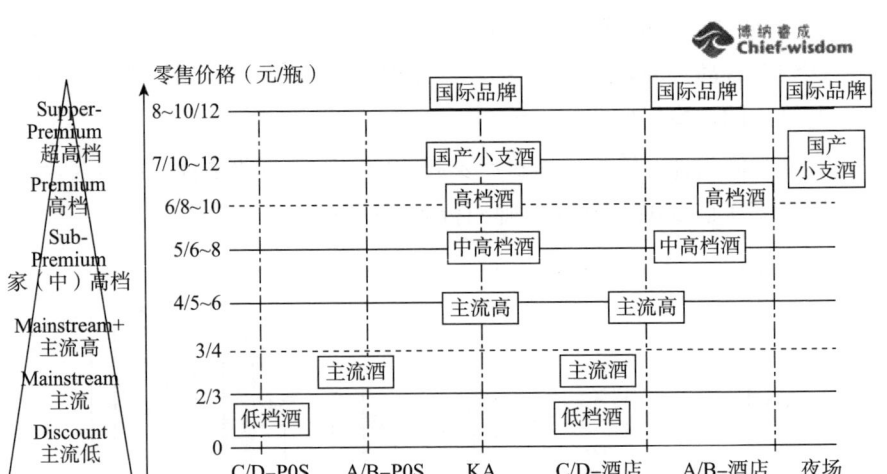

图 2-21　中国啤酒地形图——价格区间—终端类型的对位特点

（来源：博纳睿成咨询）

显然，由于市场规模的不同，对于争夺规模主导权来说，定位主流的企业比定位中高档的企业具有战略优势。

青岛啤酒品牌定位与产品定位（即品牌架构）的失调，对于青岛啤酒的市场整合构成困扰。先确定了"青岛啤酒"中高档酒为核心的品牌战略模式这个点，在其收购兼并的市场采取了"青岛品牌＋区域品牌（山水、汉斯、崂山）＋地方品牌"混合的品牌组合模式，忽视了自己的品牌定位是否与中国啤酒产业的趋势相吻合，这是青岛啤酒并购"吃进来消化不了"的根本原因。

也就是说，青岛啤酒的商业模式不具备角逐规模之王的战略协同性，所以必然造成有第一品牌之名，却无第一销量之实的结局，即使青岛啤酒的增长率已经超过行业平均水平。

华润雪花则从一开始就制定了强势攻打主流（以及部分主流低）市场，推进雪花全国统一品牌、限期压缩地方品牌销量的策略。雪花的高空传播投放实现了最大限度的区域共享，对于主流品牌的狂飙突进起到了推动作用。

雪花后发先至地成为中国啤酒产销量第一的品牌，是其营销战略（以大众主流酒为核心的战略及商业模式）符合中国啤酒市场的主流化趋势，从而形成资本驱动与市场（销量）驱动的良性互动。

这个案例说明，**以企业内部的战略模式为导向，缺乏行业导向的企业战略思维**，会出现企业战略与商业模式不协同的致命问题，最终在规模企业之间的"高手较量"中失去领先地位。

2010 年上半年，美的空调及零部件营收 258.55 亿元，格力空调营收 229.72 亿元，后起之秀美的在空调这个被认为是夕阳产业的红海市场里，划出了一道靓丽的风景线。

美的的成功同样是其商业模式协同性的成功。

美的从小家电起就建立起的商业模式：轻松生活的品牌理念、高性价比的产品、和谐的厂商一体化渠道策略等。

美的品牌形象的亲和力，产品工业设计的舒适感，特别是高性价比为消费者节约成本，为美的产品赢得了口碑。美的今天的成就，是积 20 年之力构建起的和谐商业模式的自然回报。

因此，决定高手竞争结局的，是企业战略与商业模式的内在协同性。

保持商业模式与战略的内在协同性，需要运用产业营销战略模式，对行业趋势、企业战略、商业模式做出清晰判断，即企业营销战略必须符合行业格局变化趋势的要求。

如家成为中国经济型连锁酒店的第一、联想成为中国 PC 行业第一、格兰仕成为微波炉世界第一、2010 年美的空调销售额超过格力空调等，都不是因为这些企业对"竞争要素的体系化"或者"营销效能优化"，而是构建了与营销战略匹配的、符合产业格局转变关键驱动力的协同化商业模式。

不懂产业营销战略的危害：有钱没钱都会失败

产品营销战略模式下考量一个产品的失败总是关注内部因素：产品质量、定价、渠道、推广、市场投入不足、执行力不强等，但是今天市场里失败的大量产品是由于产业营销战略的错位。

2010 年，超级航母中粮集团推出其"全产业链"战略实施后的重要布局——中粮创新食品公司的核心品牌"悦活"纯果汁及系列产品。

悦活品牌及产品设计精美，传播推广（与开心网合作）新潮且赚足眼球，但是实际销量却仅与花去的广告费持平，可谓叫好不叫座。

母体资源雄厚，推出宁馨儿般养眼的产品，广告费投入过 1 亿元，为何如此结局？

根本点是产品营销模式造成的"营销近视症"，没有洞察中国饮料产业市场的本质与"关键按钮"。

悦活基本战略是错位的：在悦活的目标市场（一线城市）、目标终端（主渠道）里，高端纯果（蔬）汁市场已经形成汇源常温纯果汁，光明、味全、可果美等冷链纯果（蔬）汁两大消费阵营。悦活以常温产品形态，却定价到冷链产品的档次，很难转化果汁重度消费群的认知与习惯。

广告攻势也是错位的：开心网获得的消费者，更多是消费水溶C100、营养快线等产品，大多数不是悦活价格带的消费群，最多算作是培养未来消费者。

品牌—产品策略也错位：悦活采取"品牌统领产品群"的品牌—产品组合模式，不符合中国食品产业"消费产品而不是消费品牌"的行业本质，造成悦活果汁品牌高知名度、产品低购买度的尴尬处境。如果不是中粮做后盾，恐怕已经步入K可商务饮料、蓝田莲藕汁等同类战略错位型产品的后尘了。

以为"好产品"就一定有市场，这只是短缺时代的现实。在产业竞争的时代，不了解产业结构，不审视产品的购买按钮是否符合产业关键要素，产品的设计、广告制作是否精美，市场投入大小，都不是决定产品成功的因素。

就是说，不符合产业营销战略的新产品推广，有钱没钱都一样会失败。

总结：用产业营销战略打开"疯狂增长"的广阔空间

我们阐述了传统营销战略模式存在的问题，指出能够指导中国企业决胜未来的战略思维与战略方法论，是产业营销战略模式。

从产品市场到产业市场，看起来只是一字之差，其中的内涵却是天翻地覆，我们熟悉的、不熟悉的认识都要在新的空间里重新组合。

从产品营销战略到产业营销战略，也是一字之差，却需要我们学习从思维角度到方法工具的一整套全新模型。

我们找到了一条通向未来的道路，产业营销战略模式是中国本土思想基于中国市场化历程与中国企业实践的一次自主创新。

更为精彩的中国市场下一个"黄金30年"充满了如此多的挑战，又充满了如此多的机会。

正如今天各行业的领导品牌（企业）大多数是20世纪10年内成长起来的，未来10年、20年里，提供了诞生更多"超速成长"企业的沃土。

创立3年的凡客诚品VANCL，2010年已经将未来三年的销售目标锁定在了100亿元，这不是神话或浮夸，而是即将到来的现实。

产业营销战略思想的价值是什么？最厉害的武功不是秘籍（如九阴真经）、兵器（如倚天剑屠龙刀），而是"摘叶飞花"皆成利器。树叶与花瓣本不是武器，但功力深厚的人可以将其变成武器。

创业、做企业，最重要的是机会与资源。但是有什么眼光，就会碰到什么机会、找到什么资源。当你运用产业营销思维去看待市场与生意的时候，无论是创业者还是企业家，都将把握到新的机会，积累出新的资源。决定机会与资源的，不是你现在拥有的东西，而是你对未来的战略思维。

因此，我们要重申产业营销战略模式最核心的两个论点：

中国经济最大的结构驱动力与掘金机会已经从产品或品类，转移到产业。那些把握产业趋势、结构及驱动力的企业，才是最后的赢家。

产业营销战略思维及模式，是各种类型企业决胜中国经济新"黄金30年"的有效武器。

二、 京东火拼当当，直指B2C行业本质

当当磨砺10年上市，是个好事；京东从家电杀入服装、百货、图书，虽然有点诧异，也是好事；京东与当当开打价格战，是更大的好事。

为什么？因为京东代表了B2C行业的本质与未来——最大化降低顾客成本。

中国电子商务第一波（1998—2000年）为什么失败？

原因有两个：电子商务企业如8848等简单的鼠标+水泥思路，以及没有跟上电子商务发展的物流、支付环节。

第一，有了鼠标，并不是就可以把水泥的价格卖得更高了。中国B2C的历史说明，大成的企业—淘宝、凡客诚品、京东、当当—无一不是"行业暴利的摧毁者"。

为什么国外B2C还没有中国发展迅猛？原因是我们有中国制造的崛

起，中国处于工业化阶段，而西方经济已经转型到了以服务、技术为主体的形态。

严格地说，中国制造崛起的反面就是中国产能及产量的过剩，这是外向驱动型经济、初级加工制造的结果。中国 B2C 交易的主要品类大部分是过剩产品及周转率低的商品。此其一。

第二，B2C 交易成本降低，涉及信用、支付、售后赔付、物流效率等 B2C 企业的"外部要素"。

淘宝在信用、支付等早期阶段发明了"支付宝"这一第三方支付平台，确保交易诚信与卖方责任，但是今天的电子商务平台已经足够强大到了支持货到付款，支付宝这种交易工具的价值已经不是必需的了。

飞速发展的支付系统、物流效率让顾客在品牌购物平台上的交易体验更加顺畅。应该说当当、京东、凡客诚品三家在交易流程体验上都做得非常流畅便捷，这是电子商务在改善顾客购物体验上比线下实体店挑选货物更加舒心的地方。

中国 B2C 行业的本质，在中国制造过剩大背景没有改变之前，将是以价格为导向的消费选择，无论是日用品还是奢侈品。

京东与当当开打，对于消费者来说，并不是一个"艰难的决定"。21 世纪报道的网上投票显示，消费者在乎的是价格与售后保障，而不是当当李国庆所说的："价格战是个假命题，多数顾客需要服务而不是 2~3 元的价格优惠。"如图 2-22 所示。

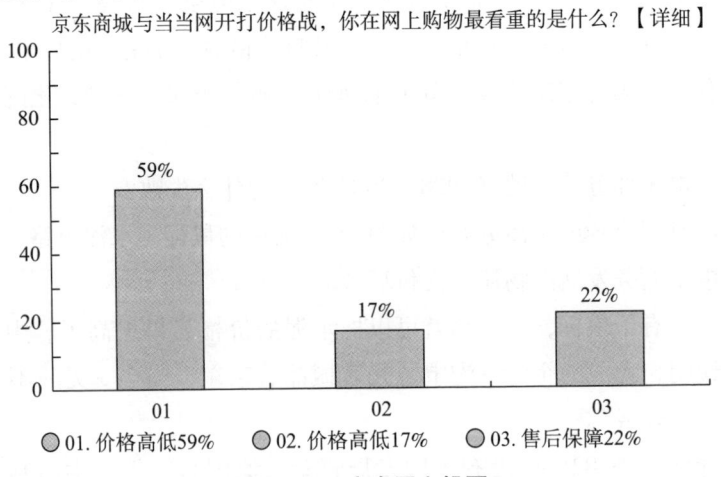

图 2-22　京东网上投票

重视服务的消费者,是基于产品价格已经具有优势的前提,而不是在价格与服务之间的二选一。

显然,价格战不是伪命题,而是 B2C 行业的本质!

从当当到卓越,从卓越到京东,从京东到当当,对于消费者来说,这不是艰难的决定,只是轻点几下鼠标而已,B2C 的注册会员并没有想象中那么"艰难"的转移成本与忠诚度。对于价格战,中国消费者的态度一向是欢迎,这没有可被诟病之处。如图 2-23 所示。

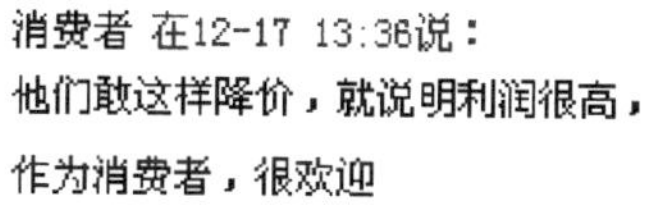

> 消费者 在12-17 13:36说:
> 他们敢这样降价,就说明利润很高,
> 作为消费者,很欢迎

图 2-23 消费者欢迎价格战

我们说京东与当当火拼是大好事,正是基于这场大战反映了 B2C 行业的真实本质,并不是我们在情感上偏好哪一个平台。

那么 B2C 如果出现"恶性"价格战会不会摧毁整个行业呢?

按照理论上的说法,价格战是有利于顾客,不利于供应方的,长期的价格战会导致企业对产品品质、技术升级、售后服务等无力支撑。

理论上的恶性价格战结局当然是毁灭,但是其前提是在一个无差异的、完全竞争的假设之上,这一假设在现实中基本不存在。现在 B2C 上线的商品种类与品牌,只占全部商品种类的 30% 左右,即使对家电、图书这样标准化的产品,不同 B2C 平台的种类及供应链还是有差异的。

不过,京东对当当的侧翼袭击,从客观上确实不利于当当。因为当当的主要业务及利润来自图书,而京东则是家电。京东这次袭击多少带有捣乱及噱头的成分。

这又变成挑战及考验当当的地方,当当的盈利模式是否确实过于依赖"搬箱子"呢?

B2C 正在进入大规模爆发期,这是将线下零售大规模向网上搬迁的数量化发展阶段。目前 B2C 崛起的撒手锏主要是价格,即使是凡客诚品等"自有品牌"商品,顾客利益点仍然是价格。

凡客诚品代表的是 B2C 行业的第三波:渠道品牌整合制造产品的 B2C 模式。这是 B2C 企业建立价格防火墙的重要手段之一。

京东、当当、卓越、淘宝模式，目前因产品种类总体还是"错位化"，直接火拼的不多，发生在图书领域的价格战也因为图书价格空间较大，不会导致出版社的大面积封堵。

但随着B2C的竞争从产品转入客户，京东火拼当当这样的战争还将频繁出现。一旦进入网民争夺战，对任何一方都变成生死之战，就像3Q大战一样。

网络的好处是透明，坏处也是透明。透明之下无隐私，最后的结局可能是"剩者为王、赢家通吃"。

所以京东火拼当当，早点来比晚来要好，提醒京东–当当模式的B2C企业，要思考如何进入未来？

京东的目标渗透着VC徐新的观念，成为行业第一品牌，所以其手段是掠夺与毁灭式的，赌的就是剩者为王。

当当上市了，如何在短期股东利润预期与市场地位之间找平衡，考验李–俞组合及其团队的战略远见。

三、 2011年中国食品行业的机遇与挑战

随着通货膨胀成为2011年的主旋律，食品企业将再次被推到舆论的风口浪尖。在过去的2010年，食品行业的关键词与丑闻、涨价等联系在一起，但是中国首富花落娃哈哈，似乎预示了中国产业"含金量"的转移或回归。

乳业：蒙牛公关门。将中国食品企业"营销导向"的伦理迷失再一次呈现在公众眼前。

农产品：姜你军、豆你玩、蒜你狠、韩国泡菜危机等，农产品两极分化趋势加剧，基本产品限价下的长期上涨，特色农产品价格脱离基本产品价格黑洞。

饮料：娃哈哈宗庆后成为"双首富"。代表着市场对娃哈哈的肯定，但"福布斯咒语"也隐然成忧，娃哈哈的500亿元是否成为这个巨头的天花板？

在这些突发事件的背后，是中国食品的消费升级已经出现。但是中国食品企业的表现说明还没有为迎接结构升级做好准备，特别是营销战略思

维仍然停留在传统产品为核心的模式下,对消费需求、技术升级、商业模式等都缺乏战略性洞察,导致目前食品产业仍然是同质化大于新鲜化的局面。

中国食品企业深陷可怕的同质化!

展望2011年,食品行业的机遇还是来自食品行业外部环境变化的大机会,这是中国食品企业面临的"战略增长"机会。

(1)消费细分与升级的产品创新机会。食品创新的空间:品类、口味为核心导向而不是概念、包装形态的产品创新。我们关注2010年食品企业的"微小"动向,虽然这些动向没有形成主流,却代表着中国食品产业可贵的创新精神,我们将其命名为"微创新":真正从顾客体验角度的产品创新。虽然只是微小的变化,但包含了对顾客"感受"的尊重与洞察。比如:

绿豆淡饮:在传统绿豆汤、绿豆沙基础上更加"饮料化"的一种微创新。

老酸奶:在口感上对传统酸奶的"复古",让酸奶从菌种竞争走向真正的口感竞争。

冰淇淋蛋糕:泡吧系列产品从小脆到冰淇淋蛋糕,海新食品在食品微创新上的努力"小荷已露尖尖角",值得关注与期待。

微创新——中国食品产业的颠覆力量。

我们认为,如果上述食品微创新的努力能够进一步与企业战略、商业模式相结合,即导入产业营销战略模式,而不是采用传统的产品营销战略模式,效果会更好。

中国消费者并不期望企业做成惊天动地的新产品,食品企业只要做出哪怕一点顾客可感知的产品创新,就很容易可以"一招鲜、吃遍天",而大部分企业要么不重视消费者的感知需求,要么缺乏将这种微创新放大成企业战略的系统运营能力及思维。

(2)渠道革命催生企业增长新模式:

● 渠道品牌的崛起:

规避食品传统渠道(卖场/便利店等终端、分销批发商),以自建+加盟连锁模式建立品牌。来伊份:休闲食品零售连锁专卖店;好想你:大枣系列产品连锁专卖店;新润一品:特色农产品零售连锁专卖店。

这些渠道品牌的意义是以渠道品牌驾驭生产商产品，代表的是一种"以渠道品牌整合产品"的商业模式。我们认为，这种流通反控上游的商业模式，将是食品特别是大宗非包装食品的主流商业模式。

● 网络购物新渠道：

网络购物平台对传统分销渠道的改造：上海一号店（食品/消费品网购）、西米网（办公室零售网购）、优果网（精品水果网购）、一亩田（上海新鲜蔬菜网购直配）；酒类电子商务网站更是风生水起，酒多网、酒仙网、也买酒网等。

B2C 渠道正在以前所未有的速度冲击传统食品渠道，但是目前食品类 B2C 网站的盈利能力还有待观察。缩短食品流通环节，将传统渠道中的费用转化为建立可控销售渠道的费用，是食品企业争取长期战略优势的必由之路。

食品行业的挑战依然来自中国食品企业的"根性"短板。

（1）战略视野。食品企业需要从注重包装设计、代言人、传播、招商等，转移到消费者洞察、产品微创新、渠道模式再思考等战略视野。

（2）商业模式。中国经济过去 30 年的恢复性增长特点，决定了产品核心营销战略模式的有效性，但是在未来 30 年中国消费"结构性增长"新时代，需要的是产业营销战略模式思维，要求首先重新从战略高度反思企业的商业模式，产品、渠道、品牌哪一个是本企业商业模式的核心？

产品主导模式如洽洽、汇源；渠道主导模式如娃哈哈；品牌主导模式如中粮悦活。每个模式与企业资源密切相关，对企业未来有着决定性影响。

（3）食品技术升级。食品企业必须在改进产品口感、科学营养等方面的"微技术创新"，这才是食品企业战略发展的正道。粗制滥造、不重视科学、依赖传播带来尝试消费、过分迷信营销技术等，是食品企业做不大的真正原因，这涉及的是中国食品企业家的"信仰"问题。

中国食品产业结构正在向两极化发展，不仅体现在产品价格，在消费结构、企业结构、渠道结构三个核心产业环节都在发生重大变化：

第一，食品消费的两极化，也就是向满足基本消费与奢侈消费两个方向发展，中间档次产品的生存空间被压缩。造成这种情况的原因有两个：一是中国社会财富集中化的病态反应；二是中国食品产品质量的提高，提升了食品消费的基础水平。食品产业的规模化在一定程度上"削平"了中国社会的贫富、城乡、中西三大差别,大食品企业的崛起让规模化品牌可以为全国广大民众所分享。

第二,食品企业的两极化,即形成规模化的超级食品巨头如中粮、金龙鱼(益海嘉里)、双汇、娃哈哈、康师傅、伊利、蒙牛、洽洽、华润雪花,以及价值化的大型食品巨头,如农夫山泉、鲁花、光明、加多宝、椰树、露露、茅台、五粮液等。目前"战略站队"还没有清晰化的企业如福建食品集群(以膨化蜜饯为主)、广东食品集群(以烘焙饮料为主)、西南食品集群(以佐餐零食为主)等,如果不能根据所在行业本质制定正确的企业战略,将会在微利与小规模的困境之间徘徊。

第三,食品流通渠道的两极化,中国食品流通渠道正在发生巨大变革,表象是现代零售渠道对传统分销零售渠道的分流,但是真正的渠道变革本质却是透明化与非透明化两股渠道势力的大博弈:现代零售渠道——连锁KA卖场/便利店、网上购物、网络团购等代表着透明化势力,而传统零售渠道、单位直销团购,以及正在崛起的商业地产零售渠道代表着非透明化势力,这场博弈可谓惊心动魄。

中国食品产业过去30年主要表现为产品门类、商品种类的"恢复性"发展,正在进入的是"结构性"发展阶段。恢复性阶段是市场拉动企业成长,而结构性阶段是企业战略引导市场成长,这需要中国食品企业从产业格局的高度进行企业战略营销模式的转型。

转型的难点之一是解决过去30年中国食品产业的"遗留症",即中国食品企业目前还没有找到有效的产业营销战略模式,成为巨型食品企业的商业模式问题,超级巨无霸型食品企业应该进行怎样的从战略到战术的商业模式组合。

目前食品产业热闹的"全产业链"模式,虽然中粮、益海嘉里、伊利、蒙牛等正在摸索,但是严格地说并不成功,概念大于实际,核心表现就是上游供应链与下游消费链之间的产业内在关联度很弱。

比如中粮的全产品链里,中粮创新与中粮股份、中粮包装、新疆屯河等的关联度实际都很低,而蒙牛乳业对现代牧场奶源的依赖度也仅为5%。这说明所谓的"全产业链"模式目前还处于概念阶段,甚至还在试错阶段,ABCD四大粮商、孟山都、益海嘉里等的产业链攻略都不是"全产业链"，而是以物流、技术等控制上游的外部利益产业链模式。

那么食品企业巨型化的真正商业模式应该是什么呢？

我们认为应该是另外的两个路径：一是以渠道整合产品的商业模式，即不断提供渠道对应的产品，挤占渠道份额，挤压竞品空间，再辅以资本收购。日化领域的跨国公司如宝洁、联合利华、强生、欧莱雅、科蒂、拜耳就是这样逐步将本土日化击溃收编，食品产业里娃哈哈掌握了发展此种商业模式的先机；二是以产品征服顾客的商业模式，即研发"最大公约数"型产品，销售给每一个人。此种模式的代表是酒类（白酒、啤酒、葡萄酒）、可口可乐、德芙、玛氏，以目标顾客"胃纳量"（人均食用数量）为市场营销目标而构建的企业营销战略体系。

食品企业巨型化是中国市场全球化竞争环境的必然要求。要么本土企业快速实现巨型化，增强抗击跨国巨头的能力，甚至跨出国门输出品牌技术；要么如日化行业逐步全军覆没（或被收编），本土企业/品牌变成游击队。

中国最大的食品集团中粮 2009 年收入 1885 亿元人民币（其中还包括大悦城等商业地产），美国专业谷物公司嘉吉（ABCD 四大粮商里的 C）营业收入达 1098 亿美元，娃哈哈 500 亿元人民币已经感到接近了销量天花板，可口可乐营业收入为 320 亿美元，本土糖果公司金丝猴综合食品收入为 15 亿元人民币，玛氏食品营业收入为 280 亿美元。

我们比较这些差距不是为了说明中国企业弱小，而是要提醒中国食品企业不要把巨型化的未来让给跨国公司。根据阿里巴巴、当当、百度等新经济企业战胜强大外资企业的案例，中国食品企业应该有自信胜敌于国门之内，应该放眼全球，因为中国是世界食品资源最丰富的地区与全球最大的食品消费市场。

食品的消费升级已经出现，但是中国食品企业的表现说明还没有做好准备，特别是营销战略思维仍然停留在传统产品为核心的模式下，对消费需求、技术升级、商业模式等都缺乏战略性洞察，导致目前食品产业仍然是同质化大于新鲜化的局面。

中国食品企业在这场战争中最缺的已经不再是资本，而是战略视野与战略方法。

在食品产业结构两极化背景下，以下四大战略问题是各类规模的食品企业必须思考清楚的：

（1）发展战略：企业战略的商业模式要清晰化，全产业链商业模式内涵界定不清晰，现实的运营成本过高，不确定性因素太多，中国食品企业不应过早地实施全产业链。目前实践全产业链模式的企业，反而带来资源配置效能的降低，如汇源集团发展上游果品种植基地的战略，使自己陷入债务、管理的泥潭。本土食品企业一定要坚持优先抓顾客、抓分销渠道的基本战略，抓住顾客就是建立起品牌影响，控制渠道就是掌握了产品推广的主导权，其他的分散投资如全产业链，或不相关多元化如投资非食品领域，都是错误的发展战略。

（2）渠道战略：对于食品企业来说，透明化渠道是企业利润的杀手，而非透明化渠道是高盈利的保护伞。因此，食品流通渠道的两极化会呈现这样的格局：规模化企业"被绑架"到透明化渠道上，而价值型企业必须加强非透明化渠道的建设。规模化的方向是成本优势下以价格杀手为导向的行业整合，价值化的方向是以建立溢价壁垒（渠道、地区、细分顾客等）为核心的品牌化。非透明渠道是企业价值化的战略资源，而透明渠道是规模化的撒手锏。食品企业的渠道战略是死生之地，不可不察。

（3）产品战略：无论是规模型企业还是价值型企业，都要在两类产品上专注投入：一类是"最大公约数产品"，也就是大众无差异消费产品，如可口可乐。对于这类产品，要的不是STP（细分－目标－定位），恰恰是"反STP"：需要聚焦的是人类生理或情感的普遍性价值，如解渴、爱情、家庭等，而不是做"细分人群定位"；另一类是"高增长及盈利性产品"，即满足升级消费能力的高端乃至奢侈产品，要求企业在制造产品品质差异化的同时，注重品牌风格的建设，比如依云、巴黎水等。除上述两类产品之外的其他产品，都要考虑关停并转。

（4）品牌战略：食品企业的品牌战略不能继续停留在传播导向的误区里，而要以产业定位为导向，确定品牌在食品消费格局中的"符号性"特性，即成为消费属性、消费档次、消费文化的代表性品牌。不解决这个"消费符号性"问题，任何传播投入都只能建立一时的知名度，而不能形成品牌资产，请代言人（吸引眼球策略）更加需要警惕。

综上所述，在未来中国市场的黄金10年里，我们希望中国本土食品产业的规模型企业成为巨型化企业，同时希望在价值型企业中诞生中国的奢侈（或价值型）食品品牌。

四、 价格带与品类的黄金交叉

食品企业在过去的 10 年里热衷发明"新品类"。真正在品类市场里淘到真金白银的有几个？是品类机会不存在，还是食品企业的营销方法错了？

价格带策略是在啤酒、白酒的操作中形成一种产品定位方法。有多少食品企业把握住了价格带机会，避开了价格带陷阱？产品价格带背后的规则与规律究竟是什么？

品类、价格带，都是既有机会，又有陷阱，但都是真实存在的市场事实，问题在于企业是否用正确的战略思维与营销方法论去发现机会、规避陷阱，而不是沉浸在"点子创意"的自我想象中。

品类的真实概念与品类营销战略

品类是所有产品的战略问题，但大部分企业对品类的思考是错误的，造成的后果可以说是灾难性的。

笔者在《销售与市场·渠道版》2009 年 11 月的文章《品类泡泡：中国营销界的一场思想闹剧》，指出了营销界创造新品类狂热的自我意淫问题：将发明一个新品类名称视为独占品类的方法，如雅客 V9、五谷道场，或者将差异化的产品卖点说成是创造了新品类，如乌江榨菜的"三腌三榨"、真功夫的蒸式快餐加工工艺。

如果品类就是为产品发明一个新名词，或者找到某种差异化卖点，就能成就第一品牌，产品营销就变成了广告怪才疯狂头脑里的语词的混搭，市场营销变成宣传这个"新词"的心智战斗，如此简单，也太浪漫了一点，完全没有把中国消费市场竞争的残酷现实放在眼里。

市场不相信 YY 式的激情。靠发明新词及占领心智的创新品类，大多数小命不长：雅客 V9、宁夏红、五谷道场、怡达山楂、网络饭饭、飞儿膜片，还有一大堆 3 年内销声匿迹的"创新品类"，将《糖烟酒周刊·食品版》3 年的产品广告翻阅一下，就能看到过去 3 年里，每年高喊开创新品类的产品，基本没有活过 3 年的。

为什么？不是品类这个事实不存在，而是进入品类市场的企业错误地选择了品类占位方法。

什么是新品类？新品类是指超出市场现有供给类型的新产品。不是创造（也不是发现）新品类，而是企业开发出了未被现有产品满足的新的产品形态，或仅仅是营销诉求层面产品消费特点的广告创意。

白象大骨面、今麦郎弹面、五谷道场、娃哈哈营养快线，这些是什么品类的创新呢？充其量是产品特质层面的创新优化，加上产品概念及广告诉求的创意。企业是靠发明了一个产品名称就成就今天的产品地位吗？企业靠什么去把握住品类创新的先机呢？

答案是靠品牌运营与产品品质。决定市场第一地位的，是企业营销的整合能力，不是创意一个品名、宣称代表了或创造了某个新品类。

王老吉不是创造了凉茶这个品类，而是改革了广式凉茶传统的产品口感及概念，将凉茶当作一种饮料，而不是药物，才逐步获得成功；娃哈哈营销快线，也不是创造牛奶果汁混合饮料这个新品类，是娃哈哈的产品诉求、定价、渠道系统等，超越了前辈的同类竞品如农夫山泉浆果奶昔、水晶活力、牛奶果盘等，最终赢家通吃。

品类是同类产品的共同名称，是一个客观存在的现实。同时，随着创新、分化、组合、杂交、跨界、混搭等各种试验，又在催生创新性产品，并随着消费者的增加而扩大了消费规模，形成品类。

没有一个品牌产品的诉求是为了宣扬品类：口气清新，来粒绿箭；享受丝滑味觉，唯有德芙。它们不会说口香糖的清口效应、巧克力的丝滑属性等。

任何规模化的产品类别里都不可能只有一个品牌。品牌产品要想取得最后的胜利，只有始终专注于可持续增长的关键价值链环节及其驱动力，才能形成核心优势，最终取得压倒性的竞争优势。

品类营销的核心，首先是要选择正确的品类营销战略。

品类首创重要，但绝非点石成金的魔法棒。以市场份额为衡量标准的品类第一才具有高含金量。品类首创（First）不是品类第一（No.1）的必然保证。创新增长与可持续增长是两回事：市场给了创新者机遇，但没有为创新者承诺未来。品类第一不是看谁发明了新名词，而是看哪个品牌的产品最终占据了品类市场份额的 No.1。

品类市场必须能够客观存在并保证一定的规模，即使增长缓慢，但不能很快就消失。这种倏起倏落的品类实际上是"时潮性产品"，缺乏稳定的消费者需求的支撑，如维生素糖果。

企业需要判断的是：品类需求是否稳定？规模市场是否足够大？品类需求的本质是什么？以此标准对于不同规模的品类市场，要采取不同的营销战略，尤其是产品战略。

品类是一个真实的消费者事实，企业可以通过跨界、嫁接、杂交、组合等多种方式，进行产品的创新。但这种产品创新必须有客观的消费基础，或者说当消费习惯没有形成的时候，企业需要具有忍受"消费者教育期"困难与成本的实力与坚强神经，不要以为发明一个创新名称就占领品类了——这种思想是在拿产品或企业的生命开玩笑。

产品品类定位有以下四个基本原则：

- 品类是客观存在的，不是靠发明一个品牌名就"占领"这么简单；
- 第一个进入新品类是重要的，但不是最终成败的决定性因素，后浪可以拍死前浪；
- 消费者需求的是产品（或品类），选择的是品牌产品；
- 品类规模的大小决定了品牌产品的强弱与规模。

根据这四个基本原则，我们反观真正创造了"新品类"并成为长寿产品的真实历程，就会得到靠谱的营销启示：可乐成为品类是可口可乐的创新，也是百事可乐，以及过程中很多被淘汰的同类产品共同作用的结果。可口可乐的成功，不是朝夕之功，更不是发明了"可乐"（Cola）这个品类名词。以可口可乐过去100年的营销经营史看，当初就是叫"乐可"（Laco），也会成就今日的地位。

可口可乐开创新品类的启示是：

- 对于企业来说，发现、发明（创造）新产品是可能的，但是否能代表或创造出新品类，就不是靠起一个名称可以解决的，要靠真实的市场营销运作；
- 大品种（单品销售规模巨大的）产品的成功，不在乎是企业是否首先开创了新品类，而是取决于企业是否具备持续运营能力。做出消费者高满意度的产品，树立品牌与众不同的认知形象，做好与消费者接触的所有类型终端陈列，刺激（消费者折扣/奖励促销）、唤醒（广告/公关活动）消费者的品牌购买行为；
- 正确的做法是：以品牌化的优质产品占领消费者心智，并且在消费者心智的认知"抽屉"里为品牌找到一个独特的价值定位,强化这种关联,最终形成差异化的品牌产品认知,驱动品牌在竞争者众多的产品或产品品类市场中占据不可替代的心智认同;

• 企业的企图心及战略,必须与品类规模的大小、稳定性、价值三要素挂钩。

品类机会真实存在,问题是企业的品类战略与营销方法,对不对?靠不靠谱?

产品的品类占位方法有虚与实两个路径,篇幅原因此处不再介绍,读者可以在《产品炼金术:驱动企业增长的111个产品按钮》中寻找答案。

价格带的真实概念

价格带指产品零售价格(一般以非现饮渠道价格为标杆)与产品销量之间,形成的一种客观的量价对应关系,与股票市场里的"量价配合"是一个概念。但商品市场的价格带比股票价格带多了一个维度:竞品,也就由此引申出了价格带规模、价格带结构、市场份额分割形式等重要内容。

图2-24是价格带战略的基本模型:以不同价格带区间里的市场规模为标杆,研究本公司及竞品的产品种类、市场份额的结构特点,制定产品组合、营销策略的方法。

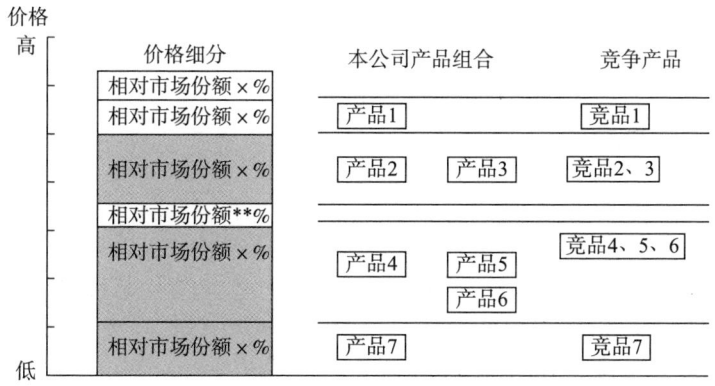

图2-24 价格带战略的基本模型示意

价格带产品战略需要考量的两个外部因素:价格带的相对市场份额,各价格带上竞品及本品的份额。

价格带战略的核心并不是指全价格带覆盖，而是指围绕企业核心价格带产品，进行相应的结构化：同价格带或上下价格带产品的保护性投放。

具体来说，价格结构化遵循以下三原则：
- 核心价格带产品的聚焦化；
- 对核心价格带产品起到提升或衬托作用的产品；
- 价格结构化使产品的综合盈利性较高。

以娃哈哈与农夫山泉的产品群的价格带特征为例：娃哈哈的主导产品是纯净水、茶饮料、营养快线等产品，以1.5~3元/瓶之间的产品占主流，娃哈哈产品的价格中枢是2~3元；农夫山泉的主导产品是天然水、农夫果园、水溶C100等，以2~4元/瓶之间的产品占主流，农夫山泉的价格中枢是3~4元。

虽然只是1元的差距，但企业的格局有天壤之别。农夫山泉的总销售额还不到娃哈哈的10%（500亿元），甚至与娃哈哈中档单品营养快线的120亿元都差距甚远。

为什么？原因当然不在产品，而在渠道运作能力。但是与品类相关：中国人饮料消费的70%集中在3元以下的价格带区间。

农夫山泉天然水在2008年前，由于错误的"千岛湖产地罐装"策略，失去了华东发达地区以外的几乎所有市场，将一个全国性产品变成了一个区域产品，2009年转变为"水源地罐装"策略后，才重新开始了产品全国化的征途。

失去了黄金10年发展机会的农夫山泉，如今只能逐步赶超已经远远领先的竞争对手。以最近三年开发的新产品：农夫茶、苏打红茶、东方树叶、力量帝维他命水来看，农夫山泉的产品战略还存在过去一样的思维误区。

以这种产品战略思维，规模逐步增长没有大的问题（现在农夫在到处建立灌装厂，这种本地化的产能策略自然驱动销量的增长），但要与娃哈哈，甚至康师傅、统一、今麦郎这些饮料第二军团抗衡，依然阻力重重。

农夫山泉的创新值得尊敬，但不值得推崇。所有的产品都要去教育消费者，这是典型的保健品营销思维。这种产品战略放在饮料市场里，只会让产品陷入无穷无尽的"成年侏儒"——思想发达、身体长不大的尴尬之中。

根本原因是产品战略缺乏对中国饮料市场品类机会与价格带机会的交叉聚焦。

品类与价格带交叉如何聚合出大品种机会？

为了方便理解，我们以饮料为例，运用品类战略、价格带战略的方法论，简要介绍一下博纳睿成对中国饮料市场的研究与洞察。

（1）中国饮料市场特点——品牌集聚化 VS 品类分散化。这个基本现实意味着品牌集聚化，即每个细分品类市场里的品牌集中化趋势，是饮料市场竞争的基本规律。同时，饮料市场的品类分散化在不断制造新的产品类型，但形成稳定的品类规模不是一朝一夕的事。

用流行的词来说，饮料市场是红海竞争为主，蓝海竞争为辅的基本现实。饮料竞争啤酒化的趋势非常明显，资本、品牌集中化、产－地－销、渠道为王等。如表2-1所示。

表2-1　中国饮料市场的竞争格局

年均增长率	植物蛋白饮料 28%	中高果汁 32%	果汁饮料 30%	茶饮料 13%	瓶装饮用水 10%	碳酸饮料 14%	运动/功能性饮料 50%	牛奶 7%	酸奶类饮料 22%
	其他 银鹭 椰树 露露	其他 味全 都乐 大湖 茹梦 汇源	其他 三得利 新奇士 康师傅 汇源真鲜橙 统一	其他 三得利 娃哈哈 麒麟 康师傅 统一	其他 怡宝 农夫山泉 乐百士 娃哈哈	其他 非常可乐 百事可乐 可口可乐	其他 王老吉 脉动 红牛 激活 健力宝	其他 光明 三元 蒙牛 伊利	其他 太子奶 营养快线 伊利优酸乳 蒙牛酸酸乳

（2）饮料消费价格带的产品生态格局。饮料市场的消费结构也是一个正金字塔结构，即随着产品价格的升高，市场规模逐渐变小。在从大众化到超高端的饮料价格带上，不仅是品牌的区分，也是产品品类的区分，总的规律是天然、稀缺、营养的饮料品类处于价格带的高端。

主流4元/瓶以下价格带，都会形成大（品）类：碳酸饮料、纯净水、茶饮料、乳饮料、果汁饮料；高价值4.5元/瓶以上，形成小（品）类：植物饮料、功能饮料、全果汁/果蔬汁饮料、矿泉水。如图2-25所示。

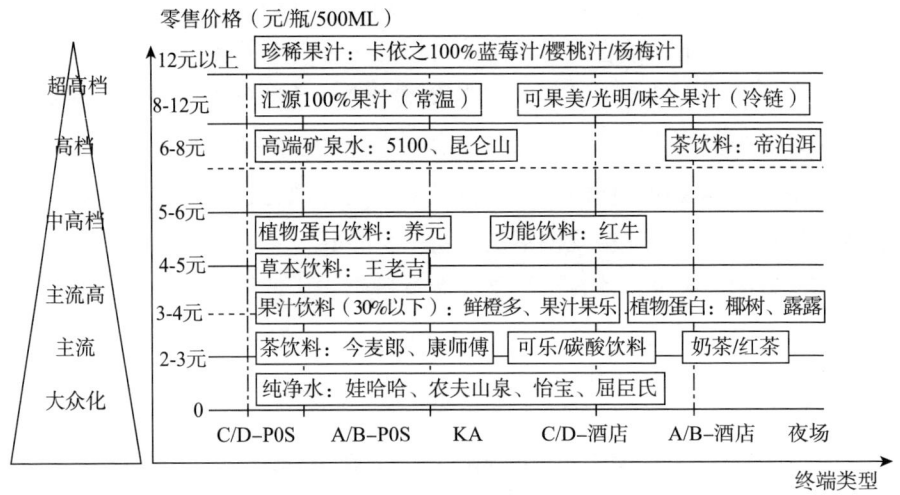

图 2-25　饮料消费价格带的产品生态格局

值得一提的是，椰树与露露采取了"反向价格策略"，即高品质、低价格的高性价比策略。15年间，两个产品价值的涨幅远远低于原料包材成本、CPI、通货膨胀的涨幅。这不是两个企业傻，而是某种精明。这样的定价有利于维持老消费者的惯性/忠诚消费，可以减少由于频繁涨价需要投入到广告、代言人、促销上的无谓支出，也对竞品进入形成门槛。

（3）饮料的消费者核心价值驱动有两个路径：主流型与价值型。大（品）类市场的形成伴随品牌集中度的快速提高，小（品）类市场则呈现产品形态多元差异化的格局，两种类别饮料各自有不同的消费特征，需要不同的产品营销战略。

需要提醒的是，价值型饮料的细分问题不是指消费者年龄、收入、职业的细分，而是口味与消费观念——也就是产品概念及诉求可以引导的——细分。以中国人目前的可支配水平，饮料的价格已经不是一个购买障碍，产品的需求动机才是关键。

饮料的消费者价值驱动如图 2-26 所示。

	主流型饮料	VS	价值型饮料
目标消费群	·面积大众市场		·面积细分市场
核心利益（购买动因）	·解渴、品味、价格		·营养、天然、品质
品类市场特点	·产品同质化，品牌集中度高，市场被行业巨头所垄断		·细分市场众多，差异化营销是主要的竞争手段
品类属性	·必选消费品		·可选消费品
关键成功因素	·规模化能力 ·品牌传播 ·市场份额 ·市场份额 ·分销网络		·差异化定位 ·USP（独特销售主张） ·产品形象/包装创新 ·品牌传播 ·分销系统

图 2-26　饮料的消费者核心价值驱动

饮料的本质是解渴 + 营养的组合，无非是两者的比例配比不同。100% 解渴的：纯净水、可口可乐、雪碧等；80% 解渴 + 20% 营养的：绿茶、橙汁饮品、凉茶等；50% 解渴 + 50% 营养的：椰汁、乳饮料、维生素饮料等；20% 解渴 + 80% 营养的：100% 果汁、高端矿泉水、蓝莓汁等。按照这个配比去看饮料产品的消费认知细分，才能接近消费者的使用价值，而不是产品自身的属性。

（4）饮料竞争特点：大类饮料热点轮转并快速规模化 VS 小类饮料稳步价值化并逐步向主流饮料转化。主流饮料市场每 3 年就会出现一个新"热点"，然后巨头们疯狂进入，3 年内见分晓。快鱼吃慢鱼、大鱼吃小鱼是这个市场的基本规律。比如 2005—2008 年，含乳饮料大战，营养快线最终一品独大。

价值型饮料呈现"长跑型"特点，谁能坚持到最后谁将有可能成为赢家，剩者为王是这个市场的基本规律。

所以，中国饮料需要的是两种基本战略导向：大品类（主流）饮料考验的企业快速规模化能力；小品类（价值）饮料考验的是企业差异化营销的能力。

我们最后以植物饮料品类市场为例，说明一下如何发现品类机会。

植物饮料大品类可以分为植物蛋白饮料与植物纤维饮料两大基本类别。这两个类别饮料分别以相应的植物类作物为原料，都是植物饮料品类极有前景的品类。

图 2-27 是主流饮料市场的新"热点"。通过图 2-28，我们可以看到中国植物饮料市场的特点。目前中国饮料品种除了橙汁外，大部分植物饮料是建立在小品类经济作物的基础上，如椰汁、杏仁露、核桃露等，大类经济作物的饮料品种反而市场规模小，如豆奶、玉米露、绿豆爽、红豆爽、蔬菜汁（西红柿、胡萝卜、西瓜、梨等）等。

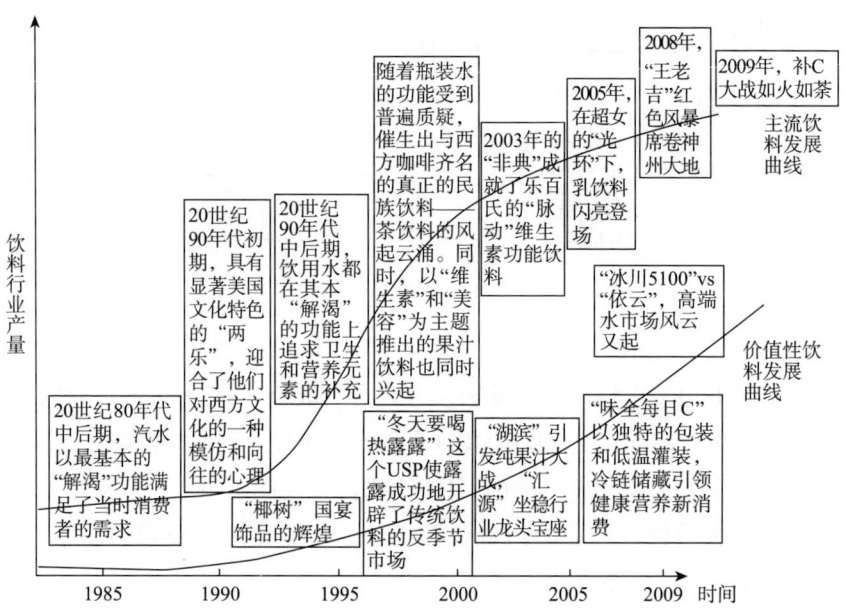

图 2-27　主流饮料市场的新"热点"

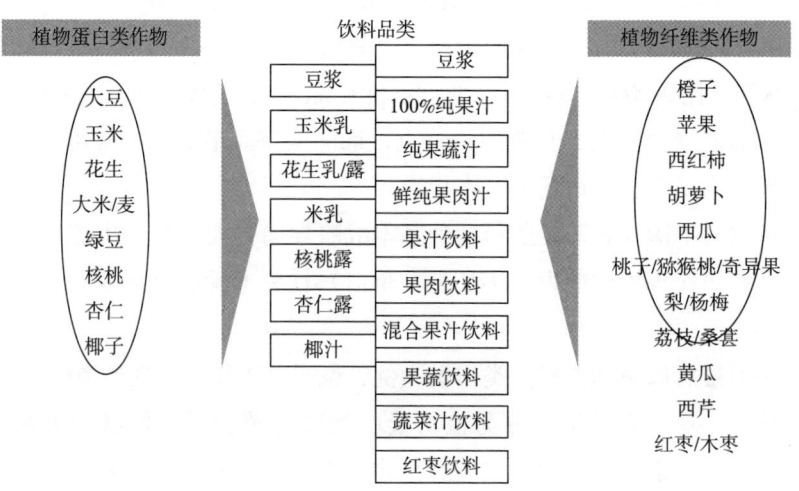

图 2-28　中国饮料市场品类机会图

品类机会在哪里呢？

图2-28透露了一个关键信息：真正的大类经济植物并没有形成大型饮料产品及品牌，如大豆、玉米、绿豆/红豆、大米/小麦等。植物纤维类里的品类机会虽然很多，但正是多则惑，很多企业的产品开发仅变成产品的开发，而不是饮料消费者的开发，如各种特色水果汁、蔬菜汁及果蔬混合汁等。

大类经济作物没有诞生大类饮料品种，小品类作物饮料缺乏产品聚焦化，这就是中国植物饮料潜在的品类机会。

为什么这么多有研发及生产能力的饮料企业，都无法把握品类市场、价格带区间里的巨大机会，总是开发那些同质化的、平庸的或稀奇古怪的产品呢？

认真研究一下市场，研究一下消费者，研究一下营销专业方法论，才是真正的大机会。否则，都是在拿投资为自己的愚昧交学费。

中国快消品营销这些年

2012 年

一、渠道与品牌的永恒对决

王老吉商标判决的营销结果是什么？如果只是说明商标资产的重要性，或者加多宝在此官司里的不当处置，那等于什么也没说。这个商标权判例的营销价值，会在判决之后双方的市场竞争中呈现。在企业发展的过程中，什么是关键成功因素，或者简单点说，渠道与品牌何者更重要？

失去王老吉的加多宝，如何与拥有王老吉品牌的广药竞争？是打造"正宗凉茶加多宝"与接收了几十亿元广告塑造的"怕上火，喝王老吉"竞争，还是利用已经形成的渠道强势压制广药王老吉的侵蚀？

对加多宝来说，即将开场的这场搬起石头砸自己脚的尴尬竞争形势，如果不在渠道上对广药实施"坚壁清野"式打击，岂不等于不战自溃？加多宝能让广药的王老吉"顺顺利利"地完成全国市场的覆盖与终端上架吗？

品牌认知派会对此感到不解：难道铺货还会被阻止吗？尤其对广药这样一个不差钱、有背景的上市公司？品牌信徒们对市场有近乎天真的浪漫想法：渠道还不是品牌知名度（或影响力）高了之后，如水龙头般拧一下就流水的管道嘛？有什么困难的？

迷信"品牌的力量"的人忽视了，在中国市场实现全国市场的覆盖与铺货，是一项比广告创意、投放媒体更有难度的"高技术含量"营销行为。从来不会因为你自以为是品牌（就是在媒体上砸下数亿广告费），就"自动"获得了产品进入渠道的通行证。如果要实现全国市场（涵盖一二三四线市场层级）的渠道覆盖，渠道进场费与相关销售服务人员费用，是比央视标王更高的费用投入。这就是渠道的门槛。

以中国啤酒为例：15年前燕京是中国最大的啤酒公司，在北京市场就像二锅头一样无处不在，现在多少地方消费者可以想喝燕京就能喝到呢？最早掀起中国啤酒兼并战的青岛啤酒，2004年前是当仁不让的第一品牌，现在还能想喝就喝到吗？这两个品牌如今都不是中国啤酒行业的第一品牌，销量第一的品牌是华润雪花。

华润雪花总销量从2005年开始，就超越青岛啤酒，直到2011年比第二位的青岛啤酒多出40%（300多万千升）——要实现300万千升的产能与销量需要多久？在产能的背后是市场运营的效率，其中的核心就是以市场覆盖与终端占领为标志的渠道运作能力。华润雪花之所以能后发先至，靠的正是区域市场的渠道精耕能力，而不是品牌。

为了避免抬杠式狡辩，或者可以这样说，能实现渠道覆盖的，自然就是品牌，但反过来，人人知晓的品牌，却未必能到处可见（即能买得到）。自然，这里谈的是与啤酒一样的凉茶等大众消费品，不是奢侈品、时尚品。

青岛啤酒实现第一个300万千升，用了1998年（1905—2003年），到2010年实现第二个300万千升。华润雪花实现第一个300万千升，用了10年（1995—2004年），实现第二个300万千升，用了3年（2005—2007年），实现第三个300万千升用了3年（2008—2010年）。

从中国啤酒过去15年的竞争看，领先品牌（包括历史悠久的品牌）并没有成为行业第一的准入证，反而是新创品牌、后起之秀的华润雪花成为销量第一的真正冠军品牌。无论从历史、技术、管理或品牌上，都不能解释华润雪花超越青岛啤酒，唯一的原因就是市场运作，或更准确点说，是区域市场的渠道精耕能力。

雪花啤酒快速成长的关键制胜因素，不是历史、不是文化、不是技术、不是品牌，是对中国市场渠道的精耕能力——这个比做广告标王更有技术含量的企业经营能力。饮料行业的娃哈哈同样如此。

更重要的是，企业规模的巨型化，不是简单的数量累加，是对企业综合运营能力的巨大挑战，尤其是市场运营能力。如果用资本实力购买品牌知名度（比如在各类媒体砸广告，短时间让品牌家喻户晓）是关键成功要素的话，营销的战争就变成资本家与媒体大亨们餐桌上的一道"算术题"，就根本不需要企业的运营能力显示差异。

我们由此反观：一个实现了180亿元销售额的加多宝与绿盒王老吉仅有20多亿元的广药，差距的并不是对商标的拥有，更是运营能力的差距。

广药要将新红罐王老吉做到180亿元或其宣称的300亿元，恐怕连他自己都还没有清楚从零起步到180亿元会碰到哪些问题：产能、生产布局、品质稳定性控制、经销商招募、产品的渠道价值链与渠道控制、销售团队建设、物流系统等。这些支撑实现180亿元销量的要素，岂是得到一个王老吉商标就能解决的？

没错，广药有实力、有条件、可以招募强大的合作者去解决这些问题，得到王老吉品牌就是抱到金娃娃，生产线都是印钞机，投资建厂、代工等都是顺理成章的事情。广药产能供应链的建设需要花点时间，但不会是最核心的掣肘因素。那么，加多宝能够与王老吉一战或比拼的，除了全国市场的渠道运营能力，还剩下什么呢？

加多宝必须拼命延缓广药王老吉凉茶与加多宝凉茶摆在同一个终端里的机会与速度。给加多宝凉茶的"正宗口味"再教育，提供更长的时间窗口，这是加多宝凉茶的生死之战。

加多宝与广药的竞争本质，就是时间的竞争。如果广药在1~2年内实现加多宝80%以上的全国市场覆盖率与铺货率，加多宝凉茶基本就败局已定，必然失去凉茶销量第一的地位。如果广药在2年内实现不了80%或者只有50%的覆盖率，那么加多宝凉茶就会再次崛起为凉茶销量第一品牌。

如果后一种情况出现，意味着王老吉将会与正宗、地道的邓老、黄振龙等一样，成为凉茶饮料第二阵营品牌。广药可以延续王老吉的品牌知名度，但是否能够快速建立加多宝的市场运营能力呢？

另一方面，加多宝也在进行王老吉品牌资产的"分离接骨术"，将最著名的"怕上火"与"正宗凉茶加多宝"捆绑在一起，可以说是借尸还魂。不能再使用"怕上火，喝王老吉"的广药，同样面临广告诉求上的尴尬：广药必然被迫启用一个新的广告语重新定义王老吉，必然遭遇消费者对不使用"怕上火"广告语的广药王老吉感到"古怪"的情景。这其实是广药王老吉的一个认知之坎。

广药带走了王老吉，带走了红罐（加多宝虽然有争议，应该无力阻挡广药版红罐王老吉的推出），却没有带走配方（加多宝目前正在围绕"神秘的"正宗凉茶配方做文章），也就存在让消费者对两者口感重新品评，及不使用"怕上火"广告语的广药王老吉产生"疑虑"的机会。

以此来看，王老吉商标是归属了广药，但王老吉"品牌资产"却并没有完全被广药接收。加多宝保留了红罐王老吉品牌资产里的两个核心之魂：配方（决定口感）与广告语（怕上火）。

即将开始的加多宝对阵王老吉，拼抢的核心就是渠道，渠道战的胜负与速度，是这场凉茶品类重新洗牌战的关键。

基于以上分析，加多宝凉茶如果要稳固第一销量地位，核心是巩固加多宝凉茶的渠道系统,并对广药王老吉的渠道渗透实施"坚壁清野",甚至"定点清除",而不是将选择权交给终端里的消费者。这是加多宝唯一的胜算机会,除非加多宝有愿意"挨打"。

王老吉商标案之后的加多宝与广药的营销战,即将上演我们所说的渠道与品牌的对决大戏,让中国营销人都可以在随后的三年里看到:是拥有强大渠道能力的品牌更容易成功,还是拥有强大品牌资产的品牌能够快速成功?即在市场与心智的对决中,哪个是关键制胜因素。

这样的对决战,在世界营销史上也绝无仅有。但正是这样一次罕见的营销战、口水战、观点论战,让中国营销界对企业发展过程中的渠道与品牌的辩证关系,会有非同寻常的再认识。

这个认识的价值在于两个核心点:一是渠道与品牌对驱动企业发展哪个更重要?二是为什么渠道对决品牌是营销竞争的真实游戏?

渠道与品牌对驱动企业发展哪个更重要?

这个论题不是指强调渠道的也会重视品牌,或者强调品牌的也会重视渠道。如果是讨论这种"有没有",就是一场玩弄文字游戏的虚假讨论。没有一个正常人在生理构造上是差异的,造成强壮或羸弱的原因不在于"有没有"人类共性的器官,而是哪些器官的能力获得了差异化的发展,即优先的能力进步,如运动员与普通人的差异,甚至运动员的细分(长跑与短跑、游泳与标枪等)。

企业营销与人的能力进步一样,本质不在于是否要素齐全,而是哪个要素具有更大的战略优先性,即渠道与品牌哪一个要素对驱动企业增长更重要?战略优先性指企业要优先配置资源予以获得的运营能力。

品牌是什么?品牌是顾客对企业产品商标的一个认知,是选择产品的标准。品牌运营的目的,就是让顾客更加乐于使用本品牌产品,即认牌购买,甚至非此不可。消费者对打上 Nike 商标的鞋与同一产品没有商标的鞋,会有不同的使用体验。

这种对品牌的心理感受,是品牌营销的终极目标(品牌忠诚度),而塑造品牌知名度,是达成这一目标的必经之路。因此,品牌的本质是顾客对本商标产品的信任,这种信任可以通过顾客的重复购买率得到精确的衡量。

把这样一个品牌的定义放到现实中,就会看到这种信任至少需要这些条件：顾客要能买得到，顾客做出了购买及使用行为，顾客对产品的满意度评价高于同类竞争品牌，顾客甚至以选择、使用本品牌为荣。实现上述四点，就是融合了渠道、产品、品牌三种核心要素的"营销功夫"。

从一般的角度看，不能说哪个要素更重要。但是，在产品都没有品质问题的竞争情境下，品牌与渠道哪个更重要呢？渠道与品牌的优先性问题实际上是基于这样的前提，否则也是各说各话、文字游戏。

品牌是一个商标，品牌资产或品牌价值认知是市场营销的一个结果，即需要经过一段时间的考验，才形成被顾客认可或追捧的品牌资产。形成品牌资产及维护品牌资产的前提，都是打上该品牌商标的产品在市场上持续销售。一个有持续销售力的产品，是品牌资产的前提。如果产品不再具有销售力，曾经再辉煌的品牌也会贬值甚至消失，如饮料里的旭日升，或者曾经垄断胶卷行业的柯达，昔日的手机第一品牌摩托罗拉、诺基亚。

品牌是一种累积性认知，依靠各类传播建立；销售却是一个产品购买（即交易）过程。对饮料来说，销售就是系统化的渠道运作行为：分销商、销售团队、终端服务团队、现场促销团队等。这些团队的建立与管理都不是一朝一夕完成的，需要时间的管理过程。

无论是中国特殊的市场广度与深度，还是中国大规模员工管理的难点，都决定了超大规模（年销售额100亿元以上）企业的管理是一个难点，比创意出一句广告语、在媒体上投放广告要难得多。要实现对中国五级市场的覆盖、各类零售终端的铺货、陈列，更是一个耗资、耗时、耗力的巨大工程。

加多宝创立17年，但真正的运作能力，是过去5年中，借助王老吉凉茶热卖形成的渠道运营能力（经销商管理、市场管理、终端管理），并非广药或任何一个缺乏此经验的企业可以短时间复制的——这个看似简单的"数量繁殖"，其实是中国绝大多数消费品品牌无法逾越的高峰。

不要说中国饮料行业，就是中国快消品产业，有几家销售规模超过100亿元的企业（及品牌）？有多少创立20年以上的优秀品牌，销售规模还在100亿元以下徘徊？岂是广药拿了一个王老吉商标，就能快速实现的？

企业从无到有、由小到大的发展过程中，渠道运营能力始终是决定增长的关键因素，同样是决定品牌的要素：没有渠道，就没有品牌。有品牌知名度，却没有渠道覆盖率，这样的品牌大多昙花一现。这是从驱动企业发展的一般角度看，渠道必然具有优先于品牌的战略优先性。

渠道与品牌永恒对决命题的第二层内涵是：渠道对决品牌是营销竞争的真实游戏。

竞争是公平又是不公平的：不公平在于每个行业都有领先发展的企业，这些企业都在发展过程中建立了品牌影响力。对于这些企业来说，已经形成的品牌自然是企业之本、营销之魂、制胜法宝。这些企业及为其服务的广告公司等外脑，肯定是将品牌重要性放在竞争要素的优先地位，甚至将品牌作为决定竞争胜负的第一关键因素。

但领导企业在上述"相信品牌的力量"的错误理论下，忽视了。如果品牌真的是决定竞争胜负的第一关键因素，那么产业与市场的发展就"应该"停止，因为领先者总是率先拥有这个神奇的品牌，挑战者绝不可能比领先者具有更强的品牌影响力。

将品牌（包括与品牌相关的定位、心智等）当作第一（或优先）关键制胜因素的理论，是一个类似芝诺"飞矢不动"式的逻辑诡辩，是一个听起来很有道理、实际悖于常识的逻辑陷阱。

市场的现实每天都在教育我们：无数的创业公司用创新产品及其快速的客户开发执行力挑战了行业龙头，无数的后发品牌（企业）用强大的渠道执行力击败、超越了无人不知的强大的领先品牌。后发企业用渠道执行力挑战行业领先企业的品牌影响力，是每天都在发生的营销现实，也是营销竞争的真实游戏。

为什么是渠道而不是产品是对决品牌的核心武器？

对于后发企业来说，首先，未必有比领先企业更好的产品，或者可以保证不会被领先企业复制，如中国IT业内对无所不复制的腾讯的憎恨；其次，好产品也需要好营销才能实现销售，完成销售才是实现了产品价值。

实现销售的渠道及其执行力，无论是B2B产品的大客户渠道，还是B2C产品的分销商、终端运营，甚至奢侈品、时尚品的旗舰店布局，都是决定产品命运的关键要素。后发企业之所以能够赶上或超越领先品牌，很大程度是领先品牌给了机会：在超越之前，没有受到领先品牌的重视与针对性打击。

正是领先品牌迷信所谓"品牌的威力"，对竞争者的挑战不屑一顾，才给了后发企业用渠道对决品牌的机会。后发企业如果不用渠道去对决领先企业的品牌，难道应该用自己弱小（甚至不被认可）的品牌去与领导品牌比拼"影响力"吗？

领导品牌如果不是被"相信品牌的力量"这种说辞忽悠，放松了对渠道的监控与管理，才是后发品牌的噩梦。只有领先（包括领导）企业才会用品牌决定论去催眠市场、催眠对手，不幸的是，领先品牌也催眠了自己，给了后发品牌借渠道之力挑战、崛起的机会。

渠道对决品牌，恰恰是营销竞争的"常态"，是营销竞争的真实游戏，全世界的营销竞争都遵循这个规则，也是不同市场地位的品牌都要掌握的营销规律，并不是中国式营销或后发品牌营销的"特例"。

我们再回到王老吉商标之争：加多宝失去王老吉商标是一个悲剧与威胁，却不会满盘皆输；广药拿回王老吉商标，可以说 Lucky（幸运），但能否成为 King（王者），就不是凭运气的事情。王者总是有好运（The king is always lucky），但成就王者的绝非靠运。

无论对广药王老吉还是加多宝，两者未来的角力已经不再是品牌，而是渠道：加多宝要进行渠道封堵，广药则要尽快实现渠道渗透。渠道大战的结果，将决定两个品牌的最终命运。

在渠道角力的背后，是两个企业整个运营价值链的对抗：生产基地、产能、物流、分销商、终端、销售团队、管理系统。产品的神秘配方、广告创意、媒体传播，只是这次大战的冰山之尖，真正的较量在海面之下的冰山之体——超大规模企业的运营价值链之争。

谁会赢？凭什么赢？

加多宝虽经重创，却有更大的机会再造加多宝正宗凉茶的新辉煌，因为加多宝拥有中国饮料市场决胜的关键能力：全国市场的渠道运作能力。

加多宝凉茶与广药王老吉的这场大战，给中国营销界的最大启示是：验证持续的市场运营能力与业已形成的品牌认知之间，哪一个是决定企业发展乃至竞争胜负的优先要素。而围绕王老吉之后加多宝的争论或预测，还会给中国营销界另一个启示：营销教科书喜欢体系、全面、均衡，但这些在现实的营销实践里从来没有存在过。

学习营销应该以教科书为基础，但运营企业、分析市场，却不能用教科书式的教条的"体系思维"，而要有"不对称竞争思维"，即什么才是一个企业应该采用的竞争武器，而不是教条地阐述渠道与品牌的关系，因为这样的阐述或认识对营销实践即真实的营销战斗毫无实际意义。

渠道与品牌、市场运营与心智认知当然是同时存在的，但从竞争角度来说，却是必然要"被错开"。为了实现不对称竞争获取优势，企业必须在"和谐"的教科书理论之外找到自己称手的竞争利器：渠道与品牌的永恒对决。

二、加多宝正在走入战略"雾区"

2012年凉茶战的第一局，以加多宝的全面领先落幕；2013年大战的第二幕在2012年年底拉开序幕：广药宣布2013年100亿元销售目标及20亿元的传播投入。广药的这个目标说明其2012年红罐王老吉的销售额在30~50亿元。

2013年广药的100亿元，对于2012年销售额超过200亿元的加多宝来说，不过是1:2，就算广药实现100亿元，就算恢复王老吉当年全国化销售的局面，进入商标转换后断流的昔日阵地（全国化终端覆盖），也谈不上对加多宝有多大的威胁。

问题是：一个强攻，一个硬守，凉茶的较量到底会如何演变？更重要的问题是，加多宝与广药的企业战略是否必须被绑在凉茶的战车上？

中国的凉茶大战，与两乐大战最相似：两强争霸、产品同质化、一攻一守等。这场凉茶营销战还有多少新看点？我们对这场营销战做个战略复盘、评估与预测。

战略复盘1：2012年加多宝赢了吗

2012年加多宝因为《中国好声音》的爆红，再次获得满堂彩。笔者更愿意把这个意外收获看作老天对加多宝的眷顾——勤奋正道者会收获意外的惊喜。

除此之外，加多宝的市场表现并无太多意外：一如既往的区域执行力、终端精细化运作、无所不在的碎片媒体传播、节假日的户外活动，这是业内预期中的优秀战术素养的表现。

加多宝在7月间委托调研公司所做的渠道及消费者品牌认知调查数据，

显示了加多宝更名及消费者偏好的美好数据。加多宝系的营销人及专家都认为，2012年加多宝的品牌切换已经成功。

笔者不知道这些认为"品牌切换"成功们的标准是什么。笔者今年去了十个省的30多个城市，在几乎所有的终端里，听到消费者自点凉茶时大部分（90%以上）喊出来的都是王老吉，当然店家拿出来的都是加多宝。这个现象与市场调研的数据有多么大的反差，笔者或者有笔者这般经验的营销人，我们是相信经验感知还是市调数据？

8月初在北京，与刘春雄老师见面谈及此事，笔者认为这份依据电话调研得出的数据并未反映市场的真实情况。并且笔者推测，很有可能是问卷中问题顺序的设计，包括电话调研方法，导致数据过于偏向加多宝。

假如第一个问题先问"你是否知道王老吉改名加多宝"，而不是"凉茶品牌你知道哪几个"，不仅品牌知名度数据会偏差，后面的问题（广告知晓度、品牌偏好度等）也会出现调研数据的极大偏差。

辨析这个问题并不是指责调研，而是这份调研报告里隐含着一个潜在的风险：如果企业对市场的真实状况发生错误判断，尤其是在对手强大且开始精明运作的情况下，必然是危险的。无数行业领导者都是被这些强盛时的漂亮数据迷惑，失去正确的判断，出现决策错误。

加多宝的2012年成功地稳住了阵脚，实现了压货式增量，但如果说赢，也只能说赢了《中国好声音》这个意外。除此之外，加多宝在战略上，不仅没有赢，甚至可以说正在进入广药王老吉的陷阱。尽管这个陷阱未必是王老吉有意设计，但按照加多宝当前的运作趋势，进入的是有利于广药王老吉的"战区"。

这意味着，如果加多宝继续沉迷于2012年的这些成功与美好数据，这场凉茶战的先手优势将很快易手。

战略复盘2：加多宝的成功基因

加多宝的成功基因是粤商与港商优秀基因的结合：务实、简单（一根筋）、（内部人）不折腾（不玩企业政治）。

务实体现在渠道细分与终端的精细化运营，对销售人员的专业训练，对传播策略与技巧的重视，这是加多宝这家企业最重要的核心竞争力。

简单体现在加多宝对红罐单一品种的坚持,而不是像很多饮料企业那样进行品种多样化,这种单品决胜的意志,没有一根筋的精神还真做不出。其实广东市场的成功消费品大多有这种特性,如怡宝、屈臣氏的水,百年糊涂、诸葛酿的白酒,以及坚持10多年的天地一号等。

不折腾、不玩企业政治,尤其是老板与职业经理人团队之间不搞"山头",是大部分粤商(特别是广州、东莞为代表的粤商)的管理风格。尽管老板与经理人的最大冲突事件,段永平、路华强、严旭等出现在广东,但修成正果的董明珠、俞尧昌及更多企业是粤商管理的主流。

加多宝经过早年做茶饮料失败,从地方特产凉茶找到了突破饮料市场的缺口,实际上是无奈的选择。2002年借电影《绿茶》在珠三角的大规模市场推广,依然无法战胜娃哈哈、康师傅、统一等饮料巨头,王老吉当时凉茶还处于尴尬的硬推销阶段(资料显示2002年销售额为1.8亿元)。

加多宝做凉茶的初衷,是真实感受到做大众化饮料产品,无法与娃哈哈、康师傅、统一等大批实力雄厚的企业正面交锋,而凉茶这个不起眼的品种确实取得"行千里而不劳,行于无人之地"的蓝海战略效果。

2006年夏,我们在南昌做项目,发现宾馆、餐饮店、小卖部甚至洗脚房都是王老吉,尤其在市区的主要街道的小卖部里,王老吉的堆箱数量超过了所有饮料。此时南昌的王老吉已经成为饮料里渗透渠道最多、终端能见度最高、终端展示效果最显眼的品牌,这意味着加多宝已经完成对各条渠道的标准操作动作(SOP),即我们所说的动销模式已经成型。能够将市场做到这种地步的产品,剩下的就是借助广告拉动进行市场复制(2006年王老吉销售额40亿元)。

简述王老吉崛起过程的市场呈现,可以看到王老吉的成功基因里,企业管理的内因,产品与渠道、消费者的接口,都是在不断地动销实践里累积形成的。没有这个在各条渠道里的动销推动的产品循环(重复购买)模式,广告口号、传播势能不可能发挥效力。

加多宝运作王老吉凉茶的成功路径说明:产品(或品牌)定位不是产品必需的出生证,找到产品与渠道、消费者的互动机制才是成功的关键。

在产品落地之后,所谓定位无非是给产品(或品牌)创意一个消费者认为靠谱并可以接受的Slogan(广告口号,即一个关键词或一句话)。这个Slogan可以是USP(独特卖点,如怕上火、精神一上午),也可以是一个生活风格、精神层面的宣言（如 Just do it，男人的情怀）。

基于对加多宝成功因素的上述认识，将定位、品类、心智等当作王老吉成功关键因素的观点，是非常离奇的。加多宝自己也附和这种观点，如果不是出于情面与广告的目的，就是对自身关键成功因素的错误总结。

战略复盘3：加多宝成功基因里的战略盲区

加多宝碰到的难题在世界营销史上都前所未有。母子分离变成兄弟相争，使加多宝昔日的成功经验为加多宝造成了两大战略盲区。

战略盲区1：凉茶历史文化是凉茶饮料的根基。

王老吉的崛起，借助了凉茶这一广东传统药补饮料的历史文化资源，《岭南药王》、非物质文化遗产等，给凉茶奠定了一个大文化背景，加多宝在凉茶的文化营销上，也是先锋。但是，当王老吉商标被收回后，凉茶的文化属性实际上已经成为加多宝的战略软肋。加多宝要是仍然做凉茶文化的先锋，无疑是在为王老吉、邓老、黄振龙等历史名牌做贡献。

加多宝即使弱化凉茶文化的传播，从产品利益角度（去火）重新树立品牌，从战略上看，也是一件前景模糊的事情。一是去火概念的免费搭车者很多，市场噪音过大；二是凉茶品类属性与利益的消费者教育已经完成，继续坚持品类属性诉求，等于说废话。

加多宝对凉茶的贡献，并不是对广东凉茶历史正统的弘扬，而是饮料化的大胆革新。全国除两广地区的消费者，仅仅凭借凉茶之名，及其草本配方认知凉茶，而不是广东人的正宗凉茶。失去王老吉品牌的加多宝，有什么必要还去从历史祖坟里挖价值？再说，怎么能挖得出来呢？

凉茶作为饮料品类的市场认知教育已经完成，加多宝失去王老吉这个历史品牌，还继续沿用王老吉时代的传播策略，在大类属性上建立个性品牌，从战略上看，无异于缘木求鱼。

战略盲区2：迷信心智论使竞争策略失去准星。

加多宝运作王老吉成功的道路上，一直没有正面抗衡的对手。加多宝的营销，实际上从来没有考虑、更没有机会呈现竞争策略校准的后果这个问题。加多宝时代的王老吉，近乎是一场自我绽放的烟花秀，因为没有竞品干扰，每一种营销举措都无所谓对错。

因为没有竞争者，加多宝时代的王老吉只需埋头实干就能高歌猛进，前面所说的粤商基因，恰好为王老吉的崛起所需要。加多宝可以说自己的营销是一种差异化的、关注消费者、渠道价值链等，但一个没有强大对手阻击的增长，带来的是对竞争策略的曲解或感觉迟钝。

在和其正、广药等强大对手的进攻下，加多宝的反应显然不是慢半拍，而是慢三拍：加多宝放过了瓶装的机会，让和其正搭了趟便车，成为凉茶里的百亿元品牌；广药王老吉反攻，加多宝去切换品牌、重塑心智，却不知这种广告投入是在为王老吉铺路。

加多宝的渠道对抗王老吉的品牌是个常识问题，甚至在未来对抗、遏制广药大规模进攻的对峙阶段（2012－2015年），依然会具有明显的战略优先性——所谓战略优先性，就是营销资源要优先向渠道倾斜。

2012年加多宝的渠道上没有遭遇王老吉的大规模进攻（既是广药产能不足，也是渠道团队能力不足），传播上大获全胜，对于"加多宝凉茶"这个所谓的新心智之锚，看似是有贡献的。但以2012年的战况来看，说消费者已经"完成"加多宝凉茶对王老吉凉茶的"认知切换"，恐怕为时尚早。这种认识从营销角度看，是一种危险的自我麻醉，不是对市场竞争的真实反映。

上述两大战略盲区，对加多宝来说意味着什么？意味着加多宝可能或者已经进入战略"雾区"（用这个中性的词，误区这个结果往往都是从雾区的过程中走出来）：加多宝的企业战略及重心、加多宝对抗王老吉的竞争策略。

战略评估1：加多宝是战略匮乏的公司

凉茶的成功说明加多宝的务实，却没有证明加多宝具有对市场的战略视野，以及对企业战略的正确决断力。昆仑山矿泉水的定位就是加多宝战略匮乏的表现，为什么？

正如前面分析的观点，加多宝的关键成功要素首先是渠道执行力，并不是对产品的战略研发能力。也就是说，加多宝实际上是一家与娃哈哈核心能力相同的公司：全国化渠道的运作能力，而且加多宝的渠道运作模式比娃哈哈更精细、更扎实。

拥有这种能力的企业战略,必须是基于渠道能力设计产品,才能从渠道运营系统中获得最大化销量,就像娃哈哈饮料的成功路径一样。

昆仑山矿泉水这种定位的产品,根本无法有效利用加多宝的渠道能力。也就是说,昆仑山想成为中国的依云,这个愿景可以理解,但昆仑山可以经得起依云品牌形成的百年历程吗?就算昆仑山可以做一百年,但现实的中国饮料市场消费升级形成的新品类机会却白白流失,这是一个有战略公司的表现吗?

加多宝认为自己的成功是差异化产品、品牌定位、有效的传播等,占领了消费者的心智,自然会认为可以用同样的手法再造一个新品类、新产品,做出第二个凉茶规模的新品牌。

中国高端饮用水的现实,让昆仑山成为一个鸡肋。而加多宝失去的,并非在昆仑山矿泉水上的投入,而是时间与机会。如果加多宝在决策推昆仑山时,用娃哈哈的头脑,即以渠道能力设计新品的模式,进入植物蛋白、功能饮料、酸乳饮料市场,如六个核桃、冰糖雪梨等品类机会,将为加多宝带来什么?是从 200 亿元快速冲击到 500 亿元规模,成为中国饮料的真正巨头。

或许昆仑山想追求贵族的品位,并不想追求规模,但是加多宝凉茶看起来也算不了有多高的品位。如果和其正、广药的规模追平加多宝,那时再想战略就亡羊补牢了。

战略评估 2:加多宝凉茶的竞争策略是为王老吉铺路

2012 年加多宝强制切换消费者心智的传播策略,炒热凉茶换标事件,对于广药来说,是可以偷笑的。这些宣称红罐凉茶改名的广告,无异于在提醒消费者:王老吉哪里去了?

从广告的提示目的角度评估,加多宝 2012 年的广告费,有 50% 是在为王老吉重新进入市场造势,还有 20% 贡献给了其他的凉茶品牌,只有 30% 是花在自己的品牌建设上,还幸亏有《中国好声音》这个意外收获。

以加多宝凉茶 200 亿元的规模,广告投放 5% 都是 10 亿元,足够制造全国性的传播当量。2013 年央视招标段,昆仑山、加多宝分别中标 2.9 亿元与 2.8 亿元(刊例价)。加多宝保持全国性强势传播投放策略没有改变。

加多宝2013年将不得不去面对：广告战如何打？如果广药投入20亿元（刊例价）广告，凉茶势必还会占据饮料广告的大部分，对谁更有利？消费者对你们祥林嫂式的叫冤传播，是否会审美疲劳？若是广告内容还是纠缠在过去的核心怕上火，对加多宝还有多少价值？加多宝真的认为凭借广告战可以将广药王老吉的攻势堵住吗？

广告战，甚至口水战、狗血战，是广药2013年最希望看到的局面。

预测：2013年凉茶战是个分水岭

经过上面的解析，2013年，加多宝与广药争霸战真正开始，也必将是一个分水岭。

分水岭不是销量的逆转，前面已经说了广药做到100亿元，加多宝依然领先1~1.5倍。分水岭的意思是两强的竞争，将经过2013年的战斗见出双方战略导向上的优劣或正确与错误，及其后果。

如果延续过去的战略、竞争策略，加多宝可能在2014年进入真正的困窘期：如果加多宝不能在2013年成功遏制王老吉的增长，除非中国凉茶消费的品类整体增量超过50%，否则广药的增长量就必然有一部分是其他凉茶品牌的损失量。至少王老吉理论上实现100%的增长可能性，比加多宝实现50%的增长可能性要大——这就是2013年竞争的凶险所在。

广药用两年就做到加多宝10年才做到的100亿元规模，意味着什么？这说明两个问题：要么说明加多宝现在的渠道强势，其实是个不经打的假把式（即过去无竞争环境下成长起来的机会之花，不是经历市场厮杀的战略之花）；要么说明加多宝将战略资源投到了非优先性的地方（媒体造势），失去了渠道绞杀对手的机会（谁绞杀谁，还真是难说）。

加多宝的未来，取决于加多宝公司的格局：能否对加多宝公司的未来定位清晰？能否采取智慧的竞争策略？如果加多宝不具备这种格局视野，必会从误区进入误区，最后陷入危机。

广药王老吉的未来，简单却不容易。一年完成全国化布局、全国化终端运作，考验广药的精细化管理水平，招募饮料行业精英是否会造成内部帮派的内斗？执大象，天下往，往而不害，才能安平泰。天下英才齐聚，却变成龙战于野，结果就是其血玄黄。

广药王老吉目前处于整体进攻的态势，看起来顺风顺水，但王老吉的进攻，无论声势多么浩大、战线多么广阔，无细节必败。

补记

2012年5月–6月发表的《加多宝痛宰王老吉》（第一营销网上的浏览量为218694次）、《什么是全国化铺货》《王老吉凭什么还能红》《渠道与品牌的永恒对决》等系列文章做出的预测，已经得到验证。

持续关注这场营销战，是可以充分验证中国市场营销的成功因素究竟是什么，以及从难得一见的营销战中总结企业战略、运营的成败经验与教训。

引用《什么是渠道绞杀》一文的话：

加多宝与王老吉正在上演从天上打到地下的"总体战"。这场史无前例的营销战，给了中国营销人一个宝贵的机会，去认识中国市场营销的真正制胜要素，以及这些要素之间的因果关系、先后（优先性）关系，纠正"品牌决定论"（包括心智论、定位论、品类论）的荒诞。

中国快消品营销这些年

2013年

一、 中粮拿什么拯救五谷道场

五谷道场2005年11月上市,2006年达到顶峰,2007年资金紧张,2008年陷入困境与追款诉讼,2009年2月被中粮收购,2010年中粮版五谷道场重新上市,2012年中粮五谷道场核心管理层更换,中粮改造宣告失败。

对五谷道场品牌进行战略复盘,核心是要解答以下问题:

为什么当初会一炮而红?

为什么一起即落?

中粮为什么未能拯救五谷道场?

目的是探究:中粮应该拿什么拯救五谷道场这个品牌?

20亿元还是5亿元:被夸大的五谷道场销售数据

首先要修正对五谷道场的以讹传讹数字,即被夸大的五谷道场销售数字。根据综合资料考证,五谷道场2005年11月上市,第一个月销售额仅600多万元,到2006年5月时销售额已达到3000万元,6月达到5100万元。据此推算,五谷道场2006年销售额5亿元,而不是被误传的15亿元、20亿元。

2007年3月中旺即陷入现金流危机;同年8月生产销售团队开始解体,被广告代理商诉讼、欠薪工人罢工、预收经销商货款发不出货物等,经营陷入混乱;2008年3月声称被中粮接盘,2009年2月中粮以1.09亿元接盘。

由上述历程可以推算,中旺的48条生产线、10个城市的生产基地、120亿元的产能,都是一纸空文,耗尽了中旺的资金是真,根本没有真实生产过。五谷道场最大的销售峰值就是2006年,即5亿元销售额,此后销量不断萎缩。所谓10亿元、20亿元的品牌价值等都是以讹传讹,中粮实际收购价仅1.09亿元,反映了中旺的真实家底。

由此而论,中粮五谷道场销售2亿元,固然离五谷道场的实际峰值差距很远,却又不是坊间传言"20亿元变为2亿元"那么夸张。但是,一不缺钱、二不缺人（总经理团队）、三不缺品牌与品质的中粮，为什么没有玩转五谷道场，甚至连中旺还不如呢？

五谷道场为什么会一炮而红

五谷道场的成功之道，核心就是一个字：赌。这里的赌并无道德谴责的含义，是指企业家在面对不确定与潜在预期之间，大胆投入甚至搏命一战的一种经营状态。

2005—2006年的五谷道场营销符合这种状态。非油炸能否撕开油炸方便面的市场一统江湖，尤其是中旺这样的小舢板企业，能否对抗康师傅、统一等航母级企业，是个巨大的不确定性。

潜在预期却也同样诱人：方便面500亿元市场，都是油炸型，非油炸即使打开1%的口子，都是5亿元产值。如果切割出10%~20%的非油炸份额，就是50~100亿元的非油炸份额。这对于做三太子仅3亿元的王中旺来说，是一个无法不激动、冲动的方向。

五谷道场的赌，压在一个宝上：非油炸。这个宝押对了。五谷道场的营销全部聚焦在非油炸这个产品创新或差异点上，陈宝国代言、充满挑衅的广告场景、简单有效的广告语"非油炸、更健康"、铺天盖地的广告投放，迅速赚足了消费者的眼球，点燃了消费群尤其是都市白领的尝新购买热情，聚焦加一点突破的战略取得了成功。

2005年11月五谷道场的上市首月，出货达600万元，市场对非油炸显示出强烈的兴趣，五谷道场也成功地发动了一场非油炸对油炸的正面攻击。2006年，五谷道场成为年度成长之星。

五谷道场的一炮而红，出发点很简单：赌；背后的市场规律也不复杂：聚焦加倾尽全力的一点突破。

为什么正在形成热潮的五谷道场，却又一起即落

五谷道场的非油炸是个没有生命力的噱头概念吗？

五谷道场的失败并不复杂，是直觉型企业家成功根性的另一面：浪漫化。或者说不讲科学，也谈不上尊重规律，因为这类企业家的成功，就是

大胆冲动,由此形成"别人不敢我才敢"的思维及行为风格。

这是草莽型创业者(韦伯所谓克里斯马性格)的路径依赖。其问题在于,在高速路上开跑车,与在山沟里赶马车,对于冲动失误的后果,有着完全不同的结局:王中旺犯了小规模企业的浪漫风格经营规模企业的错误。

五谷道场上市的热烈反应,显示五谷道场2006年第一年就实现5亿元销售额不是问题。在市场前景看好的情况下,拿出预期销售额30%～50%的预算投入广告及市场运作,算不得激进。

当时媒体报道:2006年五谷道场仅在央视的广告费用就达到8970万元,王中旺当时甚至对外宣称,五谷道场的广告投入将会达到一亿七千万。事后很多人才得知,五谷道场的广告费当时只预付了一小部分,大部分是赊账,准备以后赚了钱再还。

五谷道场销售团队从几十人快速增长至2000人,8条新生产线投产后,中旺开始48条生产线的布局。此时,战线拉得过长的中旺,由于没有及时引入投资,现金流断裂。五谷道场的高潮刚开始,还没来得及回味就落幕了。

五谷道场,成在赌,败亦在赌:资金链断裂,供应商货款、广告费拖欠,固定资产投资陷入空转境地。

资金链断裂的中旺的失败,是否意味着五谷道场非油炸的失败呢?五谷道场品牌的创立者任立,用《概念传奇》一书表达了对非油炸这一概念价值的坚持,五谷道场的故事很大程度上,因为这本著作及接盘者中粮,继续挑动市场的神经。

非油炸是否可以创造一个概念的传奇?

人类是个奇怪的动物,所谓更健康的产品都似乎不被待见:烤而不炸的汉堡王,抵不过不健康的油炸肯德基;更健康的农夫山泉天然水,敌不过没有任何营养元素的纯净水。即使在最讲究品质,也是方便面(包括非油炸)发源地的日本,非油炸也不是主流。

五谷道场"颠覆"油炸方便面的雄心壮志,看来输在了不可解的"人性"之上。这不是玩笑话,而是一种无奈。帮助五谷道场砸开尝新消费缺口的更健康、更有文化的"神奇概念",未必能够维持消费者的重复购买、惯性消费。反而是康师傅"就是这个味""这个味对啦",能够维持一个

200亿元的品牌山头。

王中旺是小马拉大车，雄心大过资源，导致了五谷道场的失败；接盘者中粮是大马拉小车、资源经得住任何雄心，为何也没有让五谷道场起死回生？

中粮为什么未能拯救五谷道场

中粮接盘后首战失利的原因，与五谷道场的成功原因一样简单——复杂化，把简单的事情复杂化。中粮接手五谷道场后，希望先对五谷道场进行彻底的改造，将五谷道场改造为符合中粮原则的"产业链，好产品"——中粮的战略错误就在于这一点。

五谷道场在营销里采用了颠覆性竞争策略，指望用概念"绝杀"对手，甚至以油炸致癌为恐吓诉求。这些夸大非油炸产品性能的宣传，缺乏科学依据，是五谷道场营销里的乱流。后期（2007年）五谷道场产品质量出现原料品质下降、口感不稳定等现象，是中旺资金链紧张、供应链、生产管理失控的乱流。

这两大乱流，中粮确实应该进行改造，甚至进行脱胎换骨的改造。但中粮的错误在于，将乱流当成了五谷道场的全部，对五谷道场的过去全盘推翻，希望用"新五谷道场"重回舞台。

这个想法似乎有道理，却是一个错误的战略。对于任何产品来说，市场的空白期过长，等于重新启动市场。中粮的美意撞上了市场南墙。

笔者在写作于2011年8月的《产品炼金术》第七章"创新化产品智造方法"里指出：

2008年，中粮收购中旺集团及其五谷道场；2009年，中粮试图重新推出五谷道场。新五谷道场却在市场的等待中一拖再拖，最后中粮自己出来澄清是因为产品研发人员对配料、口感在进行反复试验、升级，希望做出一款真正的"好产品"。

这是一个不妙的信号，说明五谷道场的新经营者将简单事情变得复杂，或者说落入"完美产品"——通常是"技术完整性"工程师文化作祟的迷魂阵。中粮系下的新五谷道场，最终也没有给市场带来新的惊喜，这个产品难以重回上市时"改天换日"的豪情气象。

中粮在正确导向的前提下，进入了市场误区，不难看到中粮接手后的战略失误导致了一系列战术错误：

时间：产品冷却时间过长，从2009年2月接盘，2011年年初才推出产品，消费者是善忘的。更重要的是从市场角度看，如果是重新启动市场，问题产品的重生概率往往还不如新创品牌。

产品概念：中粮版五谷道场弱化了非油炸概念，突出口味创新与自然健康，产品差异化特性弱化，陷入方便面产品同质化的红海陷阱。

广告：新五谷道场由剑拔弩张变成温良恭俭让，媒体投放力度、媒介组合、广告与公关配合等都是温水煮青蛙，没有新气势、新气象。

中粮在百度百科里的五谷道场信息是：中粮五谷道场方便面源于中粮出品的优质原料及独特的制作工艺。所用面粉来自中粮产区精选小麦，经过精细研磨和十道古法和面，增强了面饼的韧性及弹性；采取热风烘干非油炸工艺，充分保留了面饼中的蛋白质和碳水化合物；调味包的食材均由中粮优质产区直接供应，有效保证了食材的新鲜与品质；采用家庭式的小火慢炖工艺，将食材的原汁原味充分释放，使消费者品尝到超越传统口味的精致美味。"封存天地好食材，释放人间真美味"是五谷道场的品牌精神，满足消费者"健康＋美味"的需求是五谷道场的产品理念。

封存天地好食材，释放人间真美味。从记忆度来说，无疑不敌"拒绝油炸，留住健康"，或更简单的"非油炸，更健康"。中粮唯美冗长的新五谷道场广告，也不如陈宝国说"我不吃油炸方便面""这（五谷道场）才是非油炸的健康方便面"。

简单、直接、快速是快消品营销的基本规律，谁违背，谁就会吃苦果。

中粮应该采取怎样的战略与战术

现在谈中粮接盘五谷道场"应该"采取的战略与战术有点亡羊补牢的意思，却于总结营销成败规律不无裨益。五谷道场这个案例的价值在于说明营销规则的客观性，违反市场规律，无论钱多钱少，都一样会失败。

中粮在接盘中旺后，本应以最快的速度先恢复五谷道场的销售：召回市场上所有产品，用中粮新品等量替换（以2009年2月12日中粮正式收购中旺之日推算，五谷道场的市场存货不会高于 2 亿元，换回这 2 亿元存货等于换回中粮新五谷道场的新生命）；中粮新品延续非油炸的核心诉求，只要加上一句"中粮出品、全新品质"的品质背书即可；继续加大五谷道场的广告投放力度，支持全国分销网络的重新恢复（这一目标，就足以支撑新五谷道场突破 10 亿元）。一句话，"快"字当先，"猛"字殿后，"稳"（中粮保证）字做压阵。

2009 年的中粮没有这种战略智慧与魄力，已经失去了一次绝地反击的机会，失去了 4 年的时光，仅仅挽回 2 亿元残缺的市场。

以中粮现在对五谷道场的营销举措看，前景堪忧。核心问题还是在于战略与战术的协同性，简要地说，一个聚焦加三个基本战术：

聚焦非油炸：非油炸是五谷道场产品差异化的核心印记，如果中粮不坚持或不想坚持非油炸，不如放弃五谷道场品牌；如果继续使用五谷道场品牌，只有走非油炸创新品类的切割路线，实现五谷道场对"非油炸"方便面的心智占位。

广告拉动水平（全国化 + 渠道覆盖）增长：知名度需要不断地提醒，重启市场需要更大的投放当量。中粮重启五谷道场不能走"区域滚动复制"的道路，必须走以全国化带动渠道精耕的道路，支持这个道路的就是广告投放的力度要大，造势要充分。

动销推动：大量频繁的试吃促销线下活动，让中粮版新五谷道场重新走进消费者的视线与生活。

公关深化：五谷道场的消费群是年轻的 80 后、90 后、00 后，要针对都市化诞生的 4 亿年轻消费群，以白富美（女性）+ 高富帅（男性）为代言，展开公关攻势，树立非油炸高端健康品质形象。

五谷道场能否成为品牌传奇，取决于中粮的战略思维与战术素养。农夫山泉的"天然水"都能坚持下来开始做大，中粮拿下五谷道场却将凤凰养成了麻雀，需要反思营销战略与战术，怎能怀疑"非油炸"里没有金矿？

但是，五谷道场还有多少时间去等待？中粮究竟会拿什么拯救五谷道场这个品牌？

二、宏宝莱的隐形冠军之路

企业按规模及影响力，可分为三种类型：强龙、地头蛇、地龙（即蚯蚓）。强龙企业到处抢食，有娘就要奶；地龙企业到处找食，有奶便是娘；地头蛇企业圈地护食。地头蛇企业都擅长培育差异化的渠道与产品偏好，这类企业是区域市场或细分品类里的隐形冠军。

中国营销对强龙品牌关注与研究过多，对地头蛇品牌的研究相对较少。在地头蛇企业战略里，稳健增长与盈利是第一位的，快速扩张、广域运作、快速规模化是第二位的。

地头蛇企业如何保证稳健增长与盈利？必须靠不同于强龙企业的差异化战略，才能保证不被强龙企业的压迫式营销击溃。

1992—2002年，两乐大量兼并或击溃了众多本土汽水，如北京北冰洋、上海正广和、沈阳八王寺、重庆天府可乐等。宏宝莱实际是在两乐冲击下，没有倒下的，从建厂起就运作周转箱饮品的企业。

本书解析：宏宝莱保存至今还在稳健增长的原因是什么？对刀光剑影的饮料江湖有何启示？

宏宝莱的成功之道很简单，一言以蔽之，就是在过去饮料企业都放弃餐饮市场的时候，始终坚持深耕餐饮渠道，最后在餐饮渠道得以扎根。

饮料在餐饮终端销售本是正常现象，但众多将餐饮终端当作高毛利渠道的饮料企业，都遭遇卖不上量、运作成本高、投入产出倒挂的烦恼。

除餐饮店自制饮料，对包装饮料企业来说，餐饮渠道的成功营销秘诀究竟是什么呢？我们以一家销量50%以上来自餐饮渠道的饮料企业——四平宏宝莱为案例，解析一下饮料品牌操作餐饮终端的成功基因。

产品基因

四平宏宝莱是一家以饮料、冷饮产品为主的综合饮品企业，其蜜香豆坊冰淇淋是一个具有全国知名度的明星冷饮产品，饮料品类从早期的碳酸（汽水）逐步发展到今天在植物蛋白（花生露）、植物纤维（生榨果汁、果汁鲜）品类拥有众多明星品种的产品群，产品形态以周转箱玻璃瓶与胶瓶为主。

周转箱买饮料，是当下饮料销售的另类形态，却是一座潜伏的金矿。周转箱卖饮料的最大好处有三点：一是一旦完成渠道铺货，可以有效占据零售终端的空间，销售稳定；二是每一次进货都是批量销售，单店价值较高；三是餐饮终端对差异化产品的接受度高，不需要一般饮料新品的广告支撑。销售周转箱饮品，店家的毛利也比较高。

周转箱的产品运作规律是，低端产品进入、高端产品渗透。宏宝莱是依靠一款并没有多少优势的汽水，并且这种低价格、低毛利的汽水一做20多年，抵御住了碳酸霸主两乐的冲击，在吉林、辽北地区餐饮渠道培养了一批消费者。最近五六年，才形成围绕餐饮渠道需求，逐步开发、导入植物蛋白、果汁新品，获取更高毛利的产品战略。

以花生露为代表的宏宝莱的胶瓶产品，除运作一般零售终端外，也大力度地向餐饮终端渗透，形成即使是花生露，在零售终端里玻璃瓶与胶瓶共存的情况。这种共存并没有被终端及消费者排斥，反而因满足了同一消费者的不同需求（容量大小及便携性），使宏宝莱花生露成为吉林地区餐饮市场的一朵奇葩。

渠道基因

产品基因决定渠道基因，渠道基因也决定产品基因。餐饮渠道的包装饮料总体分为两类：一类是以单品明星品牌自然渗透餐饮渠道，如椰树椰汁、露露花生露、王老吉、加多宝凉茶、汇源果汁等；另一类就是依托餐饮渠道运作能力卖包装饮料产品，代表性的南有杨协成（豆奶）、北有宏宝莱（汽水、花生露）。

也就是说，在餐饮卖包装饮料，有两大类型：品牌驱动力、渠道驱动力。除此之外，品牌力不够，渠道力不强的饮料企业，即使企业认为自己的饮料产品再好，或最适合在餐饮销售，也难以取得预期效果。这些前赴后继、不断夭折的定位或进军餐饮的饮料产品包括一品乳、苹果醋、山楂露、杨梅汁、桑葚汁等。

宏宝莱、杨协成餐饮运作的渠道基因是什么？核心是目标渠道定位与动销。

周转箱饮料的目标渠道是大众化餐饮终端，即行业里所说的餐饮 C/D 类终端。大众餐饮是自主消费，消费者图的是实惠，只要产品对味、品质可信，并不在意产品的品牌、档次、广告影响等，自点率非常高。

动销上，这类饮料因为差异化的定位，竞争对手几乎为零，自然也不需要高竞争性品类如啤酒、白酒等进场费、买断费等，只要将终端生动化做好，投入必要的生动化物料如冰展柜、台卡、POP 等，就能形成较好的品牌传播效果。宏宝莱在终端生动化上的创新与执行力，比杨协成甚至更具特色，在吉林市场，从市场呈现度来看，不逊于加多宝的餐饮终端运作能力。

团队基因

杨协成在广州做周转箱豆奶，是其胶瓶豆奶在全国市场已经建立品牌之后新导入的企业战略。从一定角度说，杨协成选择在广州大本营做周转箱，是被市场逼迫的战略突围之举。宏宝莱实际是在两乐冲击下，没有倒下的，从建厂起就运作周转箱饮品的企业。宏宝莱保存至今，不仅得益于母公司（红嘴集团）的实力，与其团队基因关系很大。

时至今日，宏宝莱饮料的团队，从高层到中层，都来自集团兄弟企业金士百啤酒（早年的红嘴啤酒、巴斯啤酒）公司。这种团队构成，使宏宝莱成为可能是国内饮料企业里唯一一个用啤酒营销思维及销售手法操作饮料产品的企业。

与啤酒在餐饮终端的高度竞争相比，饮料产品的餐饮渠道竞争度，可谓是冰火两重天：一个是暴风骤雨，另一个是和风细雨。啤酒运作及管理的精细化、稳健、系统等，形成宏宝莱的团队基因。

通过上面的分析，我们给有意运作餐饮渠道的饮料企业或经销商提出以下结论与建议：

（1）高端餐饮需渗透进入：全国或区域范围内走高端饮料（或差异化饮料）切入餐饮渠道战略，在终端投入上要慎重，最好以渠道补充的方式渗透式进入餐饮，不要采取大广告、大力度（如买店）、快速运作（如强势铺货）的运作模式．即使以汇源这样的品牌，大张旗鼓地运作中高端餐饮，结果都劳民伤财，差一点铩羽而归。

（2）大众化餐饮渠道的饮料市场是一座金矿：企业及经销商应该采取合适的产品战略、渠道战略、运作模式去开发占领这座金矿。

（3）选择大于努力：如果选择错误的产品、错误的进攻方向，再多的技巧甚至费用投入都是打水漂。要选择顺势而为，才能稳健成长。所谓饮料运作餐饮之难，是因为选择错误；容易是正确选择之下，持续努力的成果。

（4）市场机会巨大：摆脱周转箱产品的半径限制，胶瓶装、罐装、利乐装饮料产品，尤其是零售价格不高于5元/瓶的产品，在C/D类餐饮有较大的机会，这是饮料企业培养基地市场、坐稳品牌的一个机遇。

如处于上升势头的粗粮饮料，如果改变大包装、高价格的错误路线，认真运作、培育一两个省或省会城市，会稳定地在3~5年内突破10亿元销量门槛，比到处流寇式地蜻蜓点水、广种薄收，会更有利于企业的成长。如果能把培养基地市场与拓展全国市场有机结合，那么即使做不了娃哈哈，做到加多宝规模的机会，也不是不可预期。

战略正确，不需要最好产品、营销手段、豪华团队，也容易成功；战略错误，再大的资源投入、再高科技的营销技术、梦幻团队，失败也难避免。顺应市场、尊重常识，是稳健成长必须具备的心态基因。

终端生动化的效果，有两个指标：一是生动化物料的创意与制作品质；二是生动化物料在终端的覆盖率，尤其是饱和覆盖效果（无处不在、最大呈现、渗透细节）。

加多宝在酒店外墙玻璃上的红色覆膜贴谈不上多少创意，但是当一个城市大多数酒店都可以贴出来的时候，这比线上投多少电视广告的效果更好。

宏宝莱的终端生动化，从物料设计上看比一般饮料企业显然用心很多，却也没有多少新奇创新。然而，当你在吉林地区几乎所有的C/D类餐饮店里都能看得终端陈列与生动化物料的时候，任何人都无法不对宏宝莱这个品牌刮目相看。

终端生动化，执行力本质上比创意更重要。

附：宏宝莱的终端生动化，如图2-29至图2-36所示。

图 2–29　终端陈列一　　　　图 2–30　终端陈列二

图 2–31　终端陈列三

图 2–32　生动化物料一

图 2–33　生动化物料二

图 2-34 生动化物料三

图 2-35 生动化物料四

图 2-36 生动化物料五

三、见识"大师范"

过去 100 年，现代企业管理思想领域群星璀璨，能够真正被公认为"大师级"的人物一个是德鲁克，另一个就是马文·鲍尔（以下简称马文），麦肯锡创始人，现代管理咨询之父。

公认的评价是，马文的贡献不仅在于创立了最成功的管理咨询公司典范麦肯锡，让麦肯锡顾问成为美国 500 强企业 CEO 与高管的摇篮，而是开创了现代管理咨询这个行业。

麦肯锡的原始创始人詹姆斯·麦肯锡于 1933 年邀请马文加入麦肯锡管理咨询公司，当时的麦肯锡是一家提供会计及财务管理咨询为主的公司。在一家名为众达的律师事务所里的企业服务经历，使马文形成了对管理咨询价值的认识：管理咨询机构可以帮助公司提高业绩，在遵循职业道德的同时尽量为客户服务，并能够赢得和保持客户对公司的信心。

马文毕业于哈佛法学院，并在哈佛商学院续读了两年。在马文的时代，哈佛法学院的地位比商学院高得多，这足以看出马文与企业管理的渊源。马文虽然就职于美国最有前途的律师事务所，但最终选择了接受詹姆斯·麦肯锡的邀请，加入仅有几个人的小公司—麦肯锡。

1933—1939 年，麦肯锡的发展几经波折。1945 年詹姆斯·麦肯锡进入麦肯锡咨询的一家零售客户公司担任 CEO，使麦肯锡公司变得只剩下马文一个人。詹姆斯决定与一家已有 13 个分公司的会计咨询公司（Scovell - Wellington）合并，组建麦肯锡 - 威灵顿（Mckinsey - Willington，简称 MW）咨询，任命马文为 MW 咨询公司的管理者及纽约公司负责人。

1937 年，詹姆斯·麦肯锡意外死于肺炎——咨询界坊间传言詹姆斯由于担任客户 CEO 不成功而急火攻心，死前留下"不要与客户靠得太近"的所谓咨询警言。马文随即与 MW 公司谈判脱离，并于 1939 年重新启用麦肯锡作为公司名称。马文的麦肯锡时代真正开始。

笔者对马文进入管理咨询的初衷，并奠定新麦肯锡管理咨询原则这一阶段的兴趣，不仅在于希望观照自己创立博纳睿成咨询的初衷与想法，同时也是因为，一家公司的本质奠基于其创始初期，特别是原始创立者（Founder）的思想。

在《麦肯锡传奇》一书中，作者埃德沙姆以麦肯锡资深董事的身份梳理麦肯锡的发展历程，其实就是总结以马文为核心的麦肯锡公司经营思想与成果。在那本书里，提到马文于1997年撰写的一本书：The Will to Lead（领导的意志）。

这是笔者在2006年阅读《麦肯锡传奇》一书时最希望看到的一本书，时隔5年，如愿以偿。笔者看到了该书2010年中国人民大学出版社的首译版，书名却改为《麦肯锡本色》。

这是一本谈领导力的书，篇幅不大，行文轻松，从马文1933年进入麦肯锡，1939年创立新麦肯锡到1997年该书出版，跨越60余年，麦肯锡公司的成功足以成为这本书价值的最好证明。

该书的副标题是：Runing a business with a network of leaders，即用一个领导者网络运营商业（公司）。事实上，马文此书代表了从传统命令型管理模式（公司）向领导型管理模式（公司）的洞察与呼吁。仅此一项使命，这本书在今天的价值即不言而喻，并未过时。

完整地写读后感不是这篇文章的目的，笔者想分享的是这本书之外的感受：见识到了什么是真正的大师范。

笔者读大家之书，非常喜欢看前言与后记。笔者认为一个真正的作者，在前言或后记里流露出的是写完该著作之后的新思想、新感受。因为绝大部分的著作，前言与后记都是著作定稿之后写的，前言或后记不受著作"体例"的影响，可以更自由地表达作者的原始思想。

马文在"前言"的第一句话是：本书旨在帮助企业建立有效的领导力，是一种"投石问路"的尝试。

短短两句话，大家风范跃然纸上：第一句话是说明这本书是干什么的，典型的麦肯锡金字塔写作风格；第二句话体现的是作为一个人而不是跨国咨询巨头领袖的"谦逊"品性。

这种谦逊不仅是作者对于读者的谦逊，而是作者对于自己所阐述的思想的谦逊——没有这种对于思想的谦逊，恐怕与"大师范"就会隔了一层。

在第二段落"什么是领导力"中，马文写道："其实我自己也说不清楚什么是领导力，因为这么多年来，我没有看到任何公司是通过领导力来激励员工而不是通过权力和控制来管理员工的。所以，我的这本书也只是一家之言。"

依然是谦逊，但并非模棱两可，更不是中国商业图书宣传喜欢的"改变世界的新思想"之类豪言壮语。

令笔者触动的依然不是这句话本身的意思，而是这句话背后的马文的思想状态：试想，作为一家服务全世界500强客户已达60年的麦肯锡公司领袖，这句话等于是否定了麦肯锡服务的所有客户都没有达到马文推崇的"领导型公司"的境界。更进一步说，马文在这本书里提出的思想，也并不是麦肯锡公司过去的经验总结！

我们见多了中国式"畅销书生产线"及一批"专职"财经作家：以耳食之言、网上搜索的报道，从一个"结构化的提纲"开始，进行"填空式"案例剪辑，3～5个月就整理出一本"财经畅销书"，再取一个时髦的书名，找一些名人说几句如梦初醒、恍然大悟或英雄所见略同之类的应景推荐语。

哪里见过一句话把60年的公司实践与客户一笔否定的！不是马文，谁敢如此？谁能如此？

在第三段落"本书的依据"里，马文简要阐述了其思想的四个来源：一是来自詹姆斯·麦肯锡；二是来自长达60年的咨询经验；三是来自我自己的经历；四是来自不懈和深入地学习关于领导力的学说和著作。

无征不信。这四个来源实际上是一切有价值、有创建思想的来源。我们都会通过这四个途径思考，但能持续60年思考同一主题的，就很少了。时间，透露了一本杰作的真正来源，尤其对于管理这样的实践科学而言。

第四段落，是我们在绝大多数著作里很少看到的"本书没有涉及的内容"，马文真不愧是哈佛法学院毕业生。这段很短的内容却点出了咨询行业的本质：本书没有提供实际的操作细则，所以无法具体指导公司如何从命令型公司转变为领导型公司。

知识、思想与咨询是不同但相关的：知识不能被直接当成个体公司的具体操作指导。我们看到中国的很多企业家却以为读大师的书或文章就可以达到掌握操作方法的效果。

在个体公司的个性化方案，显然需要创新性思想及方法论的引导，所以马文第五段落"如何开始"，提出了针对不同人群如何阅读本书的建议。

在此笔者要提醒喜欢学习的企业家注意，阅读管理图书时，想想马文对思想与操作方法的上述观点，管理图书本身不能直接提供个体公司的操作指导，甚至非定制的培训也不能，只有真正的咨询才能提供完全个性化的解决方案。

我们曾经服务过一个上市公司，该董事长很好学，看了不少定位、品牌战略的书，在进行品牌与产品规划的时候，总是拿出自己看书时的某条原理来对照（读者可以想象其公司高管要如何迎合老板的思想）。结果，按照他的理解定位出来的产品销售了5年，每年上市公司的年报显示的都是亏损。碰到喜欢拿知识衡量咨询的企业家，如果不是为了赚点咨询费，最好明智地躲开。

笔者必须佩服这些有钱的企业家，拿过去多年OEM制造，或种植、养殖里辛苦（或许是人口红利效应，辛苦的是农民工，而不是"资本家"）赚来的钱，找其实预先被"阉割"的外脑，做自己想好（固执到无法说服）的事情，最后所有的钱（咨询费、产品开发费、市场推广费、新事业部高管薪资等）都打了水漂——他们过去赚的钱或者股民的钱，使他们有"权利"挥霍几百万元甚至上千万元，去满足一下"对自我认知的自信"。

最后马文再次明确主旨：我的目的是要改变一个企业的领导模式。这需要企业的集体行动，需要CEO的决心和意志，还有董事会的支持和同意，不过，集体行动的发起并非难事⋯⋯

实在地说，管理类著作，很少看到一本书的前言结构如此清晰简洁、前后逻辑严丝合缝、言辞谦逊但自信坚定，令人心生敬仰。

此种文风的背后，作者的视野、格局、人品、风格力透纸背，传说中的"大师范"即是如此吧：忽如一夜春风来，千树万树梨花开。

如是，我闻。

四、 拒绝平庸：勿失营销之本

为这句话踌躇了很久。

不说这句话的原因很多：谦虚为本，不要偏激，强调体系能力，要理性不要冲动，不要带情感或情绪，要符合咨询师这个理性的角色等，更深的顾虑，作为服务公司，不要过度承诺，不要给自己下套等。

但是不说破，似乎也是不负责任的。如果营销变得越来越平庸，营销的价值还剩多少？如果不敢对结果负责，高手与庸手还有什么区别？营销怎么能变成高手与庸手不分、无知与洞见混淆、复读机式思想与原创思想没有差别的舞台？

营销如果是比豪情、比态度、比情绪、比拍胸脯、比谁钱多、比谁更有背景，不但营销，而且所有的经营管理都应该结束，因为这些与科学的营销及运营都没有半分关系。

和平年代，将军的价值是看不出来的。战争，让将军的价值闪光。

在战斗之前，听你的作战计划，就能知道你有几成胜算，还用等到战斗结束吗？

营销就是战场。营销智慧不能帮助企业打开市场，产品进入市场缺乏一剑封喉的能力，懂不懂营销还有什么区别？

营销的制胜之道：调研、诊断、洞察、解析、谋略、排兵、布阵、训练、整合，与打一场胜仗的过程与要素并无差别。

营销人的价值体现在每一个环节的功夫与细节之中，营销人（包括营销外脑）的决断只是这个功夫价值的表现形式而已。

高手还是庸手，不必等到结果才知道。

匹夫之勇，可以炫庸手耳目，却不能过高手法眼。

营销入门容易入段难，成为高手更加困难，不仅需要修炼，还需要机会与舞台。

只要有明确的对象，目标对不对、资源匹不匹配、营销方案有没有效，不是很难判断。

现在谈战略与模式的人越来越多，反映了战略与模式对于企业发展的重要性。企业家害怕听及与人讨论战略与模式这些概念，实际上对战略与模式又非常渴望。

确实要警惕：凡是不能具体执行的所谓战略与模式，都是一种空想；凡是只能谈战略与模式，却连怎么落地执行都说不清的，都是忽悠。

还要反对这种倾向：企业制定一个荒唐的目标（求高取中的心态）、谈的是空洞的战略（认为宏伟目标可以激励员工），等于昏君指挥战斗，将军只能成为替罪羊，即孙子所谓的"縻军"之主。

笔者对营销的理解概括为以下8条：

（1）营销是一门实践科学。

（2）营销知识、认知、经验的正确性是基础，但不是目的本身。

（3）战略如果不能落地，就是空中楼阁。

（4）一以贯之的战略，即从调研、诊断到战略、战术的系统，是营销管理的精华所在。

（5）创意永远是营销不可缺少的元素，无论是产品、品牌、广告还是管理。

（6）营销的"三拍"（拍脑袋、拍胸脯、拍屁股）作风是害死企业的真忽悠。

（7）析市场之理，通营销之变，塑产品之魂，扬品牌之美。

（8）拒绝平庸：不有效，不出彩，不罢休。

上述 8 条未必都能做到、做好，但必须为此全力以赴。正在做营销的，与刚进入营销的人，都不要失去这些营销之本。

第三篇

升维的时代,向中国致敬

相信思想的力量，认知才能升维。否则，只有庸俗经验主义的自吹自擂。

孙武写出《孙子兵法》之前，没有参加过任何战斗，被伍子胥推荐给吴王阖闾。阖闾因听说孙武是个没打过仗的年轻世家子并不愿见孙武。伍子胥推荐了七次，阖闾才答应见一下。公元前512年，孙子见阖闾讲解兵法十三篇。虽然《吴越春秋》记载云孙子"每陈一篇，王不知口之称善"，但笔者更相信《史记》的描述是真实的。

孙子武者，齐人也，以兵法见於吴王阖庐。阖庐曰：子之十三篇，吾尽观之矣，可以小试勒兵乎？对曰：可。阖庐曰：可试以妇人乎？曰：可。这就是孙武练兵，斩吴王二宠姬而成，留下"将在军，君命有所不受"名言的故事。这才有"於是阖庐知孙子能用兵，卒以为将。西破彊楚，入郢，北威齐晋，显名诸侯，孙子与有力焉"。

这个2500多年前的历史事件里，蕴含着营销社会轨迹的全部道理：兵法是对战争规律的总结，与总结者是否实际参与过多少战斗，没有必然关系，这是人类思想能够脱离"个体经验"而进入"抽象经验"与"集体经验"的独特之处，不可不知。

孙武在吴国6年，做了多次战争前的布局、准备、运作，才在孙武唯一的一场战争也是春秋晚期决定中国历史走向的一场战斗——柏举之战中，与伍子胥一起统帅吴军以少胜多，攻入楚国郢都，等于让楚国亡了一次国。

这个故事的启示是：取得大成功需要运作与等待，战争胜负的决定因素在战斗之前，不是有了一本兵书就可以打赢一场战争。需要特别提醒的是：老司机也要按规律与规矩办事，才能成功。兵法与战争是两回事儿，不可不知。

理解了思想与实践的真实关系，才能知道如何发挥思想的力量。相信思想的力量，不是让人纸上谈兵或者唯本本是从，而是相信思想揭示的规律的力量、规矩的力量，认识规律与规矩的思想背后的逻辑力量。

思想、知识不会自动变成行动，行动需要人在各种意外与不足的环境下，做出判断并采取行动，才会达成预期的结果。有时，想明白的未必能干明白，想不明白的可以干出大事，干出大事的未必能说明白。有人用语言思考，有人用文字思考，有人只用行动思考。做成大事的绝不会是个头脑不清楚的傻子或愣子。

所有的失败最后都可以归结为认识水平的不够。表面看，很多失败是资源不足，但资源不足却要去做一件事，与历史上的以少胜多战例是一个逻辑：敢于以少胜多，这是一种可贵的勇气，无可厚非。但如何以少胜多而不是"小敌之坚大敌之擒"，就是思想的力量，孙武的柏举之战（包括伍子胥假吴灭楚的复仇故事）就是思想力量的完整演绎。

营销是和平年代的战争。要打赢一场营销战，让一个品牌超速崛起，需要更多、更持续的思考的力量。今天的领先企业，从巴菲特、比尔·盖茨、李嘉诚到BAT，他们运营企业、运作市场的实践里，无不闪现领先思考的印记。

在当下中国，认识到思想的力量，相信思想的力量，就已经是认知的升维：比那些用自己的教训去给别人提供经验的莽撞者，相信思想的力量就是一种战略升维。战略升维将带来视野的升维、认知的升维、能力的升维，自然就具备了降维打击或降维竞争的前提。

人们喜欢谈论降维打击的各种案例，笔者却更希望读者认识到降维攻击之前的认知升维：没有认知升维，就不会有降维打击。降维打击并不神秘，也不是新鲜事，就是以石击卵、杀鸡用牛刀的新说法。

这套"中国营销脉搏"，到2017年画下一个句号，却是一个开始：未来十年才是中国新营销登堂入室、形成新理论体系的开始。要特别说明的是，未来十年的中国营销，已经不仅是登中国的"堂"，而且要入世界的"室"，中国企业全球化、中国品牌世界化的时代正式开启了。

主流换挡、共享经济、需求链、新零售、互联网下半场、知识革命、认知升维，这些构成新营销的关键词，是未来十年影响中国商业格局的力量。中国新一代品牌将在这些思想的指引下，完成新一轮规模化的征途。未来十年，我们将创造、参与、见证新一代超级品牌的诞生。

2017年，《战狼2》创下票房56.8亿元的历史高峰，这是消费文化转向的证据。《战狼2》为什么能创下如此传奇的票房？因为这部影片在传递当今中国主流社会需要的精神形象，这个形象的名字叫：中国。

中国不再是那个落后的追赶者、后发的学习者，而是创新的引领者，自信的主导者。中国实力的崛起，会带来中国文化的崛起、中国消费的崛起。除了需要更多的品质生产者，中国式营销也会成为国际领先的"最佳实践"。

这是笔者要把2014－2017年这四年题记为"向中国致敬"的缘由，也是笔者对中国营销的新期望。

中国快消品营销这些年

2014 年

一、讲透主流换挡

什么是主流换档？

主流换挡的来龙去脉

主流换挡的提法，是2014年8月笔者和刘春雄老师在食品总裁班授课，探讨主流产品时提出的一个观念。近两年之后，这个概念依然被很多人认可，说明这个概念有生命力。

2014年10月国家提出经济新常态，《销售与市场》做了一期约稿，谈一下"**营销新常态**"是什么。当时笔者提出了三个基本观点，九个关键字：**新主流**的诞生，产品的**制高点**，以及酝酿着品牌**大翻盘**的机会。

营销新常态之后，杂志社敏锐地抓住了新主流这个关键词，提出了主流换挡的概念，又组织了一期专题约稿，请笔者和刘老师分别对主流换挡的基本概念做了进一步阐述。其中，笔者明确提出来，**主流换挡将会酝酿中国消费品市场的一次产品革命，并且会产生"老大换位"这么一个结果**。也就是被李克总总结的四个字："**新贵上位**"。

2015年1月，吴晓波的马桶盖文章捅了中国制造的马蜂窝，引起了一次社会话题热潮，就是反映了中国制造、中国的消费品，面临消费者购买力升级的大趋势，跟主流换挡的概念是同一个意思。2015年七八月份，在分析2015年消费品市场上半年走势时，总结为**数量增长封顶**。

什么叫数量增长的封顶呢？就是传统的老大企业从2014年整年，到2015年上半年，**传统的、主打的老产品的增长率都出现下滑**，比如娃哈哈这种传统的龙头企业。我们把它总结为数量型增长封顶。

在一个行业或者一个品类市场里面，当行业领先者的增长，尤其是**行业领先者的主导产品，也就是主流产品的增长乏力的时候，也就意味着整个行业的转折点开始了**。在此之前，如果不出现行业领先者增长的封顶，即使有再多的差异化和再多的竞争者引入，总盘子依然会增长，而不会出现结构性的改变。

行业领先者的主导产品出现增长乏力，甚至负增长的时候，这就是一个行业结构性转变的一个转折点，意味着未来的市场会发生剧烈的变动。2015年12月，笔者和刘老师又共同做了一个叫"重塑战略大单品**"的专题。

可以看到，从2014年8月到2015年年底，从新常态到新主流，到主流换挡，到数量增长的封顶，到重塑未来的战略大单品，这几个关键词串起来一个脉络，就是我们今天所谈的**主流换挡是一个时代的大趋势**。

什么是主流产品

给企业做咨询服务的时候都会面临一个问题，就是企业产品研发方向，到底是往哪个方向走。2005年和林翰老师一起服务糖果企业的时候就碰到这个问题。那时的糖果企业，因为雅客V9的影响，都在一窝蜂推出功能性糖果。我们经过市场调研以后发现，功能性糖果的市场体量非常小。这里面其实就是一个糖果产品的主流和非主流问题。

糖果的主流产品是什么呢？糖果的主流产品是奶糖、硬水果糖、巧克力。这些看起来没有什么差异化的产品，也没什么想象力。但这些产品是糖果销量的主要支柱。

所以，**主流产品是什么概念呢？就是在市场里面占据主导性市场份额，也就是销量最大的产品**。这些产品是经过长时间、被市场消费者认可，并有重复惯性消费的这样一些产品，比如大白兔奶糖、牛轧糖等。

缺乏想象力的产品，都是企业的**金牛产品**，乃至于**金奶牛产品**，也就是会创造巨大稳定利润的产品。主流产品是一个企业的命根子，是企业或品牌的命门所系。由此可以推论，**如果真的存在一个新主流，如果真的存在一个主流换挡的产品，那就意味着要变天**。

从简单的糖果产品，可以明白主流和非主流的基本差别。

主流产品是时代需求的最大公约数

主流产品的变化，反映了一个社会需求的变化。一个时代，会有一个时代的主流产品。如果时代变了，消费者的需求，包括购买的关键驱动因素变了，这个时代的主流产品就一定会发生变化。

也就是说，传统的那个主流产品的企业，能不能够把握这个变化，实现顺利的转型，对于老的品牌来讲，对老的企业来讲，是**生死攸关**的。另一方面，对于新的企业来讲，这是一个巨大**战略机遇**。在这里得出一个基本结论：**主流产品成就大企业**。这是我们今天谈主流换挡的根本意义所在。

也就是说，一个企业只有做出了符合时代的主流产品，这个企业才能真正做出规模，才能成为大企业。这些**主流产品，是这个时代消费者（需求及/或偏好）的最大公约数**。如果没有抓住这样一个**主流机遇**，即使产品差异化做得非常好，创意非常优秀，甚至投入了很多的资金做传播等，成就大企业的机会也不大。

一个清晰的案例：过去20年里面，娃哈哈和农夫山泉的对比。农夫山泉非常追求**单品差异化**，它的消费者美誉度也会更高一点，但是成为饮料霸主、行业领先者的是垃圾饮料为主的娃哈哈。娃哈哈和农夫山泉的体量的对比是多少呢？接近4:1，一个700多亿元，一个不到200亿元。这就是主流产品定位差异带来的企业规模（体量）的差异。因为过去20年里，饮料的主流是解渴与口味，而不是健康与纯天然。

主流产品换挡，不是一个企业能够去创造的机遇，而是一个时代所给予企业发展带来的战略机遇。刘老师说的话叫"十年等待，一朝发力"。错过了这个机遇，成为这个历史性的大企业的机会就会很难。而且很多时候，主流换挡的一些产品，甚至有塑造行业新格局的能力。这就是我们对主流概念的基本认知。

主流变迁涉及所有行业

主流的变迁在所有的品类里面都发生过，比如消费电子，不管是手机、电脑还是平板，非常典型的体现了主流的变迁。消费电子的变迁，通常是创新一个新品种以后，原有产品基本上被淘汰了。主流换挡这个概念在消费电子里面表现得最明显。耐用消费品的变迁周期就稍微长一点，会有三到五年的周期，消费电子可能就一到两年的周期。在快销品领域里面，特别是在生活必需品、食品领域里，这种变化的速率会更慢，可能是十年，甚至十五年、二十年一个周期。重要的是，**主流的变迁在整个消费品里面都存在的，包括服务型的产品**。比如旅馆等服务性产品。主流的概念适用于所有品类，这是研究主流换挡趋势的意义所在。

结论是：中国市场正在发生一场主流换挡的产品革命。这场革命是以产品为发动机的。它在宏观上的名称，叫**新常态**，微观上是老大换位，或者叫**新贵上位**，中观的名称叫**主流换挡**。

打造新主流产品的六个方法

主流换挡的驱动力是由以下六个机会点构成。这六个机会点就是主流机会。**做产品首先要抓住主流的机会**。市场里永远不缺产品，永远也不缺产品的机会，但是一定**缺用主流的思维去打造主流产品**。把握市场转换的机会点，对未来产品的思考会非常有帮助。

第一个是购买力换挡的机会。**这一次的购买力换挡，是以食品升级为主**。很多企业就在做食品的升级与换挡，从生活必需品的米面油到可选品的烟酒茶。需求转换的问题是什么？就是至少有一部分的消费者正在成为消费的主流。

这群人的消费特点是什么呢？他们**对过去的三低产品（低价格、低品质、低成本），已经开始无感了**。这群人的新消费特点是，**对价格的敏感度开始下降，对品质的挑剔度开始提高**。这点大家都看得非常清楚。比如方便面品类的主流换挡，有的人说是统一的"革面"。笔者说不一定，代替康师傅，包括统一方便面的不一定是革面，也许是冷面快餐，是冷冻食品，是微波加热的冷链食品，因为它们更加原汁原味，口感也更好，营养更高。

主流换挡的第二个机会点，是需求热点的转移。我们一直讲，**需求永远存在，但是需求的热点却每年都不一样，每个时间点都不一样**。做营销如果只是谈需求是没有意义的，一定要谈需求热点。需求热点在哪里，我们才去把产品跟这个热点进行挂接和链接。最近这几年，中国社会需求的热点在向什么方向转移呢？笔者认为中国社会需求热点有三个方向：

一是由实物到体验。即服务类的产品，体验性的产品将大受欢迎。比如主题旅馆民俗等，包括改善空气质量的这些产品。

二是从物质产品到精神产品。文化批评是不允许的，但文化娱乐是非常繁荣的。比如电影市场就快速的扩容，包括教育培训的"好莱坞大片化"。罗辑思维搞的"和时间做朋友",把过去的冷冰冰的商务变成娱乐式的好莱坞大片。因为中国的创业者太多、太无助,需要精神解压。

三是绿色自然化的产品,就是将工厂变成花房,在花房里开餐厅,如农家乐、生态餐厅等这些城市周边的休闲产业。这是需求热点转移的三个比较大的方向。如果在这三个方向里面去寻找机会,相对来说风险就会小一点。

资本是精明的。中国的热钱比较多,资本不会放过任何一个机会。资本的嗅觉非常灵敏,美女都会跟着资本一起跑。**所有发生主流转档的行业,也都是美女热衷、集中的行业。**

第三个机会当然是技术创新。特斯拉还没进中国时就能看到,这种产品一定会改变整个汽车行业的基本观念。乐视 TV 也是属于技术驱动的。这些新产品会改变我们的生活,以及我们的生活方式。这类的产品带来的机会很大,是敏感地抓住了技术创新的换挡机会。

第四个机会是新渠道创造的新消费形态的机会。这点非常值得关注,现在的基本渠道格局是"三个世界"。

第一个世界就是所谓的传统的线下的世界,就是实体店的世界。就是最近几年,一直是一个 10% 打败 90% 的问题,也就是社会消费品零售总额只占 10% 的电商(第二个世界)把 90% 的主流线下零售店打得落花流水、落荒而逃。这是线下与电商两个渠道。第三个渠道是社群电商。这是笔者所说的三个世界。

林翰老师的通路快建也是一个新渠道。林老师的渠道既不在实体世界,也不在电商世界,而是中国一群创业者,**一批新的商业外行杀入各个品类的大军。**通路快建在过去五年里面所培养形成的这一批创业者大军,是一个大的渠道机会。

渠道问题的本质是什么?主要的是很多人对它的认识错误,是一种"取代式思维",诸如电商来了,实体店消亡、渠道商消失这类错误论调与无谓争论。各个类型的渠道,除非失去潜力,才会被替代,或者被慢慢的淘汰。只要它还具有商业价值,就不存在哪一个渠道把另一个渠道替代的问题。**电商不可能替代线下,社群不可能替代电商。反之亦然。**所以,我们要去客观、充分地认知新渠道所带来的新消费形态的机会。

这些不同的渠道在创造不同的消费形态。在这些不同的消费形态里,各自连接了一群人。即使这群人也在其他渠道里面消费,但是他们在包括杜子建和林翰老师的渠道里面,他的消费形态是不一样。**这些新消费形态,反过来会催生出一些新的产品,就会给新产品诞生提供机会**,比如面膜在社群电商里面成为销量最大的产品。因为女人更喜欢分享,女性社群的黏性超过男性社群。

今天的所有渠道,都有了"电商化"这么一个基础架构,打通了支付、快递、媒体等,过去阻碍销售和阻挠营销的门槛。新的世界,尤其新的渠道环境,酝酿的产品机会更大。某种意义上来讲,**不管主流换挡产品怎么变化,如果不能跟有效渠道相结合,也是等于零**。认知新渠道机会,并且能够用"创新方式"把这些渠道机会整合起来,把产品导入的企业,可能会更有机会成为主流换挡的领军者。

第五个机会是品类变迁的机会。这也是一个基本呈现的事实。尤其是在生活必需品里面,机会更多。过去中国人的基本生活满足(温饱到小康),是被双低产品(低价格、低品质)所满足的。在未来,品类变迁的真正驱动力又回到了新的生活必需品,即米面油、猪肉等。这些消费量巨大的生活必需品的品类,是真正的主流。像杨林总的无抗猪,就是具有成为未来新主流产品的机会。

第六个是心智换挡,也是不可忽视的。中国人受"物质决定精神"二分法的这个教育很久,每次谈到心智,都要把心智当作是一个镜子来看待。实际上我们的生活常识非常清楚:人是文化符号的动物,**人是观念决定行动,而不是行动决定观念,这是基本的生活常识**。在观念决定行为的条件下,心智的变化,当然是影响消费的最核心驱动力。跟心智有关的所有因素,比如教育水平、媒体接触的环境,这些都不是物质决定精神的问题,而是按照波普说的,**精神世界本身就是一个独立存在的世界**。这个世界里面,精神(心智)有它自己的逻辑。所以在主流换挡的机会里,我们要特别强调心智换挡给整个市场带来的机会,尤其是在审美、游戏、关注度、社会关系等核心方面,给未来产品研发带来的巨大的机会。

关于心智换挡,就举黄太吉的例子简单地说明一下。黄太吉的煎饼,先不要去管它这个好吃还是不好吃。笔者一开始也是从好吃去看它的。但现在看来,简单地从好吃去认识这个商业物种,不一定正确。比萨(必胜客)这个产品在中国有20多年了,中国人有几个人喜欢吃比萨饼?对不起，你喜欢不喜欢，必胜客里照样有。煎饼果子也一样：口味差异必然大，评价也一定会分歧很大。

煎饼果子作为一个品类，不是由某几个人说好吃和不好吃决定的。黄太吉把地摊手工食品，已经变成为规模化工业制造食品。黄太吉发展到今天的规模，绝对不是因为它比地摊煎饼果子更好吃。做得比别人好吃，那是传统食品企业的路径。黄太吉所走的完全不是好吃的路线，而是典型的**心智换挡的机会：你到黄太吉这个煎饼店来不是来吃烧饼，是来思考人生的**。这是它的段子，代表了新人类的一种精神。我们不要去小看这种精神（或者精神病）人群的规模和他们的购买力。范军老师提到过的鹿晗，他的世界我们这个群里的大部分人是不可能进得去的，人家也不带我们玩，我们甚至都利用不了人家。但是，我们能否认鹿晗粉丝或社群的购买力吗？能否认它巨大的消费能力吗？

在六重巨大机会的作用下，中国市场在转折点上。过去的行业领先者，那些靠低成本、低品质、低价格，再依靠渠道和媒体的垄断实现规模的企业，即使丧钟没有敲响，增长恐怕已经封顶。而成本高一点（这个成本高不是绝对的高，是相对的高），但是品质是比较高的，价格又比较中档的这类产品，我们叫它**新大众情人产品**。这类产品一旦出现，就会光芒万丈。

笔者以亚朵酒店为例说明。笔者是一个群里第一个住亚朵的，在杭州第一次住，不久又住了南京的第二代店。不管它是几代店，笔者发现，亚朵的产品模式、消费体验性，符合旅馆业新主流产品的很多特点。所以并不奇怪，**在亚朵购买力所能够影响的这个人群里面，入住满意度，包括重复购买非常高**。这种就是典型的新大众情人产品。亚朵目前跟如家等还不是一个体量级别，但是可以看到，亚朵酒店这样一个新产品出来，对整个住宿市场是有震动的。

市场关注度决定新主流的未来

主流换挡过程有两个基本特点值得关注：第一个特点，**所有主流换挡的产品，最开始并不是体量对比的变化，而是市场关注度，也就是热点的变化**。那些符合新主流的产品，一开始并不是比谁大谁小，而是比谁更能吸引别人的关注度，谁更有可能成为热点、话题、谈资。从特斯拉、黄太吉到亚朵，这些**新商业物种都是首先吸引了市场的关注度**。**市场的关注度就决定了未来**。新主流产品，也就是**新贵与老贵的战争**，并不一定要正面的对抗和厮杀，不一定是市场份额争夺，而是通过**将行业领先者边缘化，让昔日的领先者进入可怕的遗忘黑洞。**

特斯拉出来了，时髦这个词再也跟奔驰宝马就没有关系了。今天所有的汽车依然在讲时髦、创新，但是在消费者心里，时髦、创新跟奔驰等没关系了。所有时髦、创新的东西都跟特斯拉有关，只有特斯拉出来的时髦、创新才会被市场充分的认知、认可和传播和议论。苹果也是如此。

第二个特点是，主流换挡是一个趋势性的过程。这个趋势是缓慢的，并不是在一夜之间就改变市场，完成新贵上位的。对于有望成为新主流的产品来讲，需要解决的问题是早期阶段，要隐身成为新主流。当它不能隐身的时候，就要考虑如何防止大企业的狙击（收购）。需要说明的是，**新主流产品并不需要老品牌的背书**。符合新主流的产品不需要老品牌背书，这类产品对老品牌是弱依赖的，理论上最好用新品牌，叫什么名字都行。

我们在看待新主流的时候，要对它有更深的和更远的耐心与眼界，不要急在一时。

我们所说的新主流产品不需要品牌，是指它不一定需要依赖传统大品牌的背书。比如过去宝洁、联合利华、康师傅等品牌，做个新产品，最好是在大品牌、主品牌之下。新主流产品是不需要这些老品牌做背书的。准确地说，**新主流产品可以重新洗牌，并不需要过去的老品牌做背书**。这与不需要品牌是两回事，因为新主流产品有可能就是新的品牌，就会托起新品牌的诞生。

看到潘松总的提问，主流换挡针对哪一个消费领域？笔者的看法是，**主流换挡基本上涵括所有的消费品领域，甚至也包括跟需要换挡的消费品领域相关的供应商、中间商的这些领域**，都会存在巨大机会。消费升级是个大趋势，这个**消费升级所带来的是整个产业链的提升和重构**，不是只在某几个品类里面发生。当然在时间上，不可能所有品类里面都同时爆发，会有一个先后顺序。

主流换档就是重塑战略大单品

几年前就在说的消费升级，现在把它落实到主流换挡、打造新主流产品，即符合新主流的战略大单品的这样一个角度。2016年1月，很多的企业，特别是不少龙头企业的销售遭遇了倒春寒。导致很多人对2016年的形势估计更不乐观。但站在主流换挡的背景下面，2016年却可能是结构性转换的历史性大风口。

关于主流换挡，不是简单地讨论一个产品是不是够好和差异化。在商品世界里面，品质好的产品、有差异化的产品、有创意的产品，根本就不是稀缺的，而是**一个有规模的好的产品，有差异的产品和有创意的产品才是稀缺的**。所以一定要用体量的思维去思考主流换挡。

站在历史性的大风口，对于主流换挡趋势下重塑战略大单品，笔者提出三个基本观点：

第一，符合未来发展方向，**符合新主流的战略大单品就是品类的新主流**。近几年，消费品领域里面缺乏眼前一亮的超级产品，谁能够打造出自己的超级产品，无疑就是未来的超级企业，是真正的新贵。

三只松鼠据称2015年实现20多亿元，它的目标是未来两三年做到40~50亿元。挑战是有，我们也祝愿它能够实现。无论怎样，三只松鼠已经对炒货行业完成了一次旋风式的逆袭，在两三年里成为炒货行业老二，目前它的体量只比炒货行业的第一洽洽小（洽洽是30多亿元）。

2015年原浆啤酒是爆炸性增长，进口啤酒也爆炸式的增长。在一个5000万千升（吨）的市场里面，一个不足100万千升的小品类原浆啤酒，却出现了几乎是全行业啤酒企业都在纷纷上马的状况。如果原浆啤酒能够把握住方向，这就是啤酒行业里面的一轮品类升级，有可能就是未来的啤酒新主流，会替代过去的雪花清爽，包括青岛纯生，用相对更浓的口感去占领消费者。

新不一定要创造一个从来没有的东西。有很多产品，不一定是原来没有过的，只是把原来被忽视的重新挖掘出来。所以，**战略大单品的第一个出口是成为老品类里面的新主流，这才是刚需**。前面提到的亚朵酒店，就是在老品类里面成为新主流。杨林总大力推广的安全猪肉、无抗猪肉，也是典型的老品类的新主流，也是刚需。这些刚需一旦产品成型，进入市场，就势不可挡。

第二个观点，**战略大单品是品类新标杆**。这就是特斯拉的意义，并不在于它的公司规模，包括市值，也不在于它的销量，而是它重新定义了汽车这个老品类。就像五粮窖龄酒里面所提出的那个观念,"我们重新定义年份酒"。这些重新定义老品类的产品是非常厉害的。**如果一个产品能够具备了重新定义老品类的这样一个能力,这个产品的发展空间就彻底被打开了。**

第三个观点,就是这两年的社群化,分分合合,起起伏伏,一会儿泡沫,一会儿热潮,很多人被搞得晕头转向,包括对所谓去中心、碎片化等的争论。笔者这里提出个观点:**碎片化社群,包括所谓的非中心化的社交媒体,绝对不是战略大单品的障碍。**很多人认为社群产品就是应该依附于研发者个人,或者一定要说情怀。笔者认为,**突出研发者的人格,诉说产品的故事,这些都是产品营销里的老套路。**目前流行的这种社群产品的思维,是一种典型的小众产品、自娱自嗨的产品思维,跟我们所说的主流换挡完全不在一条线上。他们恰恰忽视了**碎片化社群和非中心化社交媒体的这种真正的传播和销售的能量。**因为有了新的整合的工具,尤其是有了新的自动化营销的工具系统,碎片化的社群和非中心化的媒体根本就不会变成超级大单品的障碍,反而有可能是成为超级大单品诞生的源头,或者是它的驱动力。

社群化,包括社交媒体的最大优势,跟传统媒体和传统销售渠道,包括电商相比的最大优势,是它的**"真人化"**,是真实的人在谈产品,不是过去的消费者只是在一个销售报表里的数字。社群顾客,是一个真实的人去感受产品。**社群里人和人之间的链接和连接,都已经被打通了。**在这种情况下面,只要通过合适的方式,尤其是笔者说的**"三个世界O2O联动"**,一个击中**大众痛点**的产品,一定可以对所有的碎片化社群和所有的社交化媒体实现通杀通吃。柴静的雾霾调查,就是个活生生的案例。

主流换挡就是重塑中等收入阶层的生活形态

说到这里,再把这个主流换挡、新主流产品、战略大单品,做一个集中的定义。重塑战略大单品意味着什么?

笔者认为主流换挡,就是**重塑中国三到五亿中等收入阶层新的生活形态**。从生活必需品,到可选消费品,到时尚消费品,乃至于新中式奢侈品。这四个类别里面,都是今天这个时代给主流换挡提供的**历史性大风**

口。这是中国财富积累的自然溢出。只要跟上就够了,都不需要去创造。战略大单品必须具备"三个代表"的特征:

第一个代表,要**代表新性价比偏好的产品**。就是对品质更敏感,对价格更不敏感的这种偏好。这种偏好才是催生战略大单品的沃土。褚橙也好,三只松鼠也好,亚朵也好,都是非常典型的具备代表新性价比偏好的产品,符合了这种特征的产品,就会具有巨大的市场价值。

第二个代表,就是**代表新人类的精神世界**,准确说是代表90后乃至于95后的世界。今天的产品如果还抓不住90后或者95后的精神世界,想成为主流换挡的排头兵和大单品的机会也会很小。在可见的未来的三到五年之内,90后和95后就会成为新消费大军。没有什么疑问,在5元的街头煎饼和15元的黄太吉套餐之间,只要你讲出一个合理的精神故事,消费者想都不会想,会选择15元而不是5元,尽管它的成本都是2元。

第三个代表,就是要**代表新的审美形态和风格**。这是我们营销人所擅长的了。企业是要拼实力的,但是营销要先拼颜值,再拼实力。而且到最后,颜值就代表实力,外表就是内在。就像我们前面说的,一个美女成群的公司,是一个有希望的公司,是一个有生气的公司,这就是颜值代表实力,外表就是内在。所有的内在最后一定会在最合适的外表里面找到它的呈现形式。今天所有的产品,如果不注重设计、不注重颜值,就不会有机会。这样的案例就很多了,尤其是消费电子行业里面,不管技术有多酷多牛,也不管匠心有多好,如果不能符合时尚化的审美风格导向,肯定就没戏,比如摩托罗拉、HTC等。

一句话,**颜值是新时代的生产力和销售力**。在这个时代里面,越来越多的人是凭着一见钟情去决定一生所付的。最低限度,一见钟情可以让人毫不犹豫地把他口袋里的钱掏出来,不管是从100元里掏出10元,还是从10元里掏出10元,都一样。

主流换挡这个观念正在鸡汤化,成为一个趋势的代名词。我们只是偶然间预言了,或者看到了正在发生的一个趋势,"预言"已经发生的事情。

总之,号角已吹响,让我们继续前进。

二、再说主流换挡

自2014年8月刘春雄老师和笔者在《销售与市场》发表主流换挡的观点，2015—2016两年里，这个词被不少企业贴在新产品的标签上。一时之间，主流换挡是个筐，新产品都想沾点光。

可是贴标签不会带来市场份额，近三年过去了，符合主流换挡的新产品、新品牌还真是极少，而且即使有几个真正算得上是"新"的产品，离成为主流还距离甚远。那么，主流换挡是不是一个理想化的梦想，或者主流换挡路在何方呢？

笔者重复关于主流换挡的基本观点：主流首先是一个数量概念，也就是占据主导性市场份额的产品（及品牌），才是主流。脱离销量、脱离市场份额谈主流换挡，是没有意义的。那么，主流换挡就必然是指代表换挡的新产品，必须占据品类市场份额的数一数二，才叫主流换挡的成功。这就是笔者说过的主流换挡是"大翻盘"的意思所在。

显然，这样的主流换挡就像是冰川纪进入温室纪，生物物种不仅是进化，而是旧物种消失、新物种成为主角。这种沧海桑田的变化在近30年的消费品演化史里，其实已经上演过好几轮，只是人们很快忘记了刚刚发生的过去：家电、消费电子、建材、食品、日用品等，都在不停地变化。谁还在用walkman、mp3、照相机？今天国人的餐桌上，海鲜、水果、饮料有多少是10年前经常吃的？

产品品类变化很大，品牌格局变化并不大，但几乎所有品类的老大品牌都出现了负增长。最近被热议的娃哈哈销售额下滑100多亿元，我们在2015年末的"数量增长的封顶"里已经阐述了现象背后的逻辑：老大的下滑其实就是老品类的整体下滑。这是主流变化的一个标志。娃哈哈从2014年起三年的持续下滑，用偶然因素去看待，说明宗庆后的几分无奈，他知道出了问题，可是这次他的市场直觉还没找到解救办法。

出了问题的还有近年来的大热门小米：小米生态半温不火，核心产品手机的爆炸性增量停止，华为、OPPO、金立等一批国内手机品牌，让小米不再有一棵枣树我独红的自由疯长空间。

好运都有保鲜期，老大也逃不过规律的魔咒。娃哈哈的问题是过去成功的三板斧（大广告、渠道、模仿产品）失灵了；小米的问题是到了千亿体量，产业链的薄弱环节（制造、研发）开始成为增长的掣肘。娃哈哈面临的战略问题是跟上新时代，小米的战略问题是调整战略心态。

娃哈哈与小米，代表的是主流主流换挡的两个主体。今天的行业领先者与从无到有的逆袭新贵。可以看到，行业领先企业的确缺乏"创新饥渴"。也就是说，新主流不会是昔日行业领先者的有序改进。

娃哈哈习惯于在饮料的外延创新（包装、品牌、口味、广告等）上投入，却不愿在饮料的内涵创新（原料、研发）上投入，这是长期投机思维的路径依赖。在代表饮料未来新主流（NFC健康原生态饮品）的方向上，农夫山泉的NFC果汁，却迈出了内涵创新的第一步。娃哈哈失去销量的其中一部分，正是被未来的主流新品碎片化地分割。

小米的逆袭，已经是手机行业的异类。导致小米崛起之初的创新，本质上是去消减渠道环节、提高消费者性价比体验的电商红利与中国制造红利。今天小米被华为、OPPO等反超，归根结底正是两大红利已经不再是小米的独有优势，而华为、OPPO很快打劫了电商红利，还发挥了小米薄弱的线下渠道的动能。更重要的是，华为、OPPO在研发或制造上具备了核心优势，这才在销量上甚至价格上反超了小米。

从碎片到主流，这是从小到大，从边缘到主导的过程，这个过程不会在三五年内就完成。手机行业里崛起的苹果、三星都是小米一样的"外来户"，从电脑、电视进入智能手机行业，却在短短十几年间，把昔日的诺基亚、摩托罗拉、黑莓等通信行业巨头洗出了局。这本身就是一场边缘变成主流的大翻盘。

苹果从1984年的麦金塔（Macintosh）走到2007年的iPhone，中间经过iMac、iPod，神奇地抓住了mp3最好也是最后的10年发展期，及时（甚至可以说是超前3年）拐入iPhone（2007年），终于从电脑里的异类、小众变成了手机里的主流。

最新的数据，苹果公司现金储备达2500亿美元，已经超过了德国；市值7690亿美元，进入全球GDP国家排名G20行列。此时的苹果是当之无愧的主流，从其发展历史看，正是主流换挡的典型代表。

我们把上述三个案例综合起来看，一个代表过去的行业领先者（娃哈哈）；一个代表创新的逆袭者（小米）；一个是完成小众到主流转变的最佳实践。它们所在的时间跨度都在最近20年里，考虑到苹果1984年开启的挑战，更可以看到边缘创新到成为主流的道路，不仅漫长，还充满各种岔路与不确定。但我们已经可以从这三个案例里得到关于主流换挡道路的关键结论：

结论1：主流换挡不会是行业领先者的自我改进，一定会从边缘创新开始。

实际上，只有从边缘开始，行业领先者才不会过快地抢食，创新才有一段"自主发展"的创新孤独期。这个孤独期是黑洞，也许大部分的边缘创新走不出这个时间黑洞。

结论2：边缘创新的核心逻辑不是对过去主流元素的修修补补，而是抛开旧元素，直接导入新元素的尝试。

特斯拉是汽车，更是一部电脑；亚朵是一间旅馆，更是一个生活空间；NFC是饮料，更是一瓶罐装的鲜榨果汁。这回真做了大自然的搬运工，是质的飞跃，而不是把果汁含量从10%提升到30%的"好一点"。

结论3：边缘创新不是产品的阶梯式升级，而是跳跃式升级。

有了更多可支配收入与消费欲望的消费者，并不是按照"品牌鄙视链"从下到上逐步上升，暴发户消费的典型特征是连升三级地进入高端品牌。这不是中国特色，是世界特色，欧美人如此，日本人也如此。

所以，全球的中端品牌都只是昙花一现，消费者总体倾向于两极化购买。买不起的时候，消费低端产品；买得起的时候，直接奔向高端品牌。这就是为什么iPhone的价格与挑战者差距2~3倍，却依然成为销量最大的品牌。

结论4：性价比是个坑。

真正的创新并不考虑性价比，只考虑产品够不够好。也就是说，创新性产品在乎的是发烧粉们的赞美，并不在乎保守者的非议。真正的边缘创新不是对标老的主流产品，做得更好，或者性价比更高，而是弹出对标，显露自己的不同，就像1984年的麦金塔，是电脑里的异类，而不是对IBM电脑的优化。

一路走来，苹果的所有产品都没有性价比可言，在性价比赛道上，有过巨型电脑品牌：戴尔、惠普、三星、IBM，如今的电脑世界却只有两种：MacBook与非MacBook。

结论 5：边缘创新走向主流的过程，没有战斗，只有前进。

主流换挡是怎么完成的？真实的案例告诉我们，并不会有类似中国家电反复上演的价格战，或者什么短兵相接的商战。边缘创新在走过其极客化（小众试验）阶段，进入大众市场后，不会与老品牌或者新竞争陷入价格战，而是继续自主发展。简单地说，持续的水平增长，也就是只要有销售机会，只要消费者有了购买力，就会自动形成购买。

边缘创新进入大众市场后，没有奥秘，也不在乎竞争，因为此时它已经获得战略发展的主动权（资本的安全性、核心竞争能力、运营防火墙）。

小米的困境，正是还陷入性价比的路径基因里，这是笔者说的战略心态问题。但到今天为止，小米依然站在主流换挡的风口上，小米生态链从商业模式上看，代表着先进生产力，依然有大成的机会。

过去十年，中国服务经济爆发，互联网+双创的滚滚热潮，掩盖了实体性产品（含服务）的升级换挡趋势，但消费升级的核心问题——产品升级（即主流换挡）并没有解决。

饿了么、美团把餐馆都搬到网上一键下单、送货上门，餐馆的菜就好吃了吗？恰恰相反，餐馆菜品的品质不仅没有升级，互联网还成了粗制劣造的保护伞。当然会有一轮真正的产品升级。

消费升级、主流换挡，本质上是先进生产力对落后生产力的替换与淘汰。

随着消费者自主选择、品质导向意愿的增长，双低产品（低品质、低价格）必然会被淘汰。代表高品质、新生代兴趣点的创新产品，即使从不被看好的边缘创新、碎片市场起步，一旦穿越创新孤独期的时间黑洞，就会光芒万丈势不可挡。

中国快消品营销这些年

2015 年

一、微商商业形态的本质与未来

中国过去近40年的开放史表明：新事物在诞生时都是奇葩。但正是这些奇葩的一部分，改变了中国商业乃至中国社会生活。有好的，如互联网、微信，也有不好的。微商也是这类奇葩，有人唱衰，有人乐此不疲。但不管改变是好是坏，有一个共同规律：以道德情绪评论、排斥新事物的，都是错的。这不是中国人道德出了问题，而是中国传统道德本身有问题。这些新事物或许在完成其商业角色之外，还真的担负了社会道德进化的触媒。

诟病微商的大部分内容都站不住脚，因为这些在传统商业环境下也存在：疯狂刷屏，与植入广告有差别吗？三级分销提成，比传销窝点的人身禁锢比，那是小巫见大巫。微商推销产品，比马云、周鸿祎等企业家言必称自己公司有区别吗？对普通销售卖产品反感，却把马云等也是广告推销自家产品的演讲奉为鸡汤，不是一样缺乏独立思考的症状吗？

微商是什么？是对人，或者说对劳动力的一次历史性解放。简单地说，过去的劳动必须依附于组织，也就是依附于社会既得利益阶层（公司、管制部门都是既得利益的堡垒），人的劳动力、创意、智慧乃至资源，都必须被整合即通过各种既得利益机构才能被释放，比如创意人、手艺人、农民要通过广告公司、礼品公司、大盘商才能实现劳动及其产品的价值。

微商时代这种中介机构的作用在急剧降低。人人传播、人人销售、随时营销、随时销售，这十六个字就是微商的本质。无论一个人在社会结构里处在什么地位，理论上，每个人的劳动价值、创意价值都可以在微商这个舞台得到实现。换句话说，如果微商做得好，通过微商产生的盈利，比普通打工挣得钱更多。当业余经营变成收入主要来源的时候，传统的组织除了提供一个垫底的收入保障，最大的价值只剩下组织人脉资源的利益了。从纯粹经济学角度看，传统组织的效能必然是下降的，即人难招、人难管、人难用。因此，微商消亡论，违反人性的自然趋向。这种观点与植入广告消亡论一样，把愿望当成了结局。

微商的未来究竟是什么呢？从新商业物种成长的四个阶段看或许会理性些。微商正在经历四大红利阶段：

第一阶段叫创新红利。也就是当新事物诞生时，第一批吃螃蟹的人，赚钱的概率大于后知后觉者。即使对于有争议的三级分销，第一批采用者的赚钱概率也显然大于后来者。创新红利不需要太多背景、资本、资源，只需要快速参与、尽早参与。

第二阶段叫资源红利。当参与者越来越多的时候，能赚钱的不是拼专业、拼产品、拼创意，而是拼资源，这个阶段有资源（背景）优势的人会比没有资源优势的人更容易赚钱。所谓背景，即指家庭地位、社会关系、个人人脉三种，也就是富二代、官二代、人缘好等类型的人，更容易赚到钱。面膜党里的微商，白富美比屌丝、白领赚钱更容易。

第三阶段叫产品红利。也就是拼人有我优，人优我特的阶段。这个阶段，只有确实新奇，或者产品不新奇，但性价比超值，或者设计有创意的产品，才能吸引眼球，引发参与。靠暴力刷屏、水军造势、权威示范、关系影响等都不好使，消费者开始理性购买，人脉购买（人情、给面子）的驱动力趋弱。简单地说，卖性价比、卖说辞（USP 或者情怀），是这个阶段的制胜法门。

第四阶段叫地位红利。机会人人有，结局各不同，微商也不例外。所谓地位，指两大类型：一种是规模，做到足够大、较大体量，也就意味着根深叶茂，规模（体量）是企业（及产品）抗击风险的防火墙，瘦死的骆驼比马大；另一种类型是专精特，也就是规模不大，但拥有不可复制、难以模仿的特点。

2015 年的微商，处在资源红利尾声、产品红利兴起的阶段。兴趣与利益都不是维系销售及团队组织的黏合剂。卖产品的比用产品的多，产品同质化高，产品本身没有品牌企业背书，人际圈的短半径，陷入这些销售大忌，对什么商来说都是困境，何况非专业的微商？

刷颜值、晒单这些没有技术含量的手法，不仅没有效果，而且有负效果。这一批微商会随着资源红利期的结束而消亡，是必然趋势。

把握本质就能看到未来。怎么适应新阶段，才是微商们需要研究的话题。

二、清淡饮料的品类风口

我们曾分析过,中国饮料20年的发展脉络是两大消费者需求驱动的品类演进:一类是解渴需求,碳酸饮料、纯净水、茶饮料、乳饮料、果汁饮料等,由于需求量大,形成大品类市场,并形成品牌集中度的快速提高;另一类是营养需求,植物饮料、功能饮料、全果汁/果蔬汁饮料、矿泉水,由于价格较高,形成小品类市场,呈现产品形态多元、差异化的格局。

最近10年,围绕3.5~4.5元零售价格带的品类热点轮换,是饮料市场的主要竞争战场,从王老吉、加多宝分家到核桃露大战、柠檬饮料大战、矿泉水大战,到椰汁大战。这场延续近10年的品类大战,实际上是中国饮料消费"主流换挡"的序幕。

所谓清淡饮料,就是介于纯净水与果汁饮料之间的一种以口味为卖点的饮料,是一种以有味道、解渴为核心的添加性饮料类型。这个饮料品类的特点是一个产品类型群,而不像过去那样是一个单一口味产品形成的品类。实际上,这是消费者基本需求(解渴)的轻度升级版(有点味道)。

显然,这不是一个小众需求品类,而是一个大众品类。所以,这个"产品类型群"是个大风口,因为这个饮料类型群,假以时日,恐怕会形成较大规模的稳定市场。初步预估,在今年起的三年里,清淡饮料产品类型群的总市场规模至少会新增200~300亿元的规模(此估算不含脉动、C100等形成的150亿元存量市场)。这是中国饮料的大风口。

笔者认为这个大风口有三大机会:

第一,口味创新机会:如果大家对火热的东北大板的关键成功因素做过研究,就会找到在看似碎片化的产品类型群里的"大类口味"。只有大类口味的产品,才能成为新主流,才能成为大风口里的肥猪。反之,小众口味的产品,只会成为大风口里的瘦狗。

第二,价格带运作机会:清淡饮料的成本并不比椰汁、核桃露等高,价格却可以进入2.5~4元饮料黄金价格区间,市场运营的费用无疑是够的。但是具体定位在2.5~4的哪个档位上,却又会因各家企业的战略目标而不同。我们必须提醒,在看似只有1.5元价差的区间里定位,好像差别不大,但可能就是0.5元的定价错位,就会导致产品的满盘皆输。

第三，一次屌丝逆袭的战略窗口机会：中国饮料的"娃农康统金加王养"八大天王的全国性格局已经稳定较长时间。这些行业领先企业长期以来依靠山寨二三线中小企业的产品创新获得增长，形成"小企业玩创新、大企业忙山寨"的奇怪格局。这一次清淡饮料的风源恰恰相反，来自八大天王对中国台湾、韩日饮料产品的引进，但中国人的口味适应性给了中小企业一次弯道超车的机会。笔者乐观地预计，未来三年清淡饮料大战，会诞生3~5个10亿元量级甚至更大的新晋品牌（饮料企业）。

想做大风口肥猪，还想飞起来的饮料企业，抓紧时间吧！记住，成败依然只有八个字：产品为王，运营决胜。

三、 互联网下半场：共享模式重塑每一个行业

共享模式会给每一个行业提供机会。

共享经济的魅力不是科技，而是人性

因为优步、Airbnb萌生的共享经济（也叫分享经济），诞生了独角兽，是过去5年，继淘宝、微信之后最大的网络科技事件。有趣的是，无论是淘宝的交易系统、微信的聊天系统，还是优步的定位撮合成交系统，从IT角度看，都不是高科技，更不是黑科技，但三个企业都以惊人的速度成为巨无霸，说明了什么？笔者认为，三者有一个共通的核心：满足人性需求。

淘宝满足的人性需求：贪便宜；微信满足的人性需求：个体社会化；优步等共享经济满足的人性需求是什么呢？一句话：变费为用。

共享经济的本质是将所有权的收益转变为使用权的收入，即变费为用，既有消费的满足，又有收入的补贴。以汽车为例，所有权的收益，指购买汽车的消费者，可以享受驾驶乐趣、代步工具、接送亲朋、名车身份认同等消费收益，过去，这一收益并没有商业价值，即是一种纯消耗，不产生收入。

优步出现后，有了使用权收入，即是将个人的物品所有权分时间开放给社会，以有限使用权提供有偿服务，换取相应收入，从而将消费工具变成了生产工具，可谓一物两用、一举两得。其他类型的共享经济模式如

Airbnb等的原理与此雷同，只是将汽车的有限使用权变成房屋的有限使用权。

这里有个重要的界定：**使用权的有限开放**，这是理解共享经济模式的关键点，或者可以说是共享经济模式有科技含量的核心。

共享经济模式里的有限使用权，相当于钟点房。这个灵活的交易方式，不仅降低了用户获得物品或服务的成本，使得即使是高价产品也能走入平常消费；而且有效保证了所有者的权益甚至面子，物品提供者与平台的关系不是雇佣，而是买卖关系。买方与卖方仅仅在"有限"的时间、空间、标的物上发生关系——这是个买卖双方都乐于接受的、非常人性化的交易形态。

显然，"变费为用"是一种有魅力的生意模式，将消耗性的固定所有权转变为生产性的有限使用权的制度设计与技术支持，共享经济必然获得爆炸性、指数式增长：人性的力量大于天！

如何辨别共享经济模式

认清了共享经济本质，再了解共享经济模式的具体实现形态，就知道如何在本行业设计共享经济模式。

以优步等为例，可以看出，共享经济模式可以被定义为："**供应+**"与"**需求+**"**跨时空、无缝、实时的连接，从而实现了供需的高效对接，创造出新价值。**

我们解释这一定义的内涵：

（1）跨时空连接：这是移动互联时代的特点，是MI（移动互联）对PC（电脑互联网，含PAD）的革命特点。也就是万物进手机，这一点大家已深刻体验，2016年淘宝双11的交易，82%通过手机完成。

（2）无缝连接：也就是去中介化。优步让供应方与需求方直接对接，使用的是基于LBS（地理位置定位）+抢单+推送条件（派单）等混合而成的算法逻辑。这就避免了淘宝等商业模式里，靠实力（花钱买位置获得流量）的商业逻辑。优步（滴滴）是一个相对公平的、分布式的供需对接平台。

（3）实时连接：不管是马上使用、预约使用，都实现了订单的无人化、实时化，方便了用户，也方便了供应方。

共享经济逻辑，或者说其技术先进性，就体现在上述三种连接方式的叠加——也就是说，是不是共享经济模式，可以用三个连接特点去考察、辨析。

（4）什么是供应+与需求+呢？这是个更重要的问题，是共享经济成立的充分条件。

目前共享经济的各行业、各品类可以发现一个规律：**最成功的都发生在"供应+"领域，也就是过剩产能与产品。** 车辆、房屋（Airbnb）等率先成为被共享经济模式整合的资源。

为什么优步司机里有开奔驰、宝马、奥迪各种车的有钱人，这些人真的缺钱吗？问题不是他们缺不缺钱，而是物品富余、时间富余。优步的噱头（所谓打车软件成为社交媒体）部分说明，丰裕社会里的人，缺的是有趣的生活。那些买得起奔驰的人，也会成为优步司机。

其次，共享经济模式**要成功，还得有一个"需求+"，也就是未被满足的、高频的需求**。如果是刚需，那就更容易成功。这也是打车为什么比Airbnb更成功的原因：打车更高频！

优步模式小结：

充分条件，有"供应+"与"需求+"；必要条件：连接方式是去中介化的。

有了上述的界定，读者不要问哪些行业可以出现第二个优步，可以按照上述充分必要条件去反思自己的行业、产品，然后做出判断。

实际上，共享经济模式的行业逻辑符合古典经济学原理：**优化资源配置效率。**

不管如何新，如果没有提高资源配置效率，也就不会是成功的模式。现在很多创新是伪创新，比如扫二维码、填客户信息、兑奖等，都是增加用户使用复杂度。这类花招根本不会引爆需求。

当前共享经济模式的行业应用，集中在C端（消费者）市场。因为C端市场的需求+更迫切。中国人的消费需求被急速放大，可是提供服务的还停留在短缺时代。出租车就是典型的管制时代产物，严格的行业管制造成供应不足，已经不能满足C端消费的需求，所以优步、滴滴等进入后，被一击而溃。

共享经济的 C 端化，本质是什么？

优步降低了三大成本：渠道成本、传播成本、组织成本。简言之，交易成本大幅降低，而且明显与电商 1.0（淘宝代表）、2.0（微信代表的）有显著不同，是个新的、分布式生态体。

还有哪些垄断行业可以被共享经济一击而溃？笔者看很多，甚至可以这样说，越是过去的垄断行业、封闭行业、高门槛行业，一旦被共享经济模式的创新击中，新势力、新企业的崛起一定是爆炸性的。

共享经济是革命性的，会引发新一轮互联网革命。实际上，这个革命已经开始。下一轮互联网革命，是传统行业与共享经济模式的结合。

每个行业都可以被共享经济模式颠覆一下

共享经济模式的冲击波才刚刚开始。打车软件只是开场戏，是共享经济的上半场。可以肯定的是，这个模式、技术、逻辑可以对任何一个符合共享经济定义的行业，进行一场革命性的商业模式创新，乃至颠覆，自今之后的 5 年，我们称之为**共享经济的下半场**。

民宿：Airbnb 的中国样本是谁？去哪儿？途牛？其实，喜欢玩旅游的可以考虑如何后来居上，这个"非标分时租赁 OTA"市场是个大金矿。

到家类生活服务：保洁、美甲、美容、按摩、烧菜、鲜花、代驾、宠物、医疗。终端网点的分享化：提升零售终端的服务效能。酒、米、油等各类商品，都可以构建 P2F（网点到家庭）的最后 500 米（或一公里）供应链。

这些还不够？那就看看共享经济还能催生哪些新事物？

优步（或滴滴）的核心消费者利益是：一键打车。这看起来只是个需求指令的连接，却是前所未有的新事物。

一键约茶、一键约酒、一键约 X：你的产品只要是高频需求，都可以架构一个共享经济模式，创造出新商机。

一键送礼，如何？一键约导游，如何？一键约咨询，如何？一键约培训，如何？

"一键约 X"的本质是什么？

实体向电商过渡的不仅仅是商品的迁移，而是消费者购物（消费、花钱）的路径迁移。共享经济模式改变了消费者的购物路径，这才是最颠覆性的革命。共享经济冲击波，共享经济逻辑，将在六个层面对以下六大类领域（行业）产生冲击：

第一，手艺人的价值变现。手艺人，就是所谓的"自我雇佣的专业人士"，包括厨师、手工艺人、按摩师、设计师、咨询师等类别。这里面有实体产品，有服务产品。这些领域都会被优步逻辑击穿：智能链接将对这些行业的"中介组织"进行去中介化"外科手术"式打击。

说共享经济逻辑适用服务，不适用实体产品是不对的，共享经济逻辑的适用范围，没有实体与服务的分别。以趋势看，实体产品的共享经济会比服务更猛烈：因为千百万专业人士（手艺人）一旦获得直达用户的智能链接，爆发的商业革命、社会革命，比我们今天能想象的更大。

第二，垄断行业被瓦解。出租车首当其冲，因为出行是刚需，也有足够的供应+。还有多少垄断行业？航空、电信、电力、金融、证券……

以金融为例，众筹就是共享经济模式对传统融资方式的颠覆。

众筹是什么？众筹就是绕过银行、投行、风投、证券交易所等中介的直接融资。现在有些乱象，但众筹本质代表的是革命性的趋势：相信自己熟悉的人，把闲置资金投给他。

大企业与银行，用资金给创业者、中小企业构筑了不平等竞争壁垒，让创业者慢性死亡，中小企业成为侏儒。众筹不同，还不是智能的链接，已经开始释放创业能量。这种创业者与投资人的直接结合，也是共享经济逻辑。未来，银行、投行、证券公司，甚至上市交易，未必不会被更智能的共享经济逻辑颠覆。垄断行业最怕共享经济，这是必然的。这也是一场社会权力与财富的再分配。

P2P 严格地说并不是共享经济，现有的 P2P 只是宣称为投资人（一边P）与项目（另一边P）进行对接，实际上却变成 P2P 平台利用两边主体的信息不对称，进行大量的暗箱操作。P2P 频频发生问题，与共享经济无关，与金融监管有关。

第三，过剩产能（冗余价值）再利用。Airbnb，闲置住房的短租。在中国，最闲置的产能是什么？劳动力和生产厂。只要智能链接解决了闲置产能与需求的柔性交易问题，就会创造出巨大的社会价值。也就是说，未来会有越来越多的产品出现，因为理论上做产品的门槛在降低。不能说人人可以做产品，但可以明确地说，有专长的人做自有品牌产品并拥有自己的用户，这是大趋势。

设计师、咨询师、营销人员，未来不再以卖身为赚钱的出路，专家式产品会大量出现。实际上，已经在大量出现。设计师产品是比大工业、标准化产品品质、颜值更高的产品，即有更高的性价比或体验值。

珠宝行业正在酝酿的"出租珠宝"模式，就属于这一类型。

第四，兴趣社交聚合。私厨分享、我有饭、Enjoy 等，这些属于典型的兴趣型社群，却更有商业价值。斗客、雪茄会等，都是这种兴趣（特别是嗜好类）社交聚合的形态。现在还兴起了骑车族、旗袍会、跑步族，共享经济逻辑可以改变这类社群组织的连接方式。

第五，培训教育去中介化。专家与碎片化需求的智能链接。培训这个行业恐怕最需要去中介化。当下教育培训行业的痛点是，真正的智慧供应者，在价值链里只获得很少的价值；最大的价值被销售、中介瓜分。所以，怎么可能买到货真价实的智慧，必然形成劣币驱逐良币的柠檬市场。2016 年出现的分答，就是共享经济模式在教育领域的应用。

第六，体验交付代替实物买卖。越来越多的产品进入"一键约 X"模式：茶、酒、服务（家政、家装）。"京东到家"这个 APP，现在还不成气候，但头角峥嵘已露出来：没有什么不可以直接到家。其实，到酒店、到办公室，还不是一样？一箱是一款提供预约上门茶艺师的服务，在一箱APP 上选择时间、茶艺师等级、茶品、交付地点等，一个茶艺师就按约提供服务。这意味着什么？整个零售市场流通格局一定会被共享经济逻辑改造！

有人说优步没有创造新价值、新事物，只是做了价值连接，笔者不同意。笔者认为，以共享经济逻辑在零售行业的效果看，如京东到家这样的产品要想做好，绝不是简单链接，也担负品质责任，所以会促进供应链的专业化（筛选、考评等管理手段），也就是反向推动零售商，甚至生产供应商的改变。

上述六大共享经济冲击波，已经够我们去想想自己如何找到自己的位置，如何进入这一波共享经济的权力与财富再分配。

笔者确确实实感觉到，**共享经济是移动互联的落地版，所有的移动互联新玩法，要在共享经济逻辑的行业运用上再提炼**。互联网＋的落点，互联网的下半场,可能就是共享经济与实体经济的深度结合。

共享经济的各种行业创新,已经风起云涌。即使 BAT 掌握共享经济最大的流量入口与上半场的控制权（如滴滴）,共享经济模式也是颠覆平台垄断的新力量,也能以指数级成长的速度诞生新的独角兽,乃至新的巨无霸。

互联网下半场才刚刚开场,每个行业都可以被共享经济模式重构一下。

刘春雄点评:

跳出 Uber 看到了什么呢? Uber 给出了两个思维方式:一是共享经济;二是智能链接。主要是共享经济给消费者带来的短期价值更大,对社会的冲击也更大。我在谈 Uber 时,更多地看到了智能链接这个方面,这个方面对世界的改变或许更大。

价值链接从方法论上说就三件事:一是识别消费者到底想干什么? 二是怎么找到消费者想要的? 三是在电脑和智能手机上以什么方式呈现给消费者?

从方法论上讲,需求识别很简单:一是显性需求,人为输入。比如我一定想买红色的服装,尽管我以前一直买其他颜色,或者我想在夏天买秋装,或者我一定要买什么品牌,或者我要买什么价位的产品。这些硬性需求,不需要用大数据,是必须满足的;二是大数据的偏好分析,或者倾向性分析。比如偏好什么款式,尺码是多大。大数据很容易解决。

智能搜索,就是把最符合你需求的东西找出来,哪怕是新品牌,哪怕你没交流量费。除非你没有在互联网上留下痕迹,否则总能找到你。这个过程做得好,可以与是否交钱无关。过去无论线上线下,商业推广都是要付费的,而付费是一定要社会全体承担。智能搜索未来可能替代商业推广。

第三个环节就是智能链接。我们现在在电商平台看到的是厂商的陈列,消费者得花时间去找。智能链接不同,就是为你定制页面,根据需求识别和智能搜索的结果,给你定制页面。可以是唯一产品,如 Uber 司机;也可以是一个清单,比如适合你的服装,选列出 10 款让你挑,如果不满意,再替换 10 款。如果再不满意,重新输入需求,重新搜索,然后提供一个清单让你挑。

Uber智能链接的未来，有两个预测：

(1) 门户网站的今天，就是平台电商的明天。

(2) 凡是人能做的都交给机器人，凡是能够编程的都交给计算机，要么成为创造者，要么成为编程员手。

用智能链接取代平台传递，这才是Uber真正的价值

下面是笔者最认同的部分。简单解释这个界定：

(1) 跨时空连接：这是移动互联时代的特点，是MI（移动互联）对PC（电脑互联网，含PAD）的革命特点，也就是万物进手机。这一点大家都体验到了。

(2) 无缝连接：也就是去中介化。Uber让供应方与需求方直接对接，使用的是基于LBS（地理位置定位）+抢单+推送条件（派单）等混合而成的算法逻辑。这就避免了淘宝等商业模式里，靠实力（花钱买位置获得流量）的商业逻辑。Uber是一个相对公平的、分布式的供需对接平台。

(3) 实时连接：不管是马上使用、预约使用，都实现了订单的无人化、实时化，方便了用户，也方便了供应方。

这部分笔者总结为价值链接。过去只讲价值传递和价值创造，其实中间还有一个价值链接，Uber做的就是这事。价值链接一做，平台就没有意义了，Uber是没有平台的。

现在电商平台的价值传递，说是去中间化，其实去部分中间，或者甚至再造中间，自己又成为中间商。

这三大领域，从重要性来说，分别是价值传递＜价值链接＜价值创造；从实施难度讲，恰恰反过来，平台最容易，工业4.0最难。中国电商最繁荣，工业4.0基本还没涉及，Uber正在起步。这是合乎逻辑的，在最容易实现领域取得突破。

史老师讲的那段，我理解就是价值链接，跨时间链接，无缝链接，无付费链接，无障碍链接。这样就是一个完整的价值链条了，我称之为互联网价值链。

用智能链接取代平台传递，这才是Uber真正的价值。Uber可能马上就让中国的那么多平台无事可干，平台与其说是在做价值传递，不如说是拿价值传递收费，费用比线下还高，天理不容，技术更不容。

我略有不同意见的就是把Uber作为共享经济，并为它设定了许多条

件，从而限定了它的延伸。有些人说什么行业能用，什么行业不能用，我认为都能用，只要你理解它是价值链接就行。

我觉得三步就行了：

第一步是需求的智能化探测，既可以是自己说出来，也可以是大数据测定倾向。

第二步是智能搜索，把符合需求的标的物搜索出来。

第三步是价值链接，以智能化方式外国投资出来，不一定是一键，可以是定制页面，供你挑选。

新闻头条已经有这个感觉了。比如买服务，有些是自己提出来的，有些不用提；比如尺码，大数据早就有，款式货币、色彩倾向，大数据都有。

价值链接，就是从网络上把用户最需要的搜索出来。搜索技术和定位技术已经足够成熟，智能化链接很容易。

Uber 就是把逼你向价值创造。谁有最好的产品，不用交流量费，智能搜索会把你找出来。

四、 需求链驱动的产品模式

最近几年，对营销的道德上或伦理上的质疑很多，营销人应该反思一下自己过去的所作所为，为什么会让社会产生这种印象。个人思考，大概有两个初步结论：

第一，很多时候做那么多的营销动作，包括招式，可能是为了掩饰产品不足。是产品力不足，所以需要很多的招式和动作需要掩饰。

第二，在移动互联网时代，最后真的会是走到一个 1P（4P 里的产品）这么一个结果。很多人都在谈，营销到最后只剩产品这 1P 就够了。其他东西，销量、利润、市场、品牌等，真的是那句话说的：把产品做到极致，其他的纷至沓来。

今天分享一下我们近两年实践的一个总结，叫需求链驱动的产品模式。

移动互联网风起的两年，改变很多东西，笔者在出了《移动互联新玩法》一书，但互联网变化的速度超过所有的思考与实践。移动互联网给我们一个机会，特别是给我们这些职业营销人和职业顾问一个机会，可以知行合一地去做一次翻盘：过去只是给客户做咨询，现在变成跟客户玩儿在一起。

怎么玩儿呢？笔者给它起一个名字叫品牌共生。就是用企业的品牌，来打造一个符合未来发展方向的新产品，用这个新产品成立一个产品运营的公司，这个公司由我们去运作。

第一个是茶叶，与上市公司深深宝旗下的聚方永控股公司合作，推出了怪咖众茶系列产品，如西湖龙井、九曲红梅；第二个是与香港上市公司通天酒业，共同开发葡萄酒时尚小酒，375毫升的小支葡萄酒；第三个产品是与塔牌合作开发的新本酒；第四个产品是与云南茂眭合作开发的即食松茸。在这些实践的过程里，我们逐步形成了一个新的营销方法论：需求链驱动的产品模式。

传统的营销都是供应链驱动：企业先研发、采购、生产，然后想办法怎么卖。怎么卖呢？从渠道、中间商、到中间消费者。整个链条是从内到外，至今都没有改变。即使做一些消费者调研、需求调研等，链条仍然是从内到外的。

如图3-1所示，需求链方法论基于过去企业接触消费者的成本太高，没有手段接触消费者。今天通过大平台，大到腾讯、双微，或者其他的一些入口，都有大量真实的消费者沉淀，企业可以跟这些陌生人互动。移动互联网最大改变就是消费者跟消费者之间，企业跟消费者之间，打通了直接渠道。接触消费者都是真实的，手段很多，入口很多，工具很多，成本却很低，这带来巨大的机会。

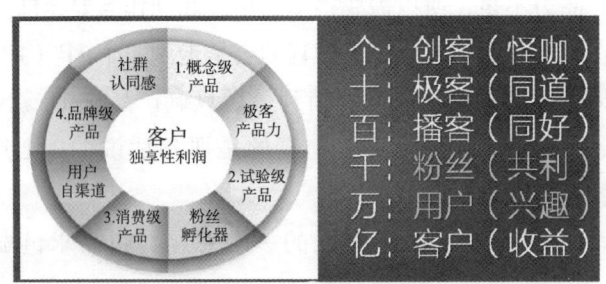

图3-1 需求链驱动示意图

需求链方法论的基本概念是这样的：以一个强关系的社群为基础，大致经过四个扩散环节来实现从零到一，从一到规模化的飞跃，即过去说的"从无到有，从小到大"。如图3-1所示。

第一步是极客发动。过去的产品研发都是企业在一个小黑房子里面，通过调研自己的想法把产品搞出来，很多时候是拍脑袋。通常是老板带着一帮人做，比如小米的团队等。这帮人对产品有超强的感应力，当然包括所谓的匠心情怀等，这样一些人做需求链驱动链的发动机，我们称之为极客。

极客把产品或者产品模型做出来以后，可以干什么？可以先找到粉丝，也就对产品有特殊兴趣的一群人。这里的粉丝不一定是买你产品的人，买你产品的人不一定是你的粉丝。极客吸引的粉丝，要认同你的团队，认同你的产品，认同你的价值观，这一群人才是极客的粉丝。极客的任务，是用产品，包括围绕产品的情怀、匠心、价值观、人格等，把这群人找出来，并且吸引过来。

粉丝干什么？粉丝帮助极客完成对产品的内测。也就是说，产品不要跑到市场里去冒险，先找粉丝，进行测试。这是第二步，跟传统的粉丝概念不一样。

粉丝阶段要让产品争取赢得媒体的关注，投资人的关注，就会成功概率更大。也就是说，最好在粉丝阶段完成你的融资、众筹包括媒体的关注，当然也包括对产品话题的植入。

粉丝完成产品内测后，第三步往哪里走？也就是发展用户。透过粉丝完成所谓的用户，这个用户就是传统营销里面的小批量规模化，也就是从一个小众变成相对的广众，还不能叫大众。所谓的广众是什么？就是产品开始被人关注，开始有很多人谈说。产品在这个阶段实现初步的规模化。

最后阶段就是所谓的顾客（或客户）。由极客、粉丝和用户，包括整合传播手段，形成一批新的购买者，我们叫顾客。这里的顾客会成为产品独享的顾客：需求链驱动形成的顾客，对价格没有那么的敏感，更多认同是做事情的过程，所谓的情怀，以及看到如何把这个产品做起来，对产品产生的信任、甚至信仰。我们要承认，有一些产品是命中注定让顾客产生敬仰之心的，这种产品在市场上存在的，不要怀疑它，苹果等好产品都是这样。

现在是重点：需求链驱动的方法论能不能帮助一个垃圾产品也可以做

好呢？回答是不可能，垃圾产品在需求链里没有市场，很难生存，因为需求链过程的信息比较透明，也比较对称。

为什么需求链是一个好的方法论？就是因为它可以帮助优秀的企业做好，让垃圾的产品在这种方法论面前无所遁形。

传统的顾客营销里面，很多是利用信息不对称进行蒙骗、蒙蔽营销，但是需求链里面，每一个环节里面都有大量、真实、深入地沟通。一个虚假的产品，或者一个存在很多问题的产品，在这样链条里面，没有多大生存空间。

需求链里的顾客，不是透过各种各样的垄断，贿赂、蒙蔽而被动买单，而是顾客看到产品的全过程，认同了，自然产生购买。也就是说，你若是清风，顾客会不请自来。这是笔者相信需求链驱动的产品模式是一个好的方法论的原因。

目前这个方法论还算是一个初步的阶段，我们希望用两到三年时间认真做，有了从极客到粉丝到用户再到顾客的清晰路径图，感觉心里亮堂多了，这是我们新营销的抓手。

五、 重塑战略大单品

重塑战略大单品，必须放到中国消费品主流换档的大背景下讨论，不是泛泛而谈企业的主导品种、战略新产品（单品）研发、品牌与大单品的关系，或者鸡生蛋还是蛋生鸡的问题等。在此，简要说明三个基本观点：

战略大单品就是品类新主流

最近三五年为什么中国消费品领域缺乏真正眼前一亮的"超级产品"？为什么一只从杭州出口日本又带回国内的马桶盖捅了中国制造的马蜂窝？原因很简单，中国制造深陷双低（低价格、低品质）陷阱不能自拔，几乎所有品类里，出现的都是品质价值的不断毁灭、降低，而不是品质与价值的提升。

消费者一面抱怨中国产品的低劣品质，一面被淘宝－天猫系电商不停的低价倾销洗脑：产品的毛利空间没了，怎么会有品质？如何会有服务？

还奢求更高体验，都是开玩笑。当前的领导品牌也宁可选择在主导品种上的偷梁换柱式降价促销，获取增量，这当然是饮鸩止渴、鸵鸟政策。

所以，各个品类里稍微出现一个品质一流、价格适中的"升级轻奢"产品，就会引发消费者热情追捧。从三只松鼠对炒货行业的旋风式逆袭、原浆啤酒的爆炸式增长到中高档舒适型亚朵酒店对经济型连锁酒店的冲击，都在反映战略大单品的第一个出口：成为老品类里的新主流是刚需，势不可挡。

战略大单品是品类新标杆

这种品类新标杆产品之所以有意义，并不在于其销量，而是新产品的品质体验重新定义了品类。就像特斯拉汽车对传统汽车的冲击，并不在于特斯拉销量超过大众奔驰宝马等老品牌，而是特斯拉重新定义了"汽车"这个老品类。

2015年，我们与塔牌绍兴手工黄酒合作设计的新本酒，就是颠覆工业化黄酒的新品种。本酒有三个核心奠定了其不可替代的价值：

（1）由国宝级黄酒酿造泰斗、92岁高龄的王阿牛老先生匠心酿造，还原100年前传统绍兴黄酒的味道。

（2）本酒的酿造不添加焦糖色。

（3）窖藏八年以后才出酒，这种黄酒的色、香、味都来自于时间的造化，不仅健康，而且体现的传统黄酒的原始味道，更有匠心与时间，构成本酒不可超越的价值。

特斯拉与本酒，这两类产品即是通过技术创新、工艺复古等，占领品类制高点，从而成为品类新标杆。

碎片化社群及社交媒体不是战略大单品的障碍。

移动互联时代的基本特征的确有去中心化、碎片化、人格化等特征，但因此就说社群产品一定要依附于产品研发者个人，或者必须编造产品的情怀故事，那就短视了一点。这种思维会陷入小众产品、自娱自嗨的陷阱，偏离主流换档的大趋势。快速做出一个有销量的产品根本不是战略大单品、战略爆品的核心特征，质次价低、拥有渠道优势的低价产品，一样可以快速成为爆品。但是，这种爆品没有任何长远价值，且从根本上看，一定是泡沫销量、昙花一现。至于靠个人的情怀故事、简单的人际圈转发等，都不是产品营销的正道。

一个真正的战略大单品，必然可以冲用进所有销售渠道，即一定可以通过"三个世界、O2O联动"成为新热点。碎片化社交媒体与社群，也正在出现新的整合联动工具，只要击中大众痛点，一样可以通杀通吃。柴静的"雾霾调查"，就是一个活生生的新闻爆品案例。

那么，战略大单品的本质与形态究竟是什么？笔者认为，战略大单品的基本定义是：重塑中国3~5亿中等收入阶层的新生活形态。从生活必需品到可选消费品，到时尚消费品，乃至"新中式奢侈品"。也就是说，新的战略大单品将在上述四大消费类别的各个品类里一一诞生。这是中国经济发展造就的历史性大风口，是中国社会财富积累的自然溢出效应。

符合或者能够站到大风口的战略大单品，如何产生？具体说，符合以下"三个代表"特征的，是战略大单品的起源点：

（1）代表新性价比偏好的产品。什么叫"新性价比偏好"？就是对品质更敏感，对价格更不敏感的偏好，这种消费者偏好是催生战略大单品的沃土。褚橙，是褚时健经过10年摸索，从土壤、育种、肥料等环节，对橙子的酸甜度、大小、颜色、皮肉厚度等关键因素进行反复试验，才做成的创新性品种。没有这个产品的本质创新，仅仅依靠传奇人生、一句广告语是带动不起消费热潮的，潘苹果、柳桃的不温不火就是证明。

（2）代表新人类的精神世界。鹿晗社群已经成为李宇春之后最具影响力的现象。动辄1亿人次的转发，各地见面会的火爆，粉丝惊人的支付能力与意愿，让鹿晗的商业价值毋庸置疑。明显的是，对韩寒、郭敬明都认同分歧的60后、70后、80后们，对于鹿晗代表的95后、00后就更看不懂。

黄太吉煎饼，一个靠噱头飞速成长、得到资本支持的产品，正在将街头小贩的糊口活，变成工业化的中央厨房制造与专业订单处理的"中式必胜客"。在喝豆浆思考人生等噱头式广告的口碑传播下，黄太吉轻而易举地进入都市小白的精神世界，让他们在5元的街头煎饼与15元的黄太吉煎饼套餐之间，毫不犹豫地做出选择。他们看重的是价格背后的产品所代表的精神气质。

（3）代表新审美形态或风格。未来是个既要拼实力，更要拼颜值的时代。而且可以预言，到最后颜值就代表实力，外表即内在。产品如果找不到自己的审美风格，准确地说找不到能够被时代消费者接受的审美风格，再好的功能都白搭。手机里，工程机风格的所有品牌都颓势难挡，从HTC到酷派、摩托罗拉，乃至诺基亚。小米手机靠审美风格赢得消费者，华为在抗拒一年后幡然醒悟，变更审美风格导向的华为荣耀系列迅速释放研发、生产的供应链优势与渠道优势，销量超过独领风骚2年的小米。颜值的确是新时代的生产力、销售力。

今天的领导品牌或许会想：世界不还在我的手上吗？销量与市场份额不还是我第一吗？的确，移动互联时代即将进入第三年，过去两年的新产品还没有一个具备挑战行业领先者、成为品类新领军的资格。可是，2016年呢？你真的还敢坐在火山口上，如此自信吗？

主流换档是时代召唤，一定会自动产生时代的营销英雄，包括代表新时代的新英雄产品！

中国快消品营销这些年

2016 年

一、中国经销商正面临时代大考

经销商在过去 30 年里不断地在进步和进化，经历了很多的考验和测试。从 2016 年往后看，假设站在 5 年后看即将走过的这 5 年，我们会发现对整个中国经销商群体来说，对渠道商这个行业来讲，是面临一次"时代大考"：不改变，必倒闭。

过去 30 年：经销商的黄金时代

这个黄金时代大致分成几个阶段：

第一个阶段就是总代理和分销商。从总代理到二批商分销商的阶段，这个阶段实际上拿到总代理权，就相当于拿到了一个摇钱树。

第二个阶段就是终端直营商。由于中国市场终端类型的细分，包括竞争品牌的加剧，总代理到分销商二批商的这种模式已经不再适合中国市场运营的要求，所以出现了经销商的终端直营化。

第三个阶段就是直销。经销商或厂家把产品买给终端，这叫直营，而经销商或厂家直接把产品买给消费者这叫直销。电商从本质上讲是直销的一种形式，现在流行的社群电商也是直销的一种方式。经销商的直销化，就是绕过所有的 B 端直接对 C 端消费者进行销售，这叫直销，第三阶段就是经销商进入直销化的趋势。

上面几个阶段，从经销商运营的角度看也有几个特点：

第一阶段从坐商到行商，总代理商就是坐商，基本上只要维持很少的几个分销商、二批商的关系，对于一个总经销来说可能几十个就够了。

第二阶段从行商到终端直营商，不但要主动出击，而且要对一些重点终端进行直接掌控。这个直接掌控的目的：一是为了降低费用；二是出于经销商自身安全的考虑。在渠道运营技术上，出现了深度分销、深度协销。深度协销就是厂家直接深入到批发商那里，帮助他进行直营终端的深度帮扶。

第三阶段是从大商到平台电商到社区电商。

一路经历考试，很多经销商在这个过程中已经发生了分化：在 2005 年之前，不做终端的经销商基本都被清洗了；2012年之前，只做大卖场的经销商，变成了邮差配送的配送商也开始陷入困境；2016年开始，门口的野蛮人来抢存量份额。

BAT完成了对C端的这种全面控制以后，就往上做供应链，也就是行业所称的B端电商。C端做完了，BAT为了控制市场，或者是获得增长，或者是出于掌控的欲望，一定会做B端，这是水到渠成、顺理成章的事情。

门口的野蛮人有什么不同？经过三十年发展从土地里生长出来的，包括被淘汰后留下来的经销商，是市场的原住民。BAT，包括从去年到今年杀入B端电商的这帮人，大部分是受资本驱动的，他们并不是从地里自然生长出来的，而是被资本快速催熟猛长起来，是来摘桃而不是种树的，所以叫门口的野蛮人。这就是经销商面临着不同于以往几个阶段的时代大考的原因。如果经销商不能够深刻地认识到来龙去脉，不能够把握未来的发展趋势并且做出及时的调整，将会被淘汰出局。

时代大考的内涵：结构性淘汰

在过去的发展里，很多经销商由于没有去做终端，沦为配送商，没有引进新的营销模式包括公司化管理等，被市场淘汰，这些叫运营能力的淘汰。今天所谈的时代大考，是今天中国市场渠道在发生深刻的改变，也就是说这是一次结构性淘汰。结构性淘汰跟运营能力的淘汰完全不是一个概念，这一次的淘汰率会超出很多经销商的想象。

这次中国经销商时代大考的内涵，是三个层面的冲击，而这三个层面冲击正好叠加在一起，所以冲击力会比较大。

第一个是品牌商的分化和新动向，也就是中国市场正在面临主流换挡、领先者易位的大趋势。

第二个是零售格局的趋势和陷阱也在发生变化。大卖场关店潮波及众多品牌，经销商更是首当其冲。

第三个是B端和C端电商的这个双股剑也在深化改变经销商整个运营环境。

任何企业的生生死死都是正常的，不管是在大萧条还是在增长的时代,都会有企业生或者死,这是很正常的优胜劣汰,叫运营能力的淘汰,这种淘汰率一般来说在 5%~10% 的区间里波动。结构性淘汰完全不是这个概念,结构性淘汰至少是 30% 以上,甚至更多。可以回想一下,行商的崛起后,是不是对过去传统二批商,尤其是 20 世纪 90 年代风行一时的全国批发商、批发市场是一次灭绝性的淘汰?

在结构性淘汰面前,如果不去做出及时的认知和转变,那么淘汰出局的命运是必然的。这就是为什么说,不改变,必倒闭。这个话有点重,但是良药苦口。

冰山的消融:过去盈利的奶酪正在消失

经销商的核心问题不是增长,首先是盈利。经销商作为商业系统里的价值传导环节,不像品牌商拥有品牌的未来收益,所以经销商不谈盈利,那就是傻傻的经销商。如果不注重盈利,很容易猝死。

这就需要经销商对于盈利这个本质问题进行深刻解析,即过去 30 年,经商盈利的本质是什么?本质就是三个红利。

一个叫作品牌商红利,也就是跟着厂家走,尤其是跟着大厂家走。这个可能是毋庸置疑的,抓住大品牌的手,经销商的规模会迅速做大,相应的利润额就会做大。过去的 30 年从本质上讲,是品牌商的春天,也就是说中国处在品类细分、品类规模化这么一个高歌猛进的状态里面。

第二个盈利红利是什么呢?很显然,就是跟中国经济红利一样的,是人口红利。人口红利带来的品类的春天,也带来了品牌商的春天。

第三个就是我们讲所谓的收入增长红利。中国消费者手上的可支配的收入越来越高,就愿意去买更多的产品,愿意支付更高的价格。这是中国经济增长所带来的红利,过去的经销商也是在享受这三个红利。

那么,经销商是怎么去享受这三个红利的呢?也就是经销商的盈利来源究竟是什么呢?笔者称为有三明三暗。

三明是指可以拿到明面上、放在阳光下赚到的钱:一是产品的销售毛利,即进销差价;二是代理大品牌的增量;三是厂家的市场政策。过去的经销商都非常重视的问题:一是不是大品牌;二是产品毛利空间怎么样,关键是厂家对市场的支持政策怎么样。这就是为什么我们经销商有一个惯性思维就是厂家只要投广告，厂家只要请了天价代言人，就代理这个品牌。他认为这是市场风险比较低的一个方式。

另外还有三暗途径。第一个是窜货。第二个就是假货，有一些是真假掺着卖。这是一个客观现象，并不是指所有的经销商都是靠这个挣钱。第三个就是吃厂家的铺底、账期包括费用报销里的猫腻。

为何说冰山消融了呢？由于市场环境的变化，广告收益下降，广告代言人这个三明的途径已经不是那么好赚了。三暗盈利来源也一样，由于厂家产品过多，真正能窜的货也不多了。由于管理手段，包括法制环境的完善，靠卖假货赚钱这个渠道也越来越难，风险越来越大。厂家的铺底、账期、报销里的费用能猫腻赚到的也少得可怜。很显然，在过去盈利的奶酪里面核心的六大途径，一条条都被堵死了的时候，经销商会感觉到产品销量增长乏力，产品的毛利率在下降，销售费用仍然在增长。这显示，过去经销商盈利的奶酪正在消失。

过去的奶酪没有了，新的奶酪在哪里？

在新的时代里，经销商存着内部和外部两个困境。运营的外部困境，是两个核心问题：一是野蛮人的进入对渠道格局的重构，这是非常关键的；二是过去引领经销商前进，或者是帮着我们经销商盈利的品牌企业，本身已经陷入了战略困境。

从去年到今年，有一连串非常不好的市场消息，比如娃哈哈销量的下降。这些行业巨头销量的下滑，对经销商的打击非常大。大卖场关店潮，刚刚发生的新一佳商场面临清盘，年销售额170亿元的零售连锁巨头面临危机，有人在预测下一个人人乐会不会倒下来？这些百亿零售终端的倒闭背后，都是几千家甚至上万家供应商，以及经销商的生意会陷入很大的困境。这自然会导致经销商对于大卖场的合作与投入产生更大的不安全感。也就是说经销商会收缩对大卖场的销售，这一缩必然加剧传统经销商生意的萎缩。综上所述，在新的时代里，外部环境对于经销商未来的生意增长是非常不利的。

内因问题，即我们的经销商在过去三十年的里面，长期养成的对厂家依赖思维惯性。过去三十年里，经销商对厂家无非就是三个角色。

第一，经销商是厂家的夜壶，有事让做，做完就扔一边。

第二，经销商是大区经理和总经理的情人。

第三，一旦你不按厂家要求打款，随时面临被更换或来个黑虎掏心（将分销商转化为经销商）。

这种情况，本质上是与经销商的依附意识有关。有一些经销商已经开始尝试走出来，包括一些大商，有强势的自有品牌，但是总体的环境尤其是中小经销商依然面临三个角色的困境，本质上还是思维的不足。

对于经销商来讲，过去的路走不通了。时代大考的挑战就是，即使你没有做错事，但是在未来的新时代里，没有给你的老方法预留任何的奶酪。也就是说，你还是在继续过去的动作不变，即使你做得多好，结局和下场恐怕都是非常不乐观的。

对几个流行谬论的看法：

（1）中间商消亡论。这个论题不值得长篇大论的驳斥。

第一，到目前为止依然有85％的物品通过渠道去完成价值交付。这是一个基本的事实，在很多行业都存在。所以怎么能说中间商消亡了呢？这是不符合常识的判断。

第二，即使未来只有50％的物品是通过渠道来完成价值交付的，对于中国这样的市场来说，这50％的份额也是一个巨量市场。也就是说，假设五年以后只有50％的商品是通过中间商来完成的，那么可以明确地说，五年以后的这50％也是今天85％总量的一倍。也就是说，整个渠道分销的市场规模还会扩大一倍，经销商赚不到钱，被淘汰了，还能怪市场吗？所以，中间商消亡论是一个谬论。

（2）B端电商改造论。关于B端电商，笔者一向的看法是这么几个基本观点。B端电商是存量效率的优化，它不具备任何增量的功能，尤其是不具备新品推广的功能。很多人认为B端电商未来是新品推广的一个非常好的方式，但是他忘记了，如果把新品推广只是当作铺货，那么B端电商的效率有可能还会高一些，但也只是有可能，包括所谓的供应链解决方案。但是今天去成就一个新品绝不仅仅是铺货这么简单。把货铺下去，在终端里不能动销，这些货都是厂家再去压上去的。这不就变成图书公司的销售模式（赊销、并允许退货）了吗？图书销售的模式只是适用于图书本身，对其他商品不适用。如果是赊销又允许退货，这种销售模式的厂家只有一条路：死的很难看。所以，借助B端电商推广新品是一个理想化的想法。

还有对 B 端电商的判断：虽然很多厂家还没有真正的对 B 端电商进行深入合作，目前 B 端电商份额不大，包括 BAT 进来以后也没有造出太大的势能。但非常重要的是，如果 B 端电商能够产生效率革命的这么一个效应，那么大品牌的厂家会率先采用 B 端电商这个渠道。也就是说，如果经销商是代理大品牌的，特别是知名品牌的经销商，品牌越大，经销商越危险。道理非常简单，厂家要是能通过 B 端电商走量，经销商的意义就没有了。笔者的预测是，大品牌未来会先率先采用较成熟的 B 端电商渠道，那就意味着所有做大品牌的经销商将处在风口浪尖上。如果不做预先防备，一旦 B 端电商成型，先死的，一定是这些大品牌的经销商。

（3）经销商联盟论。现在有很多经销商联盟，说抱团取暖，或者加入平台，既然做不了平台，就去做插件。如果既不想加入平台也不做插件，那就抱团自己建一个平台，这就是所谓经销商联盟，不管是本地的还是跨地域形成的联盟的基本做法。我认为，加入平台，尤其是加入 B 端电商平台的经销商，基本就是自杀。所谓抱团取暖的经销商联盟，只会是两个结果：要么就是中小参与者有本事把带头大哥（控股或大股东的大商）给掏空了；要么就是给带头大哥做了嫁衣。不过无论是哪个结果，都是一场浪费时间的春梦。

经销商究竟应该怎么办？

从经销商本身来讲，它是对未来充满着一种不安全的焦虑，过去有现在更严重。但是笔者认为最重要的是经销商没有具备永续经营的这个观念。深刻地说，就是经销商只是把自己的生意，看作是依附厂家之上的，没有自我的生意管理。经销商首先应该在这个问题上有一个很大的觉醒。虽然经销商是通过跟厂家做交易获得利润，包括跟厂家打交道去获得成长。但是经销商本身并不是一个仅仅依附于厂家的生意体，必须要有自我的生意模式、自我的发展战略。这是我们中国经销商最缺的问题。

经销商出路就是必须要成为智商，就是真正的以自我的资源和企图为核心去构造一个新型的生意系统。当经销商变成独立自主的一个生意体之后会发现，经销商的盈利结构不仅仅只有进销差价，而是一个涉及企业的经营战略、运营工具和人员系统优化的过程的自然结果。也就是只要你转变一下思维，改变盈利模式，不但能更好地跟企业进行合作和配合，还能获得自主发展的空间。

在此基础上,开始重新规划新的盈利来源,可以运用"经销商盈利九道"去重置的你的生意系统,重新规划你的盈利模式,真正获得自主的发展空间。

二、新大众化品类

新大众化品类能不能成功,要看新产品能否"闯三关":为创新买单;为匠心支付溢价;为情怀而自愿持续购买。

2016年的双11,天猫再次刷新单日交易新纪录1207亿元,但从厂家到商家到消费者甚至资本市场,都失去了两年前的兴奋,多了一份质疑:有多少刷单泡沫?存量转移有多大价值?很明显,电商的"历史先进性"光环在消退,一个"存量搬迁"为主(至少90%以上)的交易平台,展露其一将功成万骨枯的狰狞面目。

另一方面,昔日的新老龙头企业,多少如日中天的曾经,正变成了雨打风吹去的落寞:凡客、小米、百丽、新一佳、娃哈哈、可口可乐、宝洁、康师傅……从制造商到品牌商到零售商,消费品价值链上的龙头老大们,日子都不好过。为什么呢?说好的"消费升级",到哪里去了?

以笔者对近三年,特别是移动互联时代发动的消费升级"运动"的观察,结论只有一个:消费升级变成只闻楼梯响,不见人下来的原因是,绝大部分的"升级性"产品都是伪需求,包括但不限于匠心、匠品、情怀、爆品等。

这类产品都是在玩包装、玩起名字、玩讲故事、玩做PPT设计、玩商业模式创新、玩企业估值,没几个踏踏实实做市场、认认真真做产品。

这些伪创新产品,无非是两个"套路":

要么是压缩了部分渠道环节,让零售价略有降低,比如原本价格虚高的海鲜、茶叶等,这是产品创新吗?

这仅仅是**产品渠道创新**。

要么是起个名字、设计新VI,价格翻了一倍,比如煎饼、牛肉面、小龙虾等,这是产品创新吗?

这只是**产品包装创新**。

上述两类"创新"套路都不是真正的产品创新,因此这类产品激发的消费，必然是伪需求。

伪需求有四个特点，让这类产品"做不大、活不长"。

第一，消费人群不够大，对这类"硬造性场景"感兴趣的都是小众，关键是产品落不到真实的大众生活里去，产品没有扎根。

第二，消费动机一阵风，是受人情驱动的冲动到后悔的购买行为。

第三，供应链的伪创新，产品品质、供应稳定都不过关，生产者抱着打一枪换一炮的投机心理。

第四，没有与主流渠道对接，市场势能无法放大。创新的传播与渠道：微商形同老鼠会，网红变现靠卖肉。这些凭借自发的人海战术制造出来的销量泡沫，卖产品的人多于买产品的人。不要说击鼓传花还能传多远，这种蜻蜓吃尾巴的小圈子循环，是个可持续的正常生活与正常商业吗？

的确，现在"不正常生活"的人太多了，所以出现一堆"不正常的商业现象"。这是伪需求看起来风风火火的社会背景，直播、网红、微商、众筹，大部分是一场不正常人类的集会趴。产品一大堆，个个是大神，其实大多是短命的泡沫，过把瘾就死了。

有没有值得一提的产品创新呢？当然有，比如酒店里的新品牌：亚朵。

短短3年，覆盖62个城市，在如家（200元）、汉庭（300元）、全季（400元）之上，开辟出了一个价格在500元/间/天以上的舒适型连锁酒店产品，他们称自己为"新住宿主义"：向消费者提供的不仅是一张睡觉的床，还有书吧、摄影、办公、轻居、公寓、吴酒铺子，甚至还将一间新开业的酒店变成一场"浸入式戏剧"（The Drama）舞台。

酒店生活化，看起来不可能完成的任务，亚朵用三年竟然实现了初步的规模化。2016年12月23日，亚朵获得1亿美元投资，去展开其商业梦想。

亚朵，是真正产品创新创造的真需求、真消费。这并不容易，空喊创新、匠心、情怀是容易的，到了为创新买单的时候，人就跑了一半；愿意为匠心支付溢价的，又跑了一半；因为情怀而自愿持续购买的，剩下不到10%。一个新产品，要闯过这三关，没有过硬的产品、不是实质的创新、缺乏持续改进的精神，都只能折戟沉沙。

亚朵做到了，而且做出了规模，还在向更大规模迈进。这个案例给消费升级类产品哪些启示呢？2015年11月偶然接触亚朵的时候，亚朵的酒店数量只有6家，仅西安、杭州、上海三地开业，不到一年，开业酒店超过80家，签约酒店总数达到232家。亚朵俨然成为一个新品类：人文舒适型酒店的代表。亚朵也带动了酒店业由经济型、便捷型向舒适型、人文型的品类升级。

举亚朵的案例，是为了避免有人只看到失败、看不到成功就否定消费升级、主流换挡的客观必然性。本书也不去解析亚朵的成功原因，而是提出破解大众化品类困局的五点意见：

第一，大众化品类的升级，必须是实质性的产品创新。在原有产品上的优化、变换包装设计、包装形态、品牌名称，都没有用。

一分价钱就是一分货，不要以为可以用漂亮的设计、情怀故事、匠心糊弄消费者。消费者会为真正创新、有价值的产品买单，甚至支付溢价，绝不会对伪创新付出真金白银。

第二，产品创新的要素要完整。从供应链到产品形态，从定价到品牌，缺一不可，半推半就的产品创新，很难获得持续购买。

手机里做奢侈品的，诺基亚旗下的VERTU、茶业里的小罐茶，在包装创新乃至门店创新上，都做到了相对的精益品质，但想要融入目标人群的生活中，还是有云泥之隔的差距。

第三，新主流就是新产品，新产品必须有新品牌，新品牌要提出代表主流的消费价值观。

比如亚朵从最早的舒适型人文酒店到酒店生活化，到第四空间，到最近的新住宿主义，品牌主张一路围绕"背包客"对于住宿关键需求的敏感点，提出吸引眼球、特别是不同于"传统的"酒店理念的新思维，站在时代进化的观念制高点上。

新消费当然是心智之战，可是心智之战的基础是什么？不是凭空造概念，发明新名词，而是社会分层背景下，击中符合品牌战略的社会思潮、目标人群情绪与兴趣点。本质上，心智战是一场观念战，只有观念的转变，才能让心智认知变成真金白银的市场份额。

第四，新大众化品类不是低端化，也不是奢侈化，必然是中端品牌率先崛起。

中端品牌崛起的诀窍，并不是低端产品的升级，而是高阶产品（甚至奢侈产品）的降维打击。消费者很难接受一个低端产品改换门头的涨价行为，除非该品牌实现一定程度的供应垄断；相对容易接受高阶产品的"降维化变形"：用三星级的价格，消费五星级的产品，即超值，永远是最佳的产品驱动力。

第五，最后一条规则，一切不能**撬动 C 端购买、持续购买**的产品创新，都是伪创新、伪需求。

新大众化品类的困局，原因不在市场，也不在消费者，失败的无足顾虑，新主流的巨大商业空间，呼唤的是真英雄，不是投机分子。

无边落木萧萧下，病树前头万木春。主流换挡是大势所趋，做好真正的产品创新，做好整体市场运营，是占领新大众化品类的唯一途径。

三、小程序：重构商业场景的新力量

2017 年 1 月 9 日，微信的小程序悄然而至，刷爆当天朋友圈与微博，互联网达人、互联网媒体、互联网创业者无人不谈小程序。

如同所有 BAT 发布的新产品，在收获早期关注的同时，依然形成两派意见：一派是颠覆派，属于创新里的极左式思维，习惯将每一次新动作都看成是对原有体系的革命，颠覆、取代、有我无你是他们的口头禅；另一派是保守派，包括中间派，习惯将所有的新东西与原有的东西进行比较，得出的结论都是本质没有变，新东西里没有多少新元素。

先谈网络时代的这两种类型，因为这是新生事物里最困扰人的地方。严格地说，两派观念都没有全部猜对过对新事物的判断。百度的企业号、阿里巴巴的来往、支付宝的校园生活、微信的应用号、锤子手机，极左派们的欢呼都错了；微博、微店、微商、小米手机、摩拜单车，保守派的质疑都错了。

小程序来了，两派观点也很难说谁对谁错，但试用过第一批发布的 100 多个小程序，却可以对小程序的逻辑及其潜力所一番探究。现象在变，现象背后的逻辑确实变化不大，把握底层逻辑才能透过现象看到本质、趋势与未来。

在笔者看来，小程序可归结为"一新 + 多旧"：

第一，"一新"，即张小龙说的即用即在，用完即了，这就是说，不用如Native app那样，要到苹果、安卓商店去下载、登陆、注册才能使用了，这就是用户与应用之间的"最短距沟通"，小程序的确实现了。

第二，小程序在"一次"的应用场景下，已经为运营方收集了用户信息：微信号ID、昵称、位置，甚至电话号码，这不就是用户数据库的基本信息吗？小程序在用户"一次"的动作里，完成了"集客"的基本要件，这是最方便的集客过程。

第三，每一个小程序都是一个独立的应用，也就是说，所有在Web、App、微官网、公众号、H5里面能够实现的功能，小程序都能实现——如果这个还不叫有野心，那就没有什么叫趋势了。小程序是吹着解放互联网的口号降生的，微信难道真的会成为"一切连接的入口"，另一个App-Store吗？如果是，那可是等于"另一个"互联网世界：微信+小程序要取代的不是Native App，而是WWW！

第四，小程序的人为限制：不能在微信里通过长按二维码进入，只能在微信环境下打开摄像头扫描连接；必须搜索小程序全名；不能分享到朋友圈只能分享给好友（含微信群）。人为就是故意如此，而不是必须如此，也就是说这些限制随时可以放开，这个"梗"是给未来的放大预埋下的"雷"。小程序的运营者要关注的不是现在的梗，而是未来引爆地雷的红利。

第五，张小龙说小程序的目的，是"用即用即走的方式激活线下的弱连接场景"，这是个"套"：诱导运营者、用户对线下场景的重视。但是，小程序没有限制线上的交易渠道，你在"美团外卖+"小程序里可以下单，这与在美团APP里下单过程是一样的，谁说小程序只能有线下应用场景？

有人说，小程序意味着2017年是微信线下实体店元年，说这话的人似乎忘了：大部分门店都可以支付宝、微信扫码支付，有的还有公众号加粉。再往前几年的O2O热里，腾讯推过线下门店雷达搜索的场景功能。小程序除了上面说的四点之外，难道有什么革命性的门店利器吗？仅仅是一个人为的扫码进入策略，就当成小程序的本质，未免太天真了。

小程序这五个"一新"思维及技术，的确是有创造性的，互联网技术真是不可思议的速度。想一想，如果微信要承载几十万上百万小程序的运行，这得是多大的技术支撑？如果不是依托于微信这样庞大的"内联网"母体，都不知这样的创新如何可能。所以毫不奇怪，1月12日，支付宝的小程序在筹备上线了。

理解了"一新",再来看看小程序的"多旧"。

小程序是公众号,即另一种表现形态。小程序可以自定义,用户界面可以无限设计,代表的是今日头条、汕头生活、好奇心日报、开眼视频、腾讯视频等。自媒体类的桔子创投内参,索性将其页面设计成微博格式。

小程序是微官网,即电商App。微信里的微官网需要在公众号(服务号)的底部按钮进入,小程序则是一步进入,产品展示、支付都与微官网一样。典型代表是拼多多、好药师优选、微官网里的搜索、LBS定位匹配等功能,小程序都能实现。

小程序是App,即原来的Native App增加小程序的入口,如滴滴打车、摩拜单车、美团外卖、分答快问等。

小程序是小工具,如知了交通、约会来也、嗨图、小D词典、你会说话吗、博卡名片王等。这些应用提供一个场景性应用工具,用户自己编制个性化信息。这一类生活服务工具、办公工具等会形成一个庞大的小程序工具箱。

小程序是SoLoMo,即社交-位置-移动。摩拜单车是一个典型的SoLoMo式应用,即通过位置定位(LBS),推送位置周边可选择服务信息。基于位置的订单,都可以用类似小程序解决。

小程序是O2O(线上线下一体化)。笔者早就说过,O2O绝不线下到线上,或者线上到线下,第一轮O2O的失败,大部分是走到了上述错误观念的坑,即在这种"单向O2O"思维下,非要改变用户的购买习惯,如嘿店的案例。实际上,O2O的核心是连接、一体化,而不是改变用户习惯。现在小程序给了O2O建立品牌与用户的连接,一个更方便的渠道。

小程序是SCRM(社交用户关系管理)。从小程序本身来说,它只有沉淀用户信息的功能,没有支持CRM管理的功能。但如前所述,小程序是更方便、更灵活地获取用户基本信息的入口,也就是说小程序是新的"集客利器"。付费性的分答快问,其实就是一种社交用户关系管理。

让我们总结一下:

小程序 = 公众号 + App + 微官网 + EC + SoLoMo + O2O + + SCRM + Tools + ……

可见,小程序实现了众多(先不说所有)旧应用的全部或部分功能。

小程序与这些旧应用的区别是什么呢？这涉及用户为什么要在旧应用之外使用小程序。

在笔者看来就一点：小程序不绑架用户。用户非常自由地使用小程序，可以用完就删除，留着也不会被打扰。

有人说张小龙反对营销，笔者想，张小龙是反对"流氓式营销"，即不征求用户同意的骚扰或强制行为。这种流氓式营销不仅不是真正的营销，也违反互联网精神，是互联网与营销的逆流。

小程序的红利是什么？尤其对于企业来说，有什么好处？

从品牌角度看，小程序提供了微信环境下，展示品牌更丰富的方式：图文、语音、视频已经全部打通，品牌可以更简单的方式将更丰富的内容，让用户感受到品牌的内容。

从销售角度看，小程序就是一个方便的电商入口，可以立即产生订单。

从社交角度看，小程序可以进行社交分享、完成集客、获取用户信息，而且可以让分享信息更具创意，或者说病毒性。

从O2O的角度看，小程序可以方便地完成线下门店，甚至商品与线上的连接。

因此，我们的看法是小程序对于企业的核心价值在于两个层面：

一是降低了品牌集客的门槛，过去对App、公众号等方式集客觉得运营成本很高的品牌，现在可以通过小程序实现高效、低成本的用户信息（即粉丝数据）获取。

二是借助小程序灵活的内容承载能力，发动营销战役。小程序比公众号、H5具有更大的内容势能。

小程序已经打通了传播、支付、社交、数据、线上、线下、位置等所有互联网世界与实体世界"经脉"的无缝连接。也就是说，企业通过小程序实现在互联网上的所有功能。

所以，用小程序重构商业场景，尤其是基于小程序设计品牌营销、产品销售的新场景，这是小程序的最大红利。

笔者在2013年就提出"三个世界"的理论，现在看来，小程序就是第三个世界的完整版。

BAT之间的每一次交锋，都是为了两个核心：要么是改变潮水的走向，要么是重新划定沟渠的边界。小程序，一场改变潮水方向的大杀戮。

改变潮水的走向，就是对用户流量的源头掌控；重新划定沟渠的边界，即对于总流量的流向、规模，划定各自的疆域。

百度占据 Web 搜索的源头，淘宝、天猫占据电商 80% 购买者流量的源头，新浪微博占据 2.5 亿注册用户的流量源头，而微信，占据 10 亿（用户 IP）的流量源头。微信从源头上，已经具备比百度、阿里巴巴更大的优势。小程序是不是微信改变潮水流向的大杀器，这个并不重要，重要的是拿破仑说的那句话：

首先是投入真正的战斗，然后便见分晓。

四、 关店潮下的未来门店

从百货商场到大卖场到品牌连锁门店，接连不断地关店消息令实体店胆寒：百盛、华堂、万达、玛莎、新华都；卜蜂莲花、乐购、沃尔玛、人人乐、新一佳；李宁、佐丹奴、美邦、达芙妮、百丽……

从 2013 年李宁等运动体育用品关店潮开始，各行业的品牌连锁门店、百货商场、超市先后加入关店潮中。2015 年耐人寻味的消息都与沃尔玛有关：一是沃尔玛宣称要关闭中国三分之一门店；二是沃尔玛全资收购一号店；三是亚马逊营收超过沃尔玛，成为世界第一零售商。

如此，继淘宝系早已成为中国零售第一后，世界零售的格局也终于改变了：网上交易平台超过线下连锁零售门店已成定局，毋庸置疑。站在这样的背景看中国零售业的关店潮，可以对当下面临的状况做出清醒的判断。

关店潮的本质是去泡沫化

也就是说，过去依靠疯狂开店实现增长的模式路径，已经到了尾声（当然，对于新创平台，从表象上看，在短期内开发门店是增长驱动力，如 1919 酒业连锁）。对于已经拥有大量门店的品牌来说，门店运营效益的如何维持是个头疼乃至致命的问题，不仅门店的进店人数规模停滞不前，进店后的成交效率也在降低，确实有大量的消费者从线上被截流了，或者说是被线上的多选择扰乱了心神，购买决策过程变得复杂，企业的营销成本上升、收益下降。这是营销的痛苦时刻，依靠传统的店长激励、店员打鸡血、提升服务水平，都不能解决这个根本困境。

根本困境是消费者的购买决策路径发生了不可控制的改变：接触途径、影响因素、购买渠道、关键决策因素都发生变化。品牌连锁门店仍然是品牌购买的首选，但是认牌购买的人群却在减少，意味着企业的品牌形象（或传统品牌资产）投资的收益在减少。传统门店运营的那些"抓手"失灵了。

新的抓手在哪里？未来门店应该怎样才能再次辉煌？

未来门店究竟是什么形态？

从2014年起，笔者一直说，电商对门店形成一定的分流，但不是颠覆，**移动电商恰恰是门店的机遇**。可惜听明白的并不多。

移动互联网拯救了门店，O2O（线上线下一体化）是未来一切企业的基本形态。也就是说，无论线上、线下，无论两者怎么来去，本质都只有一个：抓消费者。具体说是四个关键节点：**吸引（点击/进店）、规模（流量）、转化（成交）、黏性（重复购买、口碑）**。

零售门店本身首先要进行软硬件（即产品概念层面）的升级：门店不再是货架+PG（导购）+收银，而是用户体验+粉丝入口。这不是简单地增加休闲座位、改变装修风格、增加互动电视屏、提供免费WIFI、到处放置二维码，或者如嘿客一样提供商品选购触屏等就可以解决的。

企业需要对门店本身进行新门店概念设计，依据各行业消费者特性，提供一个新的场景化解决方案，让顾客购物体验更流畅、更方便、更舒心。需要提醒，这才是零售黏住消费者的本质。

现在很多门店新招却是新瓶装旧酒，增加了顾客接触环节，却让顾客更麻烦，比如烦琐的注册手续、冗长的兑奖认证环节等。这类新招，在产品概念上就犯了逻辑错误。

门店的集客入口化与节点化：谈零售O2O的都在强调门店的获客入口功能，门店成为获取公众号关注度、注册量的入口。但是，仅谈集客入口功能是不足的，必须与节点化联系在一起才是正解。

节点化简单地说，就是零售门店具备快递服务的智能，相当于餐饮店的外卖。显然，品牌连锁企业要研究符合本商品定位、品位的"外卖

SOP"，上门服务是 O2O 的大势所趋，消费者越来越懒，企业必须让消费者信赖、依赖自己的上面服务，这都需要一门新技能：外卖 SOP（送货上门标准作业流程）。在外卖 SOP 背后，是企业需要建立一个打通平台与门店的 UBER 系统：自动根据用户地址，分配订单到门店的 O2O 系统，这才是 O2O 的贯通一体。

实际上，在餐饮行业，这个问题被饿了么、美团外卖、百度外卖以重资产（配备订单系统、设备、配送员）的方式，以第三方外包的方式解决了。那么，其他行业呢？

未来门店的第三个形态是智能化：除了在《未来零售三板斧1：门店流量贵如金》一文所谈的智慧零售，门店智能化还有一个重要的核心：**体验梦幻化**。

体验经济、体验营销等谈的很多，但都不得要领，既没有将体验转变为战略驱动的洞察，对体验本身的理解也很狭隘，而是搞一些休息、色彩、灯光等空间软装饰层面的"新体验"。这种体验都是无根之水，没有解决门店本身的战略困境。

如果说电商分流商品采购份额，这是渠道层面的流量（购买力）再分配，部分消费者的确会被"惯坏"，养成在被窝、马桶购物的惰性，那么，门店需要思考的真正问题是：

其一，消费者真的不愿意去门店逛街、购物了吗？

其二，为什么消费者越来越不愿意去门店采购了？只是因为懒了吗？

其三，就算是被养懒了，难道电商满足了消费者的大部分需求了吗？

经过上述"三问"，所有门店运营者其实不难得出以下基本判断：

第一，消费者并不是不去逛街，更不是不愿意逛街，因为今天的逛街首先是一种社交行为，其次才是购物行为。这个认识你想到了吗？这才是关键。

第二，的确有部分消费者不乐意去门店采购了——谁还愿意在快递可以送货上门、价钱还更便宜的时候选择自己浪费时间、拎着大包小包回家呢？注意，这个判断与第一个依然有关联：消费者乐意拎与社交性逛街有关的物品，而不是牛奶、面包、蔬菜。

第三，明白上面两个问题后，门店运营者是否有点明白业绩下滑的问题了？门店货品有没有给见多识广（淘宝买家）的消费者意外的惊喜？为什么你的门店不能在消费者不想带着物品逛街时，给他一个快递到家的服务？这个不就是处理一个订单的新销售流程而已，难道很难吗？除了卖产品、卖服务，对于进店的消费者就不能再"建立关系"了吗？难道消费者会拒绝一个对购物后有服务的营业员吗？

上面说的是门店体验战略思维的转变，下面再说说体验的梦幻化，这是需要想象力与创新力的部分。

今天的消费者的确更挑剔了，这不是坏事，而是好事。如果消费者都被电商驯养成只会购物的傻瓜，那才是实体门店的真正危机。当然这种情况绝不会出现，因为变成傻瓜（如那种什么都网购的宅男、宅女）不符合人性，人性的主流是希望丰富多彩、渴望意外新奇，包括对逃离出轨都有潜在的欲望。这些都是梦幻化的人性基础。

那么未来零售门店的梦幻化是什么呢？简单地说，三个核心科技，将驱动门店的梦幻化：机器人技术、AR技术、智能家居技术。这三大技术将彻底改变门店的传统形态，让每一家门店都有机会给进店的消费者制造一个独一无二、难以忘记的"场景体验"，让消费者不但购物满意，而且愿意第二次再来。

类似的技术包括技术大规模应用的成本都在快速降低，这不是"科幻小说"，而是正在发生的现实。零售企业需要做的，是在深刻理解零售本质变化的前提下，系统规划、论证各自品牌门店梦幻化的内容、路径。

未来门店不是修修改改，而是要创新升级。其中，对现有门店进行彻底的整改，是当务之急，否则，去泡沫的关店潮依然不会停止。

驳斥"门店消亡论"

这是明显站不住脚的偏激论点，在可以预见的未来，**门店依然是零售的主战场，尽管有了新战场（线上平台）、战场的地形（新门店概念）本身在发生深刻的变化。**放弃这个主战场是错误的，固守这一个战场也是错误的，正确的方式是尽快做出O2O贯通的平台与门店的概念设计，这是战略问题。

企业要有点常识思维与逆向思维：关店潮固然痛苦，但去泡沫化何尝不是一次刮骨疗毒呢？按照目前关店趋势，到了一个临界点，保留下来的门店必将迎来一次"**幸存者红利**"。

可以确定地预言，去泡沫后留下的门店，各项指标会迎来一次惊喜的大逆转：进店人数、购买金额、盈利率等指标会大幅回升。企业需要做好提高交易效率的各项准备，否则钱来了，还在用点钞机数钱，就慢了。

关店潮是去泡沫化，企业要"去幻想化"：不跟上时代，就会被时代抛弃。

五、 未来门店的店员做些什么

未来门店三板斧实际是三个基石：战略层面：从客流到金流的智能门店架构体系；运营层面：基于O2O（线上线下一体化）的门店体验梦幻化设计；执行层面：门店服务人员的新作业技能。

任何门店都只有两类人：店长（包括后勤支持人员、VIP客户部）、店员。店长负责VIP客户（老主顾、大客户、集团采购等）是古今中外优秀店铺经营的惯例，这个行规，任何时代也颠覆不了。至于店长是自己亲自管理，还是带领一个VIP团队，从环节上看是一样的。店员职能就相对简单，迎客、服务、成交、处理售后等。门店业绩，就是店长与店员成交额的总和。

那么，门店的这两个价值链环节，在移动互联时代究竟要做些什么？与传统的店面服务有哪些不同？答案只有一个：分布式、互动式顾客管理系统。

传统门店的困境

传统门店的"三低"困境：进店客流量低、客流转化率低、客单价低，是结果，也是表象。"三低"困境的真正原因是传统门店里店员的顾客管理工具已经全面落后了，落后于移动互联这个时代。

从豪宅装修、集成厨房、教育服务、保险等"深度涉入"产品，到家用电器、百货、服装、零食、餐饮等浅涉产品，传统门店店员的作业技能都是相同的三板斧：

打鸡血（情绪鼓动、奖赏刺激、团队文化）；

成交技巧（话术、仪态、道具等）；

报表管理（销售记录、顾客档案）。

打鸡血、硬推销的后遗症，是过度热情骚扰惊吓了顾客；顾客档案录入后，大部分变成了死记录，导入顾客关系管理系统后，变成垃圾短信的浪费营销。

很多门店店员的培训已经看出上述问题，开出"用心服务"的药方，可是，由于缺乏真正能够落实"用心"的工具，用心服务还是落入打鸡血、成交技巧的老套路。

传统门店服务有两大流派：一派重心是深度服务、极致细节，代表是五星级宾馆；另一派重心是增值服务，贴心顺畅，代表是海底捞。究竟应该学哪个？没有统一答案，要明白两个标杆门店服务的背后逻辑。

五星级宾馆记录了入住客人的详细信息，常客的细节信息更完备，喜欢的房间、喜欢的餐厅、喜欢的餐点等，让入住的客人有回家的感觉；海底捞是流水席，经常需要等座，所以就发明了消除等座烦躁的各种"额外"服务，而且有专人负责，这其实等于将就餐服务服务前置是个很简单的设置，目的是留住顾客，让顾客感觉舒服。

五星级服务技能需要高素养的培训，相对简单的海底捞竟然也变成了"学不会"，或者学不了。其实是不明白背后的道理：对海底捞来说，五星级老顾客的服务是不需要的，因为海底捞的流水超过接待能力，翻台率是核心。反之，五星级宾馆也不需要学习海底捞的做法，五星级宾馆的顾客需要更细致、更深入的服务，满意度甚至惊喜度，是五星级服务期待的顾客体验。

因此，每个品类的门店服务，并不是简单的到处学高招的问题，而是要深度解析各自门店的基本状况与问题，解析出需要解决的关键问题，才能设计出有针对性的员工作业流程（SOP）。

即使如此，在新的时代面前，传统的门店服务方法论也陷入困境。对大多数品牌来说，门店的三低困境并没有解决，很多商场因为门店服务员比顾客多逐渐倒闭，绝大部分门店不知如何提高进店客流的转化率、提高客单价。

"三低"困境的本质，是传统门店只有冷冰冰的顾客购买，买了商品的顾客除了需要售后服务，与门店几乎不再有互动与关系。这样在平台电商、社交电商的冲击下，消费者不断地被截流，企业的电商等于自杀，等客上门的门店越来越门可罗雀。

平台电商对于实体门店的确是分流消长的关系，移动互联却是实体门店重振雄风的救星。实体门店自带流量，可是实体门店还没有掌握"流量炼金术"！

六、 新天网门店：真正的战斗在门店之外

移动互联营销有三个核心特征：**品牌直达消费者、品牌与顾客的交互性、媒渠一体化**。没有做到这三点的营销，都是传统营销，做到这三点，才算是进入移动互联营销的大门。

做到这三点，绝不是开通微博、公众号，进入电商平台、构建微官网、品牌 APP，在社交媒体上投放广告，或者搞阶梯奖励（三级分销）、微商、社群销售、二维码吸粉、H5 传播等。这些都是招数，无所谓好坏，但有没有效果、效果大小、投入产出比如何，要看企业的战略服务系统是否"移动互联化"。

什么是门店服务的移动互联化呢？简单地说，就是要**像传统门店顾客服务（地网）一样，再织一个"线上顾客服务"（天网）系统，并且让地网与天网无缝链接**。

实现"天网门店"的并不是"触电"，即建一个电商运营系统，而是装备了 O2O（线上线下一体化）系统的店员（含店长）及管理系统。也就是说，天网门店，就是**将总部（管理控制层）与门店（店长＋店员）的每一个人链接在一起，即以"个人"为节点，建立一个天网门店体系**。

再说一遍：未来门店的服务就是**为每一个店员装上移动互联工具的天网门店，让天网与地网打通，融为一体的顾客服务系统**。这个系统不需要尖端科技，也不是黑科技，而是基于人性的操作系统，就像地网门店里的服务流程一样。

因为这个系统是将门店店员全部囊括的，所以这个系统的架构必须是分布式，而不是集中式；必须是全员运维，而不是专职部门运维。

只有实现了分布式操作，才能将品牌与顾客的互动交由每一个店员去操作，而不是像传统门店一样，是由一个特殊的部门（市场部、客服部

等)的少数人去操作。

这就是说,每个店员都是品牌的线上大使,每个店员都可以在系统上,完成从集客、成交、会员到 VIP、老客户的闭环。

特别强调一下:这一切都必须在不影响店员的线下作业内容,却又能更方便、更轻松、更有效地推动销售,也能增加店员的业绩奖励,天网门店从本质上是驱动增量———增治百病。这就会形成新的店员业绩考评体系,可以看到集客数、转化率、成交率、复购率、老顾客比例等关键业绩指标(KPI),天网门店系统于是形成。

有了天网门店系统的支持,再导入各种移动互联营销工具、技巧,发起新媒体攻势、社群营销攻势、促销攻势、品牌公关攻势等,就如虎添翼。没有分布式、互动式"天网门店"系统,不将全体店员动员起来投入天网门店的运维,门店就始终是一座沉睡的"流量金矿":不挖肯定是白白流失,挖而不得其法,也是没有找到矿脉的淘金客,累死也挖不到真金。

传统的门店,是销售的最后一米,这是地网门店;新的天网门店,是顾客流量滚雪球的第一推动力。既然"三个世界"已经将人群分成了三种生活形态,没有天网门店,传统门店当然只有被分流、被分割、被挤压的命运。

未来零售也需要升级换档,未来门店已经在破题改革的日程表,不与时俱进,不架构天网门店,固守传统门店只会死路一条。因为大势面前,你不变,你的对手会变。

我们的结论清晰明确:只要有线下门店,就必须从战略到战术,导入"天网门店"系统,才能唤醒线下门店沉睡的流量,释放店员(全员到全民)营销的惊人能量。这是未来门店服务升级的唯一方向。

七、 天网门店的 11 条关键定义

(1)移动互联营销有三个核心特征:品牌直达消费者、品牌与顾客的交互性、媒渠一体化。没有做到这三点的营销,都是传统营销;做到这三点,才算是进入移动互联营销的大门。

(2)传统的门店,是销售的最后一米,这是地网门店;新的天网门

店,是顾客流量滚雪球的第一推动力。既然"三个世界"已经将人群分成了三种生活形态,没有天网门店,传统门店当然只有被分流、被分割、被挤压的命运。

(3)什么是门店服务的移动互联化呢?简单地说,就是要像传统门店顾客服务(地网)一样,再织一个"线上顾客服务"(天网)系统,并且让地网与天网无缝链接。

(4)实现"天网门店"的,并不是"触电",即建一个电商运营系统,而是装备了O2O(线上线下一体化)系统的店员(含店长)及管理系统。

(5)天网门店,就是将总部(管理控制层)与门店(店长+店员)的每一个人链接在一起,即以"个人"为节点,建立一个天网门店体系。

(6)未来门店的服务,就是为每一个店员装上移动互联工具的天网门店,让天网与地网打通,融为一体的顾客服务系统。这个系统不需要尖端科技,也不是黑科技,而是基于人性的操作系统,就像地网门店里的服务流程一样。

(7)这个系统是将门店店员全部囊括的,所以这个系统的架构必须是分布式,而不是集中式;必须是全员运维,而不是专职部门运维。

(8)每个店员都是品牌的线上大使,都可以在系统上完成从集客、成交、会员到VIP、老客户的闭环。

(9)天网门店系统不影响店员的线下作业内容,却能更方便、更轻松、更有效地推动销售,也能增加店员的业绩奖励,天网门店从本质上是驱动增量——一增治百病。这就需要形成新的店员业绩考评体系,可以看到集客数、转化率、成交率、复购率、老顾客比例等关键业绩指标(KPI),天网门店系统于是形成。

(10)线下门店必须从战略到战术,导入"天网门店"系统,才能唤醒线下门店沉睡的流量,释放店员(全员到全民)营销的惊人能量。

(11)天网门店系统,不是为平台做嫁衣裳,而是成就强势零售品牌的实效之路。

中国快消品营销这些年

2017 年

一、导致销量下滑的 11 个昏招

春节后各公司第一天上班，大多是开会。公司的目的是拜年、收心、聚气、鼓气。公司员工呢？新老大员们，要谈规划、树雄心、定考核、表决心、立军令状。当然，会议结束后，公司的、小团伙的酒桌上，再煮酒论一次英雄。

可是，立下军令状，2017 年就一定会比 2016 年好吗？过去两年的数据已经显示，2015 年、2016 年，大多数品类的整体销量增长都在放缓，甚至已经连续两年出现"数量增长的封顶"，即行业龙头企业率先"总销量下滑"；2016 年年底到 2017 年年初的目标达成率只有 50%，环比增长率是负数。老大都在下滑，都实现不了增长目标，对于大多数第二、第三集团的企业，凭什么去保证 2017 年能扭转乾坤呢？

在这种背景下，不要说军令状不是保障，那些什么模式创新、管理创新、预算规划等，也恐怕是官样文章。

治疗头痛的方法，不一定是在头上做手术，但无论是从哪里入手，不能将治头痛偷换成治脚气。也就是说，开出的药方还得是治疗头痛。

同理，诊治增长乏力的方法，必须是解决销量下滑的病根，而不是变成组织管理，或 KPI 考核方法的选择。

企业当前要解决的是，认清销量下滑的真实原因，特别是认识到自己的昏招，才能找到解决下滑、重启增长的方法，这样的并力一向、鼓舞士气，才有可能在总体形势不乐观的大背景下，走出自己的小行情。

下面解析销量下滑的根本原因，尤其是导致销量下滑的昏招，企业可以对照检查，看看自己中了几招。

销量下滑的根本原因，也是核心症状，只有一个：产品卖不动了。也就是说，要解剖销量下滑的根源，唯一的方法是从"产品的销量数据"，以及各种"市场表现的量化指标"里去找，不围绕销量及市场量化指标讨论销量问题，或者做官样文章。

销量治百病，一涨遮百丑。可是销量下滑意味着有人要负责，每个环节都想把下滑的皮球踢给别人，摘清自己的责任。

关于销量下滑的各种理由：GDP 增长放缓（可惜这个理由站不住脚）、

统计数据虚假、天气不好、对手也在下滑、零售网点减少（实体门店关店潮）、电商冲击、微商分流、广告预算减少、促销力度降低、新品上市太慢、财务流程官僚、产品质量下降、考核机制不合理、企业文化有问题……

这类总结销量下滑原因，就是前面说的，把治头痛变成治疗脚气、胃病、心理等，总之听起来振振有词、有条有理，可都不是治头痛。

老子说：言有宗，事有君。就是指，说话要有主线，做事要有头脑。不要绕来绕去，不知所云，得往事上说。

一个企业，特别是占据行业前10位的品牌企业，销量下滑的根源，是自己出了昏招，主要的表现是：

第一大类昏招，主导品种销量下滑。

什么是主导产品？在企业销量结构里，占比超过10%品种，特别是销量占比第一的品种，就是主导品种。

症状1：主导品种绝对销量下滑。所有总销量的下滑，首先表现为销量占比第一的品种下滑。

除此之外，主导品种下滑还有三个附带症状：

症状2：主导品种在企业内部品种贡献率的占比下降。

很多人说产品结构要均衡，即不要过分依赖单一品种。以个性化、定制化等趋势证明"不要一枝独秀"的必要性，这是没玩过大规模销售的人才会说的外行话。企业的唯一目标就是打造主导品种，王老吉（加多宝）、六个核桃、飞天茅台，都是一个产品通打天下。产品多子从来不是多福，而是多负担，是增长掣肘、利润黑洞。

症状3：主导品种促销频繁。

如果是主导品种，特别是市场占有率高的主导品种，通常是不需要促销的金牛产品，而不是需要经常促销才能推动销售的明星产品。主导品种经常促销，通常是下滑的信号。

症状4：主导品种毛利下降。

很多人都接受这个暗示：销量大，必然毛利会下降，因为渠道、终端为了争夺顾客，都会主动降低毛利空间。这是销售里最常见到的思维定式，但这种观点是错的。毛利下降的真实原因是管理意志松懈，与前面对总量下滑、占比下滑、频繁促销习以为常一样，是最终导致销量下滑势不可挡的昏招之一。

毛利下降的根本原因是两个：一是没有使用"定价策略"去主动"调节"（说调情也可以）市场，比如不敢涨价，却习惯降价；二是对渠道价值链各环节的合理毛利缺乏统筹规划。

上面四个错误只要犯了一个，就等于让主导品种走上了"缓慢死亡"通道。当四个错误都犯了的时候，接下来的就是兵败如山倒，不可收拾。

第二大类昏招，新品"三振乏力"。

现象里已经有本质的答案：大企业总是不推出新品，小企业总是新品迭出。这是举极左与极右，反映市场规律的本质。成功的新品卖出规模，就是改朝换代，就是重新分配市场江山的座次（品牌结构），比如洋河蓝色经典，但大部分新品都是昙花一现，算是潇洒走一回，或者以战术时间换战略空间。因此，在销量下滑的第二级昏招里，新品黑洞是需要关注的要点，也有三个症状：

症状5：新品置换了老品销量。

当主导产品销量增长乏力的时候，很多企业不去解决主导品种的问题，却试图用推出与主导品种近似（价格、品质、渠道等）新品去提振销量，而且作为年度营销的重点、倾斜预算等。这是用治疗脚气代替治疗头痛，结果往往是：新品增量抵不上老品下滑的销量，新品ROI（投入产出比）倒挂，新品的销量可能还没有费用多。

症状6：推出低价新品。

很多企业把推出低价新品当作抢夺市场份额的撒手锏。我们可以看到，低价如果要能成功，只在一种情况下成立，即低价是一种战略行为，其战略目标在产品的"资源链"上可以形成垄断，从而有效打击对手。这种低价产品才会成功。否则，低价只会抢夺自己主动品种的销量，包括损害自家品牌的价值定位。

症状7：新品回头率低。

新品的两个鬼门关：一是上市时的爆点，包括创意及营销资源的投入力度；二是自然回头率。普遍关注的是新品的第一道关口，这个也是合理的，但新品真正的考验是第二关。为什么过去两年，那么多爆款昙花一现，那么对新品，创业者也没有成就一个真正的爆品（小米除外）？无他，自然回头率太低。

这是新品三振乏力的问题，对于行业领先企业来说，这是导致销量下滑，包括产品更新换代青黄不接的根本原因。

第三大类昏招，运营系统落后。

落后包含两个方面：一是专业度不够；二是反应速度落后于时代。具体体现在以下四个方面：

症状8：终端占有率下降，具体说是终端的七率指标趋差。

反映终端管理效果的是"七率指标"，笔者称之为"非常6+1"，即外部市场表现六率：网点覆盖率、专销率（第一陈列率）、销量份额占有率、产品组合率、生动化陈列布置率、业务员拜访频率，加一个内部终端效益审计指标：投入产出率（ROI，终端盈利率）。

症状9：电商乱价。

电商乱价并不是指电商产品影响消费者够买，而是乱了渠道商的价盘，这才是电商价格管理的核心。消费者并不会因为在餐馆喝一瓶售价10元的可口可乐，就不在超市用2~3元买可口可乐，或者影响他在你网上以1.8元一罐包邮一箱。所以，线上与线下，产品零售价格管理并不是管理消费者，而是要考虑如何协调渠道商。很多企业因小失大，因为电商的低价影响到产品的渠道价盘，这是一个长期危险的昏招。

症状10：品牌诉求平庸。

不知是什么原因，最近3年企业在购买创意服务上越来越平庸，导致大量的说明书式广告，而缺少了让人眼前一亮的big idea（大创意）。大创意绝不是靠媒介投放，大创意就是靠创意本身的撬动力。比如统一小时光面馆的系列微电影，这是可以创建起一个新品、新品牌的大创意。

症状11：营销套路老化。

所谓套路老化，就是指对电商的机会、社群电商的机会、微商的机会、社会化新传播媒体（微博、微信、公众号、APP）的机会，缺乏清晰的发展战略。

言有宗，事有君。凡事必有主次、先后、因果，上述昏招，是按照重要性顺序降序排列。第一、第二大类的昏招最关键，是导致销量下滑的根本原因。

笔者想强调的是，放在"三个世界"大背景下，营销的战场、方法的确发生了很多革命性的变化，但有一个基本规则没有改变：销量是抢来的。

站在年头，给2017年的企业提供四条抢销量的建议：

第一，关注自然回头率。不管是老产品还是新产品，都要特别关注这个指标，这个指标里有提示销量的所有答案。

第二，开启场景激活式营销。场景激活，就是要将线上、线下、社群、门店、电商、微商等销售力量进行打通、贯通。激活场景，就是激活品牌，就是激活销量。

第三，对战斗力团队下重注。比、学、赶、超，传、帮、带、训，"团队战斗力八字诀"依然有效。重奖之下必有勇夫，赏其先得，两条激发士气的简单法门必须大胆使用。对于冠军团队，要下重注，要重奖到让没有拿到冠军奖的人心惊肉跳。

第四，发动销售战役。抢销量就是要走在对手的前面，致人而不致于人，才能斗乱而不乱，跟在对手的后面打，已经落了下风。用新武器，比如VR红包、小程序发动销售战役，实现低成本的线下到线上联动，都是事半功倍的做法。

春节圆满收官，投入真正的战斗吧。

二、 社会化营销"5即"方法论

一篇名为《三里屯多了一家价格很奇葩的酸奶公司》的文章，在短时间内便吸引3000多个粉丝自愿传播，不到24小时点击量超过10万+；组织核心用户参观生产环节，巡视所用原材料和设备，让消费者自己把关每个环节。

去年圣诞节，在发布了平安果酸奶的8小时内，再次刷新3万盒的销售记录。将定价95元的6盒酸奶，做到月均复购率25%。

这个看似异军突起的酸奶品牌，不是光明、蒙牛、伊利、三元这些乳业巨头的子品牌，而是一家叫乐纯的新晋品牌。

乐纯并不是第一家通过社会化新营销推出新品的品牌，也不会是最后一家，而是社会化新营销大潮里小荷才露尖尖角的一家。笔者3年来的观点：移动互联新营销将在所有品类市场进行深度渗透，并以品类爆品的方式诞生新品牌，如图3-2所示。

图3-2　乐纯酸奶

这是一场不可避免的产品升级大潮流，我们将这个大趋势的主线定义为"主流换挡"，即不仅新产品、新品牌会层出不穷地出现，而且最终将以"老大易位"的方式，实现升级性新产品占据主导性市场份额。

乐纯酸奶的营销实践，还不能算主流换挡，却代表了一部分消费者消费偏好的改变：愿意为品质更好的产品支付更高的价格。主流换挡的核心，就在于此。创新产品能否成为主流，就是看新品牌能否坚持到"一部分"变成"大部分"的那个时间点。这就类似从1921年上海一大会议到1949年开国大典。

怎样穿越从一部分到大部分的时间隧道？虽然隧道的尽头是光明，但这个时间隧道也是黑暗的死亡隧道，避免成为黑暗隧道里的白骨，是新晋品牌必须研究的问题。

笔者认为答案很简单，甚至只有一条路：依靠粉丝的口碑。

市场的形势已经逐渐清晰：传统的线上实体分销、零售依然占据主导份额，但渠道、零售已经深陷下滑的境况与恐惧。能销的产品低毛利，高毛利的产品卖不动，实体渠道逐渐沦为"柠檬市场"（低成本、低品质、低价格的三低产品），笔者称它的整体状况为"阴死阳活"：看起来还是庞然大物、光鲜亮丽，里面到处在腐烂、溃散、恐惧。

那么过去15年一路高歌猛进的电商呢？电商无疑是一场生态革

命,一大批纯电商消费品牌崛起,如韩都衣舍、三只松鼠等。但电商的商业模式与实体零售的商业模式,本质上是同构的:电商平台本身就是一家连锁零售大卖场。在电商平台的创新红利消失后,电商平台只能"嫌贫爱富",成为反映市场既得地位的显示器,而不是改变市场格局的助推器。

创新都是逼出来的。社会化营销在此背景下,只有另辟蹊径、再造新天地。这就是乐纯营销实践的时代价值。笔者认为具有方法论意义的最佳实践,可以总结为"五即模式":

场景即产品:传统的产品营销,是通过创意、广告营造产品的消费场景,从而拉动销售,这叫产品即场景。而我们所说的场景即产品却是另外一个路径:新的场景构成新产品。现做酸奶是穆斯林餐厅、大酒店甚至家庭酸奶机已经有的产品,用料好、供应链短、配搭灵活、口感好是这个产品的特色,街头的酸奶店正在像奶茶铺一样成群出现,乐纯在三里屯开设体验店,无疑是为了制造最大的传播效果。这就是场景即产品。

分享即渠道:有赖于电商、快递在交易、支付、物流、冷链上的巨大进步,今天的销售已经不再需要到超市的收款台进行。无论是在电商平台还是微信官网,销售可以即时完成。所以,分享本身不仅是传播,而是渠道!中街1946年雪糕,以体验店与电商结合的方式,依靠粉丝分享,拉动电商旗舰店,创造出4分钟卖出100000支雪糕的战绩。如图3-3所示。

图3-3 中街1946年雪糕

跨群即传播：在社交化传播环境里，最大的好处是社群的黏性，最大的障碍是社群的规模。所以，能不能跨群，是考验社会化营销成败的试金石。乐纯《三里屯多了一家价格很奇葩的酸奶公司》，吸引 3000 多粉丝自愿传播，不到 24 小时点击量超过 10 万+，这就是实现了产品广告到街头新闻的跨群，才能出现传播效应。如果一条广告不能实现主动的跨群转发，也就不具备传播效应。

流行即流量：实体的流量靠售点、商圈、媒体，电商平台的流量靠平台分发（买位置、关键词竞价、搜索优化等），这两种流量本质上不是兴趣驱动，也不是技术驱动，而是资本驱动，也就是有钱就有流量，流量大了就似乎是流行的逻辑。

社会化营销却反其道而行之，流量不是靠大平台的分发，而是让流行成为流量来源。最近半年被质疑、非议的喜茶排队现象，就是一种流行即流量的典型案例。当各路人马在质疑、议论"排队七小时买一杯喜茶"的时候，喜茶已经完成了"引流"。如图 3-4 所示。

图 3-4 喜茶

跨界即势能：势能是品牌的"压强"，没有压强，品牌力就弱，压强越大，品牌力就越强。过去的品牌压强，一靠创意，二靠大媒体的传播，说白了，依然是资本驱动，好创意与大媒体都需要大价钱。社会化营销却轻易冲击了昔日的品牌门槛，靠什么：跨界。

一本书、一个作者，这个不稀奇，一本书卖出 10 万册以上就是畅销书。一本书变成一部电影，势能就从 10 万册上升到了 100 万，甚至千万层级。这时候，一家龙虾店就成了网红店——千万级的品牌势能压强放到一个龙虾店（受力点）上，这家店没法不红不火。张嘉佳、《从你的全世界路过》、卷福和他的朋友们龙虾店，演绎了跨界即势能的新商业逻辑。如图 3-5 所示。

图 3-5　跨界即势能的新商业逻辑

社会化营销，是移动互联时代的新营销机会，它的本质是给新品牌、新产品崛起提供了一条新跑道。靠山、背景都不是决定性的，无限创意、无限创造、无限空间，才是社会化营销的最大价值。

三、　拥抱新营销

什么是新营销？如何运用新营销？

没有未来的营销，只有正在发生的新营销

现在如果还认为谈论的"新营销"是"未来的"营销，那么就真的让人沮丧了。就以《销售与市场》发表的历次营销思想总结为例：

2012 年，提出了"云营销"的概念，也就是在电子商务、社会化媒体崛起、一云多屏无缝链接的终端世界、消费者的云生活方式（各类网上销售的产品与服务）等市场驱动力之下，以云技术驱动的云平台让云消费形成商业闭环。由此，商业结构、市场结构、媒体结构、营销模式、管理模式，甚至企业模式都在演化出新的元素。

今天整个社会尤其是消费端，以及与消费相关的供应端（零售终端、渠道商、企业、商业平台等）都完全实现了云端化。如果还有谁对于云时代是什么都不理解，那就连信息时代的门还没有进入。

2014年，在未来商业形态的格局与趋势的探讨里，再次对移动互联的崛起做出判断：三个世界（实体销售、平台电商、移动或社交电商）是未来商业模式的基本格局，贯通三个世界的O2O（线上线下的一体化）是未来企业的主流商业模式。

今天，BAT们大举进军线下，一场网络技术全面改造传统商业乃至社会的潮流已经形成。马云提出的"五新"战略涵盖了新制造、新零售、新金融、新技术、新资源。在零售门店收购、投资新兴制造、成为最大的软件技术公司、蚂蚁金服的金融新模式、以大数据为核心的新资源布局，马云的五新绝不是未来预测，而是阿里巴巴集团正在落地的战略蓝图。

在这样的新背景下，讨论线上线下一体化有没有可能、有没有必要已经是个可笑的问题。所有与时俱进的企业都在研究如何通过线上线下一体化实现从大数据里攫取更多商机与盈利机会。

虽然只有短短的五年，时代的变化如此之大，作为中国营销最权威声音的销售与市场也屡次专题讨论过新营销的背景与趋势，而且事后都被证明预测准确，为什么营销界还在讨论未来的营销是什么呢？

哪里还有什么未来的营销？最近五年新出现的营销工具、营销渠道、营销方法，已经足够清晰地勾勒了新营销的基本框架。

框架1：三个世界是基本格局。陆（线下实体）海（平台电商）空（社交电商）三军的结构与重点，是所有规模化企业必须具备的营销能力，也给新创企业、中小企业迈向规模化提供了新路径。

框架2：O2O一体化，一切渠道皆媒体，一切媒体皆渠道，一切媒渠皆数据。盒马生鲜的新零售示范、B端电商的区域割据、自媒体大号、网红直播的销售能力，都是传播、渠道、销售、推广的一体化、即时化。营销已经出现不容小觑的新战场，在新战场里诞生每天都在诞生新物种、新品牌，乃至新独角兽企业。

框架3：中阶的升级性消费成主流。个性化、审美化、生态化成为消费驱动力，这是刘春雄老师与笔者2014年提出的，中国市场的"主流换挡"趋势。如今三种松鼠超过洽洽、方便面整体下滑、饮料老大总量下滑、精酿啤酒爆发式增长、经济型连锁旅店向舒适型连锁酒店升级，过去的双低产品（低品质、低价格）加速没落，三高产品（高品质、高价格、高价值）一旦破局、势不可挡，都证明主流换挡的速度正在加快。

仅仅举出上述三点最重要的变化与框架，就可以看到，商业环境、产品价值、渠道结构、消费形态、品牌成长路径，乃至企业模式都在发生革命性变化。新商业生态系统"拔地而起"，前所未有的精彩营销实践层出不穷，为何"新营销体系"还是落后于实践与时代呢？

4P的旧船票，登不上新营销的航船

有人说，我们要回到4P（即产品、价格、渠道、推广）的基本面去把握营销的本质。笔者说，4P依然是营销的落脚点，当然也是新营销的落脚点，但4P模式不是新营销的逻辑起点，而是新营销逻辑终点的一部分。

认清这个现实非常重要，否则谈新营销还是没用。

不客气地说，不管怎么去赋予4P新内容，都是拒绝进入新世界的表现形式。拿着一个旧剧本，是唱不出一场新戏的。硬要把新生事物、思想、方法往4P模式上套，这就是抬杠，是没有价值的口水官司。第一不值得费时间讨论；第二所有的新营销实践依然在野蛮生长。如果不能提供一个能够让野蛮生长转入战略生长的逻辑框架，怎么理解这种野蛮生长，还有意义吗？尤其是非得把计算机的发明归结到来源于易经阴阳符号的这类"研究"，有什么价值呢？

然而，我们并不是否定4P模型，而是要求用新营销实践、新营销环境、新商业生态的"实际"，去架构一个可以指导企业营销实践的路线图，这是新营销的基本使命，绝不是旧瓶装新酒，不是用所谓的4P语言，把新营销重新"理解阐述"一遍。

笔者再次表明个人观点，这个思维路向是错误的，沿着这个路向思考，你以为有抓手、更落地、更实在，其实恰恰远离了真正的新营销，甚至可以说，会遮蔽你对新机会、新方法的敏感与把握。

如果你不懂传统营销的逻辑，可能会阻碍你对新营销的理解，但并不一定妨碍你对新营销的实践。可是，如果你固守传统营销的观念，那么要提醒的是：4P的旧船票，登不上新营销的航船。刻舟求剑的事，还是不做为好。

在今天这个时代，思维（认知）落后于时代是对所有企业最大的惩罚。阅读时代、跟上时代，才能与时俱进，甚至开创时代。

这是个新营销不仅要反映营销实践，必须也能够开创营销新实践的时代。这是新营销要把握的最大时代红利。否则，如果没有巨大的时代红利，只是战术手段的进步，何必需要重视新营销体系的理论（即方法论）力量呢？

新营销聚焦三个核心命题的解决路径

辨识新营销有一个核心标准，就是要首先明白哪些营销新元素是过去营销里不曾出现过的。前面举出的三类变化，是传统以实体为载体的零售、分销、传播、推广乃至产品、定价、营销工具、商业模式没有涉及的，三个世界的划分一目了然，界定得非常清晰。基于这种界线划分的协调、融合、一体化，就自然成了新营销的核心任务。

反之，那些在新营销里依然需要用到，有些依然很重要的元素，从逻辑上说，可以不看成新营销的核心元素。为避免误解，第三次强调一下，新营销与传统营销不是整体替代的关系，而是"部分独立进化、整体融合互补"的关系。比如定位、场景、IP、网红、社群、动销、众筹、圈层、粉丝、新媒体等，这些新词其实是传统元素的延伸，它们依然是营销的元素，却不能反映新营销的核心内容。

新营销的基本逻辑，是聚焦三个核心命题的解决路径，从思维到方法，或者说从战略到战术都呈现出与传统营销不同的逻辑与内容。

第一个核心命题是销售逻辑。不管是什么营销，不为销售服务的方法都是伪方法，不谈如何实现销售的商业模式是伪商业模式。互联网的免费模式并不是不要销售，它是把优先发展免费用户当作了未来的销售，也就是把收入模式（即销售）后置或转移化（向第三方收广告费或数据费等）。

三只松鼠的案例，可以明显看到它的增长驱动力与洽洽这类传统品牌明显不同。三只松鼠是个纯电商品牌，销量的95%以上来自网上，短短5年，年销售额超过洽洽，成为坚果休闲类第一品牌，打破了传统品类企业认为"电商做不大"的偏见。三只松鼠是新营销的典型代表之一，以它为例可以明白新营销销售逻辑的独特结构：

产品直达顾客的销售路径，即从流量到集客，从集客到粉丝。产品直达顾客，不是新营销"去中介化"，电商平台也是一种中介渠道。但是，在新营销系统里，企业可以直接与顾客互动就完成销售，而不是通过传统营销里的经销商、零售终端实现销售。

这样，最重要的是企业直接获取了"顾客数据"，并且可以与真实购买产品，以及浏览页面、咨询的顾客（及潜在顾客）互动，这就是形成了一条将流量（广告动作）转化为集客（预期购买即圈粉），将顾客发展为粉丝（重复购买顾客）的路径。这种新销售驱动力，是传统企业所不具备的。

第二个核心命题是管理逻辑。有了新战场，不仅有新工具，自然也要派生新管理任务。传统营销的规模化销售，尤其是实体分销的管理逻辑是"金字塔式"网格化管理。其主要特点是：总部、区域分部层级化管理，营与销分离协同，销售与售后服务分离等。

从小米甚至之前失败的凡客诚品、PPG等开始，到韩都衣舍、三只松鼠等一大批新营销崛起的品牌，它们管理结构的共性是：总部集中或分布式办公（理论上价值链的各个环节可以在空间上分开）；没有总部到区域的层级；区域管理这个管理部门被品类管理部门代替；没有营与销、营销与售后的分离，在线客服就是销售，也是售后，也是传播（咨询式沟通），即传播、销售、售后一体化；打包快递代替了经销商分销；支付一步到位，从顾客直接到总部账户。也就意味着产品价值链的分配可以在一个财务体系内完成，且实现自动化（智能化）。

可以看到，上述管理系统也是传统营销的企业不具备的。新营销企业是第一次真正掌握了顾客大数据的公司，这个新管理系统的特点是：分步实施、集成平台、智能系统、滚雪球营销。

前三个特点不再赘述，特别需要一提的是滚雪球营销，这不是传统营销的渠道层层压货，而是客服与顾客互动产生的自然的重复购买、转推荐。是不是具备顾客滚雪球效应，是检验新营销与传统营销的重要标准。米粉、主人对于小米、三只松鼠的意义，是三星、洽洽不能感受到的，这就是区别。

第三个核心命题是快速规模化路径。凡是有价值的营销方法，都是可以驱动企业实现快速的规模化，如深度分销、连锁加盟、免费、广告轰炸、创意设计等。否则，企业就没有必要在采购营销方法上投资。新营销不能变成只花钱不赚钱的大玩具，帮助掌握了新营销方法的新产品一飞冲天（爆品），新品牌从零到大乃至一夜成名，都不是不切实际的奢望，是新营销可以具备的市场神奇。

一夜之间，一家网红茶饮店成为业内外的议论焦点：开一家新店需要排队4小时买一杯的喜茶。当大多数人在质疑排队是否有托的时候，喜茶已经完成了它最关键的一跳，品牌知名度的快速提升，新品吸引力的传奇化。做营销的人知道这意味着什么。喜茶成为中国几万家奶茶店、茶水铺里最受关注的品牌，等于树上生花，获得了市场的主导权，喜茶的每一家新店开张，都变成当地的热点新闻。这是过去大明星、大媒体、大投入还不一定能获得的传播效果。

喜茶案例里有新营销快速规模化的路径逻辑：C端爆破，从创客到极客，极客到粉丝，粉丝到吃瓜群众（顾客），也就是肖震老师阐述过的"需求链驱动"的完整路径。

至关重要的不仅是路径逻辑，还在于营销的两个关键字：快速。快速才是实现规模化最难的关键一跳。

简单比较就可以看到，传统营销的规模化是通过渠道分销的规模化实现的，所以，区域布点、全国招商、深度分销是其规模化路径。喜茶这类新营销的规模化路径却聚焦在一点：C端快速规模化，即从最终顾客层面首先打开购买端口（包括预期购买端口），然后供应链配套的规模化，乃至资本的配套投入都会跟上来。

篇幅所限，本书只能辨析新营销与传统营销的主要差别，指出新营销的关键新元素，既不能全面，也不能深入展现新营销的体系。

最后还想提醒企业的是两点：

其一，中国企业的营销与管理总是在伪命题的迷宫白费功夫，比如转型、升级、电商、互联网思维、互联网+、国学、三体、认知进化论，每年轮换一个新话题，却都是玄虚缥缈、不务实、不落地的空谈与热点。有人说，这个是战术的热闹掩盖战略的空虚，这话有道理。我们觉得，专业、逻辑、洞察才是真正的认知升级，不要让自己的脑袋成为流行热点的跑马场。

其二，当企业在思考"转型"的时候已经输了，这是转型几乎没有成功案例的原因。企业始终需要的只有两个核心：进步与进化。企业发展的"三阶段"（从无到有、从小到大、由弱致强）有不同的使命，所以不同阶段，其营销、管理的内容也是不同的。

中小企业的转型问题可能是行业变迁的问题，也可能是企业核心竞争力的问题。笔者认为，企业不应该在转型上费太多思考，核心就是抓住两个基本决策：

第一，决策要不要转换行业，也就是先关门再另起炉灶，这是战略方向选择。

第二，决策是竞争力优化，这是战术手段升级。没有必要空谈转型，却不落实到管理决策与实践。

优化或提升营销竞争力，是企业发展永恒不变的主线，其基本规则只有两句话：进步是战术手段的升级，进化是战略方针的调整。

中小企业如何应对新营销，或者如何实现转型？还是一条路：阅读时代、认识时代、跟上时代，推动企业的持续进步与进化。

推荐作者得新书!

博瑞森征稿启事

亲爱的读者朋友：

感谢您选择了博瑞森图书！希望您手中的这本书能给您带来实实在在的帮助！

博瑞森一直致力于发掘好作者、好内容，希望能把您最需要的思想、方法，一字一句地交到您手中，成为管理知识与管理实践的桥梁。

但是我们也知道，有很多深入企业一线、经验丰富、乐于分享的优秀专家，或者忙于实战没时间，或者缺少专业的写作指导和便捷的出版途径，只能茫然以待……

还有很多在竞争大潮中坚守的企业，有着异常宝贵的实践经验和独特的洞察，但缺少专业的记录和整理者，无法让企业的经验和故事被更多的人了解、学习……

对读者而言，这些都太遗憾了！

博瑞森非常希望能将这些埋藏的"宝藏"发掘出来，贡献给广大读者，让更多的人从中受益。

所以，我们真心地邀请您，我们的老读者，帮我们搜寻：

推荐作者

可以是您自己或您的朋友，只要对本土管理有实践、有思考；可以是您通过网络、杂志、书籍或其他途径了解的某位专家，不管名气大小，只要他的思想和方法曾让您深受启发。

可以是管理类作品，也可以超出管理，各类优秀的社科作品或学术作品。

推荐企业

可以是您自己所在的企业，或者是您熟悉的某家企业，其创业过程、运营经历、产品研发、机制创新，等等。无论企业大小，只要乐于分享、有值得借鉴书写之处。

总之，好内容就是一切！

博瑞森绝非"自费出书"，出版费用完全由我们承担。您推荐的作者或企业案例一经采用，我们会立刻向您赠送书币 1000 元，可直接换取任何博瑞森图书的纸书或电子书。

感谢您对本土管理原创、博瑞森图书的支持！

推荐投稿邮箱：bookgood@126.com　　推荐手机：13611149991

1120 本土管理实践与创新论坛

这是由100多位本土管理专家联合创立的企业管理实践学术交流组织,旨在孵化本土管理思想、促进企业管理实践、加强专家间交流与协作。

论坛每年集中力量办好两件大事:第一,"**出一本书**",汇聚一年的思考和实践,把最原创、最前沿、最实战的内容集结成册,贡献给读者;第二,"**办一次会**",每年11月20日本土管理专家们汇聚一堂,碰撞思想、研讨案例、交流切磋、回馈社会。

论坛理事名单(以年龄为序,以示传承之意)

首届常务理事:

彭志雄	曾　伟	施　炜	杨　涛	张学军	郭　晓	程绍珊	胡八一
王祥伍	李志华	陈立云	杨永华				

理　事:

张再林	卢根鑫	刘文瑞	王铁仁	周荣辉	罗　珉	房西苑	曾令同
黄民兴	陆和平	孟广桥	宋杼宸	张国祥	刘承元	叶兴平	曹子祥
宋新宇	吴越舟	吴　坚	杜建君	戴欣明	仲昭川	刘春雄	刘祖轲
张茂泽	段继东	陈立胜	梁　涛	何　慕	秦国伟	贺兵一	罗海容
张小虎	陈忠建	郭　剑	余晓雷	黄中强	朱玉童	沈　坤	阎立忠
张　进	丁兴良	朱仁健	薛宝峰	史贤龙	卢　强	史幼波	黄剑黎
叶敦明	王　涛	李文才	王　强	张远凤	陈　明	廖信琳	岑立聪
方　刚	何足奇	周　俊	杨　奕	孙行健	孙嘉晖	张东利	郭富才
叶　宁	何　屹	沈　奎	王明胤	王　超	马宝琳	谭长春	杨竣雄
夏惊鸣	张　博	段传敏	李洪道	胡浪球	孙　波	唐江华	程　翔
翟玉忠	刘红明	杨鸿贵	伯建新	高可为	李　蓓	王春强	孔祥云
戴　勇	贾同领	罗宏文	张兵武	史立臣	李政权	余　盛	陈小龙
尚　锋	邢　雷	余伟辉	李小勇	苗庆显	孙　巍	陈继展	全怀周
林延君	王清华	初勇钢	陈　锐	高继中	聂志新	黄　屹	沈　拓
徐伟泽	潦　寒	谭洪华	崔自三	王玉荣	蒋　军	侯军伟	黄润霖
朱伟杰	金国华	吴　之	葛新红	周　剑	崔海鹏	李治江	陈海超
柏　奡	唐道明	刘书生	朱志明	曲宗恺	杜　忠	黄渊明	王献永
范月明	吕　林	刘文新	赵晓萌	张　伟	韩　旭	韩友诚	熊亚柱
秦海林	孙彩军	刘　雷	贺小林	王庆云	黄　娜	俞士耀	田　军
丁　昀	张小峰	黄　磊	罗晓慧	赵海永	伏泓霖	任彭枞	梁小平
鄢圣安	马方旭	乐　涛	杨晓燕	欧阳莉华	陈　慧	张　璐	

企业案例·老板传记

	书名，作者	内容/特色	读者价值
企业案例·老板传记	你不知道的加多宝：原市场部高管讲述 曲宗恺 牛玮娜 著	前加多宝高管解读加多宝	全景式解读，原汁原味
	借力咨询：德邦成长背后的秘密 官同良 王祥伍 著	讲述德邦是如何借助咨询公司的力量进行自身与发展的	来自德邦内部的第一线资料，真实、珍贵，令人受益匪浅
	娃哈哈区域标杆：豫北市场营销实录 罗宏文 赵晓萌 等著	本书从区域的角度来写娃哈哈河南分公司豫北市场是怎么进行区域市场营销，成为娃哈哈全国第一大市场、全国增量第一高市场的一些操作方法	参考性、指导性、一线真实资料
	六个核桃凭什么：从0过100亿 张学军 著	首部全面揭秘养元六个核桃裂变式成长的巨著	学习优秀企业的成长路径，了解其背后的理论体系
	像六个核桃一样：打造畅销品的36个简明法则 王超 范萍 著	本书分上下两篇：包括"六个核桃"的营销战略历程和36条畅销法则	知名企业的战略历程极具参考价值，36条法则提供操作方法
	解决方案营销实战案例 刘祖轲 著	用10个真案例讲明白什么是工业品的解决方案式营销，实战、实用	有干货，真正操作过的才能写得出来
	招招见销量的营销常识 刘文新 著	如何让每一个营销动作都直指销量	适合中小企业，看了就能用
	我们的营销真案例 联纵智达研究院 著	五芳斋粽子从区域到全国/诺贝尔瓷砖门店销量提升/利豪家具出口转内销/汤臣倍健的营销模式	选择的案例都很有代表性，实在、实操！
	中国营销战实录：令人拍案叫绝的营销真案例 联纵智达 著	51个案例，42家企业，38万字，18年，累计2000余人次参与……	最真实的营销案例，全是一线记录，开阔眼界
	双剑破局：沈坤营销策划案例集 沈坤 著	双剑公司多年来的精选案例解析集，阐述了项目策划中每一个营销策略的诞生过程，策划角度和方法	一线真实案例，与众不同的策划角度令人拍案叫绝、受益匪浅
	宗：一位制造业企业家的思考 杨涛 著	1993年创业，引领企业平稳发展20多年，分享独到的心得体会	难得的一本老板分享经验的书
	简单思考：AMT咨询创始人自述 孔祥云 著	著名咨询公司（AMT）的CEO创业历程中点点滴滴的经验与思考	每一位咨询人，每一位创业者和管理经营者，都值得一读
	边干边学做老板 黄中强 著	创业20多年的老板，有经验、能写、又愿意分享，这样的书很少	处处共鸣，帮助中小企业老板少走弯路
	三四线城市超市如何快速成长：解密甘雨亭 IBMG国际商业管理集团 著	国内外标杆企业的经验+本土实践量化数据+操作步骤、方法	通俗易懂，行业经验丰富，宝贵的行业量化数据，关键思路和步骤
	中国首家未来超市：解密安徽乐城 IBMG国际商业管理集团 著	本书深入挖掘了安徽乐城超市的试验案例，为零售企业未来的发展提供了一条可借鉴之路	通俗易懂，行业经验丰富，宝贵的行业量化数据，关键思路和步骤
互联网+	新营销 刘春雄 著	新营销的新框架体系是场景是产品逻辑，IP是品牌逻辑，社群是连接逻辑，传播是营销逻辑	助力品牌商实现由传统营销到新营销的理念和行动的跨越，助力企业打赢升级转型之仗
	企业微信营销全指导 孙巍 著	专门给企业看到的微信营销书，手把手教企业从小白到微信营销专家	企业想学微信营销现在还不晚，两眼一抹黑也不怕，有这本书就够
	企业网络营销这样做才对：B2B大宗B2C 张进 著	简单直白拿来就用，各种窍门信手拈来，企业网络营销不麻烦也不用再头疼，一般人不告诉他	B2B、大宗B2C企业有福了，看了就能学会网络营销

续表

互联网+	书名. 作者	内容/特色	读者价值
互联网+	互联网时代的银行转型 韩友诚 著	以大量案例形式为读者全面展示和分析了银行的互联网金融转型应对之道	结合本土银行转型发展案例的书籍
	正在发生的转型升级·实践 本土管理实践与创新论坛 著	企业在快速变革期所展现出的管理变革新成果、新方法、新案例	重点突出对于未来企业管理相关领域的趋势研判
	触发需求:互联网新营销样本·水产 何足奇 著	传统产业都在苦闷中挣扎前行,本书通过鲜活的案例告诉你如何以需求链整合供应链,从而把大家熟知的传统行业打碎了重构、重做一遍	全是干货,值得细读学习,并且作者的理论已经经过了他亲自操刀的实践检验,效果惊人,就在书中全景展示
	移动互联新玩法:未来商业的格局和趋势 史贤龙 著	传统商业、电商、移动互联,三个世界并存,这种新格局的玩法一定要懂	看清热点的本质,把握行业先机,一本书搞定移动互联网
	微商生意经:真实再现33个成功案例操作全程 伏泓霖 罗晓慧 著	本书为33个真实案例,分享案例主人公在做微商过程中的经验教训	案例真实,有借鉴意义
	阿里巴巴实战运营——14招玩转诚信通 聂志新 著	本书主要介绍阿里巴巴诚信通的十四个基本推广操作,从而帮助使用诚信通的用户及企业更好地提升业绩	基本操作,很多可以边学边用,简单易学
	阿里巴巴实战运营2:诚信通热卖技巧 聂嵘海 著	诚信通TOP商家赚钱的密码箱,手把手教你操作,拿来就用	图文并茂,内容齐全,直接可以对照使用
	抖音营销如何做:未来抖商 刘大贺 著	解密从0到1亿粉丝的实操路径,深度剖析抖音营销全系统策略	企业做抖音营销的第一书
	微商团队长:从入门到精通 罗品牌 著	由浅入深,涵盖微商团队长必学技能的方方面面	只要照着做,就能当好微商团队长
	互联网精准营销 蒋军 著	怎么在互联网时代整体策划、包装品牌和产品,并在此基础上为企业设计商业模式,技术实现并运营落地	为有基础的小微企业(大企业的新项目)1年实现销售额过亿,2年对接资本,3年左右准IPO
	今后这样做品牌:移动互联时代的品牌营销策略 蒋军 著	与移动互联紧密结合,告诉你老方法还能不能用,新方法怎么用	今后这样做品牌就对了
	互联网+"变"与"不变":本土管理实践与创新论坛集萃·2016 本土管理实践与创新论坛 著	本土管理领域正在产生自己独特的理论和模式,尤其在移动互联时代,有很多新课题需要本土专家们一起研究	帮助读者拓宽眼界、突破思维
	创造增量市场:传统企业互联网转型之道 刘红明 著	传统企业需要用互联网思维去创造增量,而不是用电子商务去转移传统业务的存量	教你怎么在"互联网+"的海洋中创造实实在在的增量
	重生战略:移动互联网和大数据时代的转型法则 沈拓 著	在移动互联网和大数据时代,传统企业转型如同生命体打算与再造,称之为"重生战略"	帮助企业认清移动互联网环境下的变化和应对之道
	画出公司的互联网进化路线图:用互联网思维重塑产品、客户和价值 李蓓 著	18个问题帮助企业一步步梳理出互联网转型思路	思路清晰、案例丰富,非常有启发性
	7个转变,让公司3年胜出 李蓓 著	消费者主权时代,企业该怎么办	这就是互联网思维,老板有能这样想,肯定倒不了
	跳出同质思维,从跟随到领先 郭剑 著	66个精彩案例剖析,帮助老板突破行业长期思维惯性	做企业竟然有这么多玩法,开眼界

续表

行业类:零售、白酒、食品/快消品、农业、医药、建材家居等			
	书名·作者	内容/特色	读者价值
零售·超市·餐饮·服装	总部有多强大,门店就能走多远 IBMG 国际商业管理集团 著	如何把总部做强,成为门店的坚实后盾	了解总部建设的方法与经验
	超市卖场定价策略与品类管理 IBMG 国际商业管理集团 著	超市定价策略与品类管理实操案例和方法	拿来就能用的理论和工具
	连锁零售企业招聘与培训破解之道 IBMG 国际商业管理集团 著	围绕零售企业组织架构、培训体系建设等内容进行深刻探讨	破解人才发现和培养瓶颈的关键点
	中国首家未来超市:解密安徽乐城 IBMG 国际商业管理集团 著	介绍了乐城作为中国首家未来超市从无到有的传奇经历	了解新型零售超市的运作方式及管理特色
	三四线城市超市如何快速成长:解密甘雨亭 IBMG 国际商业管理集团 著	揭秘一家三四线连锁超市的经验策略	不但可以欣赏它的优点,而且可以学会它成功的方法
	新零售 新终端 迪智成咨询团队 著	梳理和提炼新零售的系统打法,将之落地在新终端建设上	让新零售这一看似形而上的商业概念有了可以落地的立足点
	新零售动作分解:建材 家居 家具 盛斌子 著	第一本锁定在家居建材、家电、家装等耐用消费品领域谈新零售的书	第一本谈新零售的具体动作、策略、方法、招术的书,拿来就用
	新零售进化趋势与未来格局 李政权 著	通过业态、品类、体验、场景等,逐一呈现新零售的未来进化	就新零售未来的发展方向与进化趋势给出一个确定性的未来
	涨价也能卖到翻 村松达夫【日】	提升客单价的 15 种实用、有效的方法	日本企业在这方面非常值得学习和借鉴
	移动互联下的超市升级 联商网专栏频道 著	深度解析超市转型升级重点	帮助零售企业把握全局、看清方向
	手把手教你做专业督导:专卖店、连锁店 熊亚柱 著	从督导的职能、作用,在工作中需要的专业技能、方法,都提供了详细的解读和训练办法,同时附有大量的表单工具	无论是店铺需要统一培训,还是个人想成为优秀的督导,有这一本就够了
	百货零售全渠道营销策略 陈继展 著	没有照本宣科、说教式的絮叨,只有笔者对行业的认知与理解,庖丁解牛式的逐项解析、展开	通俗易懂,花极少的时间快速掌握该领域的知识及趋势
	零售:把客流变成购买力 丁昀 著	如何通过不断升级产品和体验式服务来经营客流	如何进行体验营销,国外的好经营,这方面有启发
	餐饮企业经营策略第一书 吴坚 著	分别从产品、顾客、市场、盈利模式等几个方面,对现阶段餐饮企业的发展提出策略和思路	第一本专业的、高端的餐饮企业经营指导书
	餐饮新营销 杨勇 程绍珊 著	在新环境下,对餐饮营销管理进行了全面深入的解读,提供了方式方法	全面性、系统性,区别于市面上的纯操作类作品
	电影院的下一个黄金十年:开发·差异化·案例 李保煜 著	对目前电影院市场存大的问题及如何解决进行了探讨与解读	多角度了解电影院运营方式及代表性案例
	赚不赚钱靠店长:从懂管理到会经营 孙彩军 著	通过生动的案例来进行剖析,注重门店管理细节方面的能力提升	帮助终端门店店长在管理门店的过程中实现经营思路的拓展与突破
耐消品	商用车经销商运营实战 杜建君 王朝阳 章晓青 等著	从管理到经营,从销售到服务,系统化运作全指导	为经销商经营开阔思路,掌握方法
	汽车配件这样卖:汽车后市场销售秘诀100条 俞士耀 著	汽配销售业务员必读,手把手教授最实用的方法,轻松得来好业绩	快速上岗,专业实效,业绩无忧

续表

耐消品	润滑油销售:这样说这样做更有效 张金荣　著	针对渠道、经销商、终端的超实用话术	上车看,下车用,3分钟就能学会。
	新经销:新零售时代,教你做大商 黄润霖　著	从选址、产品、促销、团队、规模阐述新经销变与不变的市场手法和操作思路	实地拜访近100位经销商在传统营销手法上的创新、新营销工具的发现
	珠宝黄金新营销 崔德乾　著	营销、品牌、产品、连接、场景、社群、服务、传播、管理及产业价值链	新营销在珠宝行业的实战应用,业内必备第一书
	跟行业老手学经销商开发与管理:家电、耐消品、建材家居 黄润霖　著	全部来源于经销商管理的一线问题,作者用丰富的经验将每一个问题落实到最便捷快速的操作方法上去	书中每一个问题都是普通营销人亲口提出的,这些问题你也会遇到,作者进行的解答则精彩实用
白酒	酒水饮料快消品餐饮渠道营销手册 朱伟杰　著	主要针对快消品(酒水、饮料)的餐饮渠道,提供了区域、商圈、不同业态的规划和促销安排等多种工具,并提出了经销商、批发商等相关人员的管理方法	一本酒水饮料如何在餐饮渠道销售的全能手册,内容深入翔实,可以直接照搬套用,这样的便利简直千金不换
	白酒到底如何卖 赵海永　著	以市场实战为主,多层次、全方位、多角度地阐释了白酒一线市场操作的最新模式和方法,接地气	实操性强,37个方法、6大案例帮你成功卖酒
	变局下的白酒企业重构 杨永华　著	帮助白酒企业从产业视角看清趋势,找准位置,实现弯道超车的书	行业内企业要减少90%,自己在什么位置,怎么做,都清楚了
	1.白酒营销的第一本书(升级版) 2.白酒经销商的第一本书 唐江华　著	华泽集团湖南开口笑公司品牌部长,擅长酒类新品推广、新市场拓展	扎根一线,实战
	区域型白酒企业营销必胜法则 朱志明　著	为区域型白酒企业提供35条必胜法则,在竞争中赢销的葵花宝典	丰富的一线经验和深厚积累,实操实用
	10步成功运作白酒区域市场 朱志明　著	白酒区域操盘者必备,掌握区域市场运作的战略、战术、兵法	在区域市场的攻伐防守中运筹帷幄,立于不败之地
	酒业转型大时代:微酒精选2014-2015 微酒　主编	本书分为五个部分:当年大事件、那些酒业营销工具、微酒独立策划、业内大调查和十大经典案例	了解行业新动态、新观点,学习营销方法
快消品·食品	中国快消品营销的这些年 史贤龙　著	作者精华文章的合集,一本书浓缩了过去十五年,中国营销的实战历程与前沿思考	快消品营销行业的案例和方法都原汁原味呈现,在反映当时风貌的同时,展望与反思
	营销中国茶:2小时读懂茶叶营销 史贤龙　著	从不同视角对中国的茶营销进行了思考,内容涉及中国茶产业战略困境、茶企规模化、茶品牌崛起、茶文化、茶营销、茶消费、茶零售、茶道等	内容丰富扎实,文字流畅,浓缩的都是精华,让你2小时读懂茶叶营销
	这样打造快消品标杆市场 罗宏文　著	帮助你解决如何成功打造标杆市场和进行持续增量管理两大问题	一套系统的方法论,通俗易懂,可以直接套用
	5小时读懂快消品营销:中国快消品案例观察 陈海超　著	多年营销经验的一线老手把案例掰开了、揉碎了,从中得出的各种手段和方法给读者以帮助和启发	营销那些事儿的个中秘辛,求人还不一定告诉你,这本书里就有
	快消品招商的第一本书:从入门到精通 刘雷　著	深入浅出,不说废话,有工具方法,通俗易懂	让零基础的招商新人快速学习书中最实用的招商技能,成长为骨干人才
	乳业营销第一书 侯军伟　著	对区域乳品企业生存发展关键性问题的梳理	唯一的区域乳业营销书,区域乳品企业一定要看

续表

快消品·食品	金龙鱼背后的粮油帝国 余 盛 著	讲述金龙鱼品牌及母公司丰益国际的商业冒险故事	在精彩的阅读体验中学到营销管理的方法
	食用油营销第一书 余 盛 著	10多年油脂企业工作经验,从行业到具体实操	食用油行业第一书,当之无愧
	中国茶叶营销第一书 柏 龑 著	如何跳出茶行业"大文化小产业"的困境,作者给出了自己的观察和思考	不是传统做茶的思路,而是现在商业做茶的思路
	调味品企业八大必胜法则 张 戟 著	八大规律性的关键成功要素,背后有本土调味品企业的成功实践	"观点阐述+案例描述",行业必读
	调味品营销第一书 陈小龙 著	国内唯一一本调味品营销的书	唯一的调味品营销的书,调味品的从业者一定要看
	快消品营销人的第一本书:从入门到精通 刘 雷 伯建新 著	快消行业必读书,从入门到专业	深入细致,易学易懂
	变局下的快消品营销实战策略 杨永华 著	通胀了,成本增加,如何从被动应战变成主动的"系统战"	作者对快消品行业非常熟悉、非常实战
	快消品经销商如何快速做大 杨永华 著	本书完全从实战的角度,评述现象,解析误区,揭示原理,传授方法	为转型期的经销商提供了解决思路,指出了发展方向
	快消品营销:一位销售经理的工作心得2 蒋 军 著	快消品、食品饮料营销的经验之谈,重点图书	来源与实战的精华总结
	快消品营销与渠道管理 谭长春 著	将快消品标杆企业渠道管理的经验和方法分享出来	可口可乐、华润的一些具体的渠道管理经验,实战
	成为优秀的快消品区域经理(升级版) 伯建新 著	用"怎么办"分析区域经理的工作关键点,增加30%全新内容,更贴近环境变化	可以作为区域经理的"速成催化器"
	销售轨迹:一位快消品营销总监的拼搏之路 秦国伟 著	本书讲述了一个普通销售员打拼成为跨国企业营销总监的真实奋斗历程	激励人心,给广大销售员以力量和鼓舞
	快消老手都在这样做:区域经理操盘锦囊 方 刚 著	非常接地气,全是多年沉淀下来的干货,丰富的一线经验和实操方法不可多得	在市场摸爬滚打的"老油条",那些独家绝招妙招一般你问都是问不来的
	动销四维:全程辅导与新品上市 高继中 著	从产品、渠道、促销和新品上市详细讲解提高动销的具体方法,总结作者18年的快消品行业经验,方法实操	内容全面系统,方法实操
农业	饲料营销有方法:策略 案例 工具 陈石平 著	跳出饲料看饲料,根据饲料营销的关键成功要素(KSF)提出7大核心命题	紧跟农牧产业发展大势,提高饲料企业营销竞争力
	新农资如何换道超车 刘祖轲 等著	从农业产业化、互联网转型、行业营销与经营突破四个方面阐述如何让农资企业占领先机、提前布局	南方略专家告诉你如何应对资源浪费、生产效率低下、产能严重过剩、价格与价值严重扭曲等
	中国牧场管理实战:畜牧业、乳业必读 黄剑黎 著	本书不仅提供了来自一线的实际经验,还收入了丰富的工具文档与表单	填补空白的行业必读作品
	中小农业企业品牌战法 韩 旭 著	将中小农业企业品牌建设的方法,从理论讲到实践,具有指导性	全面把握品牌规划,传播推广,落地执行的具体措施
	农资营销实战全指导 张 博 著	农资如何向"深度营销"转型,从理论到实践进行系统剖析,经验资ググ	朴实、使用!不可多得的农资营销实战指导
	农产品营销第一书 胡浪球 著	从农业企业战略到市场开拓、营销、品牌、模式等	来源于实践中的思考,有启发
	变局下的农牧企业9大成长策略 彭志雄 著	食品安全、纵向延伸、横向联合、品牌建设……	唯一的农牧企业经营实操的书,农牧企业一定要看

续表

医药	在中国,医药营销这样做:时代方略精选文集 段继东 主编	专注于医药营销咨询15年,将医药营销方法的精华文章合编,深入全面	可谓医药营销领域的顶尖著作,医药界读者的必读书
	医药新营销:制药企业、医药商业企业营销模式转型 史立臣 著	医药生产企业和商业企业在新环境下如何做营销?老方法还有没有用?如何寻找新方法?新方法怎么用?本书给你答案	内容非常现实接地气,踏实谈问题说方法
	医药企业转型升级战略 史立臣 著	药企转型升级有5大途径,并给出落地步骤及风险控制方法	实操性强,有作者个人经验总结及分析
	新医改下的医药营销与团队管理 史立臣 著	探讨新医改对医药行业的系列影响和医药团队管理	帮助理清思路,有一个框架
	医药营销与处方药学术推广 马宝琳 著	如何用医学策划把"平民产品"变成"明星产品"	有真货、讲真话的作者,堪称处方药营销的经典!
	医药行业大洗牌与药企创新 林延君 沈斌 著	一方面,围绕着变革,多角度阐述药企的应对之道;另一方面,紧扣实践,介绍近百家医药企业创新实践案例	医改变革10年,医药企业如何应对大洗牌?重磅出击的药企人必读书
	新医改了,药店就要这样开 尚锋 著	药店经营、管理、营销全攻略	有很强的实战性和可操作性
	电商来了,实体药店如何突围 尚锋 著	电商崛起,药店该如何突围?本书从促销、会员服务、专业性、客单价等多重角度给出了指导方向	实战攻略,拿来就能用
	OTC医药代表药店销售36计 鄢圣安 著	以《三十六计》为线,写OTC医药代表向药店销售的一些技巧与策略	案例丰富,生动真实,实操性强
	OTC医药代表药店开发与维护 鄢圣安 著	要做到一名专业的医药代表,需要做什么、准备什么、知识储备、操作技巧等	医药代表药店拜访的指导手册,手把手教你快速上手
	引爆药店成交率1:店员导购实战 范月明 著	一本书解决药店导购所有难题	情景化、真实化、实战化
	引爆药店成交率2:经营落地实战 范月明 著	最接地气的经营方法全指导	揭示了药店经营的几类关键问题
	引爆药店成交率:专业化销售解决方案 范月明 著	药品搭配分析与关联销售	为药店人专业化助力
	处方药合规推广实战宝典 赵佳震 著	推广体系搭建、推广人员岗位工作内容、推广服务外包商管理等六个方面	解决"医药代表转型"和"推广服务外包商管理"的困惑
	医药代理商实操全指导:新环境 新战法 戴文杰 著	结合医药市场政策环境解读新环境下医药招商的战法,着重分析药品产业链的盈利机会	医药销售业务人员的必备读物
	攻略基层诊所:医药营销这样做 张江民 著	对基层诊所的开发、维护和动销,拿来就用的方式方法	实战是本书的主旨,只要用心去看,就能在基层诊所市场中运用
	互联网医药的未来 动脉网 编著	介绍了互联网医药发展的现状与趋势	帮助创业者和投资人看清未来,把握当下
	处方药零售这样做 田军 著	阐述了处方药零售的重要性,以及做处方药零售市场的具体措施和方法	系统性了解和掌握处方药零售方法
建材家居	成为最赚钱的家具建材经销商 李治江 著	从销售模式、产品、门店等老板们最关注和最需要的方面解决问题、提供方法	只要你是建材、家具、家居用品的经销商老板,这就是一本必读的书
	定制家居黄金十年 韩锋 翁长华 著	梳理了定制家居的商业模式和发展情况	帮助定制家居看清方向,把握当下
	家具建材促销与引流 薛亮 李永峰 著	十大促销模式的详细方法和工具	让你天天签大单

续表

分类	书名/作者	内容简介	推荐语
建材家居	家具行业操盘手 王献永 著	家具行业问题的终结者	解决了干家具还有没有前途？为什么同城多店的家具经销商很难做大做强等问题
	建材家居营销：除了促销还能做什么 孙嘉晖 著	一线老手的深度思考，告诉你在建材家居营销模式基本停滞的今天，除了促销，营销还能怎么做	给你的想法一场革命
	建材家居营销实务 程绍珊 杨鸿贵 主编	价值营销运用到建材家居，每一步都让客户增值	有自己的系统、实战
	家居建材门店6力爆破 贾同领 著	合盘道出一线品牌销量秘籍	6力招招见血，既有招数，又有策略
	建材家居门店销量提升 贾同领 著	店面选址、广告投放、推广助销、空间布局、生动展示、店面运营等	门店销量提升是一个系统工程，非常系统、实战
	10步成为最棒的建材家居门店店长 徐伟泽 著	实际方法易学易用，让员工能够迅速成长，成为独当一面的好店长	只要坚持这样干，一定能成为好店长
	手把手帮建材家居导购业绩倍增：成为顶尖的门店店员 熊亚柱 著	生动的表现形式，让普通人也能成为优秀的导购员，让门店业绩长红	读着有趣，用着简单，一本在手、业绩无忧
	建材家居经销商实战42章经 王庆云 著	告诉经销商：老板怎么当，团队怎么带，生意怎么做	忠言逆耳，看着不舒服就对了，实战总结，用一招半式就值了
工业品	销售是门专业活：B2B、工业品 陆和平 著	销售流程就应该跟着客户的采购流程和关注点的变化向前推进，将一个完整的销售过程分成十个阶段，提供具体方法	销售不是请客吃饭拉关系，是个专业的活计！方法在手，走遍天下不愁
	解决方案营销实战案例 刘祖轲 著	用10个真案例讲明白什么是工业品的解决方案式营销，实战、实用	有干货，真正操作过的才能写得出来
	变局下的工业品企业7大机遇 叶敦明 著	产业链条的整合机会、盈利模式的复制机会、营销红利的机会、工业服务商转型机会……	工业品企业还可以这样做，思维大突破
	工业品市场部实战全指导 杜忠 著	工业品市场部经理工作内容全指导	系统、全面、有理论、有方法，帮助工业品市场部经理更快提升专业能力
	工业品营销管理实务 李洪道 著	中国特色工业品营销体系的全面深化、工业品营销管理体系优化升级	工具更实战，案例更鲜活，内容更深化
	工业品企业如何做品牌 张东利 著	为工业企业提供最全面的品牌建设思路	有策略、有方法、有思路、有工具
	丁兴良讲工业4.0 丁兴良 著	没有枯燥的理论和说教，用朴实直白的语言告诉你工业4.0的全貌	工业4.0是什么？本书告诉你答案
	资深大客户经理：策略准，执行狠 叶敦明 著	从业务开发、发起攻势、关系培育、职业成长四个方面，详述了大客户营销的精髓	满满的全是干货
	两化融合管理系统贯标流程与方法 戴勇 张华杰 张百荣 编著	全面梳理贯标流程和方法	帮助企业成功贯标
	一切为了订单：订单驱动下的工业品营销实战 唐道明 著	其实，所有的企业都在围绕着两个字在开展全部的经营和管理工作，那就是"订单"	开发订单、满足订单、扩大订单。本书全是实操方法，字字珠玑、句句干货，教你获得营销的胜利
金融	交易心理分析 (美)马克·道格拉斯 著 刘真如 译	作者一语道破赢家的思考方式，并提供了具体的训练方法	不愧是投资心理的第一书，绝对经典
	精品银行管理之道 崔海鹏 何屹 主编	中小银行转型的实战经验总结	中小银行的教材很多，实战类的书很少，可以看看

续表

	书名·作者	内容/特色	读者价值
金融	支付战争 Eric M. Jackson 著 徐彬 王晓 译	PayPal 创业期营销官,亲身讲述 PayPal 从诞生到壮大到成功出售的整个历史	激烈、有趣的内幕商战故事！了解美国支付市场的风云巨变
	中外并购名著专业阅读指南 叶兴平 等著	在5000多本并购类图书中精选的200著作,在阅读的基础上写的读书评价	精挑细选200本并一一评介,省去读者挑选的烦恼,快捷、高效
	新三板信息披露全流程:操作与工具 和珩科技 著	详细拆解董秘日常工作过程中所需的信息披露流程	董秘案头必备用书
	成功并购300本:一本书搞定并购难题 浩德军师并购联盟 著	从财务,税务,法律等角度详细解答疑问	能解决80%的并购问题
	互联网时代的银行转型 韩友诚 著	以大量案例形式为读者全面展示和分析了银行的互联网金融转型应对之道	结合本土银行转型发展案例的书籍
房地产	产业园区/产业地产规划、招商、运营实战 阎立忠 著	目前中国第一本系统解读产业园区和产业地产建设运营的实战宝典	从认知、策划、招商到运营全面了解地产策划
	人文商业地产策划 戴欣明 著	城市与商业地产战略定位的关键是不可复制性,要发现独一无二的"味道"	突破千城一面的策划困局
	中国城市群房地产投资策略 吕俊博 著	全方位、多角度分析城市群房地产现状与趋势	让亿元资产投资更理性、更安全
	电影院的下一个黄金十年:开发·差异化·案例 李保煜 著	对目前电影院市场存大的问题及如何解决进行了探讨与解读	多角度了解电影院运营方式及代表性案例
能源	全能型班组:城市能源互联网与电力班组升级 国网天津市电力公司 编著	借鉴国内外优秀企业的转型升级思路,通过对于新型班组组织模式和运行机制的大胆设想,力图构建充分适应内外环境变化的全能型班组	看看庞大的国企在新环境下是如何顺应时代的
	国网天津电力全能型班组建设实务 国网天津市电力公司 编著	本书聚焦于天津电力公司在探索全能型班组转型升级时的优秀实践	电力行业的班组实践,具体、可操作性强

经营类:企业如何赚钱,如何抓机会,如何突破,如何"开源"

	书名·作者	内容/特色	读者价值
抓方向	让经营回归简单.升级版 宋新宇 著	化繁为简抓住经营本质:战略、客户、产品、员工、成长	经典,做企业就这几个关键点!
	混沌与秩序Ⅰ:变革时代企业领先之道 混沌与秩序Ⅱ:变革时代管理新思维 彭剑锋 尚艳玲 主编	汇集华夏基石专家团队10年来研究成果,集中选择了其中的精华文章编纂成册	作者都是既有深厚理论积淀又有实践经验的重磅专家,为中国企业和企业家的未来提出了高屋建瓴的观点
	活系统:跟任正非学当老板 孙行健 尹贤 著	以任正非的独到视角,教企业老板如何经营公司	看透公司经营本质,激活企业活力
	重构:快消品企业重生之道 杨永华 著	从7个角度,帮助企业实现系统性的改造	提供转型思想与方法,值得参考
	公司由小到大要过哪些坎 卢强 著	老板手里的一张"企业成长路线图"	现在我在哪儿,未来还要走哪些路,都清楚了
	企业二次创业成功路线图 夏惊鸣 著	企业曾经抓住机会成功了,但下一步该怎么办?	企业怎样获得第二次成功,心里有个大框架了
	老板经理人双赢之道 陈明 著	经理人怎养选平台、怎么开局,老板怎样选/育/用/留	老板生闷气,经理人牢骚大,这次知道该怎么办了

续表

抓方向	简单思考:AMT 咨询创始人自述 孔祥云 著	著名咨询公司(AMT)的 CEO 创业历程中点点滴滴的经验与思考	每一位咨询人,每一位创业者和管理经营者,都值得一读
	企业文化的逻辑 王祥伍 黄健江 著	为什么企业绩效如此不同,解开绩效背后的文化密码	少有的深刻,有品质,读起来很流畅
	使命驱动企业成长 高可为 著	钱能让一个人今天努力,使命能让一群人长期努力	对于想做事业的人,'使命'是绕不过去的
思维突破	盈利原本就这么简单 高可为 著	从财务的角度揭示企业盈利的秘密	多方面解读商业模式与盈利的关系,通俗易懂,受益匪浅
	经营:打造你的盈利系统 高可为 著	从盈利角度梳理了系统化的经营方式	让企业掌舵者把控经营全局
	创模式:23 个行业创新案例 段传敏 著	23 位行业精英的创新对话	创业者、转型者的实战参考
	企业良性成长:用顶层设计突破瓶颈 刘建兆 著	全方位介绍企业顶层设计的方法和思路	帮助企业用顶层设计突破成长瓶颈
	移动互联新玩法:未来商业的格局和趋势 史贤龙 著	传统商业、电商、移动互联,三个世界并存,这种新格局的玩法一定要懂	看清热点的本质,把握行业先机,一本书搞定移动互联网
	画出公司的互联网进化路线图:用互联网思维重塑产品、客户和价值 李蓓 著	18 个问题帮助企业一步步梳理出互联网转型思路	思路清晰、案例丰富,非常有启发性
	重生战略:移动互联网和大数据时代的转型法则 沈拓 著	在移动互联网和大数据时代,传统企业转型如同牛命体打算与再造,称之为"重生战略"	帮助企业认清移动互联网环境下的变化和应对之道
	创造增量市场:传统企业互联网转型之道 刘红明 著	传统企业需要用互联网思维去创造增量,而不是用电子商务去转移传统业务的存量	教你怎么在"互联网+"的海洋中创造实实在在的增量
	7 个转变,让公司 3 年胜出 李蓓 著	消费者主权时代,企业该怎么办	这就是互联网思维,老板有能这样想,肯定倒不了
	跳出同质思维,从跟随到领先 郭剑 著	66 个精彩案例剖析,帮助老板突破行业长期思维惯性	做企业竟然有这么多玩法,开眼界
	互联网+"变"与"不变":本土管理实践与创新论坛集萃·2016 本土管理实践与创新论坛 著	加速本土管理思想的孕育诞生,促进本土管理创新成果更好地服务企业、贡献社会	各个作者本年度最新思想,帮助读者拓宽眼界、突破思维
	消费升级:实践 研究(文集) 本土管理实践与创新论坛 著	38 位管理专家及 7 位学者的精华思想,从经营、管理、行业及思想研究四个方面阐述中国企业在消费升级下的实践与研究	思想启发,行业借鉴
财务	写给企业家的公司与家庭财务规划——从创业成功到富足退休 周荣辉 著	本书以企业的发展周期为主线,写各阶段企业与企业主家庭的财务规划	为读者处理人生各阶段企业与家庭的财务问题提供建议及方法,让家庭成员真正享受财富带来的益处
	互联网时代的成本观 程翔 著	本书结合互联网时代提出了成本的多维观,揭示了多维组合成本的互联网精神和大数据特征,论述了其产生背景、实现思路和应用价值	在传统成本观下为盈利的业务,在新环境下也许就成为亏损业务。帮助管理者从新的角度来看待成本,进一步做好精益管理

续表

	书名·作者	内容/特色	读者价值
财务	财报背后的投资机会 蒋豹 著	以具体的公司案例分析,教你迅速看出财务报表与企业经营的关系、所反映的企业经营现状,从而找到投资机会	前四大会计所员工为读者解密财报,发现投资机会

管理类:效率如何提升,如何实现经营目标,如何"节流"

	书名·作者	内容/特色	读者价值
通用管理	让管理回归简单·升级版 宋新宇 著	从目标、组织、决策、授权、人才和老板自己层面教你怎样做管理	帮助管理抓住管理的要害,让管理变得简单
	让经营回归简单·升级版 宋新宇 著	从战略、客户、产品、员工、成长、经营者自身等七个方面,归纳总结出简单有效的经营法则	总结出的真正优秀企业的成功之道:简单
	让用人回归简单 宋新宇 著	从用人的原则、用人的难题与误区、用人的方法和用人者的修炼四大方面,总结出适合中小企业做好人才管理工作的法则	帮助管理者抓住用人的要害,让用人变得简单
	历史深处的管理智慧1:组织建设与用人之道 刘文瑞 著	对历史之典故、政事、人事、政制进行管理解析,鉴照企业人才的选用育留	推动理论与实践的对接,实现理性与情感的渗透,用中国话语说明管理智慧
	历史深处的管理智慧2:战略决策与经营运作 刘文瑞 著	对历史之典故、政事、人事、政制进行管理解析,鉴照企业战略设计与经营实践	推动理论与实践的对接,实现理性与情感的渗透,用中国话语说明管理智慧
	历史深处的管理智慧3:领导修炼与文化素养 刘文瑞 著	对历史之典故、政事、人事、政制进行管理解析,鉴照企业领导职业能力提升与文化修养	推动理论与实践的对接,实现理性与情感的渗透,用中国话语说明管理智慧
	管理的尺度 刘文瑞 著	对管理中的种种普遍性问题进行了批评	提高把握管理尺度的能力
	管理学在中国 刘文瑞 著	系统性介绍了管理学在中国的发展和演变	了解管理学在中国的发展脉络,更清晰理解管理学的本质
	看电影,懂管理 刘文瑞 著	16部经典电影,带你感悟管理智慧	能够帮助读者放松身心,驰骋想象,在不知不觉中增长智慧
	管理:以规则驾驭人性 王春强 著	详细解读企业规则的制定方法	从人与人博弈角度提升管理的有效性
	打造集成供应链:走出挂一漏十的改善困境 王春强 著	详解集成供应链全过程	帮助企业优化供应链管理
	用好骨干员工:关键人才培养与激励 王敏 著	系统化分享关键人才打造与激励方法	企业能实在用人的最大化价值
	改变世界的管理学大师1:管理学的前世今生 刘文瑞 编著	介绍了古典管理学时期的大师事迹和思想	深入了解管理大师们的思想和智慧
	成为企业欢迎的咨询师 张国祥 著	从调研到落地,手把手教你咨询流程	不走弯路,方便直接的学到老咨询师的套路
	员工心理学超级漫画版 邢雷 著	以漫画的形式深度剖析员工心理	帮助管理者更了解员工,从而更轻松地管理员工
	老板有想法,高层有干法:企业中的将帅之道 王清华 著	深入剖析老板与高管的异同	各司其职,各行其是,相辅相成
	分股合心:股权激励这样做 段磊 周剑 著	通过丰富的案例,详细介绍了股权激励的知识和实行方法	内容丰富全面、易读易懂,了解股权激励,有这一本就够了
	边干边学做老板 黄中强 著	创业20多年的老板,有经验、能写、又愿意分享,这样的书很少	处处共鸣,帮助中小企业老板少走弯路

续表

通用管理	成为敏感而体贴的公司 王 涛 著	本书为作者对企业的观察和冥想的随笔记录。从生活中的一个现象入手,进而探索现象背后的本质	从全新角度认识公司
	中国企业的觉醒:正直 善良 成长 王 涛 著	围绕着企业人如何发生转化展开,对中国人、中国文化及由此导致的企业现状的观察和思考	企业除了要利润,还需要道德
	有意识的思考:轻松化解问题的7个思考习惯 王 涛 著	本书是对思想、思考过程、思考方式进行的细致观察	养成好的思考习惯,更深刻地看问题
	中国式阿米巴落地实践之从交付到交易 胡八一 著	本书主要讲述阿米巴经营会计,"从交付到交易",这是成功实施阿米巴的标志	阿米巴经营会计的工作是有逻辑关联的,一本书就能搞定
	中国式阿米巴落地实践之激活组织 胡八一 著	重点讲解如何科学划分阿米巴单元,阐述划分的实操要领、思路、方法、技术与工具	最大限度减少"推行风险"和"摸索成本",利于公司成功搭建适合自身的个性化阿米巴经营体系
	中国式阿米巴落地实践之持续盈利 胡八一 著	把企业做成平台,企业才能做大(格局);把平台做成阿米巴,企业才能做强(专业);把阿米巴做成合伙制,企业才能做久(机制)	中国式阿米巴落地实践三部曲的最后一部,告诉你企业如何做大做强做久
	集团化企业阿米巴实战案例 初勇钢 著	一家集团化企业阿米巴实施案例	指导集团化企业系统实施阿米巴
	阿米巴经营的中国模式 李志华 著	让员工从"要我干"到"我要干",价值量化出来	阿米巴在企业如何落地,明白思路了
	欧博心法:好管理靠修行 曾 伟 著	用佛家的智慧,深刻剖析管理问题,见解独到	如果真的有'中国式管理',曾老师是其中标志性人物
	领导这样点燃你的下属 孟广桥 著	领导者如何才能让员工积极主动地工作?如何让你的员工和下属保持工作的热情,自动自发?看了这本书就知道	只要你希望手下的"兵将"永远充满工作的斗志,这本书将使你获益良多
流程管理	1. 用流程解放管理者 2. 用流程解放管理者2 张国祥 著	中小企业阅读的流程管理、企业规范化的书	通俗易懂,理论和实践的结合恰到好处
	跟我们学建流程体系 陈立云 著	畅销书《跟我们做流程管理》系列,更实操,更细致,更深入	更多地分享实践,分享感悟,从实践总结出来的方法论
	人人都要懂流程 金国华 余雅丽 著	当前各企业流程管理方面最为典型的痛点现象及问题案例	通俗易懂,适合企业全员阅读
质量管理	IATF16949质量管理体系详解与案例文件汇编:TS16949转版IATF16949:2016 谭洪华 著	针对IATF的新标准做了详细的解说,同时指出了一些推行中容易犯的错误,提供了大量的表单、案例	案例、表单丰富,拿来就用
	五大质量工具详解及运用案例:APQP/FMEA/PPAP/MSA/SPC 谭洪华 著	对制造业必备的五大质量工具中每个文件的制作要求、注意事项、制作流程、成功案例等进行了解读	通俗易懂,简便易行,能真正实现学以致用
	ISO9001:2015新版质量管理体系详解与案例文件汇编 谭洪华 著	紧密围绕2015年新版质量管理体系文件逐条详细解读,并提供可以直接套用的案例工具,易学易上手	企业质量管理认证、内审必备
	ISO14001:2015新版环境管理体系详解与案例文件汇编 谭洪华 著	紧密围绕2015年新版环境管理体系文件逐条详细解读,并提供可以直接套用的案例工具,易学易上手	企业环境管理认证、内审必备

质量管理	ISO14001:2015 新版环境管理体系详解与案例文件汇编 谭洪华 著	紧密围绕2015年新版环境管理体系文件逐条详细解读,并提供可以直接套用的案例工具,易学易上手	企业环境管理认证、内审必备
	ISO9001:2015 完整文件汇编:制造业 贺红喜 著	按照ISO9001标准并超出标准的要求,提供了一套完整的制造业的质量管理体系文件	原汁原味完整收入,直接可以拿来就用
	SA8000:2014 社会责任管理体系认证实战 吕 林 著	作者根据自己的操作经验,按认证的流程,以相关案例进行说明SA8000认证体系	简单、实操性强,拿来就能用
	精益质量管理实战工具 贺小林 著	制造类企业日常工作中所需要的精益管理工具的归纳整理,并进行案例操作的细致分析	可以直接参考,实际解决生产中的具体问题
战略落地	重生——中国企业的战略转型 施 炜 著	从前瞻和适用的角度,对中国企业战略转型的方向、路径及策略性举措提出了一些概要性的建议和意见	对企业有战略指导意义
	公司大了怎么管:从靠英雄到靠组织 AMT 金国华 著	第一次详尽阐释中国快速成长型企业的特点、问题及解决之道	帮助快速成长型企业领导及管理团队理清思路,突破瓶颈
	低效会议怎么改:每年节省一半会议成本的秘密 AMT 王玉荣 著	教你如何系统规划公司的各级会议,一本工具书	教会你科学管理会议的办法
	年初订计划,年尾有结果:战略落地七步成诗 AMT 郭晓 著	7个步骤教会你怎么让公司制定的战略转变为行动	系统规划,有效指导计划实现
人力资源	HRBP 是这样炼成的之"菜鸟起飞" 新 海 著	以小说的形式,具体解析HRBP的职责,应该如何操作,如何为业务服务	实践者的经验分享,内容实务具体,形式有趣
	HRBP 是这样炼成的之中级修炼 新 海 著	本书以案例故事的方式,介绍了HRBP在实际工作中碰到的问题和挑战	书中的HR解决方案讲究因时因地制宜、简单有效的原则,重在启发读者思路,可供各类企业HRBP借鉴
	HRBP 是这样炼成的之高级修炼 新 海 著	以故事的形式,展现了HRBP工作者在职业发展路上的层层深入和递进	为读者提供HRBP在实际工作中遇到种种问题的解决方案
	新任 HR 高管如何从 0 到 1 黄渊明 著	全景式展现新任高管华丽转身全过程	助力新任高管安全着陆
	HR 的劳动法内参 李皓楠 著	100个劳动法案例和分析	轻松掌握劳动法知识,方便运用
	把面试做到极致:首席面试官的人才甄选法 孟广桥 著	作者用自己几十年的人力资源经验总结出的一套实用的确定岗位招聘标准、提升面试官技能素质的简便方法	面试官必备,没有空泛理论,只有巧妙的实操技能
	人力资源体系与 e-HR 信息化建设 刘书生 陈 莹 王美佳 著	将作者经历的人力资源管理变革、人力资源管理信息化咨询项目方法论、工具和成果全面展现给读者,使大家能够将其快速应用到管理实践中	系统性非常强,没有废话,全部是浓缩的干货
	回归本源看绩效 孙 波 著	让绩效回顾"改进工具"的本源,真正为企业所用	确实是来源于实践的思考,有共鸣
	世界500强资深培训经理人教你做培训管理 陈 锐 著	从7大角度具体细致地讲解了培训管理的核心内容	专业、实用、接地气

续表

分类	书名/作者	内容简介	推荐语
人力资源	曹子祥教你做激励性薪酬设计 曹子祥 著	以激励性为指导，系统性地介绍了薪酬体系及关键岗位的薪酬设计模式	深入浅出，一本书学会薪酬设计
	曹子祥教你做绩效管理 曹子祥 著	复杂的理论通俗化，专业的知识简单化，企业绩效管理共性问题的解决方案	轻松掌握绩效管理
	把招聘做到极致 远鸣 著	作为世界500强高级招聘经理，作者数十年招聘经验的总结分享	带来职场思考境界的提升和具体招聘方法的学习
	人才评价中心·超级漫画版 邢雷 著	专业的主题，漫画的形式，只此一本	没想到一本专业的书，能写成这效果
	走出薪酬管理误区 全怀周 著	剖析薪酬管理的8大误区，真正发挥好枢纽作用	值得企业深读的实用教案
	集团化人力资源管理实践 李小勇 著	对搭建集团化的企业很有帮助，务实，实用	最大的亮点不是理论，而是结合实际的深入剖析
	我的人力资源咨询笔记 张伟 著	管理咨询师的视角，思考企业的HR管理	通过咨询师的眼睛对比很多企业，有启发
	本土化人力资源管理8大思维 周剑 著	成熟HR理论，在本土中小企业实践中的探索和思考	对企业的现实困境有真切体会，有启发
企业文化	36个拿来就用的企业文化建设工具 海融心胜 主编	数十个工具，为了方便拿来就用，每一个工具都严格按照工具属性、操作方法、案例解读划分，实用、好用	企业文化工作者的案头必备书，方法都在里面，简单易操作
	企业文化建设超级漫画版 邢雷 著	以漫画的形式系统教你企业文化建设方法	轻松易懂好操作
	华夏基石方法：企业文化落地本土实践 王祥伍 谭俊峰 著	十年积累、原创方法、一线资料，和盘托出	在文化落地方面真正有洞察，有实操价值的书
	企业文化的逻辑 王祥伍 著	为什么企业之间如此不同，解开绩效背后的文化密码	少有的深刻，有品质，读起来很流畅
	企业文化激活沟通 宋柠宸 安琪 著	透过新任HR总经理的眼睛，揭示出沟通与企业文化的关系	有实际指导作用的文化落地读本
	在组织中绽放自我：从专业化到职业化 朱仁健 王祥伍 著	个人如何融入组织，组织如何助力个人成长	帮助企业员工快速认同并投入到组织中去，为企业发展贡献力量
	企业文化定位·落地一本通 王明胤 著	把高深枯燥的专业理论创建成一套系统化、实操化、简单化的企业文化缔造方法	对企业文化不了解，不会做？有这一本从概念到实操，就够了
生产管理	精益思维：中国精益如何落地 刘承元 著	笔者二十余年企业经营和咨询管理的经验总结	中国企业需要灵活运用精益思维，推动经营要素与管理机制的有机结合，推动企业管理向前发展
	300张现场图看懂精益5S管理 乐涛 编著	5S现场实操详解	案例图解，易懂易学
	高员工流失率下的精益生产 余伟辉 著	中国的精益生产必须面对和解决高员工流失率问题	确实来源于本土的工厂车间，很务实
	车间人员管理那些事儿 岑立聪 著	车间人员管理中处理各种"疑难杂症"的经验和方法	基层车间管理者最闹心、头疼的事，'打包'解决

续表

	书名	内容简介	推荐理由
生产管理	1. 欧博心法:好管理靠修行 2. 欧博心法:好工厂这样管 曾 伟 著	他是本土最大的制造业管理咨询机构创始人,他从400多个项目、上万家企业实践中锤炼出的欧博心法	中小制造型企业,一定会有很强的共鸣
	欧博工厂案例1:生产计划管控对话录 欧博工厂案例2:品质技术改善对话录 欧博工厂案例3:员工执行力提升对话录 曾 伟 著	最典型的问题、最详尽的解析,工厂管理9大问题27个经典案例	没想到说得这么细,超出想象,案例很典型,照搬都可以了
	工厂管理实战工具 欧博企管 编著	以传统文化为核心的管理工具	适合中国工厂
	苦中得乐:管理者的第一堂必修课 曾 伟 编著	曾伟与师傅大愿法师的对话,佛学与管理实践的碰撞,管理禅的修行之道	用佛学最高智慧看透管理
	比日本工厂更高效1:管理提升无极限 刘承元 著	指出制造型企业管理的六大弊端;颠覆流行的错误认知;掌握精益管理的精髓	每一个企业都有自己不同的问题,管理没有一剑封喉的秘笈,要从现场、现物、现实出发
	比日本工厂更高效2:超强经营力 刘承元 著	企业要获得持续盈利,就要开源和节流,即实现销售最大化,费用最小化	掌握提升工厂效率的全新方法
	比日本工厂更高效3:精益改善力的成功实践 刘承元 著	工厂全面改善系统有其独特的目的取向特征,着眼于企业经营体质(持续竞争力)的建设与提升	用持续改善力来飞速提升工厂的效率,高效率能够带来意想不到的高效益
	3A顾问精益实践1:IE与效率提升 党新民 苏迎斌 蓝旭日 著	系统的阐述了IE技术的来龙去脉以及操作方法	使员工与企业持续获利
	3A顾问精益实践2:JIT与精益改善 肖志军 党新民 著	只在需要的时候,按需要的量,生产所需的产品	提升工厂效率
	化工企业工艺安全管理实操 黄 娜 编著	化工企业工艺安全管理全指导	帮助企业树立安全意识,强化安全管理方法
	手把手教你做专业的生产经理 黄 娜 著	物流、信息流、资金流,让生产经理管理有抓手	从菜鸟到能把控全局
员工素质提升	TTT培训师精进三部曲(上):深度改善现场培训效果 廖信琳 著	现场把控不用慌,这里有妙招一用就灵	课程现场无论遇到什么样的情况都能游刃有余
	TTT培训师精进三部曲(中):构建最有价值的课程内容 廖信琳 著	这样做课程内容,学员有收获培训师也有收获	优质的课程内容是树立个人品牌的保证
	TTT培训师精进三部曲(下):职业功力沉淀与修为提升 廖信琳 著	从内而外提升自己,职业的道路一帆风顺	走上职业TTT内训师的康庄大道
	培训师,如何让你的事业长青:自我管理的10项法则 廖信琳 著	建立了一套完整的培训师自我管理体系,为培训师的职业成长与发展提供有益的指引	培训师如何在自己的职业道路上越走越高,事业长青,一直有所收获与成长?本书将给你答案
	管理咨询师的第一本书:百万年薪 千万身价 熊亚柱 著	从问题出发,发现问题、分析问题、解决问题,让两眼一抹黑的新人快速成长	管理咨询师初入职场,让这本书开启百万年薪之路

续表

	书名，作者	内容/特色	读者价值
员工素质提升	手把手教你做专业督导：专卖店、连锁店 熊亚柱 著	从督导的职能、作用，在工作中需要的专业技能、方法，都提供了详细的解读和训练办法，同时附有大量的表单工具	无论是店销需要统一培训，还是个人想成为优秀的督导，有这一本就够了
	跟老板"偷师"学创业 吴江萍 余晓雷 著	边学边干，边观察边成长，你也可以当老板	不同于其他类型的创业书，让你在工作中积累创业经验，一举成功
	销售轨迹：一位快消品营销总监的拼搏之路 秦国伟 著	本书讲述了一个普通销售员打拼成为跨国企业营销总监的真实奋斗历程	激励人心，给广大销售员以力量和鼓舞
	在组织中绽放自我：从专业化到职业化 朱仁健 王祥伍 著	个人如何融入组织，组织如何助力个人成长	帮助企业员工快速认同并投入到组织中去，为企业发展贡献力量
	企业员工弟子规：用心做小事，成就大事业 贾同领 著	从传统文化《弟子规》中学习企业中为人处事的办法，从自身做起	点滴小事，修养自身，从自身的改善得到事业的提升
	手把手教你做顶尖企业内训师：TTT培训师宝典 熊亚柱 著	从课程研发到现场把控、个人提升都有涉及，易读易懂，内容丰富全面	想要做企业内训师的员工有福了，本书教你如何抓住关键，从入门到精通
	28天速成文案高手 秦士安丽 著	解构优秀品牌和出彩文案背后的逻辑，28天循序渐进成为文案高手	让优质文案变成"智慧工厂"般的工序管理与稳定出品
	让投诉顾客满意离开：客户投诉应对与管理 孟广桥 著	立足于投诉处理的实践，剖析了不同投诉者投诉的特点和应对措施，并提供各种技巧方法、赢得客户信赖所需培养的品质修炼、处理投诉应掌握的法律法规等工具	是投诉处理人员适应岗位职能需要、提升工作技能的良师益友，是企业变诉为金、培养业务骨干的法宝

营销类：把客户需求融入企业各环节，提供"客户认为"有价值的东西

	书名，作者	内容/特色	读者价值
营销模式	精品营销战略 杜建君 著	以精品理念为核心的精益战略和营销策略	用精品思维赢得高端市场
	变局下的营销模式升级 程绍珊 叶宁 著	客户驱动模式、技术驱动模式、资源驱动模式	很多行业的营销模式被颠覆，调整的思路有了！
	动销操盘：节奏掌控与社群时代新战法 朱志明 著	在社群时代把握好产品生产销售的节奏，解析动销的症结，寻找动销的规律与方法	都是易读易懂的干货！对动销方法的全面解析和操盘
	弱势品牌如何做营销 李政权 著	中小企业虽有品牌但没名气，营销照样能做的有声有色	没有丰富的实操经验，写不出这么具体、详实的案例和步骤，很有启发
	老板如何管营销 史贤龙 著	高段位营销16招，好学好用	老板能看，营销人也能看
	洞察人性的营销战术：沈坤教你28式 沈坤 著	28个匪夷所思的营销怪招令人拍案叫绝，涉及商业竞争的方方面面，大部分战术可以直接应用到企业营销中	各种谋略得益于作者的横向思维方式，将其操作过的案例结合其中，提供的战术对读者有参考价值
	动销：产品是如何畅销起来的 吴江萍 余晓雷 著	真真切切告诉你，产品究竟怎么能卖出去	击中痛点，提供方法，你值得拥有
	1000铁杆女粉丝 张兵武 著	连接是女性与生俱来的特质。能善用连接的营销人员，就像拿到打开女性荷包的钥匙	重新认识女性的传播力量
	360°谈营销：一位营销咨询师20年实战洞察 王清华 古怀亮 著	各个角度，全方位，多视点剥营销	思路单一，此书帮你破

续表

	书名/作者	内容简介	推荐语
营销模式	营销按钮:扣动一触即发的力量 老苗 著	提供各种奇形怪状的营销武器	一定会带给你不一样的思维震撼
	孙子兵法营销战 刘文新 著	逐句解读孙子兵法,以及在营销方面的感悟	帮助营销人用智慧打营销仗
销售	资深大客户经理:策略准,执行狠 叶敦明 著	从业务开发、发起攻势、关系培育、职业成长四个方面,详述了大客户营销的精髓	满满的全是干货
	大客户销售这样说这样做 陆和平 著	大客户销售十大模块68个典型销售场景应对策略和话术,直接拿来就用	从"为什么要这么干"到"干什么、怎么干"
	成为资深的销售经理:B2B、工业品 陆和平 著	围绕"销售管理的六个关键控制点"一一展开,提供销售管理的专业、高效方法	方法和技术接地气,拿来就用,从销售员成长为经理不再犯难
	销售是门专业活:B2B、工业品 陆和平 著	销售流程就应该跟着客户的采购流程和关注点的变化向前推进,将一个完整的销售过程分成十个阶段,提供具体方法	销售不是请客吃饭拉关系,是个专业的活计! 方法在手,走遍天下不愁
	向高层销售:与决策者有效打交道 贺兵一 著	一套完整有效的销售策略	有工具,有方法,有案例,通俗易懂
	学话术 卖产品 张小虎 著	分析常见的顾客异议,将优秀的话术模块化	让普通导购员也能成为销售精英
组织和团队	升级你的营销组织 程绍珊 吴越舟 著	用"有机性"的营销组织替代"营销能人",营销团队变成"铁营盘"	营销队伍最难管,程老师不愧是营销第1操盘手,步骤方法都很成熟
	用数字解放营销人 黄润霖 著	通过量化帮助营销人员提高工作效率	作者很用心,很好的常备工具书
	成为优秀的快消品区域经理(升级版) 伯建新 著	用"怎么办"分析区域经理的工作关键点,增加30%全新内容,更贴近环境变化	可以作为区域经理的"速成催化器"
	成为资深的销售经理:B2B、工业品 陆和平 著	围绕"销售管理的六个关键控制点"一一展开,提供销售管理的专业、高效方法	方法和技术接地气,拿来就用,从销售员成长为经理不再犯难
	一位销售经理的工作心得 蒋军 著	一线营销管理人员想提升业绩却无从下手时,可以看看这本书	一线的真实感悟
	快消品营销:一位销售经理的工作心得2 蒋军 著	快消品、食品饮料营销的经验之谈,重点突出	来源于实战的精华总结
	销售轨迹:一位快消品营销总监的拼搏之路 秦国伟 著	本书讲述了一个普通销售员打拼成为跨国企业营销总监的真实奋斗历程	激励人心,给广大销售员以力量和鼓舞
	用营销计划锁定胜局:用数字解放营销人2 黄润霖 著	全方位教你怎么做好营销计划,好学好用真简单	照搬套用就行,做营销计划再也不头痛
	快消品营销人的第一本书:从入门到精通 刘雷 伯建新 著	快消行业必读书,从入门到专业	深入细致,易学易懂
产品	产品开发管理方法·流程·工具:从作坊式到规范化 任彭枞 著	产品研发管理体系全指导	既有工具,又能开拓思路
	新产品开发管理,就用IPD(升级版) 郭富才 著	10年IPD研发管理咨询总结,国内首部IPD专业著作	一本书掌握IPD管理精髓

续表

	书名·作者	内容/特色	读者价值
产品	这样打造大单品：案例 策略 方法 迪智成咨询团队 著	囊括十三个不同行业、企业的实际案例，从不同角度详细剖析、总结了这些品牌厂家打造大单品的成功经验或者失败教训	厘清大单品打造的策划与路径，得出持续经营的思路与方法
	研发体系改进之道 靖爽 陈年根 马鸣明 著	提出一套系统性的方法与工具	指引企业少走弯路，提高成功率
	资深项目经理这样做新产品开发管理 秦海林 著	以IPD为思想，系统讲解新产品开管理的细节	提供管理思路和实用工具
	产品炼金术Ⅰ：如何打造畅销产品 史贤龙 著	满足不同阶段、不同体量、不同行业企业对产品的完整需求	必须具备的思维和方法，避免在产品问题上走弯路
	产品炼金术Ⅱ：如何用产品驱动企业成长 史贤龙 著	做好产品、关注产品的品质，就是企业成功的第一步	必须具备的思维和方法，避免在产品问题上走弯路
品牌	中小企业如何建品牌 梁小平 著	中小企业建品牌的入门读本，通俗、易懂	对建品牌有了一个整体框架
	采纳方法：破解本土营销8大难题 朱玉童 编著	全面、系统、案例丰富、图文并茂	希望在品牌营销方面有所突破的人，应该看看
	中国品牌营销十三战法 朱玉童 编著	采纳20年来的品牌策划方法，同时配有大量的案例	众包方式写作，丰富案例给人启发，极具价值
	今后这样做品牌：移动互联时代的品牌营销策略 蒋军 著	与移动互联紧密结合，告诉你老方法还能不能用，新方法怎么用	今后这样做品牌就对了
	中小企业如何打造区域强势品牌 吴之 著	帮助区域的中小企业打造自身品牌，如何在强壮自身的基础上往外拓展	梳理误区，系统思考品牌问题，切实符合中小区域品牌的自身特点进行阐述
渠道通路	深度分销：掌控渠道价值链 施炜 著	制造商通过掌控渠道价值链，将管理触角延伸至零售层面及顾客现场，对市场根部精耕细作，从而挖掘需求，构筑区域市场尤其是三四级市场的竞争壁垒	深度分销是中国企业对世界营销的独特贡献。实践证明，互联网时代深度分销仍有生命力
	快消品营销与渠道管理 谭长春 著	将快消品标杆企业渠道管理的经验和方法分享出来	可口可乐、华润的一些具体的渠道管理经验，实战
	传统行业如何用网络拿订单 张进 著	给老板看的第一本网络营销书	适合不懂网络技术的经营决策者看
	采纳方法：化解渠道冲突 朱玉童 编著	系统剖析渠道冲突，21个渠道冲突案例、情景式讲解，37篇讲义	系统、全面
	学话术 卖产品 张小虎 著	分析常见的顾客异议，将优秀的话术模块化	让普通导购员也能成为销售精英
	向高层销售：与决策者有效打交道 贺兵一 著	一套完整有效的销售策略	有工具，有方法，有案例，通俗易懂
	通路精耕操作全解：快消品20年实战精华 周俊 陈小龙 著	通路精耕的详细全解，每一步的具体操作方法和表单全部无保留提供	康师傅二十年的经验和精华，实践证明的最有效方法，教你如何主宰通路

管理者读的文史哲·生活

	书名·作者	内容/特色	读者价值
思想·文化	德鲁克管理思想解读 罗珉 著	用独特视角和研究方法，对德鲁克的管理理论进行了深度解读与剖析	不仅是摘引和粗浅分析，还是作者多年深入研究的成果，非常可贵
	德鲁克与他的论敌们：马斯洛、戴明、彼得斯 罗珉 著	几位大师之间的论战和思想碰撞令人受益匪浅	对大师们的观点和著作进行了大量的理论加工，去伪存真、去粗存精，同时有自己独特的体系深度

续表

	德鲁克管理学 张远凤　著	本书以德鲁克管理思想的发展为线索,从一个侧面展示了20世纪管理学的发展历程	通俗易懂,脉络清晰
	王阳明"万物一体"论:从"身－体"的立场看(修订版) 陈立胜　著	以身体哲学分析王阳明思想中的"仁"与"乐"	进一步了解传统文化,了解王阳明的思想
	自我与世界:以问题为中心的现象学运动研究 陈立胜　著	以问题为中心,对现象学运动中的"意向性""自我""他人""身体"及"世界"各核心议题之思想史背景与内在发展理路进行深入细致的分析	深入了解现象学中的几个主要问题
	作为身体哲学的中国古代哲学 张再林　著	上篇为中国古代身体哲学理论体系奠基性部分,下篇为由"上篇"所开出的中国身体哲学理论体系的进一步的阐发和拓展	了解什么是真正原生态意义上的中国哲学,把中国传统哲学与西方传统哲学加以严格区别
	中西哲学的歧异与会通 张再林　著	本书以一种现代解释学的方法,对中国传统哲学内在本质尝试一种全新的和全方位的解读	发掘出掩埋在古老传统形式下的现代特质和活的生命,在此基础上揭示中西哲学"你中有我,我中有你"之旨
	治论:中国古代管理思想 张再林　著	本书主要从儒、法墨三家阐述中国古代管理思想	看人本主义的管理理论如何不留斧痕地克服似乎无法调解的存在于人类社会行为与社会组织中的种种两难和对立
	车过麻城　再晤李贽 张再林　著	系统全面而又简明扼要地展示了李贽独到的学术眼力和超拔的理论建树	帮助读者重新认识李贽的思想
思想·文化	中国古代政治制度(修订版)上:皇帝制度与中央政府 刘文瑞　著	全面论证了古代皇帝制度的形成和演变的历程	有助于读者从政治制度角度了解中国国情的历史渊源
	中国古代政治制度(修订版)下:地方体制与官僚制度 刘文瑞　著	全面论证了古代地方政府的发展演变过程	有助于读者从政治制度角度了解中国国情的历史渊源
	中国思想文化十八讲(修订版) 张茂泽　著	中国古代的宗教思想文化,如对祖先崇拜、儒家天命观、中国古代关于"神"的讨论等	宗教文化和人生信仰或信念紧密相联,在文化转型时期学习和研究中国宗教文化就有特别的现实意义
	史幼波《大学》讲记 史幼波　著	用儒释道的观点阐释大学的深刻思想	一本书读懂传统文化经典
	史幼波《周子通书》《太极图说》讲记 史幼波　著	把形而上的宇宙、天地,与形而下的社会、人生、经济、文化等融合在一起	将儒家的一整套学修系统融合起来
	史幼波《中庸》讲记(上下册) 史幼波　著	全面、深入浅出揭示儒家中庸文化的真谛	儒释道三家思想融会贯通
	梁涛讲《孟子》之万章篇 梁涛　著	《万章》主要记录孟子与万章的对话,涉及孝道、亲情、友情、出仕为官等	作者的解读能帮助读者更好地理解孟子及儒学
	两晋南北朝十二讲(修订版) 李文才　著	作为一本普及性读物,作者尊重史实,运用"历史心理学"的叙事方法,分12个专题对两晋南北朝的历史进行阐述	让读者轻松了解两晋南北朝的历史
	每个中国人身上的春秋基因 史贤龙　著	春秋368年(公元前770－公元前403年),每一个中国人都可以在这段时期的历史中找到自己的祖先,看到真实发生的事件,同时也看到自己	长情商、识人心
	与《老子》一起思考:德篇 与《老子》一起思考:道篇 史贤龙　著	打通文史,回归哲慧,纵贯古今,放眼中外,妙语迭出,在当今的老子读本中别具一格	深读有深读的回味,浅尝有浅尝的机敏,可给读者不同的启发